本项目由
国家重点文物保护专项补助经费资助

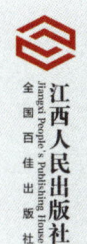

江西古陶瓷文化线路

徐琳琳 主编

江西人民出版社
全国百佳出版社

序

江西居彭蠡之滨,襟三江而带五湖,得长江水路之利,控南北交通之要道,自古以来就是北方民族和北方文化南下的先锋地带,荆蛮不同民族居地的相接处。赖此地理与文化双重优势,造就江西人杰地灵,多开风气之先!在这里有独一无二的两万年的陶瓷历史,同样在这里有因为瓷器而成为世界瓷都的景德镇。

万年仙人洞出土的陶器,经测年烧造于两万年前,是已知世界上最早的陶器。研究认为在日本、俄国西伯利亚及中国湖南、贵州等地发现的距今18000~16000年的早期陶器与仙人洞出土的陶器有着技术上的传承性,说明在16000年以前,早期的陶器生产技术既在中国内地传播,也走向西伯利亚和日本等世界各地。以仙人洞为代表的江西地区的早期陶器生产技术不仅具有革命性,而且具有世界性,标志着人类在这里完成了第一次技术大革命,开始告别蒙昧时代。

新石器时代江西地区的陶器生产已为后来的印纹陶器生产提供了技术保证,所以当北方文化南下与江西土著文明交汇时,在清江吴城出现了世界上最早的服务于地方政治文化中心的原始青瓷生产基地。而当从江西地区输往中原等地的原始青瓷及其生产技术成为先进文明的代表时,江西地区便在世界瓷器史上逐渐占据重要的地位。

汉代江西的窑工迅速掌握了刚刚在浙江曹娥江流域出现的成熟青瓷技术,洪州窑从东汉到唐一直是青瓷窑场中的佼佼者,其产品早在六朝时期已输出到朝鲜半岛并进入当地上层社会的生活,标志着中国瓷器开始走出国门。唐代晚期,以南窑、蓝田窑和道塘里窑为代表的窑场,在传承洪州窑技术的同时更是广泛汲取了越窑、长沙窑和段店窑的文化元素,产品面貌走向多元化并紧跟时代的潮流。江西地区的窑场在生产技术和文化因素上均开始走向集大成化的道路,也正是这种文化取向和博纳多元文化因素与技术的胸襟,才有了兼容南青北白双重文化与技术因素的青白瓷和以景德镇窑场为代表的青白瓷窑系,景德镇窑场的生产技术和以青白瓷为代表的文化因素开始影响中国瓷器生产的走向，景德镇窑场的产品也开始走向世界。同样是在吸收了来自中国北方的釉下彩绘技法和伊斯兰地区的青花陶器文化因素后，景德镇窑场在青白瓷的基础上发展出了青花瓷和釉里红瓷，这在世界瓷器发展史上具有里程碑的意义。借由大航海时代的机遇，以景德镇窑场为代表的青花瓷器成为人类历史上最早具有世界性影响的工业品并占据世界各地的市场，在17、18世纪，景德镇不仅成为世界工业商品的生产中心，而且是全球商贸线路的最主要端点之一。

然而，从江西这片沃土上走出的不仅仅只有瓷器，更主要的是瓷器背后的文化和技术，青白瓷、青花、釉里红、釉上彩、斗彩等瓷器生产技术除在中国传播并产生影响外，还随着瓷器的输出影响了东亚、东南亚、南亚、中西亚、欧洲各国的瓷器生产，中国的瓷器文化得以真正影响并普及世界各地，最终形成了世界性的瓷器文明。

人类文化的历史画卷展现的并非只是在同一民族间简单的直线传承，而是通过多民族间的互相交流推动着人类文明的飞跃性发展。世界陶瓷的历史基本可以反映人类文明的发展历程，而陶瓷技术在上万年的历史时期内传承发展，在各民族各地区各国家之间的交流传播，构成了丰富多彩的世界陶瓷文明史。但是，陶器是何时在何地出现并如何发展、普及，瓷器作为中国文化的最主要代表元素之一，是如何从中国走向世界，一直是国际学术界关注的课题。

徐琳琳同志主编的《江西古陶瓷文化线路》一书，集江西陶瓷文物考古工作者多年的心血和智慧，较熟练地运用已有的研究成果和新的发掘资料，以全新的视角和思维模式，以纵向的传承与横向的传播为主线，考察江西陶瓷发展及对外交流的历史，诠释了动态的江西陶瓷文明史纲要，很好地回答了这一世界性的学术问题，并为陶瓷研究开辟了一个新的天地。我期待着更多的历史与陶瓷研究者能在更宏观的视野上、采用新的思维模式去探索中国陶瓷文明历史和世界陶瓷文明历史，并取得更大的成绩！

耿宝昌

2014年5月于北京·故宫

目录

导 论

一、江西古陶瓷文化线路　　001
(一) 文化线路的概念　　001
(二) 江西古陶瓷文化线路的定义　　002
(三) 江西古陶瓷文化线路的特点　　009
(四) 江西古陶瓷文化线路的保护对象　　011

二、江西古陶瓷文化线路形成的原因　　018
(一) 自然条件　　018
(二) 经济社会因素　　024
(三) 万年不断的窑火　　026

三、江西古陶瓷文化线路的价值　　028
(一) 遗产保护价值　　028
(二) 文化研究价值　　030
(三) 展示利用价值　　031

第一章　江西古陶瓷文化线路的起源

第一节　先秦时期线路起源的背景　　034
一、陶器的出现是线路的源头　　034
二、山川地势河流引导线路走向　　035
三、满足需求是内因　　035
四、交流、贸易为根本动力　　036

第二节　先秦时期线路的特点　　036
一、以鄱阳湖平原为核心，多元起源　　036
二、印纹硬陶为主要陶器品种　　037
三、区域内互动交流　　038
四、沿赣江南北线路率先成形　　038

第三节　先秦时期的陶瓷成就——南方印纹陶中心　　039
一、世界上最早的陶器　　040
二、引领时代的印纹陶　　043
三、原始瓷器的滥觞　　051

第四节　先秦时期线路上的物质文化遗产　　054
一、古窑址　　054
二、古矿山　　056
三、古遗址、古聚落群　　058
四、古城、古国　　063
五、古墓葬　　065

第二章　江西古陶瓷文化线路的形成

第一节　汉唐时期线路形成的背景　　069
一、北方人口的南迁与江西地区开发的加速　　069
二、隋唐大运河的修建与大庾岭商道的开通　　070
三、造船业的发展与商业的繁荣　　071
四、饮茶之风间接刺激了江西制瓷业的发展　　072

第二节　汉唐时期江西制瓷业的成就　　072
一、以洪州窑为代表的青瓷成就　　073
二、以景德镇窑为代表的白瓷成就　　078

第三节　汉唐时期线路形成的特点　　080
一、产区：赣江流域为主，其他流域为辅　　080
二、产品：青瓷为主，白瓷为辅　　081
三、市场：内销为主，外销为辅　　083
四、线路：水路为主，陆路为辅　　083

第四节　汉唐时期线路的地位与影响　084
一、江西陶瓷在唐朝开始深入皇宫禁苑　084
二、江西陶瓷成为海上丝绸之路的源头　085

第五节　汉唐时期线路上的物质文化遗产　088
一、古窑址　088
二、古驿道、古塔、古观　092
三、历史文化名城名镇　093

第三章　江西古陶瓷文化线路的发展

第一节　宋元时期线路发展的背景　099
一、北方移民的大规模南迁与江西的全面开发　100
二、宋元鼓励海外贸易政策的刺激与对外商道的疏浚与整治　101
三、造船技术的进步与商业贸易的繁荣　103
四、蒙古帝国的建立与中西交通的大发展　104
五、元王朝在景德镇设立浮梁磁局与御土窑　105
六、茶业经济发展的刺激　107

第二节　宋元时期江西制瓷业的成就　107
一、景德镇窑的制瓷成就　108
二、吉州窑的制瓷成就　115

第三节　宋元时期线路发展的特点　121
一、产区特点　121
二、产品特点　122
三、市场特点　123
四、线路特点　124

第四节　宋元时期线路的地位与影响　126
一、江西是海上丝绸之路的最主要源头　128
二、青白瓷成为海上丝绸之路上的两大商品瓷之一　129
三、江西开始引领全国制瓷业　130

第五节　宋元时期线路上的物质文化遗产　130
一、古窑址　130
二、古矿遗址　135

三、古驿道　　　　　　　　　　　　　　　　　　　136

四、历史文化名城名镇　　　　　　　　　　　　　　137

第四章　江西古陶瓷文化线路的鼎盛

第一节　明清时期的线路鼎盛背景　　　　　　　　144

一、御窑厂的设置奠定了景德镇的瓷都地位　　　　144

二、明代官搭民烧制度促进了景德镇窑业的进步和繁荣　　148

三、发达的城市经济扩大了外销瓷的生产规模　　　150

四、专业化、规模化的陶瓷生产使外销瓷产品日益丰富　　151

五、大航海时代为景德镇开辟了广阔的外销市场　　151

第二节　明清时期江西的制瓷成就　　　　　　　　153

一、明清官窑制瓷工艺的创新和发展　　　　　　　153

二、明清时期民窑生产的发展与兴盛　　　　　　　159

第三节　明清线路鼎盛时期的特点　　　　　　　　163

一、产区　　　　　　　　　　　　　　　　　　　163

二、产品　　　　　　　　　　　　　　　　　　　164

三、市场　　　　　　　　　　　　　　　　　　　165

四、线路　　　　　　　　　　　　　　　　　　　165

第四节　明清时期线路的地位与影响　　　　　　　166

第五节　明清时期线路上的物质遗产　　　　　　　170

一、古窑址　　　　　　　　　　　　　　　　　　170

二、古驿道、码头　　　　　　　　　　　　　　　177

三、会馆　　　　　　　　　　　　　　　　　　　177

四、历史文化名城名镇名村　　　　　　　　　　　178

第五章　连通世界的江西古陶瓷文化线路

第一节　运输线路　　　　　　　　　　　　　　　180

一、外销线路　　　　　　　　　　　　　　　　　180

二、外销港口　　　　　　　　　　　　　　　　　190

第二节　外销国家与地区　　　　　　　　　　　　194

一、东亚、东南亚与南亚　　　　　　　　　　　　194

二、西亚、北非　　　　　　　　　　　196

三、欧洲　　　　　　　　　　　　　198

四、美洲　　　　　　　　　　　　　200

第三节　外销瓷品种　　　　　　　202

一、中国风格　　　　　　　　　　　203

二、混合式　　　　　　　　　　　　203

三、外国样式　　　　　　　　　　　204

第四节　欧洲的"中国风"　　　　207

一、"中国风"与日常生活　　　　　208

二、"中国风"与思想文化　　　　　216

第六章　江西古陶瓷文化线路的窑业记忆

第一节　陶瓷生产源远流长　　　226

一、赣鄱大地不息的窑火　　　　　226

二、陶瓷生产的传承与创新　　　　227

三、陶瓷技艺"血脉相传"　　　　227

第二节　陶瓷文化之魂——瓷业习俗　228

一、公祭"瓷业三圣"　　　　　　229

二、独具特色的行业崇拜　　　　　230

三、行帮、行会和行话　　　　　　234

四、行规与习俗　　　　　　　　　236

第三节　陶瓷艺术的多元发展　　239

一、民间艺术　　　　　　　　　　239

二、宫廷艺术　　　　　　　　　　243

三、文人艺术　　　　　　　　　　247

第四节　陶瓷生产的手工技艺　　250

一、传统制瓷工艺的变革与发展　　251

二、"泥做火烧,关键在窑"　　　　257

三、功能齐全的制瓷作坊　　　　　259

第五节　典藏古籍中的陶瓷记忆　263

一、文人墨客的吟瓷之作　　　　　263

二、旅行家们的陶瓷见闻　　266

三、史志中的相关记载　　267

四、陶瓷技艺的专门论著　　269

结　语

闪耀着人类文明智慧之光的江西古陶瓷文化线路　　273

后　记

290

Contents

Introduction

1. Jiangxi's Cultural Route of Ancient Ceramics 001

1.1 Cultural Route as a Concept 001

1.2 Jiangxi's Cultural Route of Ancient Ceramics: Definition 002

1.3 Jiangxi's Cultural Route of Ancient Ceramics: Characteristics 009

1.4 Jiangxi's Cultural Route of Ancient Ceramics: Preservation Targets 011

2. Contributing Factors to its Formation 018

2.1 Natural Conditions 018

2.2 Social-Economic Factors 024

2.3 Kiln Fire: A Legacy of Ten Thousand Years 026

3. Significance of the Project 028

3.1 Heritage Preservation 028

3.2 Cultural Studies 030

3.2 Exhibitory Value 031

Chapter 1 Jiangxi's Cultural Route of Ancient Ceramics: Germination

1. The Pre-Qin Period: Background 034

1.1 The Emergence of Earthenware 034

1.2 Courses of Travel Affected by Directions of Terrains and Rivers 035

1.3 Market Demand as the Inner Drive 035

1.4 Communication and Transaction as the Fundamental Driving Force 036

2. The Pre-Qin Period: Characteristics   036

2.1 Multiple Origins with Poyang Lake Plains as the Center   036

2.2 Stamped Tamped Hard Pottery as the Main Type   037

2.3 Intra-Regional Interactions   038

2.4 Along the Gan River: the First Route Taking Shape   038

3. Achievements in the Pre-Qin Period: Jiangxi as the Stamped Pottery Center in the South   039

3.1 World's Earliest Pottery   040

3.2 Advanced Stamped Pottery-Making Techniques   043

3.3 The Birth of Primitive Porcelain   051

4. The Pre-Qin Period: Material Cultural Heritages Along the Route   054

4.1 Ancient Kiln Sites   054

4.2 Ancient Mines   056

4.3 Ancient Relics and Settlement Sites   058

4.4 Ancient Cities and Kingdoms   063

4.5 Ancient Tombs   065

Chapter 2 Jiangxi's Cultural Route of Ancient Ceramics: Formative Period

1. The Han-Tang Period: Background   069

1.1 Great Migrations to the South and Jiangxi's Accelerated Developments   069

1.2 The Grand Canal and the Dayuling Trade Route   070

1.3 Developments in Shipbuilding and Commerce   071

1.4 Flourishing Tea Culture as Indirect Stimulus   072

2. Achievements of Jiangxi's Ceramic Industry in the Han-Tang Period   072

2.1 Achievements of Blue Porcelain: Hongzhou Kilns   073

2.2 Achievements of White Porcelain: Jingdezhen Kilns   078

3. The Han-Tang Period: Characteristics   080

3.1 Production Regions: Gan River Basin as the Center, Other River Basins as Margins   080

3.2 Products: Blue Porcelain as the Main Products, White Porcelain as Supplementary Ones   081

3.3 Markets: Domestic-Oriented   083

3.4 Routes: River Routes as the Main Means of Transportation, Land Routes as Supplementary Ones   083

4. The Han–Tang Period: Status and Influence — 084
4.1 Making a Name at the Tang Court — 084
4.2 Jiangxi as the Main Source of Ceramics Exported through the Maritime Silk Road — 085

5. The Han–Tang Period: Material Cultural Heritages Along the Route — 088
5.1 Ancient Kiln Sites — 088
5.2 Ancient Courier Routes, Towers and Temples — 092
5.3 Historic Cities and Towns — 093

Chapter 3 Jiangxi's Cultural Route of Ancient Ceramics: Period of Fast Growth

1. The Song–Yuan Period: Background — 099
1.1 Great Migrations to the South and Jiangxi's All-Round Developments — 100
1.2 Friendly Overseas Trade Policies and River Navigation Management — 101
1.3 Technical Progress in Shipbuilding and Commerce Presperity — 103
1.4 Establishment of The Mongol Empire and Vigorous Developments of East and West Communications — 104
1.5 Yuan Dynasty Fuliang Ceramics Bureau and Royal Kilns in Jingdezhen — 105
1.6 Flourishing Tea Industry as Stimulus — 107

2. The Song–Yuan Period: Achievements — 107
2.1 Achievements of Jingdezhen Kilns — 108
2.2 Achievements of Jizhou Kilns — 115

3. The Song–Yuan Period: Characteristics — 121
3.1 Production Regions — 121
3.2 Products — 122
3.3 Markets — 123
3.4 Routes — 124

4. The Song–Yuan Period: Status and Influence — 126
4.1 Jiangxi as the Main Source of Goods Exported Through the Maritime Silk Road — 128
4.2 Blue and White Porcelain as One of the Two Best-Sellers on the Maritime Silk Road — 129
4.3 Jiangxi Emerging as the Market Leader of China's Ceramic Industry — 130

5. The Song–Yuan Period: Material Cultural Heritages Along the Route — 130
5.1 Ancient Kiln Sites — 130

5.2　Ancient Mines　　　　　　　　　　　　　　　　　　　　135

5.3　Ancient Courier Routes　　　　　　　　　　　　　　　　136

5.4　Historic Cities and Towns　　　　　　　　　　　　　　　137

Chapter 4 Jiangxi's Cultural Route of Ancient Ceramics at its Peak: The Ming–Qing Period

1. The Ming–Qing Period: Background　　　　　　　　　　144

1.1　The Opening of Royal Ceramic Factory: How Jingdezhen Became the Ceramics Capital　　　　　　　　　　　　　　　　　　　　　　　144

1.2　Outsourcing Royal Orders to Private Kilns: Jingdezhen's Fast Track to Prosperity　148

1.3　Fast Economic Development Leading to Production Expansion　150

1.4　Specialization of Production Increasing Product Variety　　151

1.5　The Age of Exploration Opening up Vast Overseas Markets　151

2. The Ming–Qing Period: Achievements　　　　　　　　　153

2.1　Technological Innovations and Advancements in Royal Kilns　153

2.2　Development and Prosperousness of Private Kilns　　　　159

3. The Ming–Qing Period: Characteristics　　　　　　　　163

3.1　Production Regions　　　　　　　　　　　　　　　　163

3.2　Products　　　　　　　　　　　　　　　　　　　　164

3.3　Markets　　　　　　　　　　　　　　　　　　　　165

3.4　Routes　　　　　　　　　　　　　　　　　　　　　165

4. The Ming–Qing Period: Status and Influence　　　　　　166

5. The Ming–Qing Period: Material Cultural Heritages along the Route　170

5.1　Ancient Kilns　　　　　　　　　　　　　　　　　　170

5.2　Ancient Courier Routes and Docks　　　　　　　　　　177

5.3　Ancient Guild Halls　　　　　　　　　　　　　　　　177

5.4　Historic Cities, Towns and Villages　　　　　　　　　　178

Chapter 5 Jiangxi's Cultural Route of Ancient Ceramics: Connecting China to the World

1. Transportation Routes　　　　　　　　　　　　　　　180

1.1　Export Routes	180
1.2　Export Ports	190
2. Countries and Regions	**194**
2.1　East Asia, Southeast Asia and South Asia	194
2.2　West Asia and North Africa	196
2.3　Europe	198
2.4　America	200
3. Types of Ceramics for Export	**202**
3.1　Chinese Styles	203
3.2　Mixed Styles	203
3.3　Foreign Styles	204
4. Chinoiserie in Europe	**207**
4.1　Chinoiserie as a Style	208
4.2　Chinoiserie as an Intellectual and Cultural Trend	216

Chapter 6　Jiangxi's Cultural Route of Ancient Ceramics: A Cultural Memory of Ceramics

1. A Long History of Ceramic Production	**226**
1.1　Kiln Fire as an Enduring Cultural Legacy of Jiangxi Province	226
1.2　Inheritance and Innovation in Ceramic Production	227
1.3　Bloodline Inheritance of Craftsmanship	227
2. The Soul of Ceramic Culture: Customs and Conventions	**228**
2.1　Public Memorial Ceremonies for "the Three Great Ceramic Craftsmen"	229
2.2　Unique Industry Worship	230
2.3　Trade Association, Guild and Jargons	234
2.4　Guild Regulations and Customs	236
3. Multi-Dimensional Development of Ceramic Art	**239**
3.1　Ceramics as Folk Art	239
3.2　Ceramics as Court Art	243
3.3　Ceramics as Literati Art	247

4. Ceramic Craftsmanship	250
4.1 Innovation and Development of Traditional Craftsmanship	251
4.2 "Clay and Fire as Necessities, Kiln as the Key"	257
4.3 Multi-Functional Ceramic Workshops	259
5. Ceramics in Ancient Books	263
5.1 Ceramics in Poems	263
5.2 Ceramics in Travelogues	266
5.3 Ceramics in History Books	267
5.4 Books on Ceramic Techniques and Craftsmanship	269

Conclusion

Jiangxi's Cultural Route of Ancient Ceramics: A World Heritage	273

Epilogue

	290

导论

　　文化线路是指拥有特殊文化资源集合的线性区域内物质和非物质的文化遗产族群，出于人类特定目的形成的一条重要纽带。这是近年来国际文化遗产保护领域提出的崭新概念，是世界遗产领域出现的一种新型遗产保护类型，被认为是拓展文化遗产规模和复杂性趋势发展的新成果，具有多维度的文化内涵。中国地域广大，幅员辽阔，悠久的历史孕育了数量众多的文化线路，所拥有的文化线路具有丰富性、多样性、复杂性特征，除了世界文化遗产大运河、丝绸之路和正在申报世界文化遗产的茶马古道、蜀道等文化线路之外，还有许多潜在的、对地域经济和文化发展产生极大影响的文化线路，江西古陶瓷文化线路就是其中最具代表性的文化线路之一。

一、江西古陶瓷文化线路

　　陶瓷文明是手工业文明的重要代表，是中华文明的重要组成部分，在世界古代文明中占有重要地位。江西地区交通条件优越，区位独特，历史悠久，自古形成了青铜文化、书院文化和陶瓷文化为特色的地方文化，尤其是陶瓷文化特色鲜明，是中华文明的重要组成部分。江西古陶瓷文化线路是以陶瓷为载体进行交流、演进而形成的商贸交易、文化交流、技术传播线路。

（一）文化线路的概念

　　文化线路是"革命性的新思路"，是近些年世界遗产领域出现的一种新型遗产保护类型，是政治、经济、文化、社会交流的产物。文化线路概念的提出最早可追溯到1993年圣地亚哥线路被列入世界文化遗产。2008年10月，国际古迹遗址理事会（ICOMOS）在加拿大魁北克召开第十六届大会,会上通过的《国际古迹遗址理事会文化线路宪章》将文化线路定义为:"无论是陆地、海上或其他形式的交通路线,只要有明确界限,有自己独特的动态和历史功能,服务的目标特殊、确定,并且满足一线条件的线路可称为文化线路。"具体来说就是:第一,必须来自反映人类的互动,和跨越较长历史时期的民族、国家、地区或大陆间的多维、持续、互惠的货物、思想、知识和价值观的交流;第二,必须在时空上促进涉及的所有文化间的交流互惠,并反映在其物质和非物质遗产中;第三,必须将相关联的历史关系与文化遗产有机融入一个动态系统中。

《国际古迹遗址理事会文化线路宪章》的通过,标志着文化线路理论上的完善和作为文化遗产新类型的成功,是继线路遗产列入新版《世界自然和文化遗产公约的实施指南》遗产类别后,文化线路国际科学委员会(CIIC)的又一重大成果,是文化线路保护领域具有标志意义的事件,标志着文化线路的调查、研究、记录、认定、保护和传承已经成为世界遗产保护事业的重要内容,并且在组织架构上最终纳入联合国教科文组织的框架下。

2005年10月,在中国西安召开的国际古迹遗址理事会第15届大会暨科学研讨会后,我国学者开始关注"文化线路"遗产。2009年4月举行了中国文化遗产保护无锡论坛,共同研讨"文化线路"这一国际新型文化遗产类型的科学保护问题。同年11月川陕蜀道沿线11个城市召开了"2009中国蜀道·广元国际论坛",中国蜀道文化线路的整体保护和申报世界文化遗产成为研究主题。2014年6月,中国大运河和多国联合申报的丝绸之路成功入选世界文化遗产名录,多年的努力终于结出硕果。

(二)江西古陶瓷文化线路的定义

根据《国际古迹遗址理事会文化线路宪章》的有关定义,结合自身的特征,江西古陶瓷文化线路是指:江西地区自远古到中华民国建立以前陶瓷文明纵向传承和横向交流传播过程中产生的遗存、水陆运输线路以及线路沿途与陶瓷文明有关的物质文化遗产和非物质文化遗产的总和。

对比《国际古迹遗址理事会文化线路宪章》中有关世界文化遗产文化线路的判别标准(CIIC. *Reports of Experts*. Madrid, Spain. 1994),江西古陶瓷文化线路从时间、空间、文化特征、角色和目的等方面,完全符合世界文化遗产文化线路成立的条件。

1. 从时间上来看,江西古陶瓷发展历史自古至今,历经两万年,从无间断。

江西是世界陶瓷的重要发祥地,古陶瓷烧造历史悠久,源远流长,从未间断,这不仅是世界上任何民族的陶瓷文化无法比拟的,在世界文明发展史上具有里程碑的意义,而且在中国也是独一无二的。从目前世界上最早的陶器发现地万年仙人洞、吊桶环遗址,历经鹰潭角山商周窑场等,发展到世界瓷都景德镇,延续两万年的窑火不断。江西是陶器的发源地,陶器是

鹰潭角山出土商周时期陶器

东汉时期洪州窑青釉四系罐

人类社会早期的重大发明和巨大进步的重要标志，是原始社会科学技术的一次飞跃。瓷器更是中华民族的一项伟大发明，是中国人民对世界文明的卓越贡献。江西不仅是瓷器的起源地之一，更是世界瓷都所在地。丰城洪州窑在东汉晚期就烧造出世界上最早的青釉瓷；江西东北部的景德镇早在宋代以盛产"白如玉、明如镜、薄如纸、声如磬"的瓷器闻名于世，元代以后逐渐成为世界"瓷都"。千百年来，陶瓷业生产对该地区人们的思想、文化、生活等方面产生了巨大影响，并且一直持续下去，以景德镇为代表的陶瓷生产如今仍然活态延续并成为当地经济的支柱。

南昌东汉墓葬出土东汉洪州窑青釉双系罐

2. 从空间上来看，江西古陶瓷遗存遍布全省各地，遗存类型丰富多样，在长度和空间的多样性上全面反映了古代陶瓷文明交流的广泛性。

由于独特的地理条件和历史文化的传承等因素，江西陶瓷烧造历史自古以来延绵不断，生生不息，窑业遗存星罗棋布，数量众多，陶瓷遗存在空间维度上布满江西境内各大流域。

根据第三次全国文物普查的初步统计，江西全省共发现普查登记了234处陶瓷类遗址，其中汉唐时期陶瓷遗址90处，宋元时期陶瓷遗址94处，明清时期50处。

90处汉唐时期的陶瓷遗址绝大部分分布在江西境内五大流域，其中赣江流域61处、饶河流域11处、信江

北宋景德镇窑青白釉温壶

流域10处、抚河流域4处、修水流域4处,此外流向广东的东江流域也有窑址发现。江西十一个设区市的宜春市42处、九江市2处、吉安市4处、赣州市17处、上饶市8处、景德镇市9处、鹰潭市4处、抚州市4处,广泛分布在丰城市、南昌县、都昌县、新干县、大余县、宁都县、会昌县、龙南县、瑞金市、上犹县、于都县、全南县、章贡区、吉安县、石城县、青原区、寻乌县、樟树市、高安市、上高县、袁州区、鄱阳县、乐平市、浮梁县、昌江区、铅山县、贵溪市、月湖区、余干县、玉山县、临川区、南丰县、金溪县、奉新县等36县市区。这些陶瓷窑址从时代细分东汉时期窑址3处,三国两晋时期窑址12处,南北朝时期窑址12处,隋唐五代时期制瓷窑址数量大为增多,共发现了66处,数量远超汉晋南北朝时期,分布区域呈现出从环鄱阳湖与赣江下流地区不断向赣江中、上游及周边山区扩展的态势。

宋元时期陶瓷遗址94处,境内的主要河流抚河流域16处、赣江流域20处、饶河流域38处、信江流域11处、修水流域4处,饶河流域因为景德镇的崛起,陶瓷遗址数量剧增;另外流向湘江的萍水流域5处。各设区市的抚州市16处、南昌市1处、九江市1处、吉安市7处、赣州市8处、宜春市7处、景德镇市38处、上饶市7处、鹰潭市4处、萍乡市5处;涉及崇仁县、金溪县、南城县、南丰县、瑞昌市、吉安县、青原区、峡江县、永丰县、新干县、章贡区、宁都县、寻乌县、全南县、会昌县、高安市、丰城市、昌江区、浮梁县、乐平市、珠山区、铅山县、玉山县、横峰县、广丰县、贵溪市、月湖区、铜鼓县、奉新县、靖安县、芦溪县等32县市区。

明清时期景德镇被誉为"世界瓷都",成为世界陶瓷的制造中心,景德镇以外的各地大窑场迅速衰落,不过仍有不少具有地方特色的窑场坚守阵地,服务当地以及附近的地区,江西地区仍然发现有50处陶瓷窑业遗存,其中南昌市2处、景德镇市7处、萍乡市5处、九江市7处、新余市1处、鹰潭市2处、赣州市12处、吉安市2处、宜春市10处、抚州市1处、上饶市2处。

由此可见江西各地遗留的陶瓷遗存数量众多,星罗棋布,全境11个设区市均有陶瓷遗址分布,其中南昌市3处、景德镇市54处、萍乡市10处、九江市10处、新余市1处、鹰潭市10处、赣州市37处、吉安市13处、宜春市58处、抚州市21处、上饶市17处,几乎每个县都有陶瓷窑场,呈现分布面广、地域不均衡的现象。① 以唐代窑址为例,从最南面的寻乌上甲窑到最北面九江县新城镇蔡家珑窑址,从最东面上饶市婺源县紫阳镇齐村前山窑址,到铜鼓县大塅镇程子源窑址,全省境内主要流域均有瓷窑遗存分布。境内窑址遗存以赣江中游和昌江流域最为集中,景德镇作为瓷都、宜春丰城市作为汉唐时期洪州窑所在地发现的陶瓷遗址数量最多,反映出景德镇地区和宜春地区是江西古代陶瓷生产的主要场所和陶瓷生产基地。其

---

① 赖金明、张文江:《江西地区考古发现的龙窑遗迹》,沈琼华主编:《中国古代瓷器生产技术对外传播研究论文集》,浙江人民美术出版社2014年版。

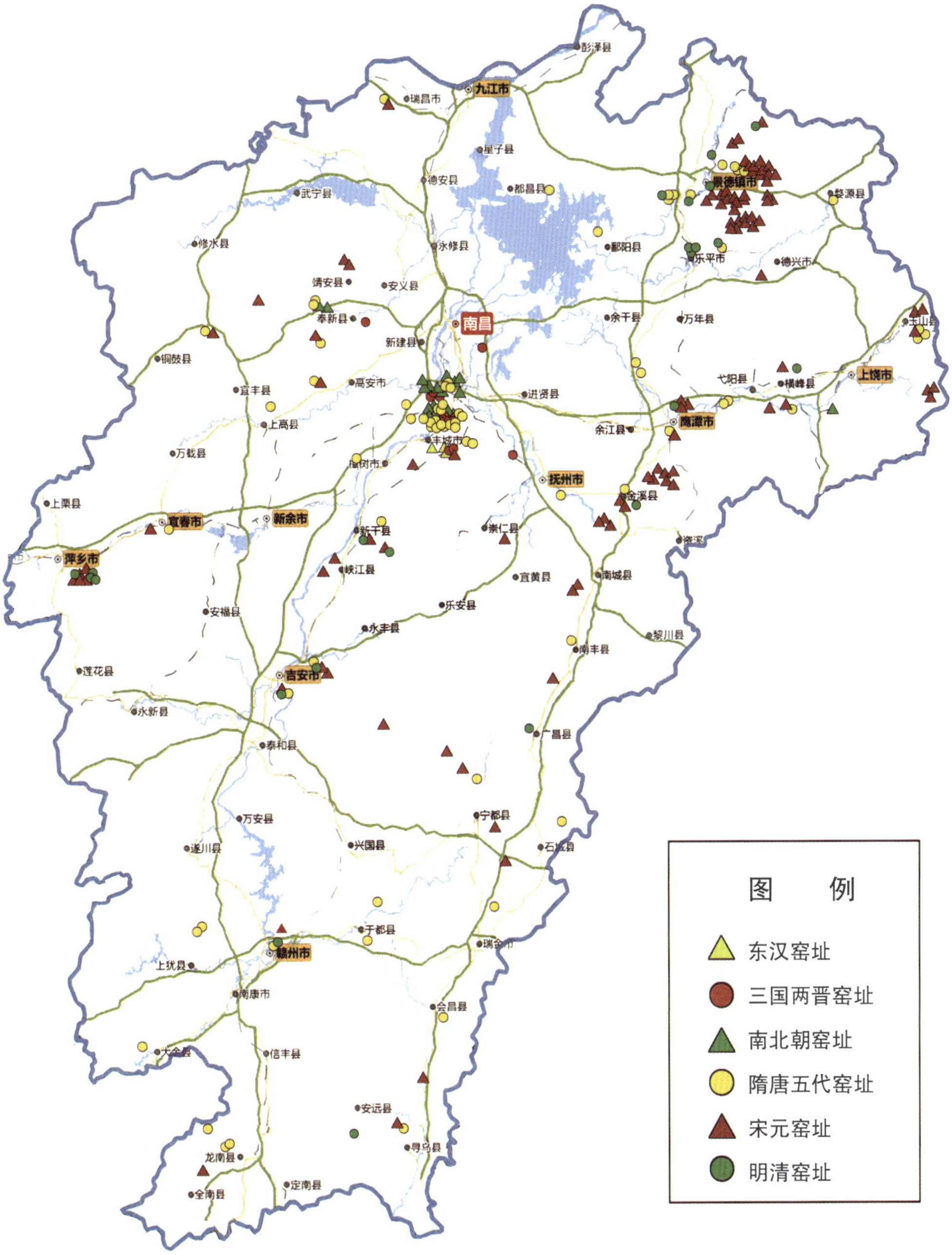

江西古代窑址分布图

导论

005

洪州窑遗址外景

吉州窑遗址

中瓷都景德镇地区仅宋代青白瓷窑址就发现136处[①]，这些与南宋时期蒋祁《陶记》"景德陶，昔三百余座"的记载互为印证。江西地区的这些陶瓷类遗存，除少量为主要生产陶器、砖瓦等建筑材料的陶窑遗址外，绝大部分是生产瓷器的瓷窑遗址。大量的窑场中不乏具有对世界陶瓷史产生重大影响的著名窑场，如唐代六大青瓷名窑、青釉瓷器发源地之一的洪州窑，居宋代六大瓷窑体系之首、冠绝群窑的景德镇青白釉瓷系，拥有独步天下黑釉木叶纹技术的宋元江南名窑——吉州窑，以及代表世界制瓷技术最高峰的明清御窑厂等。江西陶瓷发展史几乎可以代表中国陶瓷发展史，是中国陶瓷发展史的缩影。

3. 从文化特征来看，江西古陶瓷生产品种丰富，包含不同的文化因素，满足了国内外不同阶层人群的需求，产生了跨文化影响，完全符合文化线路的标准。

江西古陶瓷品种，几乎涵盖所有陶瓷器的釉色品种、器物造型和装饰技法。瓷器釉色有青釉、酱褐釉、白釉、青白釉、黑釉、红釉、黄釉、蓝釉、绿釉等；装饰工艺囊括刻划、雕镂、印花、画花、釉上彩、釉下彩、涂抹技法等，涉及红绿彩、斗彩、素三彩、粉彩、珐琅彩、新彩等；器类有碗、盘、杯、壶、罐等日常用瓷，还有鼎、瓶、尊、炉以及雕塑瓷等陈设用瓷，还有大量用以随葬的明器。这些瓷器满足了不同国度、不同地区、不同阶层、不同人群的需求，对具有不同文化背景的人群产生了物质和精神的影响。在世界近代史之前，还很少有一个国家的一种发明像瓷器一样让人类持续使用这么长时间。在中国瓷器未走向世界之前，世界上绝大多数国家使用的是陶制、木制、锡制、银制等器具，饮食器甚至使用树叶为碗，如在中国瓷器没有进入东南亚地区之前，当地居民多数没有使用饮食器皿的习惯，在登流眉国（今泰国南部洛坤地区）当地人皆围坐用餐，"以葵叶为碗，不施匙箸，掬而食之"。中国瓷器输入这些地区后，当地人才用真正的饮食用具。中国瓷器传播世界之后，渐渐改变了这个现状，到19世纪时，几乎全

---

① 统计口径与时间不同，造成数量上的区别。

世界的人都用上了瓷器,替代了原先的用具,这些深刻改变了西方人的生活方式,提升了西方人的审美情趣,加速了人类文明的变革进程。

青花瓷器是世界性的陶瓷文化现象,元代青花瓷的出现就是伊斯兰文化、蒙元文化、汉民族文化交融的产物。13世纪以来,以景德镇为中心的青花瓷通过贸易的方式被越来越多地输出海外地区,随着瓷器的输出,制瓷工艺的交流更加频繁,促进不同地区的瓷业生产和发展。如景德镇瓷器源源不断输往日本,对日本的制瓷业产生了巨大的影响,有田、京都是在中国尤其是景德镇的影响下开始烧制瓷器的。1511年,日本人伊藤五良大浦随日本使节到中国学习景德镇瓷艺,归国后在有田设窑烧制陶瓷,将中国明代瓷器的韵味融入本国传统文化艺术中,烧造出受日本和西方市场欢迎的日用器皿,这些瓷器因为标有"祥瑞""吴祥瑞""五良大浦"名款,被后人称为"祥瑞"瓷。江户时代,这些在有田一带烧制的青花瓷器经由伊万里港口输出,这些瓷器也被称为"伊万里"瓷。中国瓷器对欧洲大量输出,传播了先进的陶瓷生产技术,促使欧洲最终生产出了真正意义的瓷器。18世纪早期,法国传教士昂特雷科莱(中文名殷弘绪)到景德镇传教,将景德镇制胎、施釉、烧成的技艺信息通过书信传递回欧洲,这些技术信息大大启迪了当时仍在茫然中探索的欧洲制瓷业。1708年,欧洲人发现了当地的高岭土矿。1710年,德国迈森(Meissen)瓷器烧制成功,宣告欧洲第一个瓷器工厂诞生。18世纪中叶法国人也成功烧造出真正的硬质瓷器,随后英国、瑞典、荷兰都先后仿效成功,开创了欧洲制瓷历史的新纪元。直到此时,真正意义的欧洲瓷器烧制史才逐渐拉开序幕。可以说,近代欧洲瓷器就是在景德镇瓷器的影响下才逐渐发展起来的,景德镇制瓷技术对世界的影响,是其他任何窑场都无法比拟的,在世界陶瓷历史上绝无仅有。

4. 从角色和目的上来看,江西古陶瓷功能齐全,影响了使用者的价值取向、审美情趣和宗教信仰,也完全符合文化线路的标准。

瓷器不仅是世界贸易的重要商品,作为一种文化载体,影响输出地区的技术更新和文化变革。江西古陶瓷文化线路促进了省内区域内部之间的联系和交往,成为繁荣当地经济的重要工具,是区域交往的重要桥梁和纽带。江西古陶瓷文化线路除了沟通江西地区各大流域的联系和往来,还沟通国内各陶瓷产区,甚至沟通了亚、欧、美各州各国各民族之间的陶瓷技术、文化的交流,成为古代东西方文化交流大通道的重要组成部分。中国瓷器对于人类社会的生活、审美、科技等各层面的改变或影响,大约只有20世纪90年代以来覆盖全球的互联网可以比拟。如前所述,中国瓷器不仅改变了东南亚地区的饮食习惯,对伊斯兰文化区产生了重大影响,元明时期销往中东的大批外销瓷器,不乏体型硕大的青花瓷器,从16世纪伊斯兰装饰画可见多件大型青花餐具得以证实,说明此时该地区的人们大量使用从中国进口的青花瓷器。青花瓷器对外的大量外销不仅引发了西方的餐桌革命,而且影响了人们的精神信仰,这一时期欧洲宗教题材的绘画中,常可见到青花瓷的身影,如著名意大利画家乔凡尼·贝里尼(Giovanni Bellini)在1514年创作的名作《诸神之宴》中就画有明代风格的青花大盘、果盘和高足杯,彰显青花瓷器在欧洲推崇备至的地位。①

以江西瓷器为代表的中国瓷器是中国古代海外贸易最大宗的商品之一,是陆上丝绸之路和海上丝绸之路的主要商品(海上丝绸之路也称为陶瓷之路)江西因此成为中国陆上丝绸之路和海上陶瓷之路的重要起点,景德镇可以说是中国海上陶瓷之路第一镇,景德镇瓷器堪称是最早的全球化商品。随着历代对外贸易的发展,中国的文化和生活观念随着瓷器走向世界,让世界了解了中国,也影响了整个世界。早在南朝时期,丰城洪州窑瓷器曾销往朝鲜半岛,宋朝廷奖励外贸,授商以官,海外贸易大为发展,江西的吉

伊斯兰装饰画中的青花酒具(16世纪)

州窑、七里镇瓷器,尤其是景德镇青白釉瓷器大量流布世界各地。明代郑和七下西洋和新航路开辟之后,海外交通更加畅通,海洋贸易更加拓展,景德镇瓷器对外贸易量也随之大幅度增长,输出范围从亚洲扩大到欧洲和美洲,形成了一个世界性的中国瓷器市场。

从世界各地考古资料看,景德镇瓷器通达海外50多个国家和地区,正如明末清初史学家沈怀清在《昌江杂记》中描述的那样:"昌南镇陶器行于九域,施及外洋。"迈克尔·狄龙在《景德镇是明代一个工业中心》一文中估算,从1602年至1657年之间,景德镇大约有300万件瓷器运往欧洲。可以说,无论与景德镇有无瓷器贸易,几乎所有的国家和地区都收藏有景德镇瓷器。景德镇瓷器以其精湛的制造技术、独特的艺术魅力影响到输入地人群的陶瓷生产、价值取向、宗教信仰、审美情趣,对西方的审美风尚和艺术流派也产生了深远影响,激发了欧洲社会对神秘东方的全新想象。如17、18世纪,随着景德镇瓷器的输入,并风靡法国上层社会,其精致华丽的艺术风格孕育浪漫的"洛可可"艺术思潮,影响到了整个欧洲绘画、建筑和工艺美术等领域,形成了纤巧华美装饰风格的所谓"洛可可"运动。

---

① 转引袁泉、秦大树:《走向世界的明清陶瓷》,上海古籍出版社2015年。

(三)江西古陶瓷文化线路的特点

江西古陶瓷文化线路从两万年前最早陶器的发明使用、新石器时代陶瓷文化线路的萌芽、历经商周时期的星火、汉唐时期的发展、宋元时期的辉煌、明清时期的鼎盛,在不同时期形成不同的陶瓷文化线路,呈现不同的鲜明时代风格,呈现出如下特点:

1. 江西古陶瓷的生产区域由依傍小溪小河逐步向紧邻大江大河拓展,最后发展到影响了海外。

最早的陶器出现在万年仙人洞和吊桶环遗址,地处万年盆地的小溪河畔,远离境内的大江大河;到新石器时代的老虎墩遗址开始转移到江西境内主要河流之一修河的支流潦河台地上;商周时期,江西的文化中心吴城文化遗址处于江西最大河流——赣江的支流锦江河畔;汉唐时期,唐代六大名窑之一的洪州窑开始由赣江支流清丰山溪转移到赣江东、西两岸河畔,既有支流,又离不开大江大河;宋元时期的吉州窑、七里镇窑等著名窑场就全部选址在赣江河畔,完全脱离依傍小溪小河,发展到紧邻大江大河。海上丝绸之路开通后,江西古陶瓷文化线路由国内发展延伸到海外。

2. 从窑场规模看,江西古陶瓷生产的工场(作坊)由独立、分散,向比较集中、较大规模变化,直至出现超大规模的群体,发展成为带状区域窑址群。

江西地区窑场规模呈现出由个体向集约型发展的鲜明特点。唐代窑场虽然数量多,但是单个窑场的面积较小,在一个地方生产的时间较为集中、短暂,不像宋元时期的吉州窑、七里镇窑、白舍窑的窑场连绵好几公里,区域内延续分布几十座窑场。更不如明清时期的景德镇珠山御窑厂,出现了窑炉连成一排,仅御窑厂北麓就发现明代早期永乐时期的葫芦窑7座,御窑厂南麓揭露明代中期的马蹄窑十多座,表现出集约化、规模化的模式。

3. 从生产和销售市场来看,窑场生产由地区的区域性中心,向全国、全世界的瓷器制作中心转变,自元代以来,景德镇开始成为全世界的瓷器生产中心,被誉为"瓷都",产品销售区域由本区域向省内、省外,再向国外发展。

商代角山窑场的产品主要销售赣东北一带,辐射到闽北、浙东地区;汉唐时期洪州窑的产品除了主要销售在江西地区以外,开始面向省外,集中在长江中游的武汉、下游的建康(今南京)等当时的中心城市,甚至在朝鲜半岛留下身影;宋元时期景德镇窑的青白釉瓷器截止到1994年统计在全国15个省的50多个县出土,东亚、东南亚、北非等外国古代遗址中也常有遗存,尤以日本发现较多,可见销售市场之大;明清时期景德镇瓷器的销售范围更广、影响更大,《昌江杂记》中描述:"昌南镇陶器行于九域,施及外洋。"销售数量更是惊人,单是从北欧斯堪的纳维亚半岛一艘名为"哥德堡"号的瑞典东印度公司商船中打捞出乾隆年间烧制的各式景德镇瓷器达60多万件。

4. 窑业的管理形式呈现出由最初自发管理的民间管理模式，向既有民间管理又有官府管理的官民结合管理模式发展，最后向地方政府管理，直至中央政府管理的御窑模式转化的特点。

新石器时代的樊城堆遗址、筑卫城遗址，先民对陶器的生产、使用，处于自给自足、自发管理的模式，到了北宋时期的吉州窑，政府开始介入管理，"景德中为镇市，置监镇司"，就是有力证据。然后向地方政府管理发展，到了元代，朝廷在景德镇设置浮梁磁局，政府加强了对瓷业的制度化管理，明代洪武年间朝廷在景德镇设置御窑厂，由中央政府直接管理，集中最好的工匠，掌控最好的原料，生产最精美的艺术品，供皇家使用。

5. 产品的功能由单纯实用向实用性与观赏性并举转变。

两万年前万年仙人洞出土的圜底陶罐以及新石器时代筑卫城遗址等出土的陶器，如罐、鼎、碗等主要是满足生活必须，到了汉晋时期洪州窑生产的碗钵的功能仍然非常单纯，以日常使用为主。汉晋时期开始出现实用与陈设难分的青釉喇叭口瓶、插器等，产品的功能转向实用性和观赏性并举。宋代除了日常需要外，开始出现专门的祭祀、陈设器，如梅瓶、瓿等，向专门观赏、祭祀等多功能转化。到明清时期，瓷板画的出现，则纯粹是为了陈设观赏，不过仍然大量生产生活必需品，这一主题始终没有变化。

永乐青花海浪仙山双耳三足炉

民国程意亭粉彩花鸟画

(四)江西古陶瓷文化线路的保护对象

江西古陶瓷文化线路是一个内涵丰富的综合体,不仅是一条条陶瓷运输的体系,更是规模巨大的文化遗产廊道。它包括不同时期不同区域生产的陶瓷产品,运输产品和原料的水上、陆上运输路线,沿线各地保留大量与陶瓷生产、销售、祭祀、生活有关的历史遗存等物质文化遗产,以及与江西古陶瓷相关的制作技艺、工艺习俗和民风民俗等非物质文化遗产。这些既是江西古陶瓷文化线路的主题,也是江西古陶瓷文化线路的保护对象,具体如下:

1. 江西古陶瓷文化线路包括境内自远古到1912年以前因生产陶瓷器而形成的一系列陶瓷窑场遗存,以及不同地区凭借独特的资源条件和深厚的人文积淀生产的陶瓷器,这是江西古陶瓷文化线路赖以存在的根本。

江西古陶瓷文化线路涵盖1912年以前江西地区生产陶瓷器的窑场,窑场的时间上启商周,中经汉唐发展,鼎盛于明清,延至1912年。既有生产陶器的窑场,更多的是生产瓷器的窑场。瓷器窑场的生产既有单一的,如鹰潭龙虎山风景区鹅掌山窑场就是明代单纯生产仿龙泉青釉瓷器的窑场,更多的是多种或者混合品种同时生产的窑场,如吉州窑生产青釉、白釉、黑釉、青白釉、彩绘瓷器和绿釉等多品种。窑场面积有小的,也有规模巨大、集中成片的窑区,如南丰白舍窑遗存在3平方公里的范围内分布20座窑包,还有如洪州窑遗存这样巨型的窑场群,横跨6个乡镇,南北距离达20公里,窑场遗存多达47处。这些窑场中有洪州窑遗址、吉州窑遗址、七里镇窑址、白舍窑遗址、湖田窑遗址(含高岭土遗址)、御窑遗址、丽阳窑址等7处全国重点文物保护单位,有杨梅亭窑址、白浒窑遗址、丫髻山古窑遗址、上甲古窑址、山堂古窑址、临江窑遗址等6处江西省文物保护单位,还有大量的市、县级文物保护单位和未核定为文物保护单位的不可移动文物。这些窑业遗存涵盖丰富的窑业堆积,又包括大量制作陶瓷器的作坊遗迹、烧造陶瓷器的窑炉遗迹以及当时人群的生活遗迹等。这些窑场依据不同区域条件、不同资源条件和不同人文积淀生产了种类丰富、造型多样、装饰繁复的陶瓷器,囊括了陶器、印纹硬陶、原始瓷器、青釉瓷器、釉陶、黑釉、白釉、青白釉、红釉、蓝釉、绿釉等单色颜色釉瓷器以及褐色彩绘、青花、釉里红、五彩、粉彩等彩绘瓷,几乎涵盖了所有的陶瓷品种、器物造型和装饰技法,内涵十分丰富繁杂。

2. 与陶瓷生产息息相关的矿产、燃料等原材料遗存,也是江西古陶瓷文化线路保护的内容。

制作陶瓷,需要原材料。烧造陶器,需要粘土。烧造瓷器,需要瓷土、瓷石和高岭土矿。吉州窑因遗址对面青原山鸡冈岭富藏瓷土,使得吉州窑瓷器名扬天下,如宋周必大记载"(隆兴二年七月)庚申,遂上鸡冈,永和之朝山也,窑泥皆仰给于此"①。

景德镇三宝蓬瓷石、南港瓷石、石岭瓷石、高岭瓷土矿等矿洞,历经千年,至今仍在开采。

---

① [宋]周必大:《文忠集》卷一八六,四库本。

景德镇三宝瓷石矿现场

湖田窑场在早期主要使用三宝蓬瓷石。高岭土是陶瓷工业最重要的原材料,是配制高级硬质瓷胎的原料,对于提高瓷胎的光洁性、致密性、白度、硬度等都有独特作用。闻名中外的浮梁高岭瓷土矿,元代始采,明清大盛,导致了景德镇瓷业"二元配方"制胎法的产生,使景德镇瓷器由低火度软质瓷转变为高火度的硬质瓷,完成了中国瓷业史上一次质的飞跃,奠定了景德镇成为世界瓷都的基础。数百年大规模的高岭土开采,留下了大量的历史文化遗存和人文古迹,主要有元明清矿坑、矿井、淘洗坑、水口亭、东埠古街、古码头和尾沙堆积,还保存数通明代万历和清代康熙、雍正、乾隆朝石碑刻。尤其是高岭土白色尾沙堆积蔚为壮观,被誉为"青山浮白雪"景观。2001年浮梁县高岭古矿遗址由国务院公布为第五批全国重点文物保护单位。此外,烧造瓷器还要使用匣钵、垫饼、支具等辅助材料,同样需要消耗大量原材料,比如配制匣钵需要耐火原料,景德镇城区的马鞍山老土、乐平白土、柳家湾白土都是配匣所选之土。吉州窑遗址则保留很多池塘,多数是当年窑工取土所成,现在这些池塘与窑包、历史村落、古塔、街道相映成趣,成为吉州窑遗址上一道亮丽的风景线。

3.江西古陶瓷文化线路涵盖运输原料、产品以及与陶瓷生产、生活相关的运输线路,这是江西古陶瓷文化线路的主体。

江西境内自远古到1912年以前不同地区不同时期生产的陶瓷器,借助通江达海的水运优势,以水路为主,水陆兼程为辅,源源不断输往省内外、国外,形成不同时期自生产地到消费地的水上、陆上陶瓷运输路线。

江西陶瓷器的本土销售主要通过环鄱阳湖各大流域的赣江、抚河、修水、信江、饶河等,以及这些河流的支流、小溪,由此形成了江西境内的赣江线路、抚河线路、信江线路、饶河线路、修水线路等。与这些水上线路相连接的是陆上赣粤线、赣闽线、浙赣线、赣湘线等。通过这

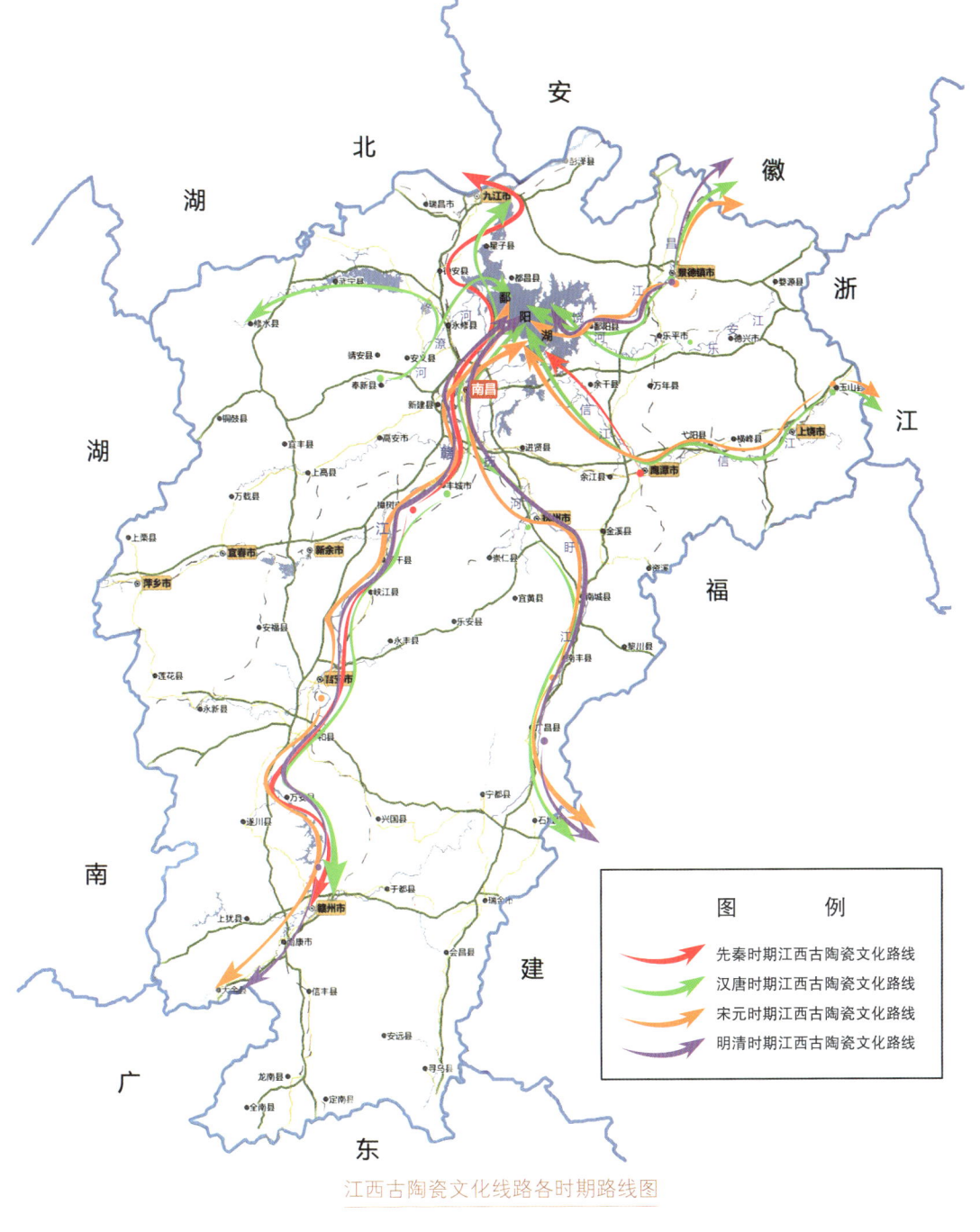

江西古陶瓷文化线路各时期路线图

些不同的水陆运输线路,江西地区生产的陶瓷器源源不断销往省内外和国内外。

早期瓷器的销售以陆路为主,唐宋后,随着造船技术的进步和航海事业的快速发展,瓷器更多以水运方式运输,销售数量随之增加,范围随之扩大。早在汉代,中国瓷器就通过陆上丝绸之路和海上通道运销东南亚、印度次大陆和西亚地区。从南朝开始,江西瓷器的外运通过长江、大运河等航运枢纽,与陆上丝绸之路、海上陶瓷之路以及茶马古道对接,源源不断输往国内外,传播到亚洲、欧洲、非洲的许多国家。在大运河沿线的杭州、扬州、济南等地的码头遗址、城市遗址以及沉船遗存中均有大量的江西陶瓷器出土,其中以洪州窑、吉州窑、景德镇窑最多;在陆上丝绸之路经过的内蒙古集宁路和元上都遗址也出土了大量景德镇窑生产的元代瓷器;在东南沿海各个对外的港口,同样发现许多江西生产的瓷器,浙江宁波港出土尤

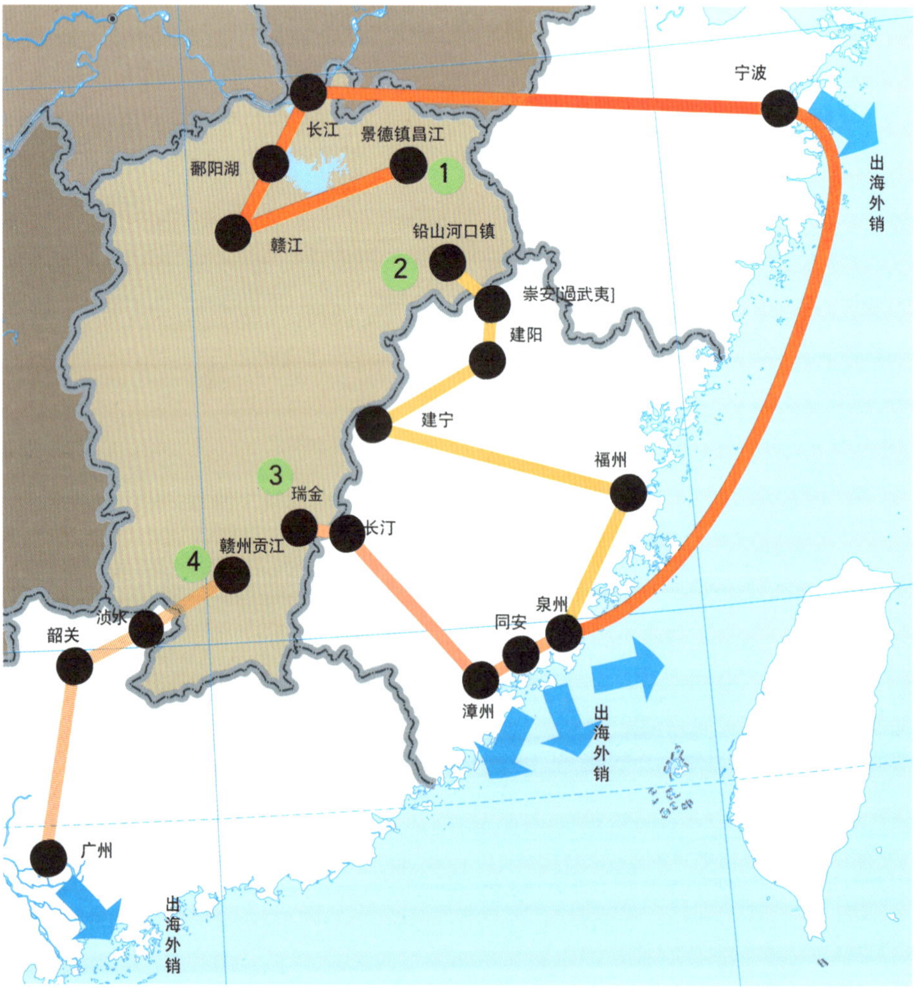

景德镇瓷器外销示意图

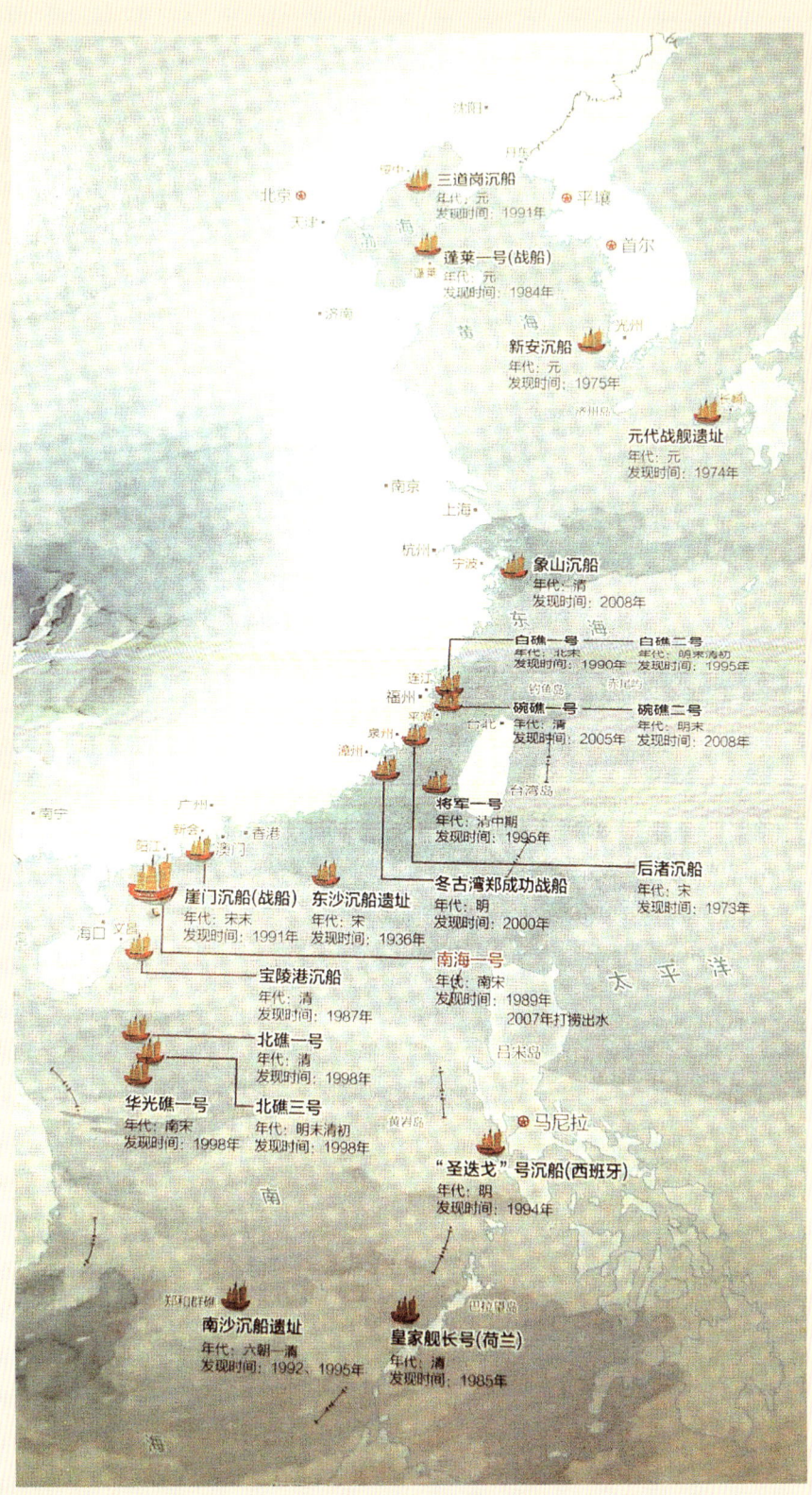

环中国海主要沉船分布图

赣州八镜台旧城墙

多；而在通往海外的航线上，近几年发现沉船出水的江西瓷器更是惊人，华光礁一号南宋沉船、西沙北礁三号沉船、南海一号沉船、福建省福州平潭一号沉船、越南头顿沉船和金瓯沉船等均出水大量江西瓷器，甚至就是以江西瓷器或者景德镇窑为主。

4. 江西古陶瓷文化线路上因陶瓷而兴起、发展的历史文化名城、名镇、街区和名村，是江西古陶瓷文化线路的重要内容。

沿着江西古陶瓷文化线路的窑场、城镇、村落、码头，凭借精美的陶瓷产品，货物得以交换，商品得以流通，经济得以发展，文化得以传播。沿线兴起的街区、城镇、码头的历史，就是一部部因陶瓷而生、因陶瓷而立、因陶瓷而兴、因陶瓷而名、因陶瓷而强的历史，就是一部部陶瓷技术、文化发展交流的历史。

国家级历史文化名城赣州市、景德镇市与江西古陶瓷文化线路的关系密切。赣州是赣江源头第一城，至今存留宋代古城墙、八境台、郁孤台、文庙以及石雕宝库通天岩等许多宋代古迹，被誉为"宋城博物馆"。全市境内共有全国重点文物保护单位29处、省级文物保护单位48处，底蕴深厚，其中的重点保护街区——七里镇街区就是因宋元时期著名窑场七里镇窑的兴盛而发展形成的。瓷都景德镇是我国第一批国家历史文化名城之一，因为制瓷手工业形成的典型城市而入选，著名的历史文化街区三闾庙是当年景德镇商船云集、人声喧哗的水路码头，建于明嘉靖年间，分明、清两条街，明街长80多米，有一组由9幢明中期和晚期古建组

景德镇御窑厂遗址

成的建筑群;清街长230多米,由清代店铺和各类作坊组成。数百块两米长青条石砌成的台阶由昌江河边直接街口。作为明清之际景德镇最重要的码头之一,景德镇瓷器就是从这里装船起航,顺昌江流入鄱阳湖,再经长江、赣江,运往华夏大地甚至于世界各地。除了国家级历史文化名城外,还有因瓷器集散地闻名的江西省历史文化名城吉安市,与吉州窑繁荣与共的中国历史文化名镇永和镇,以及中国历史文化名镇浮梁县瑶里镇、江西省历史文化名村东埠村等。

江西古陶瓷文化线路还包括与陶瓷有关的传统村落、历史文化名城名镇名村形成过程中留存的码头、道路、古塔、纪念设施、里坊、官署、书院、寺观、庙宇等其他古建筑。这些古建筑有的属于文化、纪念设施,如景德镇的标志性建筑珠山龙珠阁,浮梁县旧城村保留的红塔;有的属于窑主、陶工求神庇佑的寺庙以及与陶瓷行业相关的祭祀遗存,如景德镇昌江区的五显庙、旸府寺、观音阁,吉州窑遗址的清都观、本觉寺、智度寺、净居寺,七里镇窑址的万寿宫、娘娘庙等。

5.江西古陶瓷文化线路包括与陶瓷有关的非物质文化遗产。

江西古陶瓷文化线路除了拥有丰富的物质遗存外,还有许多由于交通运输、人员流动、物质交流而产生的地方文化演变、民俗民风的流传,以及宗教信仰、文学艺术、方言俗语、戏曲演艺、手艺工巧、土特食品、名点佳肴等非物质文化遗产。主要有与陶瓷有关的因陶瓷产生、兴起的作坊营造技艺、手工制瓷技艺、陶瓷装饰技艺、陶瓷民俗、陶瓷美术、民间文学、传说、民间音乐、民间舞蹈、传统戏剧、曲艺、传统医药等。这些非物质文化遗产内涵丰富，形成了国家、省、县三级非物质文化遗产名录的不同保护层次。此外包括历代记录陶瓷生产技艺的丰富文献资料，如南宋蒋祈的《陶记》、明代宋应星的《天工开物》、清代唐英的《陶冶图说》、清代蓝浦的《景德镇陶录》等。

二、江西古陶瓷文化线路形成的原因

江西古陶瓷文化线路之所以能形成、发展、繁荣、鼎盛、延续传承，得益于江西独特的自然条件、得益于江西古代社会经济的发展、得益于江西古代陶瓷万年不间断的发展。

(一)自然条件

江西古称"吴头楚尾，粤户闽庭，形胜之区"。在长江中游南岸，东邻闽浙，南连广东，西接湖南，北界皖鄂。《滕王阁序》用"襟三江而带五湖，控蛮荆而引瓯越"概括指明了江西重要的战略位置和区位形势。

江西的地形以山地丘陵为主，约占全省总面积的60%，其中边缘山地约占全省总面积的五分之一[①]；北部鄱阳湖平原，广阔肥沃，河道纵横；中南部丘陵地带海拔200~400米，其间多盆地，如赣州盆地、吉泰盆地、南丰盆地等；此外在赣东南山区、赣西山区、赣东北山地和赣西北山地之间的河流两侧的冲积平原，形成若干个谷地，如信江谷地、修水谷地、袁水谷地等。江西为环西太平洋成矿带的重要组成部分，成矿条件优越，矿产资源丰富。已经探明171种矿产，发现各类固体矿产资源140多种，矿产地700多处，已探明储量的有111种。非金属矿产70余种，大型矿床20多处，其中瓷土量大质优，这是江西历史上陶瓷制造业特别发达的物质基础。发达的水运条件、便利的交通孔道，加上富藏的瓷土资源，以及低矮丘陵山区丰富的燃料、高低不平地势产生源源不绝的水动力，共同形成江西古代陶瓷生产的熊熊之火。

1. 河流走向形成水上古陶瓷文化线路。

中国古代主要有畜力车和船(水运)两种运输工具，而畜力车无论在运量还是运输距离方面都是无法与船相比的，因此大宗的、需要长距离运输的物资，如陶瓷、漕粮、盐、木材等一般走水路运输，就是量小的、运输距离较近的物资，只要有水路都会使用水运。江西水资源丰富，境内河流密布，全省共有大小河流2400多条，总长18400公里，其中较大的河流160多条。由于江西群山环抱的地势，除了赣南的寻乌水、定南水流入广东东江，属于珠江水系；赣西萍乡的渌水注入湘江，归属洞庭湖水系外，江西河流均发源于省境东、南、西三面山地，并依山势向中北部汇聚，向心汇入中国最大的淡水湖鄱阳湖，然后向北经湖口注入长江。

鄱阳湖位于江西北部，长江九江段的南岸，为中国第一大淡水湖。南宋王象之《舆地纪胜》记南宋饶州："鄱阳湖，湖中有鄱阳山，故名。其湖绵延数百里，也名彭蠡湖。"赵抃《鄱阳湖》："长波万顷阔，大舸一帆轻。"朱熹《彭蠡湖》："茫茫彭蠡杳无地，白浪春风湿无际。"《明史·太祖本纪》："友谅兵号六十万，联巨舟为阵，楼橹高十余，绵亘数十里，旌旗戈盾，望之如山"。鄱阳湖能够容纳百万大军鏖战、数十米高的巨舟，可见湖泊之大。鄱阳湖水系主要有赣江、抚河、信江、饶河、修河及其支流组成，流域面积16.22万平方公里，占全省流域面积的94%。

赣江是江西省第一大河，总长801公里，发源于闽赣边境的武夷山脉，源头在江西省寻乌县珊贝附近。赣江较大的支流贡江、章江、龙泉河、袁河、锦江等共同组成纵贯江西全境的南北运输网络。赣江是鄱阳湖流域五河之首，流域面积83500平方公里，占鄱阳湖流域面积的51.5%，居长江八大支流的第七位，单位面积产水量则居八大支流之首抚河全长387公里，源出广昌县血木岭，分别注入赣江和鄱阳湖，流域面积17000平方公里。信江全长404公里，源自浙赣边境怀玉山南麓平家源，流域面积17600平方公里。信江是江西通往福建、浙江的水上通道，也是古代闽越入京通道。饶河主流乐安河，全长312公里，发源于皖赣边境婺源县北部黄山余脉之彰公山，注入鄱阳湖，流域面积14367平方公里。饶河重要支流昌江，全长253公里。

江西水资源很丰富，水利优势在于量大质优，人均占水量在全国排名第七。年降雨量1600毫米左右，但是降雨集中，分布时空特别不均。江西五条主要河流和国土面积95%的水都注入鄱阳湖。

丰富的自然资源为水运的发展提供了物质基础。诸多的河流湖泊给予古代江西人民舟楫之利，把丘陵、山区和盆地联系起来，鄱阳湖出湖口与中国黄金水道长江相接，进而与沿江各大城市相通，将长江水系和整个外部世界紧密联系起来，鄱阳湖很早就成为江西和中国东南的水运枢纽。鄱阳湖水域广阔，水流平缓，航行条件优越，环湖形成九江、湖口、都昌、鄱阳、南昌、星子等重要港埠，境内沿赣江、抚河、信江、饶河、修水上溯，分别达于省之四境。由此形成江西地区独特的以鄱阳湖为中心，沿赣江、抚河、信江、修水、饶河及其支流辐射的水上运输路线。

这些水运通道不仅在中国古代南北交往中做出了巨大贡献，而且对江西政治、经济、文化的发展起了积极作用。江西先民充分利用这些便利的水上运输通道从事陶瓷生产、销售，形成江西古代陶瓷文化线路。

商周时期江西地区主要是与周边的珠江、闽江、长江甚至北方的黄河流域相互往来，这些交往都非短距离陆运所能完成的。依傍信江的鹰潭角山商代窑场生产的原始瓷器和印纹硬陶就是由信江运往鄱阳湖，然后转运省内各地；或逆信江而上，越过武夷山，进入光泽或浦

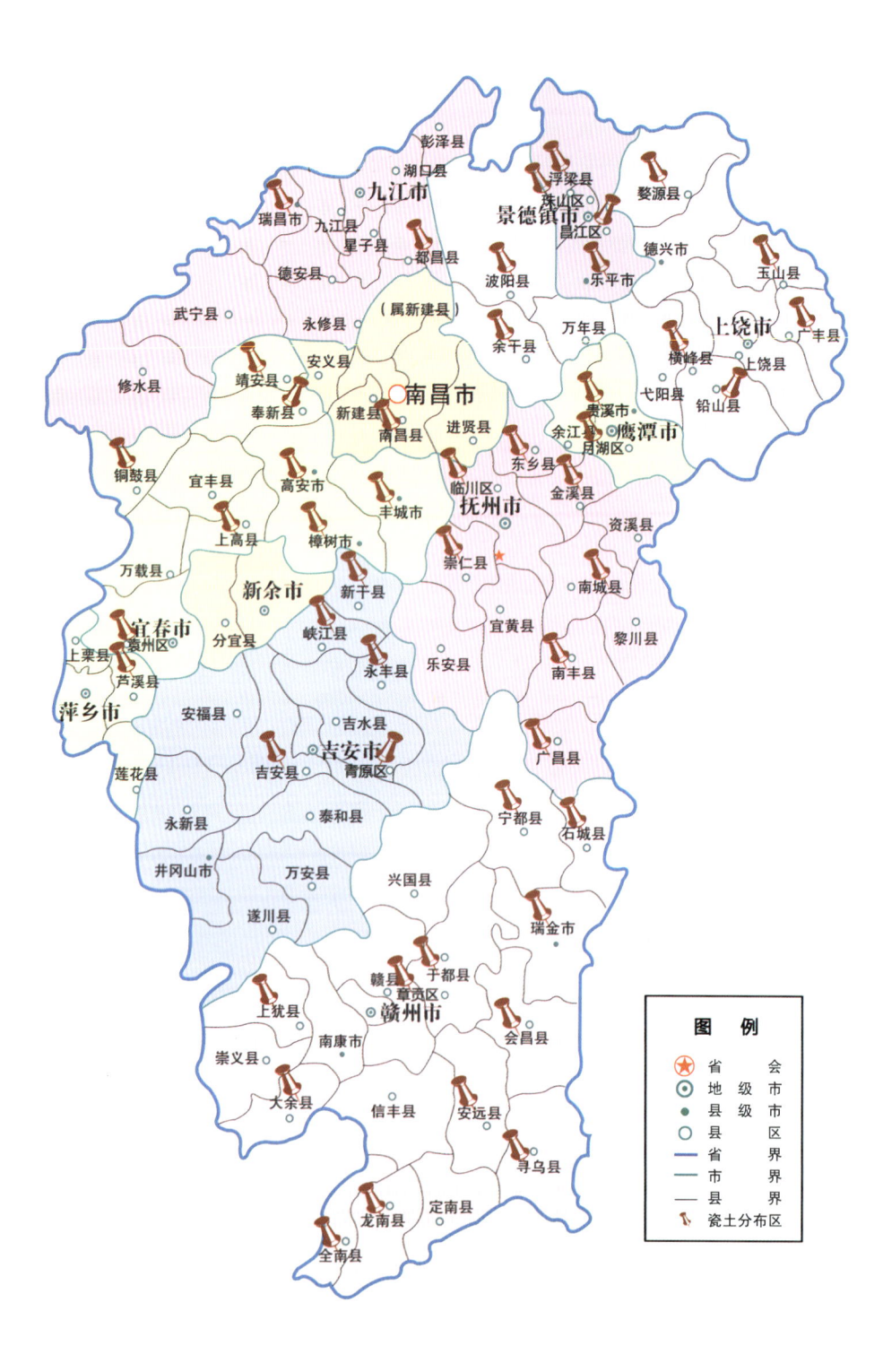

江西瓷土分布示意图

城，进入到闽江流域，甚至到达闽江下游黄土仑遗址。角山窑场的陶瓷器还与浙江西南的江山肩头弄遗址有着密切关系，表明这条线路也隐约存在。角山窑场商品甚至有可能到达长江南北沿岸。

秦汉、两晋、南北朝时期，赣江在中原地区与岭南地区的联系中占有重要的地位。江西的大量物资，取道赣江水运，转运长江东下，销售于建康、广陵等长江下游地区。

隋唐以后，随着南北大运河的开通和大庾岭的开拓，江西的水运网络由原来省内的区间性航路纳入全国水运网络，开始成为北起京都长安、南达广州，以水路为主的全国南北交通大动脉中的一个重要组成部分，成为中国南北交通大动脉重要组成部分的江西水运，辐射范围广大，承担了南起广南，北到涿郡，东到苏杭，西至大兴（西安）等广大地域的物资交流任务。当时由波斯湾沿海经马六甲海峡和北部湾到中国广州，入广东的北江，越大庾岭转赣江，而后经洪州，入鄱阳湖，进长江，到扬州、长安等地的西域、东南亚商人都是走这条南北大通道。隋唐时期的洪州窑也主要依靠赣江水运，运输生产资料，转运瓷器商品。由于商品贸易物资集散的需要，促使鄱阳湖和赣江、抚河、信江、饶河、修水五大水系的沿岸出现了一批大小港埠，其中一些地理位置较好、经济发达、水运集中的地方，便逐渐发展成为重要港口城市。唐宋时期江西比较著名的港口城市有洪州、江州、饶州、吉州、虔州等，有的渐渐成为地方政治、经济和文化中心。

宋代赣江水运仍然是南方重要航运线路，广南金银、香药等多取此道转入长江，进入中原。赴岭南的仕人和部分谪臣常取道虔州—大庾岭一路。赣州城郊贡江、章江交界处的七里镇窑场因处在这条交通要道上而兴盛起来。位于江西中部赣江与禾水汇合处的吉州，是赣江中游水路交通以及物资集散中心，各地商贾和过往船舶常集中于此。吉州永和镇便是吉州窑所在地，吉州窑始烧于晚唐五代，兴盛于宋元之际，元末终烧。北宋景德中，永和镇曾辟坊巷六街三市，人口逾四万。据研究，陶瓷从业工人达1万余人。吉州窑之所以能发展到如此规模，主要是因为窑场紧邻纵贯江西全境的赣江，发达的水运交通为瓷业的生产和外销提供了极其便利的条件，正是瓷业的繁荣和交通的发达，促使永和镇成为"江东一大都会"。

瓷器作为易碎物品，主要采用的运输方式为水运。水运为瓷器产品的运输和发展提供了便利条件，瓷器又成为水运的大宗货源。同样，便利的水运，对景德镇瓷器生产起了重要作用。被誉为瓷都的景德镇除了富有生产瓷器的原料和燃料之外，更由于位于昌江上游的浮梁河与东、南、西三河交汇处，水路交通畅达，不仅瓷业生产必需的原料和燃料可以源源运入生产地，而且其产品瓷器能够选择最适合瓷器运输的水路，通过昌江，输往鄱阳、九江，转销全国各地，甚至外洋。昌江和鄱阳湖发达的交通条件促进了景德镇的发展，景德镇成为闻名中外的瓷都。

南朝宋人雷次宗在《豫章记》中用"地方千里，水路四通，风土爽垲，山川特秀，奇异珍货，此焉自出"来描述江西地方交通经济情况。江西丰富的水利资源，优越的航运条件，使本来在古代占统治地位的水上运输成为瓷器运输的主要方式，江河走势形成的水上运输路线促进了江西古代陶瓷生产资料、产品的运输以及人员、物资的交流，由此可以看出江西古代陶瓷文化线路水上运输的繁忙景象。

2. 山脉走势形成陆上古陶瓷文化线路。

江西在地理上自成单元。境内除北部较为平坦外，东、西、南部三面环山，中部丘陵起伏，成为一个整体向鄱阳湖倾斜而往北开口的巨大盆地。北部有鄱阳湖及湖滨平原向着中原敞开，然而又有长江天堑横亘其北。东边有怀玉山和武夷山脉，将江西和浙江、福建两省分割开来；南部有大庾岭、九连山逶迤于赣粤之间，形成天然分界；在西面，南段有罗霄山脉的万洋、诸广、武功山，北段则有幕阜、九岭两山，把江西与湖南、湖北相隔离。地理上的相对独立，决定了江西在历史上成为一个行省的天然条件和地理基础。

正是这些山地横亘其间，给江西地区与周边的浙江、福建、广东和两湖地区之间的交通造成了一定的障碍。然而在上述各条山脉之间，有着一些山间谷地和天然的隘口可做通道，较为重要的有广丰的二度关，铅山的分水关、桐木关，资溪的铁牛关，黎川的杉关、德胜关，瑞金的大岭关以及大余的梅关。这些隘口和通道较为险峻，在漫长的岁月里，由于交往和经济发展的需要，古代人民筚路蓝缕在隘口平缓地段开辟山径小道以通行旅。小道经过不断被利用、被修整，逐渐地演变为沟通相邻地区的孔道，这些孔道使得江西与周边地域保持一定的联系，成为江西出境的通道，也成为周边地区进入江西的孔道，这些通道补充了水上运输路线不能够到达的地方。江西古陶瓷也通过这些陆上交通路线渊源不断运往周边省区、国内，甚至外国。历史上比较重要的陆上线路有：

浙赣线：由浙江常山到江西玉山。浙赣线把浙江钱塘江和江西信江连接，两端分别为水上通道，仅在玉山分水岭有80多公里的陆路，道路低平。这条线路是连接浙赣两省，进而连通闽、粤的重要运输道路。这条路线形成很早，唐代学者李翱于元和四年（809），自东都洛阳经扬州、杭州、洪州到广州时，中间就取道浙赣线路。其所著《来南录》："……四月戊子自常山上岭至玉山……庚寅至信州……"记录的就是这条线路。

赣闽线：介于江西省东部和福建省西北部，又分两路：一路由江西信江铅山县河口镇经分水关，陆行190里，出福建崇安，经建阳、建瓯与建溪相接。这条路线是古代东越（今福建省）通往中原的咽喉，具有重要的战略地位。汉元鼎六年，杨仆率军进入鄱水（今饶河）的白沙、武林（今江西省鄱阳县西），以防止东越反汉。不久，东越王余善果然自立为"武帝"，"发兵拒汉道"，并攻入白沙、武林、梅岭等地区，"杀汉三校尉"。汉武帝于元封元年，派兵四路，水陆并进，前往征伐。其中一路是派楼船将军杨仆出豫章武林，开辟了江西境内沿信江转道河口跨过分水关进入东越的道路。南宋时陆游从提举福建常平茶盐公事的任所建安应诏回临安，即取此道。陆游所经行的路线是：自建安、建阳北上，过铅山，由信州向东北，沿信江上溯直到玉山，经衢州至临安。同时这条线路也是连接赣、闽、浙、粤省的重要运输道路。铅山县宋代盏窑生产的黑釉茶盏就是受到福建建窑的影响而兴起的，盏窑生产的黑釉茶盏也是凭借这条路线输往福建沿海港口，或者转道输入江浙一带，通向外洋。另外一路是：由江西抚河流域的南城县，穿黎川县杉关至光泽，到邵武与富屯溪（闽江支流）相接。这条通道也是古代江西陶瓷销往外洋的重要孔道，位于广昌驿前的马鞍坝青花窑场因此兴盛，沿线的南城、广昌、会昌出土不少外销欧洲的克拉克瓷，有学者认为这是一条走私通道。

上述线路分别以信江、抚河和钱塘江、闽江为延伸线，网络的地区很大，自古就是浙赣、赣闽的主要通道。这些通道不仅是浙赣、赣闽的商货运输线，而且江苏、安徽、四川、湖南、湖北等省商贾也多道出其间。

赣粤线：介于江西南境和广东北部，是江西章江翻越大庾岭与广东北江的连线。其中大庾岭长30多公里，为赣粤线襟喉地区。这条线路起源很早，秦时称"通南越道"，汉世称"五岭新道"。唐天宝七年（748），高僧鉴真第五次东渡日本，从扬州出发，在舟山因遇台风，在海上漂流了14天，到了海南岛南端的崖县。在辗转返回扬州途中，弟子祥彦和日本学僧荣睿相继去世，鉴真本人也因长途跋涉，暑热染病，双目失明。其返回扬州的路线就是从广州经赣粤线至洪州，途中路过吉州，特地带弟子前往青原山，瞻仰行思七祖真身，并下榻青原山，称其真可谓"何堪之盖集，云外老僧家"。经南京等地回到扬州。北宋时广南运往中原的贡赋和百货都经此线转赣江、大运河北去。地处大庾岭附近的大余县唐代壶头山窑场利用这条通道输送生产的青釉瓷器。

赣湘线：介于江西西部和湖南东境之间，起自袁水上游的萍乡，经湘东入湖南省醴陵市，沿渌水至株洲，入湘水，进而连通洞庭湖水系。赣湘线是汉代豫章郡至长沙国的主要路线，以后持续发展，成为古代赣湘之间的重要通道。宋元时期萍乡南坑窑的繁荣兴盛得益这条线路的畅通。正是在景德镇青白釉瓷器畅销的刺激下，受萍乡南坑窑的辐射影响，宋元时期湖南益阳的羊舞岭窑、衡东麻园窑、耒阳磨形窑在南宋中晚期采用覆烧法开始烧制青白釉瓷器，芒口覆烧成为一时之风尚。这些窑场之间的影响通过赣湘线路进行[①]。

正是因为有了这些因险峻山势形成、先人开拓的孔道，江西向东和东北，翻越武夷山和怀玉山脉，可以连通福建、浙江，距离东海最近处只100多公里。向南，通过大庾岭古道，经南雄、韶关下北江可直达广州，与海外世界连接。向西经渌水经浏阳河与湘江水系沟通，进而西接云贵。向北则由鄱阳湖进入长江，上溯武昌、汉口直至巴蜀，连接中国广阔的西南腹地，下则安庆、南京、扬州、上海片帆扬海，与长江下游地区密切联系。特别是由于古代中国在相当

[①] 湖南省文物考古研究所、益阳市文物管理处：《湖南益阳羊舞岭窑址群调查报告》，《湖南考古辑刊》第8集，岳麓书社2009年版。

长时期内仅仅开放广州一口与外部世界通商,隋唐以后,京杭大运河又将南北水运贯通,运河—长江—赣江—大庾岭—广州通道成为中国封建社会后期最重要的交通干线,江西不仅可以直航北方而达京畿,而且大量的人员、物资以及信息在这条大道上源源不断地南北对流,对江西古代经济和文化的发展产生了巨大、深刻而积极的影响。这些通道为江西古代陶瓷的生产、运输和销售打开了方便之门,促进了陶瓷生产、技术的交流发展。

(二)经济社会因素

江西古陶瓷文化线路是古代先民在长期的陶瓷生产、销售活动中形成的,不仅仅是商道,还是文化活动的走廊和枢纽。这样一条具有文化活动走廊和枢纽地位,乃至商道性质的古陶瓷文化线路的形成并非一夕之功,而是历朝历代人民共同努力的结果,不仅离不开水土宜陶的自然环境与积淀深厚的人文环境,更离不开江西社会经济的发展。

1. 经济发展促进古代陶瓷业繁荣兴盛。

江西从先秦时期蛮荒之地逐渐开发为文明繁华区域,为江西陶瓷业生产、发展和繁荣奠定了基础。区域的发展开发得益于国家的统一和管理。秦朝统一全国,实行郡县制管理,江西地区纳入其中。汉代开始,行政建制不断健全完善。从三国东吴起,境内开始得到大面积的开发,大批荒地辟为良田,生产力不断上升,人口增殖。西晋惠帝元康元年(291年)立江州,从此,江西完全成为直属于中央的独立行政单位。汉唐时期,南方战乱较少,社会秩序相对稳定,人口增长加快,特别是由于战乱频繁导致北方人口大量南迁,不仅增加了劳动力,同时带来了北方先进的生产技术,客观上为经济的发展提供了良好的环境条件。唐代武则天时期,长江流域的经济发展超越了黄河流域,国家经济中心正式南移,江西从此成为尔后各个朝代经济中心之一。发达的经济和相对稳定的社会环境,促使商业日趋活跃,长期在江西境内一枝独秀的洪州窑经过发展成为全国六大青瓷名窑之一。

两宋时期,随着全国经济中心的南移,由于北方处于与辽、金、西夏等少数民族政权的对峙状态,再次导致了大规模的北方移民南迁,江西经济得到了快速发展,迎来了经济大发展的时代。曾巩《洪州东门记》称"其赋粟输于京师,为天下最"。伴随大量北方能工巧匠进入江西,各种手工业技术显著提高,对江西古陶瓷生产技术的发展起到了积极的促进作用,宋元时期形成江西地区并驾齐驱的以青白釉瓷器为代表的景德镇窑和以黑釉、釉下彩绘瓷而闻名的吉州窑两大瓷窑体系。

2. 农耕文明助推江西古代陶瓷业进步。

良好的气候、土壤和资源条件,相对较少的自然灾害,使得江西自古以来就是适宜农耕的鱼米之乡,成为中国古代农业最为发达的地区之一,江西因此创造出了灿烂的农耕文明。江西属丘陵地带,雨水充沛,水系发达,高低不平的地势特点使河流均有适度落差,即使在无降水时也能形成动力。发达的农耕文明,富有动力的水系,助推江西古陶瓷业的进步,促使江西古代窑场形成了依江河而设、紧邻原材料产地的分布特点。地处吉泰盆地的吉州窑是江南地区一座闻名的综合性窑场,富有浓厚的地方风格与民族艺术特色,工艺特色鲜明,以具有禅趣的树叶盏、别具一格的剪纸贴花以及质朴秀雅的釉下彩绘最负盛名,其产品行销海内外,对景德镇元代青花的勃兴起了直接的推动作用,在中国陶瓷发展史上占有非常重要的地位。窑场的生产就是在发达的农耕文明基础上发展起来的,钟彦彰《东昌志·序》:"至五代时,民聚其地,耕且陶焉,由是井落墟市庙宇祠观始剙。周显德初,谓之高唐乡临江里磁窑团,有团军将主之。及宋浸盛,景德中为镇市,置监镇司,掌磁窑烟火公事,辟坊巷、六街三市。时海宇清宁,附而居者至数千家,民物繁庶,舟车辐辏……"

3. 发达的造船业为江西古陶瓷文化线路的发展创造了条件。

江西水路四通八达,竹木资源丰富,为发展航运业和造船业提供了良好条件。发达的航运业促进了江西古陶瓷文化线路的发展。《水经·赣水注》云:"赣水又迳谷鹿洲,即蓼子洲也,旧作大艑处。"有学者研究指出,位于南昌市百花洲西南的谷鹿洲就是造船基地,能造各种大船。隋唐时,江南造船业发达,洪、鄂二州尤甚。《唐国史补》卷下称:"舟船之盛,尽于江西。"鄱阳湖——赣江航道在北宋正式确立为贯通南北的交通大动脉,造就了宋元时期江西商业的大繁荣,随着航道的疏浚与拓展,航运业的兴旺,江西的造船业得到进一步的发展。北宋时期,洪、吉、虔、江诸州,都设有官办造船场,专门负责制造运输船只。北宋天禧末年(1021年),江南及西北诸州共造漕船2916艘,其中虔州605艘、吉州525艘,合计1130艘,占总数38.8%,居诸路第一位。经济与商业的繁荣,助推了江西造船业的发展,航运环境的改善和发达的造船业为江西陶瓷业的发展,尤其是瓷器的大量外销创造了便利条件。地处章江、贡江交汇的七里镇窑瓷器产品和地处赣江中游吉州窑的瓷器产品曾远销日本、韩国,就是江西航运业发达和造船技术先进的物化。在日本琉球岛一带发现了七里镇窑三足炉等。1975年在韩国新安沉船除出水大量景德镇窑青白釉瓷器外,还出水有一批吉州窑黑釉瓶瓷器、彩绘盘瓷器、米黄釉瓶以及七里镇窑的柳斗纹罐。

4. 饮茶习俗的风行刺激了古代陶瓷业的发展。

江西茶业发展到唐代,在全国占有重要位置,尤其是浮梁的茶业生产不管是名声、还是产量都较大,白居易《琵琶行》就有"商人重利轻别离,前月浮梁买茶去"。文献记载唐中期浮梁茶税占全国的37.5%。到北宋时江西茶叶产地已遍及全境,北宋时期江南15个产茶州军,除宣、歙、池、广德、兴国等5个州军外,其余均是江西境内的江、饶、信、洪、抚、筠、袁州、临江、建昌、南康军,江西占2/3。江西境内产茶总量684.66万余斤,超过两浙、荆湖、福建三地的总和,约合东南诸路总岁课的30%,可见江西地区茶叶生产的普遍旺盛。宋元时期江西茶叶不仅产量大,而且名品多,其中洪州分宁出产的双井茶,名声最著。叶梦得《乙卯避暑》:"今草茶极品,惟双井、顾渚。"双井是北宋文学家黄庭坚的家乡。欧阳修记述曰:"腊茶出于剑、建,草茶盛于两浙。两浙之品日铸为第一。自景祐以后,洪州双井白芽渐盛,近岁制作尤精,囊以红纱,不过一二两,以常茶十数斤养之,用避暑湿之气。其品远出日铸上,遂为草茶第一。"

茶业经济的发展,促进了饮茶风气的形成,饮茶成为一种时尚,饮茶习俗的风行反过来又刺激了古代陶瓷业的发展。饮茶不仅看重茶叶,更注重茶具。中唐以后南北饮茶成风,对瓷器茶具的需求量猛增,加之茶圣陆羽对各种瓷茶具的品评鼓吹,从而极大地刺激了瓷器茶具的生产和陶瓷业的繁荣。据研究,洪州窑在唐代时就大量生产茶具,仅不同造型的茶杯就有十几种。宋元时期斗茶盛行,客观上又推动了江西瓷器制造业的进步。斗茶需要黑釉茶具,在江西涌现了一批以吉州窑为代表生产黑釉瓷器的窑场,如信江流域的铅山盏窑,赣江流域峡江窑、新干吴家窑、永丰山口窑、宁都东山坝窑、赣州七里镇窑等,甚至以生产青白釉瓷器为主的景德镇窑、南丰白舍窑也生产黑釉瓷器,足见茶业经济和斗茶对陶瓷业的促进作用。

(三)万年不断的窑火

江西古代陶瓷一开始就呈现稳步发展的态势,并逐渐走向辉煌,是与江西古代窑火万年不断以及内在制瓷技艺的相互传承密不可分。

江西地区的陶瓷烧造,历史悠久,早在两万年前的旧石器时代末期至新石器时代早期,万年仙人洞和吊桶环遗址就已经出现和使用陶器,这是目前已知世界上最早的陶器。商周时期,窑业技术有了突飞猛进的发展,在大量烧造富有地方特色几何印纹硬陶的基础上,吴城遗址、鹰潭角山窑场生产出最早的原始瓷器。汉晋时期,制瓷技术和工艺汲取春秋战国的成就,江西陶瓷制作又一次走在全国的前列,东汉晚期生产出世界最早的成熟青瓷之一。著名陶瓷专家冯先铭在《中国陶瓷史》一书中说:"把瓷器出现的时间定在东汉,有大量考古资料作为依据。在浙江上虞、宁波都曾发现过瓷制品,而尤以江西发现的更多。"汉晋时期窑业生产主要集中在遗存数量多、规模大、延续烧造时间长的洪州窑生产区。隋唐时期,全国瓷业呈现"南青北白"的局面。江西地区窑业生产也是青釉瓷一统天下,以青釉瓷生产为主,中唐以后各地青瓷窑场如雨后春笋般出现,境内出现洪州窑青瓷类型、越窑青瓷类型、婺州窑青瓷类型、寻乌上甲窑青瓷类型以及景德镇南窑青瓷类型等不同的青瓷类型窑场。[1]著名的青瓷窑场有丰城洪州窑、余干黄金埠窑、景德镇南窑、抚州白浒窑、寻乌上甲窑、玉山渎口窑和景德镇湖田窑、黄泥头窑、丽阳窑等。

宋代是中国瓷器大发展的黄金时期,南北方制瓷窑场大量兴起,江西地区形成了以景德镇为中心的庞大青白瓷窑系。青白瓷窑系是江南地区两大瓷窑体系之一,影响面之大,居宋

---

[1] 张文江:《江西景德镇南窑兴起原因初探》,沈琼华主编:《2012年海上丝绸之路——中国古代瓷器输出及文化影响国际学术研讨会论文集》,浙江人民美术出版社2013年版。

代六大瓷系的首位。色质如玉的青白瓷是我国陶瓷史上一个极其珍贵的品种,代表了宋代烧瓷技术的最高水平。其陶瓷工艺达到了炉火纯青的成熟阶段,艺术上取得了空前的成就。这些青白釉瓷器窑场的产品各有特点,争奇斗艳,形成宋代江西瓷业百花齐放空前繁荣的景象。著名的窑场有景德镇湖田窑、杨梅亭窑、南市街窑和南丰白舍窑、赣州七里镇窑、金溪里窑、宁都山堂窑、吉州永和窑、靖安丫髻山窑、萍乡南坑窑等,而湖田窑、七里镇窑、白舍窑和吉州窑号称江西宋元四大名窑。"江西窑器,唐在洪州,宋出吉州",与景德镇窑相媲美的吉州窑,产品繁多,造型端巧,釉色丰富,装饰奇丽,风格独特,烧造工艺和装饰艺术精湛高超,其中黑釉树叶贴花,可谓独树一帜,称雄瓷苑,风靡中外,是宋元时期江南地区闻名中外的综合性民间瓷窑,集南北名窑之大成,富有浓厚的地方风格与民族艺术特色。

以"白如玉、明如镜、薄如纸、声如磬"瓷器闻名中外的瓷都景德镇,是"瓷器之国"中国的代表。其制瓷业从唐代到清代历经千年而长盛不衰,这在世界陶瓷史上是绝无仅有的。景德镇集历代名窑之大成,以精湛的制瓷技艺和高度的瓷业成就,当之无愧地成为中国陶瓷最杰出的代表。

元代中央政府在景德镇设立浮梁磁局,派官员管理瓷务。浮梁磁局的设立为元代制瓷业的大发展提供了制度保障和政策支持,使景德镇制瓷业的生产规模、技术水平、品种质量大为提高。景德镇窑在元代开始使用瓷石加高岭土的"二元配方法",瓷胎中三氧化二铝的含量进一步提高,促使瓷器烧结温度相应提高,烧出了颇具气势的大器。景德镇在白瓷高度发达的基础上,成功烧制出高温釉下彩——青花、釉里红和卵白釉瓷,成为中国瓷器史上又一里程碑。

明清时期的制瓷业以景德镇为中心,专为皇室宫廷烧制的御窑瓷,代表了当时制瓷技术的最高水平,是古代中国瓷器的高度总结与代表,是景德镇千年陶瓷的巅峰成就,对世界陶瓷业的发展影响深远。其烧造的瓷器品种繁多,青花瓷器是各种产品的主流,以明代永乐至宣德年间的水平最高,彩瓷发展到空前繁盛的时期,明代初年以铜红釉水平较高,明成化年间以斗彩著称,弘治年间出现低温黄釉,正德年间出现孔雀绿釉,嘉靖时期出现五彩,清代釉色品种更为丰富,如釉上蓝彩、墨彩、釉下五彩、金彩、粉彩、珐琅彩以及各种单色釉。明清时期还出现了釉上釉下彩结合,半脱胎、脱胎瓷器等新工艺。器物品类空前丰富,装饰手法与题材也达到空前的繁盛。郭沫若先生盛赞景德镇:"中华向号瓷之国,瓷业高峰是此都。宋代以来传信誉,神州而外有均输。"1982年,著名物理学家、诺贝尔奖获得者、美国哥伦比亚大学教授李政道博士曾题词"中国陶瓷甲天下,景德镇陶瓷甲中国""陶瓷之源,与国齐名"。

从陶瓷发展的历史看,江西地区陶瓷烧造的窑火从新石器时代早期的万年仙人洞、吊桶环遗址到明清时期的世界瓷都景德镇一直没有停息,并延续至今。这种生生不息、延绵不断的状况,不仅在中国,在世界上也是唯一的。

虽然江西地区各窑场的生产时间跨度大,各窑址分布范围广,但是窑业之间技术的内在传承性非常鲜明。各窑场的工匠对制瓷技术能够相互学习、交流、交融,后期的窑场继承前代窑场的先进技术,同时又有创新,并把新的技术传承下去,尤其是窑业生产关键性技术——烧造过程中龙窑的砌筑和烧造上体现得尤为明显。龙窑又称长窑、蛇窑,是南方地区最常见的窑型,多依山坡或土堆倾斜建筑,窑身长多数在30~80米之间。由于龙窑利用山坡,具有自然抽力,不易受地下水的影响;窑床面积较大,火焰均匀,龙窑有一定长度,可利用部分余热,热效率高,单位燃料耗用省,产品成本低;龙窑结构简单,建筑材料要求不高,造价低;龙窑适应快速烧成,快速冷却,非常适合江西的自然条件。早在商代鹰潭角山窑址和清江吴城遗址就出现了烧制印纹硬陶和原始瓷的龙窑,后不断改进,窑身由短变长,唐五代江西洪州窑、汤周窑址,宋元时期江西湖田窑、南丰白舍窑、吉州窑、七里镇窑都采用龙窑窑炉烧造瓷器。可见龙窑是江西地区最常使用的窑炉形制,从商周时期吴城遗址和鹰潭角山窑场开始使用,一直延续到明清[①],而且不同时期的窑工在继承的同时有所创新,而不同地区的龙窑呈现出不同的特点。

三、江西古陶瓷文化线路的价值

江西古陶瓷文化线路文化遗产概念的提出,明确了江西古陶瓷文化线路文化遗产保护的主题,丰富了江西古陶瓷文化遗产的保护内涵,创新了江西古陶瓷文化遗产的保护方式,拓展了文化遗产的保护类型和内涵,使得这条特殊的文化线路具有重要的遗产保护价值、文化研究价值和展示利用价值。

(一)遗产保护价值

文化线路,无论作为遗产保护类型还是方法论,都是把单一的、分散的文物遗存保护,发展到历史地段遗存以及综合的建筑群、村落、市镇、线路的整体保护;从杰出的、代表性的、历史性的少数精品的保护,发展到反映日常生活的、普通的、大众的普遍保护;从单纯的人文保护,发展到人文和自然相结合的保护,突破了人文保护、自然保护各自为政的局限;从物质实体层面的保护,发展到对文化心理、精神层面的优先关注和保护,注意文物、建筑、历史地段和历史村落、城市的自然环境、历史环境、人文环境的文化内涵的综合保护。文化线路是文化遗产的高级阶段,是遗产保护发展的必然结果,也是经济社会高度发展的物化。

从江西古陶瓷文化线路的特点可以看出,陶瓷产品是从区域性发展到沿着江河、海陆通

---

① 赖金明、张文江:《江西地区考古发现的龙窑遗迹》,沈琼华主编:《中国古代瓷器生产技术对外传播研究论文集》,浙江人民美术出版社2014年版。

道传播活动的模式,属于商道传播模式,属于文化线路的自然传播模式。江西古陶瓷文化线路是以历代陶瓷器生产、销售、发展、交流为主题的新型文化遗产保护类型。作为新型文化遗产保护类型,江西古陶瓷文化线路丰富了文化线路文化遗产中交通要道、贸易线路、商旅驿站的主题,作为陶瓷专题类文化遗产保护类型又创新了线型文化线路的保护方式。

文化线路具有历史悠久、尺度巨大、跨越地区广大、资源丰富、种类多样、功能持久、生命力强、遗存分布分散,以及漫长的线路上散布的遗产分属不同的个人和团体,遗产管理十分复杂等诸多鲜明的特点。同样江西古陶瓷文化线路的遗产保护内涵非常丰富,不仅包括物质的,还有非物质的。类型多样,形态功能各异,遗址、建筑、艺术品、标本均有。地区广大,满布江西全境,历史悠久,上下两万年。主要包括江西地区不同时期的窑业遗存,不同时期陶瓷的运输路线,各地保留与陶瓷生产、销售、运输有关的建筑遗存等物质遗产以及不同时期不同地区的非物质文化遗产等。江西古陶瓷文化线路不同以往的单个研究,强调的是整体性,不只是不同时期的不同窑场生产的单个器物、窑址、运输码头、历史名城等,也不是各个元素的简单相加,更重要的是探究这些元素联系在一起的文化内涵,使这些不同类型的元素形成一个有机整体。

江西古陶瓷文化线路文化遗产概念的提出,改变了过去江西古陶瓷文化遗产以单体窑址为主体的点状特征的保护模式,使得江西古陶瓷文化遗产的保护变得具有综合性的特征,能更加真实、准确地反映江西古陶瓷文化的发展与传播,在陶瓷研究类型上具有更大的代表性。由于江西古陶瓷文化线路也涵盖了其他传统类型的文化遗产,比如历史村落、码头遗存等,使得江西古陶瓷文化线路的评价体系更具综合性、科学性。

江西古陶瓷文化线路的遗产保护有利于提升江西古陶瓷文化线路的文化遗产价值。陶瓷文化线路强调空间、时间和各个窑场之间不同的文化因素的整体性,强调不同时期不同线路各个遗产节点共同构成的陶瓷文化的综合功能和价值,以及对当今人类社会、经济可持续发展产生的影响。

江西古陶瓷文化线路的遗产保护有利于古陶瓷文化遗产保护学科的发展。江西古陶瓷文化线路遗产的保护是科学严谨的古陶瓷文化遗产的文化实践。无论是全面调查、勘察测绘、遗产登录,划定保护范围和建设控制地带,制定保护规划和专项法规,还是环境综合整治、开展社会宣传教育,以及窑址本体保护等各项工作,都需要明确的目标、计划、分工和责任,都需要开展大量艰苦细致的科学研究和实际工作。通过对江西古陶瓷文化线路沿线物质、非物质文化遗产资源的全面勘察测量、记录登记、考古调查研究,可以确立众多陶瓷人文学科研究课题,促进陶瓷考古、陶瓷美术、工艺美术、艺术史等学科的发展,为江西古陶瓷文化线路的整体保护、统一规划提供科学依据。

(二)文化研究价值

江西古陶瓷文化线路的价值是多层面的,除了遗产保护价值外,还具有深厚的文化研究价值。江西古陶瓷文化线路的文化价值既有作为文化线路整体的文化价值,包括散落其间的不可移动和可移动文物自身的历史文化价值,又有因文化线路而产生的不同区域间交流、对话的非物质文化遗产价值。其中物质文化遗产除了陶瓷产品等可移动文物外,还有窑址、矿洞、道路、桥梁、码头、渡口、关隘等设施及线路上的古井、寺庙、书院、古镇等不可移动文物。非物质文化遗产则建立在动态交流理念基础上,且在时间和空间上具有连续性、大尺度和多维度的特点,诸如陶瓷文化的形成与传播,景德镇、赣州等国家级历史文化名城和中国历史文化名镇永和镇、瑶里镇等名城古镇在文化线路上的兴起,因陶瓷生产、销售而产生的文献资料如典章制度、文学作品、传奇故事等,都充分体现了江西古陶瓷文化线路非物质文化遗产的多元性。无论是有形的,还是无形的,它们都具有不可再生的文化遗产价值。

如此丰富的江西古陶瓷文化线路文化遗产,为全面深入地了解和研究江西地区不同时期各流域的窑业形态、窑业面貌、窑业技术、布局理念、建筑技术及其与窑业相关的各类不同类型遗存情况,乃至社会经济文化面貌均具有重要的学术意义。江西古陶瓷文化线路范围内的各类遗存具有类型丰富、规模宏大、历史悠久、生产不间断性、历史脉络清晰、工艺技术水平高、价值重大、历史上名窑众多、影响深远的共同特点,是中国古代最重要的陶瓷烧造区和陶瓷输出区。江西地区外销瓷器的数量在市场上占有份额大,直接影响了相关国家和地区的窑业生产和发展,江西古陶瓷文化线路既是海上陶瓷之路的起点,又是陆上丝绸之路的重要商品输出地,为海上陶瓷之路和陆上丝绸之路的繁荣做出了杰出贡献,为我国同世界各国的经贸和文化交流做出了不可磨灭的贡献。江西古陶瓷文化线路为研究不同时期的手工业经济、社会生活、工艺美术、文化及当地的历史等提供丰富的实物资料,对研究中国古代陶瓷发展史、陶瓷烧造技术史以及陶瓷装饰工艺史等具有非常重要的历史、科学与艺术价值。

同时江西古陶瓷文化线路极具考古研究价值。沿线有许多具有很高考古价值的文化遗存,诸如商周时期的角山窑址、汉唐时期的洪州窑遗址、宋元时期的吉州窑遗址、景德镇高岭土遗址以及景德镇御窑厂遗址等。御窑是中国陶瓷史累世积淀的精华,是明清中央政府在景德镇设立的专门生产御用瓷器的官府窑场。遗址面积达到5万平方米,历年考古发现的遗存极为丰富,有院墙、窑炉、辘轳坑和掩埋落选御用瓷器的遗迹等,揭露的遗迹显示御窑窑炉从早到晚修砌规矩严密,不同一般,窑炉规模大,显示出皇家气派。珠山东北区发掘出的洪武永乐时期葫芦形窑炉遗迹,至少有7座,布局显示窑炉是统一规划设计,是以往发掘其他一般窑址所罕见。出土修复了大量洪武、永乐、宣德、正统、成化时期的落选御用瓷器,不少瓷器品种属首次发现,有的甚至是连北京和台北两地故宫博物院都不见的孤品、传世品,其资料价值不言而喻,具有填补空白的意义。这对于复原御窑厂的生产面貌,研究御窑工艺、管理制度,研究我国陶瓷发展史和陶瓷工艺美术史有着极为重要的意义。御窑厂遗址1983年被列入第一批景德镇市文物保护单位,2006年公布为第六批全国重点文物保护单位。2007年列为国家重点支持的100项大遗址保护项目库。2010年,御窑厂遗址入选首批国家考古遗址公园立项名单。2012年,文化部将御窑厂遗址和湖田窑遗址(含高岭瓷土矿遗址)列入"十二五"期间大遗址保护总体规划项目库。2013年景德镇御窑厂考古遗址公园列入第二批国家考古遗址公园名单,是江西省入选国家考古遗址公园名单的唯一一家。

江西古陶瓷文化线路促进了省内区域内部之间的联系和交往,成为繁荣当地经济的重要途径,也是区域交往的重要桥梁和纽带。江西古陶瓷文化线路除了沟通江西地区各大流域的联系和往来,还沟通国内各陶瓷产区,甚至沟通了亚、欧各国各民族之间的陶瓷技术、文化的交流,成为古代东西方交流大通道的主要部分。对中国历史文化的传播起了重要作用,对世界文化产生过深远影响。

(三)展示利用价值

江西古陶瓷文化线路作为文化遗产的重要组成部分,不但具有重要的遗产保护价值和文化研究价值,而且具有巨大的展示利用价值。

江西古陶瓷文化线路因持续时间长、跨度大、线路明确、类型多样、底蕴深厚、影响地域广,具有多维度的商品、思想以及文化的交流空间等特性,兼具文化艺术之美、田园景观之美、生态环境之美等特点,是其他旅游资源所不及的,具有巨大的展示利用价值。

借助江西古陶瓷文化线路的有形路线、有形的物质遗产以及无形的非物质文化遗产,结合沿途的旅游资源,将陶瓷文化资源与旅游资源相结合,综合开发以得到陶瓷文化物质和精神享受为主要目的的一种新型、特色、专题文化旅游项目,打造具有"瓷省、瓷都"特色的江西古陶瓷文化线路旅游品牌。借助江西古陶瓷文化线路旅游品牌效应,把江西古陶瓷文化和沿线优美的自然风光展现给世人。

1. 江西古陶瓷文化线路的精品展示。

依据江西古陶瓷文化线路的内涵,可以组织以陶瓷精品展为主题的各类展示。

(1)陶瓷精品展示。依托江西古陶瓷文化线路深厚的文化底蕴,利用博物馆保存完好的陶瓷艺术品和各类文物,举办各种专题陶瓷精品展,比如南昌县洪州窑青瓷博物馆的洪州窑青瓷展、景德镇官窑博物馆的成化官窑瓷器展、景德镇陶瓷馆的景德镇历代瓷器展等。

(2)窑业遗存展示。江西陶瓷历史悠久,发展脉络清晰,从两万年前世界上最早的陶器,到商周时期的原始瓷器,历经成熟青瓷的起源,汉唐青釉瓷的发展,青白釉瓷器的起源兴盛,明清御窑厂的鼎盛,在赣鄱大地上留下大量丰富多彩、特色各异的窑业遗存,这些遗存犹如闪亮的星辰装点在江西大地,不仅是一道道美丽的风景,更是一段陶瓷发展史、一段文明史。这些窑业遗存的历史风貌、存在形态、蕴藏内涵、展示方式各不相同,每处都独一无二,每处都能见证陶瓷发展和文明轨迹,透过这些窑业遗存可以全面观赏、游览、体验陶瓷文化。同时通过重要遗存,拓展考古遗址公园,如景德镇御窑遗址考古遗址公园、吉安县的吉州窑考古遗址公园,以遗产保护为目的,推进陶瓷知识的普及和陶瓷文化的传播,带动地方经济的发展。

(3)古矿业遗存展示。陶瓷烧造需要使用黏土、瓷土和高岭土等矿产原料,在矿产遗址区能够生动真实地呈现当年矿产开采和加工的场景,展现当地特殊的历史风貌,普及矿业方面的知识。

(4)窑业技艺展示。非物质文化遗产承载着一个民族的文化记忆,是一个民族的身份符号,是一个民族灵魂深处的遗传基因。非物质文化遗产具有审美价值、历史价值、文化价值、科考价值、教育价值、经济价值。江西古陶瓷文化线路包括许多由于交通运输、人员流动、物质交流而产生的地方文化演变、民俗民风的流传,以及宗教信仰、文学艺术、方言俗语、戏曲演艺、手艺工巧、土特食品、名点佳肴等等这些有形和无形的非物质文化遗产。这些与陶瓷有关的非物质文化遗产具有内涵十分广泛、表现形式多样、流传方式多样、传承发展不平衡等复杂的特征。比如景德镇手工制瓷技艺、景德镇传统瓷窑作坊营造技艺。

2. 江西古陶瓷文化线路的具体路线。

江西古陶瓷文化线路是中国乃至世界陶瓷文明的典范,为文化线路提供了新的范本、新的视角。依托江西古陶瓷文化的具体线路,立足江西地区的中心城市、省会——南昌,可组织从南昌出发的一系列以陶瓷文化为核心的江西古陶瓷文化线路旅游路线。江西古陶瓷文化线路旅游可以借助陶瓷文化遗存、陶瓷生产技艺、陶瓷文化内涵等陶瓷文化遗产的优势资源,与当地的自然资源、历史文化等独特旅游资源有机结合起来,形成具有江西地方特色的旅游品牌。

(1)南昌—鹰潭—景德镇—浮梁。沿线有全国重点文物保护单位鹰潭角山商代窑址、浮梁高岭瓷土矿、御窑厂遗址、湖田窑遗址。沿线可以让游客领略鹰潭角山商代窑场、千年瓷都景德镇的陶瓷文化风貌,感悟千古陶瓷艺术的精髓,品赏"千年瓷都"景德镇的陶瓷艺术瑰宝,倾听美妙的瓷乐,选购驰名天下的瓷艺作品。同时让游客徜徉在商船云集、人声喧哗的历史文化街区三闾庙,穿行于因制瓷手工业形成的典型城市而入选国家历史文化名城瓷都景德镇的大街小巷,参观江西省历史文化名村东埠村以及中国历史文化名镇浮梁县瑶里镇,登临景德镇的标志性建筑珠山龙珠阁和浮梁县旧城村红塔,参观与陶瓷行业相关的五显庙、旸府寺、观音阁等文物古迹,感受景德镇陶瓷文化以及赣东北徽派建筑风格。欣赏瓷都景德镇壮观的"瓷业三圣"公祭典礼,熟悉千年陶瓷民俗风情和独具特色的行业崇拜,了解景德镇丰富多彩的陶瓷习俗文化,甚至体验陶瓷作品的创制过程,认识举世无双的陶瓷手工技艺。

(2)南昌—丰城—吉安县—赣州—大余县。沿线不仅有全国重点文物保护单位洪州窑、吉州窑、七里镇窑等陶瓷文化遗址,还有吴城遗址、新干商代大墓、战国粮仓遗址、白口城遗址等其他类型古迹遗存,而且有因七里镇窑的兴盛而形成的七里镇街区、被誉为"宋城博物馆"的国家级历史文化名城赣州市以及因瓷器集散地闻名江西省历史文化名城吉安市、因吉州窑的兴盛而发展的中国历史文化名镇永和镇。依托鄱阳湖—赣江水路和陆上赣粤线,能够满足游客对汉唐古窑洪州窑、宋元时期黑釉瓷器和彩绘瓷器中心吉州窑以及江西南部最大窑场七里镇窑的探索,体验大余梅岭古驿道和梅关的雄伟,欣赏沿线风光和驿道的桃花。穿行历史文化名城赣州、吉安市的大街小巷,参观白鹭洲书院、赣州文庙以及石雕宝库通天岩等宋元古迹,登临吉安市古南塔、本觉寺塔、赣州市宋代城墙、八境台、郁孤台,游客可以感受吉安庐陵文化和千年宋城赣州的风情。游客还可以体验吉州窑的历代制瓷技艺,领略吉州窑瓷塑的灵动感,感知江西省非物质文化遗产名录吉州窑黑釉瓷制作技艺的深邃内涵。

(3)南昌—金溪—抚州—南城—南丰—广昌。依托鄱阳湖—抚河以及古代赣闽线南路,沿线有全国重点文物保护单位白舍窑以及金溪窑、白浒窑、鞍山坝窑址、资溪青花窑场等陶瓷遗址,以及全国重点文物保护单位明益藩王墓地、抚州万寿宫、万年桥和聚星塔、龙图学士和刺史传芳牌楼门、谭伦墓等其他类型的遗址。这条线路可以让游客感受宋元金溪窑、隋唐白浒窑、宋元白舍窑以及明清广昌鞍山坝窑的陶瓷文化,了解赣闽陶瓷文化相互交流融合的情况和古代陶瓷通过闽江外销的状况,感受临川文化的内涵。

由于文化线路具有大尺度、跨区域的特点,以行政区域为界的单打独斗方式会造成遗产文脉的割裂和破碎化。因此,在遵照世界遗产的真实性和完整性原则下,有必要通过跨区域合作,加强管理整合,走出单体与片段式保护困局,建立遗产保护与利用的协调管理机制。依据古陶瓷文化线路分布的区域,文保、旅游等相关部门可开展区域协调与合作,联合进行科研、规划等工作,各方形成合力。按照"政府主导、企业主体、市场运作"的方式,进行区域性旅游联合营销,打造江西古陶瓷文化线路文化遗产独特品牌。针对遗产赋存状况,采取博物馆、专题线路游、科考自助游等多种适宜形式,利用各地现有的博物馆,促进江西古陶瓷文化线路的科学旅游开发。

第一章 江西古陶瓷文化线路的起源

许多人只知道中国是瓷器的故乡,世界瓷都在江西的景德镇,然而很少有人知道,同样是江西,在它东北部的万年县,却是瓷器的鼻祖——陶器的故乡。

在距今两万年左右的旧石器时代晚期,人类历史上的伟大发明——陶器诞生了。江西万年仙人洞与吊桶环遗址成为见证这一伟大发明的最重要的地方。两万年来,在江西这块古老的土地上,先民们从原始捏塑制作粗陶,到精炼胎土拉坯成器,相继生产了红陶、灰陶、黑陶、印纹陶、原始瓷器和早期青瓷,最终在汉代烧制出了真正成熟的瓷器。先民们用他们的聪明才智,将一座座窑火熊熊燃起,烧出了无数精美陶瓷,开启了江西古陶瓷文化线路的源头。之后,陶瓷文化以燎原之势迅速传播到大江南北,传播到人类足迹踏过的每一个地方。

那么,在这长达两万年的漫长岁月中,江西古陶瓷是如何从一个小小的山洞走向成熟,走向世界的呢?

第一节 先秦时期线路起源的背景

从陶器的出现,到陶器文化线路的产生,究竟要具备什么条件,即它的起源背景是什么?它既是自然因素形成的,也是经济的,更是社会的,还与不同时期的政治、军事活动有密切关系。

一、陶器的出现是线路的源头

文化的传播,一般都是从一个中心点逐渐向四周扩散发展。陶器文化线路亦然。从陶器诞生之日起,陶器线路的源头也就产生了。因为产品诞生了,就会有使用价值,就会交流、传播;交流、贸易又不断促进技术再提高,产品更加丰富,依次递进发展,这是不以任何人的意志为转移的客观规律,也是人类智慧积累、文明进步的源泉。也就是说,至少从两万年前的万年仙人洞与吊桶环出现的世界最早的陶器开始,江西的陶瓷文化线路就逐渐登上人类历史舞台,并不断推动中国陶瓷文化的发展和提高。

二、山川地势河流引导线路走向

江西在地理上自成单元。境域东、南、西三面高山为屏,北面开阔。以鄱阳湖为核心,以赣江为主干的山势、水系,造就了江西自古就善于吸纳北方先进文明,并不断发育壮大的文化底蕴。境内多以山地丘陵为主,占全省总面积的60%。鄱阳湖平原及湖滨地带向着中原敞开,这里广阔肥沃,河道纵横。中南部丘陵盆地交错,有吉泰、赣州、瑞金、兴国、南丰等盆地。在五大河流及其支流的两侧,还形成了若干冲积平原和谷地。在遥远的原始社会,由于生产力水平的限制,人类活动基本囿于这种地理形势之内,使得原始社会江西地区具有强烈的区域文化特点。

以鄱阳湖为核心的向心状水系汇聚的河流走向是江西山川地势的最大特点,同时也是文化交流的动力和方向。鄱阳湖平原、清江盆地凭借宽阔浩渺的鄱阳湖和肥沃延绵的赣江下游水网,最终成为江西最发达、等级最高的古文明区域:靖安潦河水系内高湖盆地20平方公里范围就有80余处史前文化遗址;修河奉水支系山背盆地约20平方公里范围内发现古文化遗址48处;潦河、袁水、信江、抚河两岸都是史前遗址密布。同时,以赣江为枢纽的水系交通,承东启西、贯通南北,使得江西在远古时代就成了"形胜之地"优势,享有"物华天宝、人杰地灵"的美誉。江西的古代陶瓷文化线路很大程度上得益于这一独特的地理。

三、满足需求是内因

最初的陶器,只是人们用土捏成一定形状后,用火烧制成型的。它也许是工具,也许是小型日常器皿。它只具有使用价值,没有艺术欣赏价值。对于黏土没有特别选择,火候也很低。后来,随着制陶业的发展,对陶土有了选择,还会根据不同需要羼杂不同的物质;制陶工艺逐渐成熟、规范,技术水平日益提高,器物形态复杂了,功能多样了;特定的窑炉出现后,陶器的烧成火候提高了,质地也慢慢优良了。后来,还逐渐赋予了艺术、审美、宗教等文化因素。陶器逐渐成为与人类自身发展密切相关的物品,并承载了人类文明进步的诸多精神力量。

在原始社会,当人类逐渐适应了外部生存环境,获得基本的维持生命的条件时,追求幸福、扩大生命意义也就成为必然。因此,陶器的发明,改变了人类生活,扩大了人类生存意义。但是,面对大自然和外部环境,一个人或少数人的力量总是有限的,分工合作,传道授艺,自然是范围愈大,受益愈多,人与人之间、团体与团体之间,莫不如此。产品的推广、技艺的传承,客观上都促进了陶器文化的传播和线路的形成。

四、交流、贸易为根本动力

《老子》说："至治之极，邻国相望，鸡犬之声相闻，民各甘其食，美其服，安其俗，乐其业，至老死不相往来。"这是贸易出现之前古代社会的情形。随着经济的发展和文化的进步，这种孤立状态被打破了。交流、贸易、掠夺、征服成为氏族、部落之间最为常见的生存方式。陶器的流通自然也在其中。新石器时代晚期的长江中游及赣鄱平原，为三苗族之居所，"左彭蠡之波，右洞庭之水"。九江神墩、营盘里、樟树筑卫城、樊城堆、靖安老虎墩、修水山背、新余拾年山、龚门山、南昌齐城岗、永丰尹家坪、湖口史家桥、进贤城墩、寨子峡等都是古代三苗族的遗存。进入商周时期，土著居民越族不断繁衍，其中的干越、杨越逐渐兴起，成为鄱阳湖平原与赣中腹地最发达的族群。樟树吴城文化发达的陶器制作、鹰潭角山窑场强大的贸易能力，成为江西古代陶瓷器文化线路得以形成的重要基础。及至周王朝统治势力正式进入江西后，赣地文化面貌趋于接近，印纹陶高度发达，面貌呈现较大一致性。东周时期，徐人入赣，吴头楚尾，都促进了外来移民与土著居民的竞争和融合，并在文化上逐渐走上了一条共同发展的道路。最后在秦统一中国的过程中，贯穿江西南北的赣江水道以及后来江西与广东的交通线——大庾岭山路，此时被打通，江西陶瓷器文化线路开始露出雏形。

第二节　先秦时期线路的特点

综合江西从两万年前的陶器起源到距今 2000 年左右成熟瓷器出现之前的历史进程，从已知的近千处古文化遗址中，可以大致归纳出先秦线路起源阶段的几个特点。

一、以鄱阳湖平原为核心，多元起源

陶器起源是多元的，即"满天星斗"式，因而陶瓷线路起源也是多元的。在陶器诞生之初，基于交通运输条件所限，寻常日用器皿往往自成一个供求区域。各区域在制造方法、使用材料等方面不尽相同，所以各地物品也各具特色。在与万年仙人洞和吊桶环基本同时出土有早期陶器的地方还有很多。而在距今一万年以内，中国逐渐形成相对稳定的六大文化区系。以鄱阳湖—赣江—珠江三角洲为中轴的地区，是几何印纹陶为特征的文化发展核心区。在这一地区有着印纹陶发生、发展的完整序列，其根源可上溯至万年仙人洞。它向四周传播，到了原始社会晚期新石器时代的文化遗存中，各种各样花纹和图案普遍成为陶器器表装饰的主题。

江西最早期陶瓷文化以万年仙人洞与吊桶环遗址为代表，它是江西陶瓷文化线路的起源点，其主要分布范围在万年县大源盆地一带。进入新石器时代晚期，江西生产和使用印纹陶的遗址数以千计，印纹陶逐渐发展。其主要分布在鄱阳湖平原，以及以赣江为主干线的五

大水系及其支流两岸,有吉泰、赣州、瑞金、兴国、南丰等盆地,以及若干冲积平原和谷地,如修水谷地、袁水谷地、信江谷地、潦河两岸等。这些平原谷地,在新石器时代晚期,除自身独立发展外,相互之间还利用水网舟楫之便利,开始了陶瓷产品的交流。而进入夏商周三代以及秦汉时期,诸如筑卫城、吴城、牛头城等中心城址的出现,以及秦始皇"结馀汗之水"和"守南野之界"的驻军和军事行动,赣江水道正式开通,陶瓷文化线路随之变得相对集中和稳定。由支流水系内部逐渐过渡到大江大河交通运输,主要依赖赣江水系的陶器交通线路开始显现。

因此,可以这样理解,在华南地区,在距今一万年之内,已经形成了区别于其他区域的印纹陶文化及线路,江西正是其核心。同时,在江西,由于各史前社会的文化传统、生存环境的不同,特别是史前人类受生产力水平的局限,在局部地区又呈现出小范围的自身陶器特征。

二、印纹硬陶为主要陶器品种

江西印纹陶发生、发展的完整序列,其源头可上溯至万年仙人洞与吊桶环,延续发展直至秦汉成熟瓷器的兴起。但是不同时期、不同区域,陶瓷器品种也不尽相同。

万年仙人洞与吊桶环下层的早期陶器属于夹砂陶器,质地粗糙,结构疏松,胎体厚重,表面凹凸不平,制作比较原始。仙人洞上层出土的陶器夹细砂,表面用滚印、压印、戳制技术装饰杂乱纹饰,它们是印纹陶的前身。新石器时代晚期,江西的印纹陶技术进入发展时期,并占据主导地位。以筑卫城遗址为核心的陶器,表面装饰复杂,使用拍印或压印、戳印纹饰,多达数十种,集江西史前陶艺之大成,筑卫城堪称整个中国南方地区陶器表面装饰最发达的地区。同时,赣西一带,新余拾年山出土了彩陶和红衣陶、靖安老虎墩出土了彩陶、山背遗址出土了红衣陶。而赣东北一带,社山头遗址出土的白陶鬶,具有明显的北方中原文化产品特点;黑皮磨光陶、黑陶等,体现出与东部沿海地区良渚、好川等原始文化关系密切。在新石器末期,黑皮磨光陶、黑陶一度成为江西北部最流行的陶器产品。吴城商代遗址出土了中国数量最多、质量最好的原始瓷器,作为南方印纹陶中心,吴城引领了时代发展;角山商代窑址还是中国时代最早、规模最大的商业性窑场,其外贸特点明显,外销线路清晰。西周以来,江西的印纹陶发展达到极盛阶段。清新活泼、大型粗放的装饰纹样随处可见,各遗址陶瓷文化特点呈现同一性。但是,赣州市竹园下遗址的印纹陶、宁都的下坑里遗址的彩陶,具有明显的广东、福建海洋文化的艺术风格。此时已经处于全国技术领先的吴越文化因素的早期青瓷在赣北、赣东北地区逐渐流行,九江神墩遗址、德安、上饶、玉山等地都频繁出土高质量的早期青瓷。而近年在进贤南土墩遗址出土的早期青瓷,胎质灰白细腻、坚致致密,烧成温度高,器表施青黄釉,胎釉结合较好,玻璃质感强,是江西西周早期青瓷的典范之作。其他的诸如贵溪崖墓、靖安李洲坳墓出土的早期青瓷则代表了江西东周时期陶器瓷制作的最高水平。汉代以后,洪州窑印纹陶和青瓷逐渐走进人们视野。

三、区域内互动交流

史前早期陶瓷器的交流主要局限于流域内的小块盆地或谷底，多为聚落内部，少量在聚落间流通。商代起，陶瓷器交流逐渐与文化交流并行，具有双向或多向互动的特点。

在新石器时代晚期的江西北部、中部，尤其是南昌、樟树、新干、新余等清江盆地核心区域，遗址群密布，其中不乏高等级大遗址、城址，印纹陶器占据着主导地位。因此其遗址之间、聚落之间的联系必然广泛，它们拥有共同的陶瓷器市场，相近的文化面貌。赣西、赣西北的新余、靖安、修水一带，出土的彩陶和红衣陶与四川、湖南、湖北同时期遗址相似，交流市场主要来自西部、西北部地区。赣东北一带的黑皮陶、黑陶特征则显然属于东部沿海市场。靖安县曾经出土过一批属于安徽薛家岗文化的陶器，表明这一带有过小范围交流。夏商周三代，江西最强大的陶瓷器市场开始确立，吴城的原始瓷器、鹰潭角山的印纹陶和原始瓷器源源不断地向周边地区输出。商王朝南方重要据点湖北盘龙城、商王朝京畿核心河南郑州都出土过吴城生产的陶瓷器。福建黄土仑遗址、长江下游的湖熟文化区也出土过典型的鹰潭角山窑址的产品。西周以后，在赣北赣东北地区，以早期青瓷为主要特色的陶瓷器占据了最主要的市场。

四、沿赣江南北线路率先成形

从江西先秦时期古文化遗址出土陶瓷器的分布区域、不同区域内陶瓷器的不同特点，以及相同的陶瓷器特点分布在不同区域的情况，我们大致可以了解先秦时期江西地区陶瓷器文化的交流、陶瓷器产品的销售情况，并粗略勾勒出几条陶瓷器文化线路。

1. 长江—鄱阳湖—赣江线路

距今一万年以内，这条水道就是印纹陶交流的最主要通道。这条线路贯穿江西、广东，沿途陶器产品比较接近，但是无法细致区分出陶器产地。从永丰、万安出土的新石器时代晚期陶器分析，江西中部主导地位的印纹陶至少传播到了吉泰盆地。到了商代，这条线路趋于清晰。产于以吴城为核心的印纹陶和原始瓷器，除满足赣中地区外，还开始往北销往今德安、九江、瑞昌、修水、武汉、郑州一带。其线路应该是：樟树（顺赣江）—南昌（入鄱阳湖）—德安—九江—瑞昌—（逆长江）武汉—郑州，或者南昌—永修、德安—（逆修河）修水—（逆长江）武汉—郑州。

赣南的考古资料较少。赣州竹园下西周遗址的陶器，更多与岭南广东贝丘类型陶器风格相似，表明岭南与岭北之间在此时存在同一性，或陶瓷文化有交流。秦汉时期，随着秦始皇统一岭南的军事行动，这条水路完全贯通到大庾岭北侧。因此至迟在商代，长江—鄱阳湖—赣江中下游陶瓷器文化线路已经打通，而到了秦汉时期，线路已延伸至赣江上游大庾岭一带。

赣西的袁水、潦河、修水是江西史前陶瓷文化向西交流的重要水系，新余、靖安、修水出土的陶瓷器都看得到西部线路的影子。修水、靖安出土的具有湖北屈家岭文化色彩的陶瓷器,表明江西通往长江中游的陶瓷线路已经打通,靖安出土的安徽薛家岗文化的陶器表明长江南北两岸的水上陶瓷线路也已经打通,赣北赣东北出土的黑陶、黑皮陶,表明长江下游的陶瓷线路也已经打通。因此,在史前时期,依靠比较密切的水路联系,长江中下游之间已经有了陶瓷器文化线路。

2. 信江上游—闽江线路

远在新石器时代晚期的广丰社山头遗址的陶器上,就可以看到与浙江良渚文化、好川文化、福建黄土仑文化的密切联系,由信江通往衢江、瓯江、闽江的水上陶瓷线路隐约可见,这是以武夷山为核心的古文化带。商代开始,武夷山区的百越民族共同信仰崖墓葬俗,随葬印纹陶。作为商业性窑场,鹰潭角山窑址的印纹陶和原始瓷器逆信江而上,越过武夷山,进入光泽或浦城,进入闽江流域,甚至到达闽江下游黄土仑遗址。以甗形器为主要炊器的角山陶器群在闽江下游的黄土仑遗址表现突出。闽江沿途发现的角山风格陶瓷器特色明显,文化线路清晰。角山窑场的陶瓷器还与浙江西南的江山肩头弄遗址有着密切关系,表明这条线路也隐约存在。周代以后,以早期青瓷为代表的土墩墓文化是赣东北与长江下游一带最主要的陶瓷器文化特色,它们共同属于早期青瓷文化圈。表明该区域文化特征同一性增强,但是线路模糊。

第三节 先秦时期的陶瓷成就——南方印纹陶中心

万年仙人洞出土的两万年前陶器,陪伴先民们走过旧石器时代晚期,跨入新石器时代,其陶器制作技艺也播撒四方,在日本、俄国西伯利亚及中国湖南、贵州等地,都发现有类似万年仙人洞早期陶器的身影,距今18000~16000年。因而,以仙人洞为代表的江西早期陶器生产技术不仅是革命性的,而且是世界性的。之后,经历新石器时代数千年的积淀,江西地区制陶技术蓬勃发展,陶器品种丰富多彩。在赣西潦河流域和袁河流域,以靖安老虎墩和新余拾年山为代表的红色夹砂陶器及彩陶,代表了距今7000~6000年之间最具特色的陶器审美取向。红色的外表,古朴、粗犷的装饰是其艺术主流。进入距今5000~4000年间,江西众多丘陵盆地孕育了诸如樟树筑卫城、修水山背、广丰社山头、靖安老虎墩等一系列古遗址群体,并创造了以灰色胎体、黑色外衣为主体的黑皮陶系列。漆黑的外表,以三足、圈足、镂空为装饰的技法空前发达,器物外表印纹、拍印技术广泛流行,为南方印纹装饰艺术之最。江西陶瓷文化的基本特征和文化底蕴逐渐形成,核心实力不断壮大,有力推动了江西商周时期印纹陶文化走向鼎盛。在距今3000年前后的江西广大地区,印纹陶技术取得前所未有的成就,遗址数量多,面积大,等级高;窑炉技术先进,制陶工艺高超,装饰技法丰富,产品质量优异,销售区域广泛。以樟树吴城方国都邑为代表的政治经济中心,以鹰潭角山窑场为代表的商业性陶瓷贸易基地,共同把商代江西陶瓷生产水平推向极致,一举成为中国南方印纹陶中心,并引领时代。在此基础上出现的原始瓷器,代表了商代最成熟的原始瓷器技术,远销中原商王朝畿内及长江中下游地区。及至周代,江西的早期青瓷稳步发展,与长江下游吴越地区共同撑起陶瓷生产的江山,为汉代成熟青瓷的诞生奠定了坚实基础。

一、世界上最早的陶器

长期以来,考古学家一直在努力寻找世界上最早的陶器。因此,世界各地发现陶器最早的年代不断往前刷新。人们曾把在欧洲捷克共和国发现的距今2.8万~2.4万年的陶器制品碎片,认定为世界最早的陶器。那是一种烧成温度在500~600℃的陶器制品,类似于经过火焰灼烧的黏土。然而,毕竟不是真正意义上的陶器,因而众者存疑。在亚洲地区的中国、日本、蒙古等国也陆续发现了多处出土早期陶器的地点。这些早期陶器的年龄经多种科学方法测定,均在一万年以上。因此,这些早期陶器的发现与研究受到了考古、史前史、科技史、年代学、环境学等诸多学科学者们的普遍重视,特别是中国几处出土早期陶器的地点又因C14测定的绝对年代较早,尤其受到学术界的关注。在广西桂林甑皮岩、南宁豹子头、柳州大龙潭鲤鱼嘴、桂林庙岩、湖南道县玉蟾岩、江苏溧水神仙洞、河北徐水南庄头、阳原于家沟、北京转年、东胡林、江西万年仙人洞等多处遗址中发现的早期陶器,经过多种方法测定,其年代均在距今一万年以前。考古学家认为,玉蟾岩、庙岩、万年仙人洞与吊桶环出土的早期陶器,大致代表了中国南方地区早期陶器的特征。

这一认识,直到美国《考古学》杂志2013年第1期的出版而被改写。在该期刊选出的2012年世界十大考古发现中,中国江西万年仙人洞出土的古老陶罐成功入选。那是中国、美

"天下第一罐"——仙人洞出土的世界上最古老的陶罐

仙人洞出土的世界上最早的陶片

国、德国考古学家的最新研究成果。考古学家在公元2000年对江西万年仙人洞出土的陶罐进行了取样,并进行了放射性碳素断代法测定,将陶罐的最终年代确定为距今两万年。那是世界上迄今发现的最古老的陶罐。哈佛大学考古学教授欧弗·巴尔–约瑟夫认为:"这是世界上最早的陶器。"他还预言:"所做的这些,意味着时代更早的陶器可能会在中国南方发现。"

距今两万年的陶器,发现于江西万年。这是世界考古学家最新的研究成果,也是几代中国考古学家不懈努力的结晶。它究竟是什么样子?它给世界带来了什么?

考古学家在20世纪60年代和90年代对仙人洞与吊桶环遗址的多次考古中,发掘出相当丰富的人工制品。据统计,共出土石器1000余件(片)、骨器500件、穿孔蚌器40件、原始陶片800余件和30多件人骨标本以及数以万计的动物骨骼残片。这些成果为我们描绘两万年前的人类活动提供了丰富的资料,而遗址出土的早期陶器正是世人关注的核心和焦点。

这些陶器质地粗糙,表面凹凸不平,制作比较原始。陶片里夹杂有粗粒的长石或石英,白云母和赤铁矿,有的石英颗粒达到1厘米。那是因为制作陶器原材料属于就地取土,并未进行有意识选择或淘洗。原料的粗糙,制作技术的原始,使得烧成后陶器器壁普遍较厚,一般都厚达0.7厘米以上;有的厚达1厘米。制作技法有多种形式。最原始的是泥片贴塑法。顾名思义,就是将小小的泥片一块一块叠加起来,做成陶器器形。另一种是泥条(圈)叠筑法。这种技法相对先进。首先将泥土搓成条状,然后圈叠起来形成圆形陶器,适合较大型器物的制作。这两种方式制作的陶器,器形不甚规整,厚薄不甚均匀,质地粗糙,结构疏松,胎体厚重。这也是早期陶器最显著的特点。

由于生存环境相对封闭,生活需求不高,技术水平低下,使得陶器器形单一,品种单调。遗址出土的器形均大口、直腹、圜底,器形简单,但是实用,能满足最基本需求。在发现的时间跨度数千年的各种陶片中,"大口、直腹、圜底"的基本特征一直顽强保留着。可见,在原始生态环境下,技术进步的过程是何等缓慢和艰难。

早期陶器的生产源于自然发现,尚未形成特定的烧造技术。烧制火候不高,无法控制温度,因而呈色不稳定。经检测,这些陶器的烧成温度一般在740~840℃之间,这么低的温度说明它们可能是在平地上而非陶窑中堆烧成形的。由于是在氧化的气氛中烧成,受到天气、风向、烧成时间的影响较大,一般呈褐色,还有灰红色、灰黑色等。较厚的胎体和较低的火候,也使得陶器表面和里面的颜色也不尽一致。

不过,这些陶器虽然造型古朴,器物表面却多数有简单装饰。一般采用刻画、压印或者戳印技法装饰器物。纹饰主要以条纹和粗绳纹为主,还有刻画大小方格纹,少量为网结和编织纹。绳纹主要是用粗细不等的草绳在陶器表面搽出来的;有的纹饰是用鹿角在陶器表面滚印出来的。在一些器物的口沿上,使用竹刀或棍棒均匀刻画出"U""V"形凹槽。多数纹饰有交错和叠压现象。交错和叠压的纹饰表明懂得使用工具拍打器物表面,并使之更加坚固。而各种不同的纹饰图案表明,在制作器物时,那时的窑工已经懂得了人为地美化器物,原始的审美观念已经形成。艺术来源于生活,将现实生活中的美好,复制或者再创造出来,使之重现,才是艺术的真谛。这些现象说明,陶器制作已经脱离了最原始的阶段。在万年仙人洞与吊桶环寻找到更加原始的陶器也就成为可能。

陶器的发明,改善了人类的生活条件,增强了人类的体质及适应与改造自然的能力。陶器的发明,与定居、原始农耕一样,是原始社会科学技术的重大进步,是人类历史上划时代的重大事件,是人类脱离旧石器时代、走向新石器时代农耕经济的标志,叩开了中国南方地区迈向新石器时代的大门。

仙人洞的早期陶片

二、引领时代的印纹陶

何为印纹陶？严格意义上讲，指的是用模具在陶器表面戳印或拍印各种纹饰的陶器。在仙人洞与吊桶环遗址上层出土的陶器，不少使用了模具拍印编织纹、条纹和粗绳纹，这就是印纹陶的初级阶段。印纹陶的历史就诞生在距今一万年前后的新石器时代早期。几何形印纹陶则指的是用模具在陶器表面戳印或拍印"几何形"纹饰的陶器。纹饰种类包括圆圈类、平行线类和方格类三大类，它们的衍生品种可以包括几何形印纹陶的绝大多数，而印纹陶占据着南方陶器的绝大多数。通常认为，几何形印纹陶出现在距今6000年前后的新石器时代晚期，在商周时期达到巅峰。

著名考古学家苏秉琦先生指出：以万年仙人洞为源头，华南地区存在着一种共同的文化因素，即印纹陶。以鄱阳湖—赣江—珠江三角洲为中轴的地区，是几何印纹陶鼎、豆、盘等陶器为特征的文化发展核心区。在这一地区有着印纹陶发生、发展的完整序列。它向四周传播，到了原始社会晚期新石器时代的文化遗存中，各种各样花纹和图案普遍成为陶器器表装饰的主题。它甚至成为一把"锁钥"，"帮助我们打开通向探索我国这一重要地区从原始社会到秦汉以前的文化史这一重要历史课题的大门"。苏秉琦明确认定，鄱阳湖—赣江—珠江三角洲的北江一线，是印纹陶的枢纽和核心。因此，鄱阳湖—赣江—珠江三角洲的北江一线，俨然成为印纹陶发生、发展、交流、传播的陶器文化线路的发端。

独特的地理条件，使得南方地区成为中国乃至世界最早生产陶器的区域；悠久的制陶历史，促成江西引领印纹陶潮流，并成为南方印纹陶中心。

数十年的考古调查显示，江西的印纹陶遗址数以千计。跨越从距今一万年的新石器时代早期到公元元年前后的秦汉时期，历时一万年。主要分布在鄱阳湖平原，以及以赣江为主干线的五大水系及其支流两岸，河谷两侧的低矮丘陵、二级台地多有分布。在今天我们生活的周边，众多相对独立的河谷山间盆地，往往埋藏有密集的印纹陶遗址。可以说，印纹陶遗址遍布江西南北东西河谷平原、丘陵山地。

仙人洞遗址，位于江西省万年县大源乡境内的大源盆地内，发现于20世纪60年代，为典型的洞穴遗址；吊桶环遗址同样处于大源盆地内，是一种类似岩棚的洞穴遗址，坐落于一座60米高的石灰岩小丘顶部，发现于20世纪90年代。仙人洞与吊桶环，两处相距约800米。两地都发现了从旧石器时代晚期到新石器时代早期人类活动的遗存。

万年仙人洞出土的距今约两万年的陶器，虽然原始、古朴，却掀开了江西先民生产陶器、创造陶器艺术的历史。进入距今一万年前后的新石器时代早期，他们可能掌握了简单的窑炉技术，并能初步掌控烧成温度。他们还使用刻画、压印或戳印技法，在陶器上装饰条纹、粗绳纹、网结纹和编织纹，针对一些细小的红陶器，则采用细腻的细绳纹、蓝纹和方格纹进行美化，由此创造了中国新石器时代最早的印纹陶纹饰。之后，先民们把长期实践创造的印纹陶

仙人洞遗址外景

技术，逐步推广，使其成为江西新石器时代民众日常生活不可或缺的追求，并逐渐流传四方。

继大源盆地之后，江西各地陆续出现了一批有影响力的聚落群址。他们延续了早期印纹陶的制作技法，并发扬光大，不断创新。

在江西北部偏西的靖安县，近年发掘了老虎墩遗址。老虎墩新石器时代中期的彩陶的发掘堪称江西史前考古的重要发现，近百处先秦时期古文化遗址、城址的发现，证明这是江西潦河流域迄今发现时代最早、分布最密集的一处早期人类活动聚落群。

吊桶环遗址外景

靖安老虎墩出土的红衣陶(鼎豆鬶)

上图为靖安老虎墩出土的陶器，距今7000~6000年。红色底蕴是陶器的基本色调。夹砂红陶器壁较薄，胎质较粗松，夹杂粗细不均的细砂；表面凹凸不平，均抹一层薄薄的红衣。器物装饰简单，多数素面，少数仅在器表装饰粗绳纹，有的在口沿刻画交叉纹饰，纹路较粗。陶器种类单调，只见宽沿釜、圈足盘、支座等器物。老虎墩还出土了少量彩陶，为江西史前考古出土时代最早、数量最多。彩陶质地较细腻，在灰色陶胎上，涂抹一层或多层白衣，然后饰以红彩或褐彩，绘制成比较均匀的细线网格状纹饰，或者宽窄不一的带状纹饰。

同样位于赣西的新余市，处在静静的袁水河畔。新余拾年山的先民，较早地生产出鼎、罐、钵、缸、豆等陶器品种。他们同样喜爱红衣陶，并在各种颜色的陶器外表涂抹红色陶衣。喜欢在陶器的口沿或外侧，使用棍棒压印、刻画或戳刺一些几何形图案。常见的图案有锯齿状纹、人字形刻划纹、双线交叉纹或三角填线纹、圆窝纹、平行线纹、水波纹等。叶穗纹是原始人对栽培稻的直接写实，反映了祈求丰收的愿望；套凸头纹就像是原始居民在翩翩起舞，庆贺丰收。由于工具粗犷，使得纹样技法古拙、纹理深刻，颇具立体感，富有诗情画意。

因此，透过老虎墩到拾年山的陶器，我们可以看到在距今7000~6000年前后，江西新石器中期文化的陶器较仙人洞早期陶器已经有了较大进步。他们较熟练掌握了烧造技术，提高了烧成火候；陶器色彩单纯，使用红衣陶或彩陶美化陶器表面；使用模具拍印装饰纹样，推动了印纹陶的发展。他们还逐步脱离了圜底器物的限制，开始使用圈足器和三足器鼎、罐、钵、缸等，使得陶器的放置更加科学、稳定，大大改善了人们的生产和生活，促进了新石器时代江西本土陶瓷文化底蕴的形成。

距今5000~4000年前，在修水流域、信江流域以及赣江中下游一带，先后崛起了山背文化、社山头文化、筑卫城(樊城堆)文化。先民们带着不同的制陶技艺，陆续登上了历史舞台。他们凭借着传承前人的制陶经验，规模化生产陶器，手工拉坯，使用慢轮修正器物，生产出的陶器不但外形端庄,而且造型相近,美观大方;提高了窑炉烧造技术,比较稳定地控制了火候,根据需求生产出不同品种的陶器。

山背文化遗址群位于西北修水流域上游。低山、丘陵和河谷的地形地貌,是修河支流奉水河流域的显著特征。48个新石器时代晚期文化点,分布在上奉乡山背村奉水河两岸面积达20平方公里的山丘之上。考古发掘出土的陶器有红色、灰色和黑色,多见砖红色或淡红色。或许为了使陶器受热均匀或增加硬度的原因,制陶时有意识掺入细小沙粒;黑皮灰心的器物较多,质地粗糙,说明火候较低。流行三足器和圈足器,三足鼎较发达,以深腹罐形鼎为多,造型稳重端庄。由于陶器均为手制,表面一般都较粗糙,在少数器物口沿或局部发现有轮修的痕迹。极少数器物上有拍印几何形纹饰,有方格纹、编织纹、圆圈纹等。山背文化陶器在东南地区原始文化中有着重要的地位和历史影响力。考古学家安志敏先生这样评价:广泛流行于东南地区以印纹陶为代表的文化遗存,就是在这个基础上发展起来的。这与苏秉琦先生看法相似。

广丰社山头遗址群则处在赣鄱流域东部、长江中下游、闽江流域上游的交界地带。地理位置决定了这一区域的原始文化之间存在交流、吸收、渐次消化和融合的过程。发源于浙赣两省交界处的丰溪水,由东往西横穿广丰县境。在丰溪水流经的杉溪、五都等河谷两岸,分布着较多的古文化遗址。广丰社山头就是其中一处典型的台地类型遗址。代表新石器末期的遗存中,陶器流行红陶、灰陶和黑皮磨光陶,少量的印纹硬陶和白陶。陶器制作以手制为主,少量圆形器物采用轮制技术,分段黏接成型;器物造型比较规范,胎体普遍比较轻薄,但密实、坚硬,烧制的火候较高。灰胎黑皮陶器最有特色,黑皮磨光陶的喇叭形圈足镂空豆异常发达,制作规整,工艺精致,装饰丰富多样。圈足上常饰以圆形、长方形、三角形、半月形镂空装饰,纷繁复杂,生动美观。陶器器表以素面为主,但也运用刻画、锥刺、镂空等手法进行装饰;几何形印纹陶拍印技术趋于成熟。几何形印纹陶纹样有绳纹、曲折纹、旋涡纹、方格纹和叶脉纹。从出土的两件白陶分析,胎体为瓷土做胎,火候也高,这说明此时的制陶技术在瓷土选择、炼制甚至成型和烧造方面都有了稳步提高。

如果说山背遗址群和社山头遗址群分别代表了江西西北部、东部两处较大规模的古文化中心不断受到周边文化因素影响的话,那么,位于赣中腹地、赣江中下游地区的筑卫城遗址群则是新石器晚期江西主体原始文化的核心代表,完完整整地代表了当时江西地区的制陶水平。

筑卫城文化遗址群中心位于樟树市,处鄱阳湖平原南缘,跨赣江中游东西两岸。在赣江及其支流两侧的丘陵和二级阶地上,古文化遗址密布,是江西省史前时期古文化遗址最多、中心遗址分布最密集、区域文化层次最丰富、古代文明程度最高的重要区域。其分布范围大致为:南面达到赣州市的于都、宁都和定南一线,北面达长江南岸的赣江下游鄱阳湖周边,东

1986年吴城遗址出土龙窑

面达抚州临川一线,西面达萍乡、宜春周围。

在筑卫城文化时期,制陶技术日益发展,装饰工艺不断丰富,烧造水平稳步提高,文化底蕴初步形成。陶器颜色流行灰色陶和红色陶,另有少量黑陶、黑皮磨光陶和白陶。夹砂陶砂质较细,经过淘洗;泥质陶细腻,同样经过淘洗。成熟的黑皮磨光陶器,因为质地细腻,器形工整,造型多样,应用广泛,成为江西新石器时代晚期最美观大方、也最为珍贵的陶器品种,几乎与灰陶器物共分天下。各文化区内广泛生产鼎、豆、壶、罐、 、盆、钵、缸、甑和器盖等,几乎所有区域都是以鼎、豆、器盖、 和盘数量最多、最具特色,最终完成了江西史前时期陶器群

第一章　江西古陶瓷文化线路的起源

吴城城墙解剖照

的定型。而各式鼎更成为陶器生产的最大宗物品,其中丁字足浅盘鼎尤其是这时期先民最喜爱、最流行的日用器物。在筑卫城文化圈内,成熟的窑炉技术,促成了陶器生产的迅猛发展。陶器品种多,质地好,表面装饰逐渐丰富。它们已经突破了初创时期几何形印纹陶的特征,纹饰丰富,技术成熟。甚为奇特的是,在鼎足外侧几乎都装饰有各类纹饰,刻画一道或多道凹条纹、叶脉纹、双线对角纹、旋涡纹、方格纹、圆圈纹、大型圈点或重圈带点纹、圆窝纹等,这类装饰,集江西赣鄱流域史前陶器装饰之大成。

透过这些古文化遗存,我们看到了新石器时代早期萌芽的拍印技术在新石器时代晚期逐渐流行起来。在筑卫城文化遗址群,拍印的几何形印纹陶逐步成形。而随着拍印技术的广泛应用,几何形拍印纹样步入发展繁荣阶段,在商周青铜时代达到巅峰,并引领时代。

距今3300年左右,仍然在赣江中下游腹地,就在筑卫城遗址群影响的核心地带,以吴城遗址为代表,先民们跨入商时期,进入青铜时代。在赣江及其支流两岸和鄱阳湖西岸的二级阶地和丘陵上,吴城文化遗址群密集分布。而在樟树、新干、新余交接的丘陵地带,分布最为密集,几乎是漫山遍野,属于古萧江、袁水流域,也就是清江盆地,这是吴城文化的"根"。在瑞昌、九江、德安一线也比较密集,紧邻赣江—鄱阳湖西岸广大地域,那是吴城文化的"家"。考古学家长期的发掘和研究发现,吴城文化遗址大致有200多处,仅吴城遗址就发现各类窑炉14座,有龙窑和马蹄窑等,其中龙窑有4座,这是中国发现的最早的龙窑。先进的龙窑技术、高超的制瓷水平、精美的装饰工艺把吴城文化的陶器,特别是几何形印纹陶器生产推向极致。

建立在新石器时代晚期以来对陶土已有认识的基础上,吴城先民进一步懂得选用不同的黏土、瓷土烧制软陶、硬陶和原始青瓷。陶器制作精细,造型工整,烧造温度大为提高,烧制的火候达到990~1190℃,釉陶和原始瓷的温度达到1150~1200℃。他们还熟练掌握了多种拉坯成型技术制陶,使得陶器造型圆正规整、比例均匀对称,非常适合批量化生产。

吴城出土的原始瓷豆

吴城出土的灰陶鬲

吴城遗址出土的陶瓷器品种繁多，功能各异，数量和品种都很丰富，可以满足日常生产生活的方方面面。分为炊器、食器、酒器、存储器和陶拍、陶垫、陶模、陶范等生产工具和用具。器形有鬲、鼎、甑、甗形器、深腹盆、折肩罐等数十种。一些常用器物数量众多，使用广泛，取代了新石器时代延续数千年的鼎、豆、壶基本器物组合，形成了吴城文化遗址群特有的以鬲、假腹豆、折肩罐、大口尊、深腹盆和伞状器盖为核心的器物组合形式。

吴城先民善于装饰器物。制作时，他们采用拍印、压印、刻画、堆贴等手段，在器物上装饰各种纹饰图案。常见的纹样有圆圈纹、圈点纹、篦纹、蚕纹、曲折纹、S形纹、云雷纹、叶脉纹、凸方块纹、水波纹、米字纹、锯齿状堆纹、菱形填线纹、蕉叶纹、回字纹以及各种组合纹样30余种。对于纹饰图案的布局十分讲究，纹样排列有序，疏密得当，规整清晰。圆圈纹、圈点纹往往对称地布置在折肩罐折肩部位上下或口颈交接处，或环绕在马鞍形陶刀一周，整齐均匀；附加堆纹则装饰在折肩罐肩膀上，增添了器物的厚实感；作为吴城文化的标志性符号，印纹主要刻画在陶器的肩部或口部，处在最为醒目的位置。其中的拍印几何形图案，常见纹样及各种组合图案多达30余种，种类繁多，形态各异，堪称中国先秦陶瓷器装饰艺术之最。

与吴城文化遗址群并驾齐驱的还有位于江西东北部的万年文化遗址群。

万年文化遗址群主要分布于饶河和信江区域，即江西东北部的上饶、景德镇、抚州东部地区，以及浙江西部的江山，福建北部的武夷山、光泽县一带三省交界处，以万年、婺源、都昌、浮梁、鹰潭等地为核心。以陶器为核心的文化面貌独立成系，风格独特，尤其在日用陶器的制作技术、装饰技法和陶器制品的器物组合方面，都表现出浓郁的自身特色。而鹰潭角山窑址又是其中最闪亮的窑场。

信江之滨，鹰潭市郊，角山窑场窑业遍布。历年发掘1500平方米，考古人员发现了密集分布的陶瓷作坊区14处，窑炉6座，其中烧成坑3座、圆窑3座、马蹄窑2座、龙窑1座。出土了近2000件完整和可复原陶瓷器，还有残破陶瓷片数十万片，客观揭示了那段遗失在3300多年前的窑业往事。

与吴城先民一样，鹰潭角山先民对瓷土的选择要求严格。中国科学院高能物理研究所对出土陶片所做的科学分析显示："角山窑址各窑区大、中、小型古陶器物所用的原料元素组成无明显区别，是同种原材料；三个窑区古陶的原料元素组成相似，可能采用了同一位置的原材料；依据现有数据，所分析的古陶样品原料与邻近窑址边缘的原生土无密切关系。"也就是说，窑工们不局限于就地选材，有可能选择外地的原材料来制作陶瓷器，以满足自身制陶的需求。

角山窑场的陶瓷器制作有严密程序。陶瓷器制作前，窑工对原材料（瓷土）要经过精心培育。首先是陈腐，基本原理就是利用原材料中杂质和瓷土的不同比重，在水中逐步浮选分离出杂质，使瓷土纯净。其次是练泥。通过不断搅拌或踩踏，使陶泥从"生泥"变成"熟泥"，增加陶泥的黏性。然后是蓄泥。将陶泥储存在蓄泥池中，间断性地加水保湿"养"着，确保陶泥的干湿度以维持其黏性。最后，就是制作陶瓷器环节了。拉坯成型是陶器制作的重要步骤，从发现的陶车遗迹看，角山陶器生产已经采用了轮制技术，窑工可以在陶车上拉坯制成各种器型，然后针对不同器型进行不同工序加工。

角山窑场及遗址群依然钟情灰色陶器，灰色硬陶占据绝大多数，少量红陶。由于窑炉技术先进，烧制的陶器硬度大，温度可能超过1100℃，也使得很多陶器变形。变形率高成为该文化群陶器的重要特征。陶器以甑形器、罕、三足盘、盔形钵、高领罐等为主要器物组合，基本贯穿始终，这在江西其他同时期遗址所罕见。在装饰方面，喜欢在器物口沿、肩、颈等部位贴塑圆饼、附耳、扳手、把手等。在器物口沿或底部常用指甲或竹木工具戳印、刻画各式符号，种类之全、数量之多、代表意义之复杂国内仅见。窑工利用不同形状、不同花纹的制陶工具，在陶器上拍印纹样。纹样以云雷纹和篮纹及组合纹最多，还有方格纹、菱形纹、曲折纹、席纹、叶脉纹、绳纹、轮旋纹和漩涡纹、S形纹、凸方点纹和凸圆点纹。窑址内发现了拍印这些纹样的陶拍和陶垫。大量制陶工具的出土，表明角山窑址生产规模非常庞大。丰富多彩的各式陶拍的出土，刚好可以与出土的陶器相互印证：花纹多样，工艺特点鲜明。

20世纪80年代初，李家和先生把调查发现的陶片带到北京，苏秉琦先生看后给予了高度评价，他说：角山窑址的发现活了闽、赣一大片地区的青铜文化。是的，作为以武夷山为核心的原始文化，角山窑场不但生产了独具地方特色的陶瓷器，其以贸易为目的的陶瓷器，还在前人开辟的经济

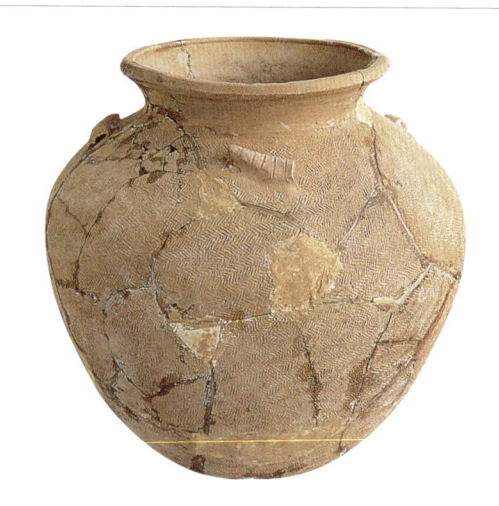

浮梁东流出土的印纹陶罐

鹰潭角山出土的炊具组合

鹰潭角山出土的印纹陶尊

文化交流线路上，向西沿信江入鄱阳湖，渗透到江西腹地古文化核心；向南越过武夷山顺闽江而下，到达黄土仑文化区域；向东沿仙霞岭两翼进入到浙江江山、淳安一带；向东北沿长江而下，直达宁镇、江淮和皖南等湖熟文化区域。可以说，角山窑址是我国迄今发现的时代最早、面积最大的商业性窑业生产基地，其规模之大、窑业堆积之厚为同时期的遗存中所罕见。

正是因为吴城遗址和角山窑址群继承了悠久的陶器制作传统，掌握了丰富的陶瓷工艺，研发了先进的窑炉技术，才使得商周时期的江西地区陶瓷器生产规模宏大，销路广阔，影响深远，理所当然摘得南方印纹陶中心的桂冠而引领时代。

三、原始瓷器的滥觞

通常认为，与一般陶器相比，原始瓷器在胎土的物理性能方面，有了质的不同，已初具瓷器特征，属于瓷器的范畴。只是由于技术水平的限制，其生产技艺和产品质量与后来的成熟青瓷相比，尚存一定的差距，属于还不够成熟的瓷器，是成熟瓷器的初级形态。因此在"瓷器"前加上"原始"二字或又称为原始青瓷，以区别成熟瓷器。

商周时期，社会组织日益强化，专门化、规模化生产，促成了轮制技术趋于成熟，陶器生产取得前所未有的成就。同时，由于施釉技术的应用，表面涂刷一层薄薄保护层的釉陶也逐渐出现，有效增加了陶器的美观度和耐磨性能；特别是原始瓷器的诞生和应用，更加使得原始瓷器成为仅

吴城出土的原始瓷罐

吴城出土的原始瓷器盖

次于青铜器的一大奢侈品,是王公贵族们追逐的对象,成为财富身份地位的象征,最终将陶瓷器的制作水平推到巅峰。

经过数千年的积淀后,江西各地的制陶技术日趋成熟,并酝酿着变革。凭借独特的区位优势和历史机遇,以吴城遗址为主体的赣鄱平原地区率先由原始社会跨入到阶级社会的门槛,生产关系随之发生变革,生产力焕发出勃勃生机,陶瓷器生产突飞猛进。从全国资料看,在河南郑州二里岗、湖北盘龙城、河北藁城、上海马桥,以及江西的吴城和角山等地都出土过高质量的商代原始瓷器。这些原始瓷器具有几乎相同的物理特征,造型胎质釉色也基本类似。考古人员发现,吴城、角山等地生产的原始瓷器,使用瓷土做胎,胎体以灰白色为主,少数灰黄色;胎质质地细腻、致密,胎体基本烧结,表面施高温玻璃质釉,吸水性很弱;经1100~1200℃左右高温烧成,叩之发出清脆的金石声。吴城遗址发现的烧造陶瓷的窑炉,率先使用了龙窑技术,提高了烧成温度,增大了装烧量,烧造出商代最优质的原始瓷器,并且可以批量生产。以吴城遗址为中心的诸遗址,出土的原始瓷比例最高;原始瓷器品种丰富,它们脱胎于印纹陶器,大多数可以在印纹陶中找到原型。如原始瓷豆、大口尊、折肩罐、器盖、马鞍形陶刀等同样属于陶器最大宗产品,这是我国迄今发现最早的原始瓷器品种。角山窑址发现了密集分布的作坊遗存和丰富的陶瓷器产品,丰富的制瓷遗存再现了古代陶瓷手工业从取土、蓄泥、陈腐、练泥到器物成形、装饰施釉、烧造成器,从入窑装烧到成品库房堆放的一系列过程,可以复原窑业生产的各个环节,这在我国早期窑业生产中属首次发现。严密细致的分工合作,促使陶瓷器生产组织完备,有利于规模生产,提高工作效率。它既是我国商代一处最重要的商业性窑场,同时也是我国生产原始瓷器最重要的窑场之一。其原始瓷器的特点依然类似同时期的印纹陶器,只是火候更高,硬度更大,表面多施以薄薄的青釉层。原始瓷圜底罐、深腹罐最为流行,器形规整,装饰华丽繁复,深受当时民众喜爱,并在周边地区广为流传。

那么,促使这两大古文化遗址群原始瓷器滥觞的具体原因何在?从技术角度看,这是一个循序渐进的过程,也是一个有章可循的过程。通过一系列的分析研究,可以窥探到这一嬗变历程。

首先,原料的选择是陶瓷工艺突破基础。瓷器的发明和发展,决定性的因素是使用了瓷石做原料。南方的高岭土在成因上与花岗岩等酸性火成岩有关,多属风化残积型或热液型,有机质含量较低,含碎屑矿物较多,黏性和吸附性小,在化学组成上则TiO_2的含量偏高,适合采用还原焰烧成。瓷石矿广泛分布于中国南方诸省,瓷石在1200~1300℃时即具有良好的瓷化特性,给瓷器的烧制成功提供了物质基础。吴城遗址发现的瓷土和角山窑址发现的外来瓷土原料都说明,先民们在商代前期就成功认识到优质瓷土对于烧造陶瓷器所起到的重要作用。

其次,窑炉技术的进步使得高效地烧制陶瓷成为可能,并在质与量的指标上显示超强的生产能力。吴城商代遗址发现的窑炉,主要分布于遗址西北的丘陵坡地上,地处萧江上游,依山傍水,地势开阔,适宜制陶。1986年发掘的"平焰龙窑",保存状况良好。窑床呈长方形,窑身一侧窑壁设九个投柴孔,排列有序。孔内堆积有陶片、烧土和炭屑及灰土混合物,孔底的红烧土硬面与窑床底硬面连为一体,处于同一水平线,窑头与窑尾水平高差为13厘米,坡度为1.7度。它具备龙窑窑身长、容量大的特点,并独创了分段投柴的方法,这是龙窑技术上的第一次突破性进展。

第三,从无釉到有釉是制陶技术上的一个重大飞跃。先民们经过长期的生产实践,逐渐认识了釉的特性并发明了釉。涂抹在瓷胎上的化妆土在高温作用与燃烧过程中产生的草木灰有机结合,形成了一层晶莹剔透的玻化层。玻化了表面的陶瓷器,不但美观,而且耐磨。一旦认识到这一规律,先民们继而发展到主动对陶瓷器表面予以施釉。这就是瓷釉的制作工艺出现在陶器上的发展和演变的历程,即古代工匠在涂层工艺的基础上制作出具有一定厚度,在高温下熔融而完全玻化的釉层,原始瓷器由此诞生了。从陶系看,吴城的陶器以泥质陶和夹砂陶为主,早期有一定数量的黑衣陶,少量釉陶和原始瓷;越到后期,几何形印纹陶和原始瓷器占据比例越大,到吴城文化的巅峰时期,比例高达16%~22%。这也反映出吴城先民对原始瓷器的逐步认知和喜爱过程。

第四,除却技术方面的原因,吴城方国都邑中心地位的渐渐确立是江西成为南方印纹陶中心和原始瓷器滥觞的重要政治因素。

20世纪70—80年代,江西商代考古取得骄人成就。吴城遗址、瑞昌铜岭铜矿遗址、新干大洋洲商代墓葬陆续震撼出土,不断牵动世人神经,刷新人们的固有认识。或许是江西北部铜矿资源的诱因,最晚从商代前期开始,江西北部、中部成为商王朝重点关注的地区。瑞昌铜岭铜矿遗址、九江荞麦岭遗址、德安石灰山遗址、陈家墩遗址等率先成为商文化南渐的桥头堡。及至江西腹地的樟树吴城一带,南方商代最大规模的吴城方国都邑逐渐崛起,政治、经

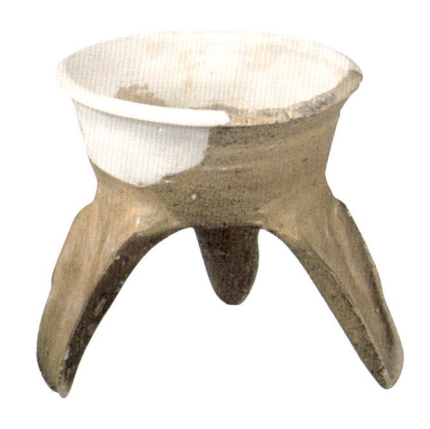

鹰潭角山出土的原始瓷三足盘　　鹰潭角山出土的原始瓷圈底罐

济、文化、军事地位得以确立。在其强大而稳定政治实力控制下,长江—赣江沿岸运输通道逐渐打通,南方地区最具优势的印纹陶、原始瓷器纷纷加入北上贸易的行列,并通过政治权力的方式输送到中原王朝畿内。在江西西部偏远的铜鼓县发现的吴城文化高质量的原始瓷大口尊,湖北盘龙城、河南郑州商城出土的原始瓷和印纹陶,正是这种大环境下由江西腹地逐渐向北传播的例证。在这种历史背景下,一些陶器纹样不可避免地打上了阶级的烙印,成了为统治阶级服务至高无上权力的象征,如饕餮纹、夔龙纹之类,既有神秘色彩,又纷繁复杂,明显融入了阶级社会里的等级观念和国家意志。陶瓷器的装饰还不断融入青铜器的复杂的纹样、图案,甚至模仿青铜器的造型,用以满足使用者追逐权力和地位的欲望。集权政治和稳固的社会环境,有力保障了陶瓷器的生产和有序流通,促进了各地陶瓷文化的发展。角山窑址的先进陶瓷产品也不断深入周边地区。在闽江流域,其快轮制陶技术和陶瓷器的种类、装饰风格,甚至在器表的刻符,都受到角山窑场的影响。闽江下游的众多陶瓷器是角山窑址与沿海地区考古学文化相互交融渗透的产物。角山窑场还与浙江西南山地诸遗址有着密切关系,窑场生产的陶瓷器与其有着密切的关联,其造型特点、装饰风格无不与角山窑场的同类器物相一致。借助这些交流、贸易和文化互动,江西陶瓷器不断激发出新的创造活力。此后,江西陶瓷文化的辐射力不断增强。

正因如此,商周时期江西印纹陶获得了深厚的文化底蕴、技术突破和政治经济基础的支撑,取得了前所未有的成就。

原始瓷器的发明,实现了从陶到瓷质的飞跃,是我国陶瓷手工业发展史上的一次重大进步,为我国瓷器的发展奠定了基础。以吴城遗址和鹰潭角山窑址为代表的江西制瓷业在商代前期就开始了由陶到瓷的嬗变过程,而且是我国出土商代原始瓷器最多、品种最丰富、制作最精美的地点。江西的原始瓷器不但广泛流传于赣鄱地区,其技术和产品还源源不断地输出邻近乃至中原地区,对其陶瓷文化的发展和文明进步产生了巨大影响。因而可以认为,江西在商代就已是中国原始瓷器的生产中心和滥觞。

第四节 先秦时期线路上的物质文化遗产

一、古窑址

1.吴城遗址窑场:商代。

位于樟树市吴城乡吴城遗址内。1973年开始发掘。发掘和研究证实,吴城遗址城址内形成了功能相对稳定的居住区、制陶区、青铜冶铸区和墓葬区域。窑场位于古萧江南岸的低矮丘陵上,目前共发现14座窑炉,可以分为升焰式龙窑、半倒焰式马蹄窑和平焰式龙窑。其中有升焰式龙窑4座。86Y6号龙窑保存较完整。其窑头在西北、窑尾在东南,北偏西68度。窑床残长7.5米,窑尾南北宽1.07米,窑壁残高0.1~0.2米,厚0.06~0.28米,整个窑炉面积约8平方米。窑床坡度1.7度。窑炉北壁设有9个投柴口。窑炉内堆积丰富,有烧土块、炭屑,有印纹陶和原始瓷残片。平焰式龙窑,窑室长,空间大,有一定的倾斜度,使得燃烧时具有一定的抽力;多个投柴口分段布局,也有利于控制窑炉温度,保证了成品率。这些窑炉集中分布在萧江南岸数千平方米的范围之内,形成一个内部既有分工又有合作的大型窑场,同时表明其间还有较严密的管理体系和完善的销售贸易网络。

窑址内出土了大量的泥质灰陶、泥质硬陶和釉陶、原始瓷器。其中以几何形印纹陶器最具特色,比例高达16%~22%。陶瓷器表面往往采用拍印、压印、刻画、堆贴等手段,装饰各种纹饰图案,常见的纹样有圆圈纹、圈点纹、曲折纹、云雷纹、叶脉纹、米字纹、锯齿状堆纹等多种。陶瓷器品种主要有鬲、甗形器、深腹盆、罐、尊、豆、瓮、伞状器盖等。

吴城龙窑开启了分段装烧、分段投柴技术的先河,这是龙窑烧造技术上的一次突破性进步;它是后世龙窑的祖型,是青瓷的摇篮。吴城龙窑是目前我国发现的最为先进的商代龙窑,是3000多年前我国先进制陶术的代表。先进龙窑技术的应用,是综合制瓷技术、装饰技术和烧造技术水平提高的具体体现。吴城先民创造了先进的窑炉,并生产了成熟的几何形印纹陶和原始青瓷。其陶瓷器生产主要有以下几个特点:第一,分别精选陶瓷原料。懂得选用不同的黏土、瓷土可以烧制软陶、硬陶和原始青瓷;吴城先民初步懂得了高岭土的性能,开始使用高岭土制作陶瓷器,陶器制作精细,造型工整;烧成温度大为提高,烧制的火候达到990~1190℃,釉陶和原始瓷的温度达到1150~1200℃。第二,多种拉坯成型技术。第一种,手捏法;第二种,泥条盘筑法;第三种,模制法,是指用预制好的范制作陶器的方法。第三,精心拍印纹饰。普遍使用陶制的拍子拍印各种纹饰。几何形纹样的种类最多可达三十余种。第四,多种施釉工艺。施釉的方法,有刷釉、浸釉和荡釉等。第五,先进的窑炉技术。总之,吴城遗址是我国出土商代原始瓷器最多、品种最丰富、制作最精美的地点,为商代中国原始瓷器的生产和销售中心。

2.角山窑址:商代。

位于鹰潭市月湖区童家一带。20世纪80年代初发掘至今,先后进行了五次考古发掘,发掘面积1525平方米。角山窑址是万年文化遗址群巅峰时期最重要的陶瓷器生产场所,现存面积达3万平方米。共发现遗迹64处。其中作坊遗迹14处,包括陈腐池8处、练泥池1处、蓄泥池1处、辘轳车基座1处、成品坑2处等;窑炉遗迹9处,包括烧成坑3座、圆窑3座、马蹄窑2座、龙窑1座等;生活遗迹41处,包括房址6座、灰坑28个、灰沟5条、陶片堆积2处等。

角山窑址出土了数十处商代的制陶作坊遗迹和烧造陶器的窑炉,并出土了数以十万计的陶瓷产品。陶器以灰色硬陶和红陶为主,兼大量的釉陶和原始瓷器。器形主要有甗形器、罐、罕、爵、壶、瓮、尊、三足盘、带把钵、盉、带把杯、鼎、大口缸等数十种,以甗形器、大口罐、圆腹罐、三足盘、盔形钵、带把钵为主。整个陶器群器类简单,造型单一。流行三足器和圜底器,少见平底器。陶器表面装饰以云雷纹、篮纹及其组合纹样最多,还有方格纹、菱形纹、曲折纹、席纹、叶脉纹、绳纹、轮旋纹和漩涡纹、S形纹等。陶瓷器和制瓷工具上流行用指甲或竹木工具戳印、刻画各式符号,数量达到2500多个,近250种类型。有计数符号,也有记名号,还有少数文字内容。这些符号无论种类还是数量,在国内同时期遗址从未见过。

遗迹多、遗存丰富、分布集中是窑址的显著特点。一系列的制瓷遗存从取土、蓄泥、陈腐、练泥到器物成形、装饰施釉、烧造成器,从入窑装烧到成品库房堆放,基本涵盖了窑业生产的各个工序,是我国早期窑业考古难得的发现,是陶瓷生产技术和工艺水平的重要体现。角山窑场始烧于商代早中期,终烧于商代晚期,历时400多年,是我国迄今发现的时代最早、面积最大的商业性窑业生产基地。

二、古矿山

铜岭矿冶遗址:商代至东周。

位于瑞昌市夏畈乡铜岭村。1989年首次发掘,经过五次科学发掘。该遗址总面积约3.5平方公里。发掘揭露采矿区1800平方米,冶炼区1200平方米,清理竖井103口,巷道19条,露采坑7处,选矿场1处,工棚6处,以及马头门、围栅等遗迹,出土石器、木器、铜器和陶器等生产、生活用具468件。该遗址开拓系统的巷道支护技术、采矿和选矿技术等在当时已处于世界领先地位,揭示了中国青铜文化独立起源,具有极为重要的价值。根据出土陶器分析,并参照C14木样测定,其开采年代从商代前期一直延续到战国,前后连续开采长达千余年,是目前所见中国最早开采的一处矿山,其开采历史之早,延续时间之长,出土物之丰富,在国内已发现的铜矿遗址中是少见的。从遗址内出土的日用陶器制品分析,它们与吴城文化的同类器物基本一致,表明该遗址也是吴城文化重要的组成部分。同时也出土了一批万年文化的陶器。

从调查情况看,瑞昌铜岭矿冶遗址除采矿遗存外,在其周边地区还有选矿区、冶炼区、矿工生活区、管理服务区等。

瑞昌铜岭矿冶遗址,北距长江10公里,水路交通便利,与湖北阳新、大冶铜绿山等商周时期古铜矿遗址处在同一成矿带上。它可能是中原商王朝为获取南方铜资源而设立的一个重要据点。以该据点为支撑,江西的铜矿资源不断运往中原地区,而中原商文化向南的传播也因此而变得顺畅和必然。这种互动,使得吴城文化日益成为中国南方地区包容性最大、影响力最为广泛的一支青铜文明,最终奠定了吴城方国都邑的地位。

选矿场溜槽段素描图

瑞昌铜岭矿冶遗址发掘现场

三、古遗址、古聚落群

1.仙人洞与吊桶环遗址：旧石器时代晚期至新石器时代早期。

位于万年县大源乡境内的大源盆地内，是两处相距约800米的洞穴遗址。于1962年和1964年进行了两次发掘，发现大量烧火堆、灰坑、人头骨，获得大量文化遗物、动物骨骼，为研究早期仙人洞人的生产、生活情况提供了丰富的实物资料。1993年、1995年和1999年，由北京大学考古系、江西省文物考古研究所和美国安德沃考古基金会组成的中美联合考古队，集中了一批国际国内考古学、地质学、动物学和植物学等多学科知名专家进行的三次精心发掘，科学完整地揭示出仙人洞和吊桶环遗址从旧石器时代晚期到新石器时代早期的地层堆积情况，发现了一批石器、骨器和蚌器，以及世界上最早的陶器，还找到了世界上最早的人工栽培稻植硅石实例。

北京大学严文明教授认为，仙人洞和吊桶环遗址是"目前所见中国旧石器时代末期向新石器时代早期过渡地层关系最为清晰的地点"。考古发掘揭示的地层堆积涵盖了从旧石器时代晚期到中石器时代再到新石器时代早期，显示了一种整合的文化演进关系。透过这种关系，不但看到了原始先民使用的生产工具由大型到小型，由粗壮到精细，由简单到复合，由打制到磨制的技术进步规律，也看到了因此带来的由采集、狩猎、捕捞，再到驯化野生稻、培育人工栽培稻的经济生活方式和原始农业文明的诞生过程。

在仙人洞遗址发现了世界上最早的陶罐，距今约两万年。

在吊桶环中石器时代地层中发现有大量野生稻植硅石，这是我国长江流域首次发现的早于稻谷栽培稻的考古遗存。在吊桶环和仙人洞的新石器时代早期即距今12000年前的地层中发现人工栽培稻植硅石，经植物学家研究，这种水稻兼具籼、粳稻特征，是一种由野生稻向人工驯化稻演化的古栽培稻类型，它是现今所知世界上年代最早的栽培稻遗存之一，它昭示赣鄱地区是亚洲和世界稻作农业一个重要的发祥地。

这些发现，使得仙人洞和吊桶环遗址被评为1995年度和"八五"期间全国十大考古发现之一、20世纪中国百项重大考古发现之一，2000年发现的距今两万年的古老陶器还入选2012年世界十大考古发现。因此，万年仙人洞与吊桶环遗址被称为世界级考古洞穴。

2.靖安南河流域遗址群：新石器时代中期至商周时期。

位于靖安县高湖—水口盆地的是南河流域。1979年，在水口乡李家村，出土了3件徐国青铜器。1990—1991年，在烟竹乡郑家坳，又发现了距今5500年的新石器时代晚期墓葬群。2008年后调查显示，盆地的上下游共发现有80余处古代遗址，有的遗址面积达到6000平方米。这里是赣北地区远古人类的重要活动区域，老虎墩遗址是其中一处重要的遗址。

老虎墩位于靖安县高湖镇南河南岸，是一处土墩类型的古文化遗址。2009—2011年进行了三次考古发掘,共清理新石器时代墓葬114座、灰坑53座、祭祀坑26座、房屋遗迹9座等一批重要遗迹,还获得了一批重要的文化遗物,其中新石器时代中期的彩陶和晚期墓葬的发掘堪称江西史前考古的重要发现。从江西范围的考古年代排序,它仅晚于仙人洞上层,而早于新余拾年山一期文化,在文化编年上具有承上启下的作用。

新石器时代中期陶器距今7000~6000年。绝大多数陶器为夹砂红陶,少量灰黑陶,灰黑陶可能夹炭,还见白陶。夹砂红陶器壁较薄,胎质较粗松,夹杂粗细不均的细砂;表面凹凸不平,均抹一层薄薄的红衣。器物装饰简单,多数素面,少数仅在器表装饰粗绳纹,有的在口沿刻画交叉纹饰,纹路较粗。陶器种类单调,只见宽沿釜、圈足盘、支座等器物,不见鼎足类。出土了少量彩陶。这也是江西史前考古出土时代最早、数量最多的彩陶。彩陶质地较细腻,在灰色陶胎上涂抹一层或多层白衣,然后饰以红彩或褐彩,绘制成比较均匀的细线网格状纹饰,或者宽窄不一的带状纹饰。

新石器时代晚期陶器距今约5000年。陶器主要为泥质灰陶、夹砂灰陶和黑皮磨光陶,少量夹砂红陶。器物表面主要为素面磨光,少量装饰蓝纹、绳纹、弦纹,流行穿孔装饰,流行鼎、豆、壶、罐、鬶的器物组合,具有江西地区新石器时代晚期的基本特点。老虎墩因其陶器品种、造型、装饰风格具有独特的自身特点,在江西属于一种新发现的古文化,故被称为"老虎墩文化"。

3.筑卫城文化遗址群:新石器晚期至商周时期。

位于樟树市境内及新余、丰城等周边。遗址最早发现于20世纪40年代,是江西省最早进行过考古调查的遗址。20世纪70、80年代进行了多次发掘,获得了众多重大收获。考古发现数十处新石器时代遗址,其中以筑卫城、樊城堆、营盘里为最,这些遗址丰富了筑卫城文化的内涵,还大致廓清了该文化的分布范围,即:南面达赣州市的于都、宁都和定南一线,北面达长江南岸的赣江下游鄱阳湖周边,东面达抚州临川一线,西面达萍乡、宜春周围。这一带是江西省古文化最为发达的区域,被考古学家命名为筑卫城文化。

筑卫城遗址是该文化最杰出的代表。出土陶器以夹砂和泥质红陶为主,约占50%左右,夹砂和泥质灰陶约占40%,黑陶和黑皮磨光陶占6%~7%,并有少量白陶。夹砂陶砂质较细,经过淘洗;泥质陶细腻。陶器种类有鼎、豆、壶、罐、鬶、盆、钵、缸、甑和器盖等,以鼎、豆、器盖、鬶和盘最具特色。鼎有盘形、罐形、釜形和钵形诸种,盘形鼎独具特色,数量最多,影响最为广泛。鼎足式样有瓦形(或凹面)、丁字形、侧扁形、卷边形、扁平形,以及鸭嘴形、扁凿形、扁管形、羊角形、锥形等。豆类器数量也较多,形式丰富,变化多端。有带棱座豆、折盘豆、杯形豆、竹节状柄豆、凸棱形柄豆、高圈足、矮圈足豆等,以子口带凸棱座豆最具特色。丁字形足鼎和子口带凸棱座豆以及平口捏流鬶是筑卫城文化最为多见也最具代表性的器物组合,是区别于其他新石器晚期文化的重要因素。

陶器表面装饰以素面为主,还有不少刻画纹、锥刺纹,以及篮纹、绳纹、堆纹、弦纹、篦点纹、指甲纹、镂孔和彩绘等。新见少量拍印或压印、戳印纹饰。在鼎足外侧几乎都装饰有各类纹饰，刻画一道或多道凹条纹、叶脉纹、双线对角纹、漩涡纹、方格纹、圆圈纹、大型圈点或重圈带点纹、圆窝纹等，它们是属于发展阶段的几何形印纹陶，比新余拾年山的刻画纹饰有了长足进步。丰富的各式刻画、拍印纹样和鼎足装饰集江西史前文化之大成，同时也是整个中国南方地区鼎足装饰最发达的地区。

4.山背文化遗址群：新石器晚期至商周时期。

位于修水县上奉镇山背村。20世纪60年代开始发掘。山背遗址群分布面积约20平方公里，遗址有48处，发掘了房屋、灰坑、墓葬等遗迹。考古发掘出土了连间式木骨泥墙地面建筑，面积约30平方米。房屋中央有圆形火塘，火塘内出土石器和完整陶器。

陶器陶质分夹砂和泥质红陶、灰陶及黑皮陶等，以砖红色或淡红色之夹砂红陶为主，流行夹砂器物，并以夹粗砂器物占多数；黑皮灰心的器物较多，质地粗糙，火候较低。流行三足器和圈足器，三足鼎较发达，以敞口鼓腹圆底的罐形鼎为多。大量的鼎腿可分为侧扁式、圆锥式、羊角式、扁平式等。直颈捏流鬶是该文化的特点；圈足器中以侈口瘦腰圜底高圈足杯形豆、浅盘喇叭形高圈足盖豆、浅盘矮圈足豆、侈口高颈鼓腹圈足壶、直口高颈扁圆腹圈足壶以及侈口矮圈足簋最为普遍。圜底器多为侈口圆腹圈足罐、敞口短颈深腹圜底罐等。这些陶器组成了山背文化的陶器群。

山背遗址群的文化面貌具有浓郁的土著文化特色，与同时期长江中下游地区的原始文化有密切交流，表现出许多共有的文化特征。该遗址群的年代距今约4800年。以山背遗址为代表的遗址群出土的原始文化因素极具本地特色，被考古界命名为"山背文化"。

5.广丰社山头遗址：新石器晚期至商周时期。

位于广丰县五都镇前山村罗家自然村北侧。1983年、1991年、1995年、2005年先后进行过四次考古发掘，出土了大量陶器、石器，以及属于新石器时代晚期到夏商时期文化的遗存，距今5000~4000年。

社山头文化属新石器末期文化，出土的陶器以夹砂红陶、泥质灰陶为主，少见黑皮磨光陶和泥质红陶，还出土了少量印纹硬陶和白陶。流行圈足盘、盆形鼎、罐形鼎以及鸭嘴状器足；黑皮磨光陶的喇叭形圈足镂空豆异常发达，新见单把圈足杯、盉、折腹罐、褐彩圜底罐等。出土两件白陶鬶，造型规格与同遗址的黑皮陶鬶完全一致，十分精致。陶器器表以素面为主，但也运用刻画、锥刺、镂空等手法进行装饰；出现拍印的早期几何形印纹陶。几何形印纹陶纹样有绳纹、曲折纹、旋涡纹、方格纹和叶脉纹。陶器制作以手制为主，少量圆形器物采用轮制技术；器物造型比较规范，胎体普遍比较轻薄、密实、坚硬，烧制的火候较高。尤其是黑皮磨光陶的喇叭形圈足镂空豆异常发达，其制作规整，工艺精致；圈足上常饰以圆形、长方形、三角形、半月形镂空装饰，纷繁复杂，生动美观。

社山头遗址一期出土物与筑卫城文化出土的同类器物大致相似，如陶器器形使用鼎、罐、豆、鬶、壶、圈足盘等，表明其主体还是来源于江西腹地的筑卫城文化;到二期,筑卫城文化因素趋少,出现了一些新的文化特征,如大量的红烧土垫土房基,墓葬随葬品不使用鼎的习俗等。其中大面积的红烧土垫土房基,局部厚达30厘米以上,规模超常,是江西史前遗址最突出、最奇特的文化现象,表现了进入到新石器时代末期向文明过渡时期强烈等级观念已经形成;而墓葬中不使用鼎进行随葬的风俗则与赣中腹地原始文化完全不同,映射出独具的特点。

值得注意的是,在二期文化中,出土的两件白陶鬶,显系瓷土做胎,火候也高,这无疑说明,在新石器时代末期的制陶技术在瓷土选择、炼制甚至成型和烧造方面都有了稳步提高。大量使用黑皮磨光陶豆、陶壶,特别是在陶豆上采用丰富多彩的镂空装饰等,与浙江的良渚文化、好川文化十分近似,体现出在发展过程中受到东部沿海地区原始文化的强烈影响。

6. 九江龙王岭遗址:商代前期。

位于九江县马廻岭乡龙王岭村。1990年发掘。遗址面积7500平方米,发掘150平方米。考古发掘出土陶器以泥质灰陶为主,夹砂灰陶次之,有少量印纹陶和原始瓷器。纹饰以细绳纹为大宗,少量弦纹、附加堆纹、方格纹、云雷纹、叶脉纹。在1号水井中出土的一批器物,如翻唇鬲、折肩罐、高圈足盘、深腹盆和陶鼎均与郑州二里岗下层早商文化遗存中出土的同类器相近。

7. 德安石灰山遗址:商代前期。

位于德安县聂桥乡石灰山西南。面积约60000平方米。20世纪80年代后进行了两次发掘,发掘面积375平方米。石灰山遗址的陶器,以泥质灰陶为主,也见一定数量的黑皮磨光陶、印纹硬陶和原始瓷器。主要陶器品种有鬲、豆、罐、盆、器盖和甗形器等。陶器制作规范,加工精致。印纹陶装饰盛行绳纹、附加堆纹、方格纹、席纹、叶脉纹、云雷纹、菱形纹、凸方点纹、篦纹、曲折纹等。石灰山遗址与吴城遗址一期出土的陶器风格接近。

8. 九江神墩遗址:商代前期至西周时期。

位于九江县沙河镇。20世纪80年代进行过发掘。出土陶器有鬲、假腹豆、折肩罐、深腹罐和仿铜罍等。陶器纹样以绳纹居多,还有附加堆纹、弦纹、网纹以及错乱叶脉纹、剔刺纹、刻划纹等。这些重要遗址出土的典型器物和装饰纹样与吴城遗址纹样相似或相近,反映了江西商代前期的陶瓷器生产面貌。

9. 德安陈家墩遗址:商周时期。

位于德安县与永修县交界处米粮铺周边,周围丘陵连绵,商周遗址遍布。20世纪90年代多次发掘。考古发掘清理出了商代祭祀台、居住址、灰坑和大量水井以及完整的周代城垣。水井内出土大量用于汲水的陶瓷器;还出土了与冶炼有关的遗迹和遗物。商代遗存出土大量泥质灰陶、黑皮磨光陶及少许硬陶片。器形有鬲、折肩罐、圆腹罐、喇叭柄豆、钵形器盖及锥状鼎足等。陶器制作规整，装饰规范。常见纹样有细绳纹、细方格纹、戳刺纹、圈点纹、锯齿状堆纹、席纹、叶脉纹和S形纹等。细绳纹鬲、喇叭柄浅盘豆与石灰山遗址出土物基本一致；泥质陶仿铜鼎饰燕尾纹的风格也见于新干大洋洲商墓的铜器；釉陶大口尊、折肩罐也多见于吴城遗址。这些表明它们不但年代相对接近，文化面貌方面也基本相同。陈家墩遗址是江西商周时期一处极为重要的遗址。11口密集分布的商末周初水井为江西史前文化之最，而且体量巨大，形式多样，防护复杂，表明当时生产生活何等繁荣。商代土台与陈家墩遗址南侧的黄牛岭商、周两处祭台遥相呼应，更证明商末周初的陈家墩一带拥有很高的政治权利，是赣北一处几乎可与吴城—牛头城比肩的政治、文化、经济中心。从地理位置和文化因素分析，这个中心或许就是从瑞昌获得铜料的加工冶炼点，然后四向传播的重要枢纽，它有效地起到了传递江西古文明成果，促进区域文明融合的核心作用。

10.万年斋山文化遗址：商代。

位于万年县城陈营镇附近。20世纪60年代，发现了扫帚岭、肖家山、杉松岭、雅岗等十多个地点。陶器以灰色硬陶居多，但是釉陶、原始瓷器数量渐多。陶瓷器器形主要有瓿形器、罐、罍、三足盘、带把钵、鼎、缸、瓮、盘豆、钵、器盖、勺、杯、盂、碗等数十种，还发现了用于支撑炊具的靴形支座等。其中以瓿形器、大口罐、高领罐、盆形钵、带把钵为最多。陶器装饰纹样以云雷纹、凸方点纹和凸圆点纹最多，还有席纹、曲折纹或叶脉纹、方格凸圆点纹或方格凸方点纹、方格纹、绳纹、篮纹、菱形纹、旋涡纹等；罐类器口颈部位上轮旋纹运用普遍，器身饰云雷纹、凸方点或凸圆点纹、席纹，以及与曲折纹或叶脉纹的组合纹、蝶形、圆饼形贴饰。发现的一批墓葬，具有代表意义，使我们初步看到了该区域的埋葬形式和墓葬随葬品组合。八座墓葬结构均作长方形或方形土坑竖穴，周边不甚规整，南北方向，有的墓坑南端两角筑有二层台。肖家山墓随葬品较为丰富，有瓿形器、罍、鼎、罐、钵、碗、杯、纺轮、钺等陶瓷器；送嫁山墓葬出土盘豆、带把钵、勺、长方形刀、蘑菇状垫、纺轮、靴形支座等陶瓷器；西山墓葬出土1件青铜鼎。这些墓葬随葬品以陶瓷器为主，个别墓有铜器，还有似为明器的仿铜陶制兵器钺。瓿形器、罍、鼎、罐、钵是这些墓葬的基本陶器组合，为赣东北地区古代遗址的陶器组合和礼器制度的雏形。

11.婺源茅坦庄遗址：商代。

位于婺源县城北面约5公里的秋口镇河村，面积约10000平方米。考古发掘揭露灰坑11座、灰沟1座、半地下穴式房基1座。出土完整和可复原器物约120件，主要为石器和陶器。陶器以灰色硬陶为主，少量红软陶、黑皮陶，少见釉陶，不见原始瓷器。陶质均为泥质陶，未见夹砂现象，质地坚硬；胎体较薄，有气泡现象。陶器多采用手制成型，器形表面稍平，器里凹凸不平，慢轮修整口沿；烧成火候很高，不低于1000℃。陶器品种主要为器型有瓿形器、盆形钵、带把钵、圜底罐、釜、鼎、盆、甼等,以甗形器、高领罐、盉形钵、圜底钵、三足盘等最多、最具特色,并贯穿始终。在器表装饰方面,几何形印纹陶纹样极具特点,纹饰品种有云雷纹、水波纹、席纹、绳纹、方格纹、篮纹、叶脉纹和一些组合纹样,以叶脉纹和绳纹最为普遍,印纹深刻,纹理较乱。流行在器物口沿贴附用泥团捏成的捉手、立耳或陶环习俗。

婺源茅坦庄遗址的发掘,使我们认识了赣东北地区古遗址较早阶段陶瓷器的生产情况,也更加清晰地看到了遗址群之间典型器物组合、装饰风格和发展脉络。以带把钵、盉形钵、圜底罐等为特征的陶器群,与鹰潭角山商代窑址器物群一致,表明它们在文化上存在相似性或延续性。

12. 南土墩遗址:西周时期。

位于进贤县南土墩。2010年发掘。考古人员对遗址进行发掘时,清理了西周时期的各类遗迹数十处,出土了一批早期青瓷、陶器和石器等。早期青瓷的集中出土,在江西省还是比较罕见。

南土墩遗址位于鄱阳湖南岸,这里属于平原和低矮丘陵地带,水网密布,交通便利。商代属于吴城文化和万年文化的交界区域,文化内涵丰富。考古发掘出土陶器多为泥质灰硬陶,少量夹砂红陶。灰陶器胎质较薄,质地坚硬,扣之声音清脆,似有金属声。器型多为圈足器与平底器,轮制成形。陶器有鼎、罐、豆、钵、盘、甗、釜、网坠、纺轮等。器表装饰拍印几何形纹饰,常见云雷纹、变体云雷纹、回纹、回字凸点纹、曲折纹等组合,纹饰粗大、醒目,排列规整。这些基本特征与江西西周时期陶器风格一致。

南土墩遗址最大价值在于出土了早期青瓷数十件,器形有豆、碗、罐、盂、盘等。这些青瓷采用轮制成形,制作规整,厚薄均匀;胎土经精心淘洗,颗粒细小,胎质灰白细腻、坚致致密,烧成温度高。器体大部施青黄釉,胎釉结合较好,玻璃质感强。在瓷器表内外都留有轮制弦纹痕迹,有的器物内外有刻符作标记。总体特征分析,与商代原始瓷比较已取得长足进步,产品质量已接近成熟青瓷的水平。

四、古城、古国

1. 筑卫城城址:新石器晚期至东周时期。

筑卫城遗址位于赣中腹地樟树市内。最早发现于20世纪40年代。是江西省最早进行过考古调查的古代遗址。20世纪70、80年代进行了多次发掘,获得了众多重大收获,它是研究江西史前文化不可或缺的遗址。在遗址上,至今仍然保存有较完整的古代城垣。城垣东西宽410米,南北长360米,总面积147600平方米。筑卫城城垣宏大,造型奇特,是迄今为止发现的我国保存最完整的早期文明时期大型土城之一。城内北面为内城,北城墙的外面有外城。周围史前遗址星罗棋布,凸显了筑卫城遗址的重大政治、经济和军事地位,以及崇高的古代中心城市的文化凝聚力。

2.吴城方国都邑遗址:商代。

位于樟树市吴城乡吴城村委古萧江两侧的低矮丘陵上,面积约 4 平方公里。20 世纪 70 年代发现,至今已经发掘 10 次,揭露面积 5000 多平方米,出土各类文物标本万余件。在吴城遗址核心区域,至今还矗立着一座巨大的圆角方形城址,城垣周长约 2860 米,局部高达 3~15 米,城内面积 61.3 万平方米。有城垣、城壕和多个豁口,可与萧江相连。城内发现有普通房址 3 座、灰坑 63 处、水井 3 处、墓葬 23 座、陶窑 14 座。

多年的发掘和研究证实,城址内形成了功能相对稳定的居住区、制陶区、青铜冶铸区和墓葬区域,也发现了由道路、建筑基址、祭祀台座等祭祀场所。城内出土了大量精美的陶器、原始瓷器、玉器和青铜器,代表了当时手工业的最高水平。其中的青铜器铸造水平最高。从城内出土的 300 多件铸铜石范及大量铜渣、木炭显示,这里有一个规模宏大的青铜器铸造作坊,其组织之完备、制作之精工、工艺之精湛,前所未见。

吴城遗址制陶区内,发现了烧造原始瓷的龙窑,和多座马蹄窑。出土了大量的泥质灰陶、泥质硬陶和釉陶、原始瓷器。以几何形印纹陶器最具特色,比例高达 16%~22%。陶瓷器表面往往采用拍印、压印、刻画、堆贴等手段,装饰各种纹饰图案;常见的纹样多达 30 余种。纹饰品种丰富,式样众多;风格清晰、圆润,深浅适宜;布局规整、大方,疏密有度。陶瓷器品种主要有鬲、甗形器、深腹盆、罐、尊、豆、瓮、伞状器盖等。这些陶器制作精细,造型工整,装饰华丽;烧制的火候达到 990~1190℃。

充分的资料表明,吴城遗址是目前南方地区已发现的众多商周遗址中规模最大、出土物最为丰富的方国都邑遗址。凭借着其崇高的政治地位和影响力,吴城先民的商贸、经济和文化活动,源源不断地向势力范围内的其他地方辐射、传播,同时周边文化的因子也像车毂似的向心聚集,形成具有巨大影响力的吴城文化遗址群。

3.牛头城遗址:商代至西周。

位于新干县大洋洲镇刘棱行政村。20 世纪 80—90 年代,在距吴城遗址约 20 公里的赣江东岸发现了牛城遗址(时称"牛头城")。经调查发现,整个城址的外形为北窄南宽的梯形状,面积

牛城遗址出土的灰陶炊器

为 32.2 万平方米,由外城、内城以及内濠三部分组成。外城墙全长为 2565 米,局部高 6 米,内城墙全长为 1424.1 米。四面有豁口,可能是城门。东部城门有瓮城,形状为半椭圆形。2006

年发掘,发现了大型建筑夯土台基,其面积达5000平方米;周围并发现有相互打破的房子近百座。从出土的陶器分析,与吴城遗址有一定差异,与大洋洲墓葬接近。整个牛城城址始建于中商时期,消亡于西周早期。也就是说,这座城址基本与吴城遗址同时存在。只是延续到了周代。这表明,商代吴城文化消亡之后,其东面不远的牛城,仍然还在延续。从20世纪70年代中陵水库发现的周代列鼎墓葬(五鼎)判断,牛城遗址所代表的应当是一支沿用周朝礼制、至少使用了五鼎四簋的方国。

五、古墓葬

1.新干大洋洲商墓:商代。

位于新干县大洋洲乡程家。1989年发现。在赣江东岸沙丘之上,西部约28公里为吴城遗址,南部3公里为牛城遗址。出土了各类文物1374件。其中青铜器475件,玉器754件,陶瓷器139件。

陶瓷器有夹砂灰陶、泥质灰陶、黑皮磨光陶、几何形印纹陶以及原始瓷器等,硬陶和原始瓷约占20%。硬陶器类有鬲、鼎、釜、小口折肩罐、瓮、大口尊、壶、盆、盘、钵、罍、簋、筒形器、豆、斝、器盖和纺轮,以鬲和小口折肩罐为主;原始瓷器有小口折肩罐、大口尊、罍、豆、器盖等。几何形印纹陶纹样装饰在器物肩部两侧以及腹部以下,主要有圈点纹、细绳纹、凹弦纹、云雷纹、勾连云雷纹、方格纹、网结纹、曲折纹、燕尾纹、篦纹、锯齿状附加堆纹、仿铜兽面纹、刻画纹等。在陶瓷器上多刻有单个文字或符号,多数刻画在小口折肩罐或大口折肩尊的肩部,且都是在尚未烧造之前刻画的。陶器普遍使用快轮拉坯而成,器物规整秀丽,厚薄均匀。从墓葬内出土的陶瓷器器形、装饰风格、制作技艺等方面比较,与吴城遗址所出几乎完全一致。种种迹象表明,它可能是吴城方国首脑的陵墓。此外,最近发掘的新干牛城遗址,也出土了大量的陶瓷器,其总体文化面貌与吴城遗址和大洋洲商墓相近。也就说明,这一带是吴城文化遗址群最核心的区域,它们共同成就了吴城遗址的政治中心地位。

大洋洲商墓是我国南方地区发现的最大的商墓,其青铜器精美绝伦,制作技艺高超,为江西古代青铜艺术与陶瓷艺术的精华所在,是中国继河南殷墟妇好墓、四川广汉三星堆发现大规模青铜器以来的又一次重大收获。

2.贵溪龙虎山崖墓:东周时期。

位于鹰潭市龙虎山。20世纪70年代发掘。清理了18座崖墓,主要为春秋晚期至战国时期墓葬,出土陶瓷器137件。其中几何形印纹陶66件,占48%,釉陶和原始瓷器49件,占36%,泥质黑皮磨光陶占16%。其早期青瓷器形多杯、碗、碟、罐类器。青灰胎质,器壁上部较薄,下半部渐厚,平底。器表多施深浅相同的黄釉,次为青灰釉,少数为青褐釉,多不及底。釉汁光亮度不强,多不均匀,并有垂釉现象。这些瓷器都是在轮盘上拉坯成型,不仅器型规整,

龙虎山崖墓出土的早期青瓷坛 　　　　龙虎山崖墓出土的早期青瓷水波纹罐

龙虎山崖墓出土的早期青瓷布纹罐 　　　龙虎山崖墓出土的原始青瓷罐

胎壁较薄较均匀，在内壁往往可见明显的轮旋纹痕。各种刻符或文字，也是龙虎山崖墓陶瓷器特征之一。早期青瓷罐与苏州、绍兴春秋战国墓所出同类器十分相似，也与江西樟树吴城、上海马桥、福建福州浮村、广东石峡遗址等商周文化层所出近似。据此推断，龙虎山崖墓这批陶瓷器的烧造年代应属春秋晚期至战国早期。

3.靖安李洲坳东周墓葬：春秋晚期。

位于靖安县水口乡李洲坳，2007年发掘。该墓属于我国南方地区最有特点的大型土墩墓。墓葬出土了大量的纺织品文物，但是出土的青铜器、早期青瓷较少，仅见4件早期青瓷杯。瓷杯直口、斜腹、饼足。胎色灰白、胎质细腻、坚硬。采用轮制拉坯，内壁见明显的轮制弦纹，底部有线割痕迹。通体施米黄色釉，釉色较薄，荧光发亮。唯底足无釉。此类瓷杯与龙虎山崖墓所出基本一致。依据墓葬随葬物品的C14测定，该批瓷器属于距今2500年前的春秋晚期。

4.高安田南土墩墓：春秋晚期。

位于高安市太阳墟田南村。1986年发掘。该墓出土大小青铜鼎4件，早期瓷器6件。早期青瓷有盅、碗、钵等，盅为敞口，尖唇，斜直壁，平底。内壁留有轮旋纹，器身有旋转切割痕，内外施青灰色釉，均不及底。碗、钵内壁亦留有轮旋纹，小圆饼底，并有切割痕。这批瓷器的造

型,与龙虎山崖墓所出相接近,仅形体较小。据此推断,其烧造时代当约在春秋晚期。

5.马鞍山土墩墓:西周时期。

位于上饶县马鞍山。1988年发掘。为一座西周时期的土墩墓。墓葬在河旁之马鞍山丘陵台地上。村民章氏兄弟取土烧制砖瓦时发现,收集到47件器物。其中有凤纹青铜盘1件,陶盉、陶罐和早期青瓷瓮、罍、坛、豆、盂、钵、碟等41件,器底多见刻画符号。这批器物与屯溪西周墓出土同类器物比较,都有相同或相似之处,属于西周晚期器物。

参考文献

1. 摩尔根:《古代社会》,商务印书馆1977年版。
2. 恩格斯:《家庭、私有制和国家起源》,《马克思恩格斯选集》第四卷,人民出版社1966版。
3. 中国硅酸盐学会:《中国陶瓷史》,文物出版社1982年版。
4. 许怀林:《江西史稿》,江西高校出版社1998年版。
5. 彭适凡:《江西通史·先秦卷》,江西人民出版社2008年版。
6. 彭适凡:《中国南方古代印纹陶》,文物出版社1987年版。
7. 陈文华等:《江西通史》,江西人民出版社1999年版。
8. 苏秉琦:《华人、龙的传人、中国人》,辽宁大学出版社1994年版。
9. 何介钧:《湖南先秦考古学研究》,岳麓书社1999年版。
10. 彭明瀚:《吴城文化研究》,文物出版社2005年版。
11. 江西省文物考古研究所:《吴城》,科学出版社2005年版。
12. 江西省文物考古研究所等:《新干商代大墓》,文物出版社1997年版。
13. 江西省文物考古研究所等:《铜岭古铜矿遗址发现与研究》,江西科技出版社1999年版。
14. 樊昌生、徐长青、王上海:《江西考古六十年》,文物出版社2009年版。
15. 江西省文物管理委员会:《江西万年大源仙人洞洞穴遗址试掘》,《考古学报》1963年第1期。
16. 《江西万年大源仙人洞遗址第二次发掘简报》,《文物》1976年第12期。
17. 赵志军:《稻谷起源新证据——对江西万年吊桶环遗址出土的稻属植硅石研究》,《农业考古》1998年第1期。
18. 彭适凡、刘慧中:《陶业与稻作文明起源地——世界级考古洞穴仙人洞与吊桶环》,《故园寻踪》,江西人民出版社2011年版。
19. 彭适凡:《万年仙人洞新石器时代早期文化的几个问题》,《江西先秦考古》,江西高教出版社1992年版。
20. 徐长青:《赣北新石器时代的文化类型研究》,《南方文物》1998年第4期。
21. 李家和、刘琳、刘诗中:《樊城堆文化初论——谈江西新石器时代晚期文化》,《江西历史文物》1986年第1期。
22. 《郑家坳墓地陶器分析——兼谈薛家岗文化分布问题》。
23. 李家和、杨巨源、刘诗中:《江西薛家岗类型文化遗存的发现和研究——四谈江西新石器时代晚期文化》,《东南文化》1989年第3期。
24. 《江西龙山期文化遗存之发现与研究——五谈江西新石器时代晚期文化》。
25. 江西省文物工作队:《江西靖安郑家坳新石器时代墓葬清理简报》,《东南文化》1989年第4期。

26. 徐长青、李家和等:《郑家坳遗存文化分析》,《考古与文物》1994年第2期。
27. 江西省文物考古研究所:《江西新余市拾年山遗址》,《考古学报》1991年第3期。
28. 《新余拾年山遗址第三次发掘》,《东南文化》1991年第5期。
29. 徐长青:《拾年山遗址的分期及相关问题的研究》,《南方文物》1996年第2期。
30. 江西省文物管理委员会等:《江西修水山背地区考古调查与试掘》,《考古》1962年第7期。
31. 彭适凡:《试论山背文化》,《考古》1982年第1期。
32. 江西省博物馆等:《清江筑卫城遗址发掘简报》,《考古》1976年第6期。
31. 江西省博物馆等:《江西清江筑卫城遗址第二次发掘》,《考古》1982年第2期。
32. 清江博物馆:《江西清江樊城堆遗址试掘》,《考古辑刊》1981年第1期。
33. 李家和、刘诗中:《清江樊城堆遗址发掘简报》,《江西历史文物》1985年第2期。
34. 江西省文物考古研究所等:《江西广丰社山头遗址发掘》,《东南文化》1993年第4期。
35. 江西省文物考古研究所等:《江西广丰社山头遗址第三次发掘》,《南方文物》1997年第1期。
36. 李家和:《几何印纹陶初步研究》,江西历史学会成立大会论文(1977)。
37. 刘诗中、彭适凡、余家栋、李家和:《江西地区陶瓷器几何形拍印纹样综述》,《文物》1977年第9期。
38. 李家和:《江西西周陶瓷器几何形拍印纹样研究》,《江西历史文物》1982年第1期。
39. 李家和、刘诗中、黄水根:《江西青铜文化类型综述》,《江西历史文物》1986年第5期。
40. 徐长青:《江西青铜文化特征》,《中国考古学会第十二次年会论文集》,文物出版社2009年版。
41. 李伯谦:《试论吴城文化》,《文物集刊》1981年第3辑。
42. 周广明:《南方青铜文明的圣殿——吴城商代遗址》,《故园寻踪》,江西人民出版社2011年版。
43. 江西省文物考古研究所:《九江龙王岭遗址》,《东南文化》1991年第6期。
44. 李家和等:《江西德安石灰山商代遗址试掘》,《东南文化》1989年第4期。
45. 《江西德安县陈家墩遗址发掘简报》,《南方文物》1995年第2期。
46. 江西省文物工作队、九江市博物馆:《江西九江神墩遗址发掘简报》,《江西历史文物》1987年第2期。
47. 安金槐:《谈谈郑州商代的几何形印纹硬陶》,《考古》1960年第8期。
48. 刘诗中:《追寻青铜文化之路——瑞昌铜岭铜矿采冶遗址》,《故园寻踪》,江西人民出版社2011年版。
49. 江西省文物考古研究所等:《江西都昌小张家商代遗址发掘简报》,《南方文物》1999年第3期。
50. 江西省文物考古研究所、江西婺源县博物馆:《江西婺源县茅坦庄遗址商代文化遗存发掘简报》,《南方文物》2006年第1期。
51. 赖祖龙、李荣华:《中国最早的商业化窑业生产中心——鹰潭角山商代窑址》,《故园寻踪》,江西人民出版社2011年版。
52. 李家和:《江西万年类型商文化研究》,《东南文化》1990年第3期。
53. 彭适凡、樊昌生:《神秘的南方青铜王国——新干商代大墓》,《故园寻踪》,江西人民出版社2011年版。
54. 江西省文物考古研究所等:《江西樟树彭家山西周遗址发掘简报》,《南方文物》1999年第3期。
55. 江西省文物考古研究所等:《德安陈家墩遗址第二次发掘简报》,《东南文化》2000年第9期。
56. 南京博物院:《江苏南部土墩墓》,《文物集刊》第5辑。
57. 浙江省文物考古研究所:《德清火烧山——原始瓷窑址发掘报告》,文物出版社2008年版。
58. 江西省文物考古研究所:《江西靖安李洲坳东周墓葬》,《考古》2008年第7期。
59. 南京博物院等:《鸿山越墓》,文物出版社2007年版。

第二章 江西古陶瓷文化线路的形成

汉唐时期是我国瓷器从低级走向成熟并得到快速发展的时期。这一时期,也是江西古陶瓷文化线路的形成时期。

根据目前的古陶瓷考古资料,我国最早烧造成功的成熟瓷器是青瓷,至少在东汉晚期以浙江越窑与江西洪州窑为代表的一批窑场就已成功烧造成熟青瓷。著名古陶瓷专家冯先铭在《中国陶瓷史》一书中说:"把瓷器出现的时间定在东汉,有大量考古资料作为依据。在浙江上虞、宁波……都曾发现过瓷制品,而尤以江西……发现的更多。"青瓷是我国瓷器的传统品种之一,它的形成与发展几乎贯穿我国陶瓷发展史的全过程。

相比之下,白瓷的烧成年代要晚很多。白瓷一般是指瓷胎为白色,表面为透明釉的瓷器。与青瓷相比,白瓷中的胎和釉中的含铁量都较低。由于对色彩的崇尚风俗不同,更由于北方酸性土壤中含铁量较低,所以白瓷起源于北方并在很长一段历史时期都在北方发展。南方到了五代时期,以江西景德镇窑为代表的一些窑场才开始烧造白瓷。

第一节 汉唐时期线路形成的背景

江西古陶瓷文化线路之所以能在汉唐时期逐渐形成,是多种因素综合的结果。

一、北方人口的南迁与江西地区开发的加速

西晋建武年间,晋元帝率中原汉族衣冠仕族臣民南渡,史称"永嘉之乱,衣冠南渡",这是中原汉人第一次大规模南迁。"衣冠"是文明的意思,"衣冠南渡"即是中原文明南迁,晋朝迁都至江东建康(今南京),自此史称东晋。到唐代,在北方又发生了安史之乱与黄巢大起义,造成中原汉人的第二次大规模南迁。这一时期,包括江西在内的南方地区由于社会相对安定,

经济快速发展,人口的自然繁衍加快,加上大规模的北方移民迁入,江西人口从南朝宋时期的 4.6 万户,33 万余口,至南唐时已增至 30 余万户,约 150 万口,增长了近五倍。随着北方人口的大量涌入,江西地区的开发进入了加速时期,沿水路两岸崛起一座座城市与集镇,行政建制不断健全。从西汉初的 1 郡 18 县,到唐代肃宗时期发展为 8 州 38 县,基本上形成了较完整的统治网络与较为合理的行政区划。

北方人口的大量南迁,既给南方带来了先进的生产技术,也带来了大量的劳动力。劳动力的快速增长,必然造成人多地少的局面。民众因土地条件的限制,单纯从事粮食生产维持生计或发家致富有了较大困难,为了生存与发展,他们不得不因地制宜,多种经营,这就促进了制瓷等手工业和商业的全面发展。另外,大量北方移民因战乱被迫南迁,他们迁移时只能随身携带很少的生活用品,到南方定居后,置办生活用品时,肯定优先购买价廉物美的陶瓷用品,从而也刺激江西等南方省区陶瓷产区扩大生产规模。成书于公元前 1 世纪的《史记》记载:汉中期以前的江南"地广人稀",那时的生产技术比较落后,放火烧荒,耕种水田,百姓"无积聚而多贫"。而成书于 6 世纪的《宋书》却记载:南朝前期江南"地广野丰",繁荣昌盛,百姓勤劳,努力耕种;如果一个郡获大丰收,就可以解决好几个郡的粮食问题;这些地区"丝棉布帛丰饶,覆衣天下";在手工业方面,养蚕缫丝技术提升,冶铸技术进一步改进,制瓷业也发展迅速。

二、隋唐大运河的修建与大庾岭商道的开通

隋以前,北方通往两广的南北交通干线是从关中出中原,走汉水,到长江;再穿过洞庭湖,溯湘江,跨灵渠,顺漓江,至广东。江西并没有处在连接南北的全国主干道上。

隋炀帝大业年间开通的大运河,将南北五大水系联成四通八达的水运网。整个南北通道开始东移,赣江成为最为经济便捷的南北大通道的组成部分。江西原来由赣江做骨干、彭蠡泽(今鄱阳湖)为枢纽的地域交通网开始融入全国主要交通网络之中。加之唐代张九龄等人多次拓宽江西与广东通行的关隘——大庾岭驿道,借道鄱阳湖→赣江→大庾岭→浈水(北江)→珠江的南北交通大动脉,从此开始取代洞庭湖→湘江→灵渠→漓江这条老通道。南北交通干线的这一大改变,不但使江西的赣江—鄱阳湖水道纳入了全国南北交通大动脉,提高了江西在全国贸易市场的地位,更把江西纳入了世界贸易格局之中,为江西瓷器外销提供了便利的水路交通条件。

从此,江西生产的瓷器不但可以很方便地输往全国各地乃至全世界,而且凭借地处南北交通主干道的地理优势,可以得风气之先,灵敏地捕捉到陶瓷市场的需求变化,生产出适销对路的瓷器来满足市场需要,这正是江西古陶瓷自唐代以后长期引领中国陶瓷生产方向的重要原因。

三、造船业的发展与商业的繁荣

江西竹木资源丰富,为发展造船业提供了良好条件。江西先民充分利用本地优越条件,大力发展造船业。南昌近郊的谷鹿洲(今南昌市百花洲西南,离城十里许)是个古老的造船基地,能造各种大船。《水经·赣水注》云:"赣水又迳谷鹿洲,即蓼子洲也,旧作大艑处。"大艑就是大船。豫章建成县(今高安县)是又一重要造船场所,《晋书·艺术幸灵传》载:"时顺昌樊长宾为建昌令,发百姓作官船于建城山中。……船成,吏以二百人引一艘,不能动。"二百人拉不动一条船,其大可想而知。此外,浔城(今九江市)、新吴(今奉新)等地也都是重要的造船场所。南朝萧梁末年,广州刺史萧勃举兵对抗朝廷,新吴洞主余孝顷起兵响应,以拒官军。时官军船少,余孝顷却有舴艋三百艘、舰百余乘。一个地方土豪竟拥有大小船舰四百余艘,可见豫章郡造船业之发达。众所周知,六朝政权为解除来自北方的强大军事压力,均凭依长江天险,大兴舟师,这些战船多由赣、荆、湘诸州所造。至于民间自造的商船、渔舟更加无法计算。隋唐时,江西的造船业更为发达,《唐国史补》卷下称:"舟船之盛,尽于江西。"张九龄在《登豫章邵南楼》一诗中描述豫章是"邑人半舻舰"。又据独孤及《豫章冠盖盛集记》:"豫章郡左九江而右洞庭……由是越人、吴人、荆人、徐人,以其弩行,络绎荐至大江之涯。于是乎宏舸巨鹢,舳接舻隘。"

汉唐时期江西地区也有发展商业的优越条件。境内水路四达,交通便捷,赣江南通广州,北连长江,经济较发达的城市大多滨江;加之汉唐时期江西的社会经济有了长足的发展和进步,在相对稳定的社会环境中,商业日趋活跃。东晋南朝之江州治所,或豫章(今南昌),或浔阳(今九江),这里人口稠密,经济发达,水路便捷,既是政治、军事重镇,又是重要的商业都会。豫章自建城以来,赣江中行船如梭,繁忙异常。位于郡城西南滨江的南浦亭,就是当时的泊舟之所,凡南来北往之商贾、行人,都在此靠岸登船。豫章城又是赣江航道上的交通枢纽,当时由建康经赣江通广州的往返船只必经豫章,许多中外使者、僧侣、商客以及货物都在此中转,或登岸歇息,或积货贩卖。因此,豫章的商业气息极为浓厚。《隋书·地理志下》记载说:"豫章之俗,颇同吴中,其君子善居室,小人勤耕稼,衣冠之人多,有数妇暴面市廛,竞分铢以给其夫。……鄱阳、九江、临川、南康、宜春,其俗又颇同豫章。"既然妇女都是"暴面市廛",积极从事商业经营,且遍及各郡,其商业发展势头当然今非昔比。

造船业的发展与商业的繁荣,为瓷器这种大宗商品的外销创造了良好条件。因此,我们可以看到,在赣江的中、上游地区,虽然山高路远,但因为这里在地理位置上更靠近海上丝绸之路的起点城市——广州市,反而在隋唐以后兴起了很多制瓷窑场。比如吉州永和窑、赣州七里镇窑,都是在晚唐五代时期点燃了熊熊窑火。

四、饮茶之风间接刺激了江西制瓷业的发展

中唐以后南北饮茶成风,对瓷质茶具的需求量猛增,加之"茶圣"陆羽对各种瓷质茶具的品评鼓吹,从而大大刺激了瓷质茶具的生产,间接推动了江西瓷器制造业的进步。陆羽《茶经》中共列举了全国七大茶具名瓷产地,洪州是其一。吉安县齐永明十一年(493)墓出土的莲瓣纹托盏①,造型硕大,纹饰精细,为存世罕见之珍品,宋人程大昌《演繁露》称"托,始于唐,前世无有也"。而洪州窑在南朝齐时就能生产出精致的盏托,对饮茶是一大贡献。事实上,洪州窑所出杯、盏就各有九种不同形制,从这些品种多样、造型美观、制作精制、釉汁匀净明亮、盛茶清澈的茶具,可以看到当时的饮茶之风对江西制瓷业的发展起到了间接的刺激作用。

南朝莲瓣纹托盏

第二节　汉唐时期江西制瓷业的成就

汉唐时期江西古陶瓷文化线路得以形成,除了上述社会背景之外,最主要的还是江西在当时能够烧造出先进的瓷器产品。因为必须先有高质量的产品,才可能有广阔的市场。有了市场,才有商品流通;有了商品流通,才有文化的传播,进而形成文化线路。因此,我们有必要来回顾一下汉唐时期江西制瓷业的成就。

汉唐江西制瓷业的发展水平,青瓷以坐落于丰城市的洪州窑为代表,与浙江省的越窑一起成为我国两大青瓷发源地,并在唐代"茶圣"陆羽所著《茶经》一书中被列为唐代全国六大青瓷名窑之一;白瓷则以景德镇窑为代表,在晚唐五代时期烧造成功我国南方最早的白瓷,而且质量有"假玉器"之称。这两大窑场成为汉唐时期江西制瓷业发展水平的代表性窑场。

① 平凡、许智范:《江西吉安南朝齐墓》,《文物》1980 年第 2 期。

一、以洪州窑为代表的青瓷成就

考古发掘与窑址调查资料表明,洪州窑最迟在东汉晚期即能烧造较为成熟的瓷器,兴盛于两晋至中唐,晚唐五代渐趋衰退而终烧,前后生产长达800余年。洪州窑是研究汉唐时期中国古代青瓷起源、发展、成熟直至最后衰亡全过程的极好标本。

洪州窑个性鲜明,自成体系,其制瓷历史之长,烧造规模之大,产品流布之广,在东汉晚期至五代时期瓷窑中都是罕见的。作为中国青瓷发源地之一的洪州窑,自东汉创烧以来,在长达800余年的烧造历史过程中,不满足于仅仅凭借得天独厚的自然资源和便利的交通运输等自然条件而获得发展,还在实践中不断追求科学技术的进步,其生命力之长久在于勇于创造,善于创新,不断吸收和总结先进的制瓷工艺和技术,力争烧造的产品能够保质保量,以追求低成本、高利润的回报。具体体现在工艺技术的传承与创新的轨迹上,这与洪州窑产品质量提升与发展是同步的。

洪州窑在窑业技术的创新和发明方面,多项成果走在时代的前列,遥遥领先于同时期的其他瓷窑,对中国窑业技术发展做出了重要的贡献,在中国制瓷史上具有重要的影响和作用。

1.洪州窑是全国最早烧造成功青瓷的窑场之一。

1983年10月间,丰城县文物普查队在丰城石滩乡原县城故址附近的港塘新村和寺背发现了两处东汉、三国、晋、南朝时代的青瓷窑址,窑址总面积约7万平方米。采集到的青瓷器有罐、瓷、盆、壶、钵等。其中青瓷釜、罐等施酱褐釉不及底,多饰斜方格纹、麻布纹等装饰。1992年9月—2004年3月,江西省文物工作队会同北京大学考古文博学院先后对该窑场作过两次考古发掘。2004年在港塘陈家山揭露清理斜坡式长条形龙窑遗迹2座,获得一大批酱褐釉瓷器、青釉瓷器、印纹硬陶器以及窑具标本,为洪州窑早期历史的研究提供了丰富的实物资料。

陈家山窑址发掘出土的遗物非常丰富,有酱褐釉瓷器、青釉瓷器、印纹硬陶器以及泥质灰陶器,以酱褐釉瓷为大宗,占出土总量的一半以上。

酱褐釉瓷器类型有双唇罐、盘口壶、釜、瓷、大缸、罐、大口罐、直口罐、盆、钵、灯盏以及瓷塑龟、牛等,这类瓷器胎色较深,多呈深灰色,也有浅灰色的。琢器类口沿及外腹壁不及底施釉,圆器类小件器物则为内满外不及底施

陈家山窑出土的酱褐釉双唇罐

陈家山窑出土的青瓷碗

釉。釉多呈酱褐色，但色调不一，有的酱褐色泛黑、泛黄、泛青，甚至泛绿色。釉层总体较薄，有的厚薄不均，有的则较均匀。酱褐釉瓷器多采用泥条盘筑法制成，也有的采用泥片贴塑法制作，而器物的口沿及外腹壁则采用慢轮修整，特别是器口沿部多见有旋修痕，而内壁则留下凹凸不平的垫窝痕。外腹壁多装饰有铜钱纹、网格纹、方格纹、水波纹及弦纹。

青釉瓷器有罐、壶、钵、碗、盏、杯、盘、高足盘、盅、烛台、灯盏等。胎质灰或灰白，以灰白色为主，釉呈青或青泛绿色，出土数量不多，采用锯齿状间隔具或环形三足间隔具装烧，偶尔见垫珠支烧。器物采用拉坯法成型，有别于酱褐瓷器与陶器，胎壁较为均匀，胎泥的陈腐时间较长，属于产品质量较为精致一族。器物的装饰简朴，以素面为主，有的在器物口唇施褐色点彩，偶见外腹器饰弦纹或刻画莲瓣纹。

考古发掘表明，港塘陈家山窑址是一处以烧制罐、釜、碗、盘、盘口壶、双唇罐等日常生活用具为主的青釉瓷窑址，其时代上限在东汉晚期，下限晚至东晋南朝时期，集中烧瓷时间主要在东汉末至三国西晋时期。产品以酱褐釉瓷器为主，印纹硬陶器次之，并烧造少量精致的高档青釉瓷器，这三种类型的产品是在同一龙窑中烧造的。

2002年，江西省文物考古研究所、北京大学考古文博学院会同丰城市博物馆，对赣江北岸新近发现的曲江镇郭桥缺口城西门东汉晚期青瓷窑址进行了考古复查与试掘。郭桥缺口城青瓷窑址位于缺口城西门坡地上，窑床与赣江相遥望，相距约1公里。缺口城东汉龙窑依山而建，平面呈长方形，窑头临近稻田，窑尾紧靠附近明清墓群，窑床底层包含物有东汉支烧直筒状窑具，以及青瓷釜、瓮、盆和双唇罐等。根据遗物推断，缺口城始烧于东汉，与石滩港塘青瓷窑址的时代相近。

丰城石滩乡港塘、寺背以及曲江镇缺口城窑址的考古调查与发掘，证实了江西青瓷器的烧造真正始于汉世，与文献记载基本吻合。这不仅揭示了洪州窑的始烧年代，而且明确了这些窑地与罗湖一带西晋至晚唐五代诸窑口具有承前启后、因袭相沿的密切关系,可以断定它们就是驰誉中外的唐代洪州窑的早期窑场。而港塘陈家山窑址的考古发掘,基本廓清了洪州窑的早期窑业面貌,丰富了洪州窑的内涵。

2. 较早掌握龙窑烧造的先进技术。

《陶雅》中说:"瓷器之成,窑火是赖。"东汉时期之所以能烧成瓷器,与当时的窑炉砌造技术有了提高是密切相关的。龙窑是由于窑身为长条形,依山傍丘倾斜构筑,犹如一条火龙自下而上,因而有"龙窑"之称。龙窑由于有一定的倾斜度,燃烧室设在窑头,火焰由低向上,窑烟经窑尾烟室排出,产生一种自然的抽力,使窑温可达1200℃以上,便于对陶瓷的烧成温度和气氛掌握利用。龙窑的主要优点是升温快,降温也快,可以速烧。龙窑的长度随着时代的发展与技术的进步而逐渐加长,如战国龙窑长不足10米,三国龙窑长约13米,到唐代为40米左右,南宋时期更发展到50~60米。

洪州窑的窑炉形式多样,有"心"字形窑炉和馒头型窑炉,但更多是龙窑窑炉。在罗湖寺前山清理出4座唐代龙窑窑炉遗迹,在罗湖象山清理出1座隋代窑炉,在陈家山揭示了2座三国西晋时期的龙窑遗迹。这些龙窑遗迹主要属于三国至隋唐时期,说明洪州窑自东汉晚期以来主要使用龙窑烧制技术。东汉末至三国时期的龙窑长达23.8米,为同时期其他窑口所罕见。从窑的长度看,窑两侧应设有投柴孔,已经解决了龙窑分段烧成的技术,已能充分控制窑炉的温度,保证瓷器的质量。

另外,在江西余干县黄金埠刘家山发现的一座唐代阶梯状龙窑,窑室直长31.8米,斜长32.0米,依阶梯状高差可分为第一与第二窑室,该处水平高差为1.94米。窑底散布的大量支烧具上还刻有"上""中""下"方位款。此类龙窑形制与结构在江西尚属首次发现,这种结构应该是向阶级窑逐渐过渡的前奏,它可归属为"阶级窑"类型,是复式龙窑的雏形。过去多认为南方"单体龙窑"到元代才演进为"分室龙窑",到明代早期发展为"阶级龙窑"。从现有的发掘资料看,此类龙窑在四川、广东、福建和香港等南方一带有所发现,时代最早的为四川灌县罗家窑,其时代为北宋中晚期。因此,就目前

刘家山龙窑遗址

的窑址发掘资料来说，刘家山唐代龙窑是迄今我国发现的最早一座阶梯式龙窑，再次证明江西汉唐青瓷烧造技术领先全国。

2013年3月至11月，江西省文物考古研究所又对位于乐平市接渡乡南窑村东侧甄皮山上的南窑遗址进行了考古发掘。清理了一座长达78.8米的龙窑，根据地层叠压关系以及出土遗物，推断该龙窑是使用竹藤类材料起券，用泥糊砌，采用支座垫烧，由窑前工作面、火膛、窑室、窑壁等几部分组成，北壁保留有13处窑门，结构完整。尤为独特的是，在窑床中段使用了方形减火坑的技术手法，这是以往龙窑遗迹中所不见的。这座独具风格、特色鲜明的中晚唐时期青瓷龙窑，是迄今为止全国考古揭露最长的唐代龙窑遗迹，也是目前景德镇地区发现最早、保存最完整的窑炉遗迹。

乐平南窑龙窑遗址

3. 洪州窑最早发明使用匣钵装烧技术。

匣钵是烧窑时专门用来置放坯件的窑具，其作用可使坯件避免窑顶落砂对釉面的污染，避免烟火直接接触坯体，使釉面光洁；让坯件在窑室内受热均匀，保证和提高产品的质量。同时可以充分利用窑室内空，适当增加窑室高度，增加装烧量，提高产量，为瓷器的优质高产创造了良好的条件。考古资料表明，洪州窑象山和乌龟山一带窑场至少从南朝早期或东晋后期就已采用匣钵装烧工艺。相比湖南湘阴岳州窑于南朝梁陈之际、安徽淮南寿州窑始于唐代中期、浙江越窑于晚唐时期才开始使用匣钵装烧工艺，洪州窑是迄今为止发现采用匣钵装烧工艺最早的古代瓷窑，在中国古陶瓷史占有重要地位。创新的工艺，使洪州窑从东晋后期至南朝早期开始进入兴盛期，瓷器的质量超过同时期的越窑、岳州窑、寿州窑和婺州窑。

4. 洪州窑最早发明使用火照掌控窑温。

东晋时期，洪州窑工匠率先在全国使用焙烧时能随时测验瓷坯生熟的火照。火照的使用有助于控制窑炉温度和火候，保证了瓷器烧造的质量。与江苏宜兴涧众窑发现的唐代火照相比，洪州窑将中国烧造瓷器使用火照的历史大大提前，表明洪州窑工匠对瓷器烧成温度已经有了较好的控制能力。

5.洪州窑在全国瓷窑中较早使用化妆土装饰工艺。

所谓化妆土装饰,是指用上好的瓷土加工调和成泥浆,施于质地较粗糙或颜色较深的瓷器坯体表面,起瓷器美化作用的一种装饰方法。化妆土的颜色有灰白、浅灰色、白色等。施用化妆土可使粗糙的坯体表面变得光滑、平整,坯体较深的颜色得以覆盖,釉层外观显得美观、光亮、柔和滋润,这是制瓷工艺的一项重要成就。这种工艺最早出现于西晋时期浙江金华婺州窑。从南北朝起,洪州窑工匠也成功采用了在瓷坯上施化妆土的装饰工艺,使器皿光滑洁白,增加了釉的莹润外观,同时为利用质量较低的原料创造了条件,扩大了原料的使用范围。

象山窑东晋匣钵

6.洪州窑最早使用单体模具戳印装饰技法。

洪州窑的青釉产品自隋代起,多数采用印花装饰。用单体模具戳印印花,使得纹样排列整齐,规矩划一;一系列特定模具的使用,也使得产品造型与装饰风格如出一辙。装饰内容有莲瓣纹、柏树纹、蔷薇、宝相花等。丰富多样的戳印图案,成为洪州窑隋代瓷器的典型特色。单体模具戳印技法的使用,能够规模化大量生产瓷器,使得洪州窑在推进规模化、集约化生产方面获得重大进展,是迄今国内发现的最早使用单体戳印技法的窑场。

同田李仔岗窑南朝"火照"

7.洪州窑最早使用褐色点彩装饰工艺。

东吴时期,洪州窑已经采用褐色点彩装饰工艺,在全国众多的窑址中,是最早使用以铁元素为着色剂装饰方法的窑址,开创了彩绘瓷器的先河。褐色点彩工艺的出现和应用,突破了瓷器装饰以拍印、刻画为主的装饰技法,开启了瓷器装饰的新思路,对美化瓷器,增强艺术效果起到了重要作用。

洪州窑戳印花模

8.洪州窑最早烧造成功芒口瓷与玲珑瓷。

一般采用覆烧法烧造的瓷器,因口沿无釉,露出胎骨,称为"芒口",带有芒口的瓷器,叫芒口瓷。所谓

洪州窑西晋青瓷点彩鸟首壶

褐釉对口烧芒口钵　　　　　　　　　　　　　　　洪州窑隋代青釉玲珑瓷片

覆烧法，就是将碗盘等器皿反扣着焙烧，尽管会出现"芒口"的缺点，但可以提高产量，降低成本，所以得到普遍的推广。过去一直认为覆烧法为北宋中期（一说是五代时期）定窑首创。但丰城李子岗窑址发现了南朝时期采用对口烧造法烧出的芒口瓷钵，将这种技术发明往前推了将近500年。

玲珑瓷是在瓷器坯体上通过镂雕工艺，雕镂出许多有规则的"玲珑眼"，然后以釉烧成后这些洞眼成半透明的亮孔，十分美观，被喻为"卡玻璃的瓷器"。洪州窑隋代罗湖象山窑址就制造出了玲珑瓷，其技术处于全国同期窑址的领先地位，为瓷都景德镇宋元明清时期采用这类新工艺提供了前期技术借鉴，是中国陶瓷烧造史方面的重大突破。

二、以景德镇窑为代表的白瓷成就

景德镇地处江西的东北部，东面为婺源县，南面万年县，西邻鄱阳县，北邻安徽省南部的祁门县，东北是安徽休宁县，西北是安徽东至县，东南是德兴市，西南为余干县，地处两省八县之交。景德镇全境山峦起伏，河流纵横。东北为黄山余脉，群峰环峙，地势高峻；东南方向为怀玉山北坡，山岭逶迤，至西南方向渐趋平缓，是江南一个山清水秀的地方。景德镇东部瑶里、东南部柳家湾一带盛产优质瓷土。昌江，又名鄱江，发源于安徽省祁门县境，此段叫祁门江。祁门江向西南皖赣边界纳入北河，流入江西境内，始称昌江。昌江在景德镇境内汇合小北河、东河、西河、南河支流，再往西南约90公里流入鄱阳湖。以上支流长年可通木筏、木船，景德镇制瓷原料、窑柴、瓷器产品，均由此水系运输。瓷器可由昌江入鄱阳湖，进入长江运往海内外。景德镇水土宜陶，具有得天独厚的制瓷自然条件。

景德镇历史悠久，在秦朝时隶九江郡番县，汉高帝时属豫章郡鄱阳县，隋属饶州。唐武德二年（619）析鄱阳东界为新平乡，第二年置新平县，此即为景德镇治域的开始。唐开元四年（716）改为新昌县。唐天宝元年（742）始更新昌县为浮梁县。景德镇（今市区）在唐代为浮梁县所辖。唐武德四年（621），设新平镇并置博易务，征集瓷器交易税。《浮梁县志》有"新平冶陶，

景德镇五代青瓷　　　　　　　　景德镇五代白瓷

始于汉世"之说。《南窑笔记》也说"新平之景德镇,在昌江之南,其冶陶始于季汉"。这些文献记载表明,景德镇制瓷业有着悠久的历史。

20世纪50年代,文物考古工作者调查勘探了景德镇的三个窑址——胜梅亭、石虎湾、黄泥头,出土的瓷器以青瓷盘、碗为最多,还有白瓷壶、盆、盘等。据考证,这三个窑址属于五代时期。"江西景德镇的胜梅亭(以前称杨梅亭)、石虎湾、黄泥头是目前已发现的南方地区烧造白瓷最早的窑址。"① 其中石虎湾窑"窑包高达8米……从地层剖面看,堆积可分为三层,上层青白瓷,中层为青瓷与白瓷,底层全部为青瓷"②。也就是说,青瓷—白瓷—青白瓷的早晚关系一目了然。

综观五代时期的景德镇窑址,景德镇烧制灰胎青瓷与白胎白瓷两类,都用叠烧法,碗、盘的底心多粘有支烧痕。青瓷与唐五代浙江越窑相似,好者可以乱真,即所谓"艾色";白瓷胎致密,白釉色调纯正,与北方白瓷接近,但透光度较好。白瓷比青瓷在釉料中减少了铁素成分,釉色呈无色透明状,对瓷土的认真洗练和施釉技术的提高,是青瓷向白瓷过渡的关键。其中景德镇胜梅亭发现的五代白瓷器,胎白度高达70%,已接近于近代细瓷水平。古陶瓷专家刘新园先生认为:"如果把景德镇这一时期的制品和晚唐五代的越窑、定窑以及长沙、岳州、耀州等窑之遗物相比较,景德镇产品制作草率,装烧落后,且无刻印花纹饰,尚处于初级阶段。但值得注意的是,其时的白瓷,由于瓷胎致密、半透明度极好,几乎和现代白瓷没有差别,是为五代时期我国南方质地最优的白瓷。"③

除了景德镇以外,闻名中外的宋代吉州永和窑与赣州七里镇窑在晚唐五代时期都开始了其制瓷历程。与景德镇窑一样,吉州永和窑与赣州七里镇窑的五代产品以青瓷居多,但同

---

① 中国硅酸盐学会编:《中国陶瓷史》,文物出版社1982年版。
② 余家栋:《江西陶瓷史》,河南大学出版社1997年版,第193页。
③ 刘新园:《景德镇瓷窑遗址的调查与中国陶瓷史上的几个相关问题》,《景德镇出土五代至清初瓷展》,香港冯平山博物馆1992年版。

时也烧造白瓷。特别是吉州永和窑,在五代时期基本生产单一的乳白瓷,并且具有北方定窑白瓷的风格,表明其已完全掌握了白瓷的烧造技术。

有学者研究认为,南方白瓷出现于五代时期,是因安史之乱以后北方大批移民南下,受北方移民传统上喜欢使用白瓷的习惯影响,为满足这些南下移民的生活需要而创烧的。[1]

白瓷的创烧成功,为景德镇地区宋代青白瓷的制作,以及元、明清时期彩瓷的发展,打下了坚实的基础,在景德镇陶瓷史上有着极为重要的作用。

第三节　汉唐时期线路形成的特点

由于汉唐时期是我国瓷业生产的起步阶段,其本身有一个从无到有、从小到大的发展规律,决定了汉唐时期江西古陶瓷文化线路的形成也有一个从无到有、从点到线再到面不断向外扩散的特点。

江西古陶瓷文化线路就其本质来说,是一条以陶瓷销售为主体的商贸线路。既然是一条商贸线路,从商品的产出地到销售的终端市场,就包括产区、产品、运输路线、销售市场等环节。因此,要了解某个特定时期江西古陶瓷文化线路的文化内涵,就必须对这一时期江西古陶瓷的产区特点、产品特点、运输路线特点和市场特点有一个全面的了解。可以说,产区是文化线路的源头,产品是文化线路传播的载体与手段,运输路线是文化线路的主体,而销售市场是文化线路的终端,也是文化线路产生显著影响的区域。

下面,我们就从这四个方面来考察汉唐时期江西古陶瓷文化线路的特点。

一、产区:赣江流域为主,其他流域为辅

作为古陶瓷文化线路,古窑址无疑是陶瓷线路的源头。那么,在汉唐时期,江西古陶瓷文化线路的源头有什么特点呢?

根据江西古代窑址专项调查,目前江西发现了总计87处汉唐时期的瓷窑遗址(附表一:《江西汉唐窑址登记表》)。其中东汉时期的窑址只有3处,全部位于丰城市石滩镇港塘村;三国两晋时期的窑址有12处,除8处位于丰城市外,在南昌市南昌县、九江市德安县与抚州市临川区和宜春市奉新县各发现1处;南北朝时期的窑址也发现了12处,除1处位于宜春市奉新县,1处位于上饶市铅山县以外,其余10处都位于丰城市。到隋唐五代时期,情况发生了明显的变化,一是窑址数量大为增多,共发现了60处,数量远超汉晋南北朝时期;二是窑址分布地域明显扩大,除了10处位于丰城市外,开始遍及全省,包括最为偏远的赣州市也

---

[1] 黄义军:《宋代青白瓷起源的背景初探》,《考古与文物》2006年第2期。

发现了17处。这个窑址分布情况说明了江西古陶瓷文化线路的源头是随着江西社会经济的不断发展，呈现出从环鄱阳湖与赣江下流地区不断向赣江中、上游及周边山区扩展的态势。

除了时代不同，产区有变化外，地域不同，产区也有明显的区别。在江西五大水系中，赣江流域无疑是汉唐时期江西古陶瓷的主要产区。在赣江流域，瓷窑遗址分布最为密集，江西调查登记的87处汉唐时期的窑址中，有56处分布在赣江的两岸，如果再加上其支流——宜春地区袁河流域的5处，总数达到了61处，占全省这一时期窑址总数的70%。江西古代五大名窑（洪州窑、吉州窑、赣州七里镇窑、南丰白舍窑、景德镇窑）中有3处（洪州窑、吉州窑、赣州七里镇窑）位于赣江流域，分别地处赣江的上、中、下游的州府所在地附近。相比之下，赣东北的昌江—饶河流域与信江流域，还有抚河与修河流域，这四大流域的窑址数量相对要少很多。这个特点说明赣江作为江西最主要的水运大动脉，随着隋唐大运河与大庾岭驿道的开通，纳入全国南北交通大动脉以后，赣江沿线作为江西古陶瓷主产区的地位就确立了。

二、产品：青瓷为主，白瓷为辅

汉唐时期是中国瓷器从低级走向成熟的发展时期。至迟在东汉时期，以越窑、洪州窑、岳州窑等为代表的一批南方窑址已能烧造成熟青瓷，摆脱了先秦原始青瓷胎釉结合不够紧密的缺陷。成熟白瓷的烧造年代要晚一些，直到北朝的北齐时期才在北方一些窑口烧造成功。

地处南方地区的江西，汉唐时期江西古陶瓷的产品主要是青瓷，还有少量的黑釉瓷与绿釉陶，到晚唐五代开始出现白瓷。

青瓷是汉唐时期江西瓷器市场的主要产品。在唐代中期以前，洪州窑系青瓷在江西产量最大、质量最高、销售最广。晚唐五代以后，随着江西全境得到全面开发，其他窑系的青瓷开始进入江西市场。如在赣东北的景德镇地区出现了越窑系的青瓷，在靠近浙江省的玉山县渎口窑出现了婺州窑系的青瓷，在赣南出现了寻乌上甲窑类型的青瓷。

黑釉瓷也是较早烧造成功的一种瓷器。在中晚唐时期的乐平南窑和余干黄金埠窑址都考古出土了适于外销的黑釉瓷腰鼓等器型。

不可忽视的是，汉唐时期虽然瓷器取代陶器成为家家户户最为常见的生活器皿，但廉价的陶器仍然是人们不可或缺的生活用器和随葬明器。如在东汉至两晋时期的墓葬中经常可以见到随葬的绿釉陶器，这些绿釉陶器以谷仓、水井、火灶等建筑模型为多。就是到了晚唐五代时期，许多瓷窑都还在同时烧造灰黑釉的陶器，如景德镇窑、吉州窑、赣州七里镇窑和乐平南窑、玉山渎口窑等窑址，都出土有晚唐五代时期的陶器。

白瓷在南方出现的年代较晚。目前所见到的南方最早的成熟白瓷都是在江西的一些五代时期的窑址中发现的。如景德镇的黄泥头窑、杨梅亭窑和白虎湾窑以及湖田窑等窑烧造的白瓷，还有吉州窑和赣州七里镇窑烧造的乳白瓷。

青釉多足辟雍砚台

唐代青瓷高足杯

黄金埠窑出土的腰鼓碎片

　　汉唐时期的江西瓷器，无论是洪州窑的青瓷，还是景德镇窑、吉州窑、赣州七里镇窑的青瓷和白瓷，都具有自己鲜明的特点和较好的质量；还特别注意吸收同时期全国其他窑场先进的制瓷技术与装饰艺术，使自己的产品品种与风格更加多样，能够满足不同时期不同阶层消费者的需要。如南朝以后上层社会尊崇佛教，为迎合信众的心理需要，洪州窑就生产了大量带有莲花装饰图案的青瓷，其莲瓣纹、莲花纹制作技法多样，有刻花、划花、剔花，表现形式富于变化，美观、清新，装饰效果颇佳。到唐代，还开发了满足文人雅士需求的独特的多足辟雍砚台和满足西亚伊斯兰地区阿拉伯人需要的仿金银器造型的青黄釉碗、高足杯、α形把手折腹杯和双层重圈螺旋纹折腹杯等饮酒器。丰城博物馆收藏的一件南朝香熏上有一组胡人拍打腰鼓的物像图，非常写实、生动。余干黄金埠窑与乐平南窑还出土了腰鼓和大碗器、夹耳罐与穿带壶等明显具有伊斯兰风格的典型器皿，说明江西唐代瓷窑已经开始为西亚伊斯兰世界生产定烧商品瓷器。

　　江西在五代时期率先在南方烧造成功白瓷，同样说明了江西古代文化的包容性与适应市场的应变能力。从目前的考古发现来看，五代时期，南方只有江西的景德镇窑与吉州永和窑、赣州七里镇窑等仿烧了北方邢窑与定窑的白瓷，在浙江与湖南等陶瓷大省目前仍然没有找到生产白瓷的古窑址。

三、市场：内销为主，外销为辅

根据北京大学考古文博学院权奎山教授的研究，在东晋之前，洪州窑产品的主要市场是江西本省，销往江西以外地区约始于东晋时期，一直延续到唐代中期。东晋时期省外出土洪州窑瓷器的地点见于南京等地，数量不多。南朝时期出土的地点和数量有所增加，多发现于南京地区，福建、湖北、安徽地区也有少量的发现。此外，北方地区也开始有洪州窑瓷器出土，如河南洛阳出土的青瓷莲花纹碗。值得注意的是，南朝时期洪州窑的瓷器已经走出国门，远销到了韩国。韩国忠清南道天安市龙院里和公州市百济武宁王陵都见有洪州窑瓷器出土。隋代洪州窑瓷器的出土数量较南朝时期又有增多，分布的范围也比较广，在江苏、浙江、安徽、湖北、广东、广西和陕西等省、自治区的隋代墓葬或城址中均有发现。唐代早中期出土的数量也较多，主要见于湖北、河南等省的唐墓中，以湖北武昌发现的最多。[1]随着时代的发展，洪州窑瓷器销售市场不断扩大。

权奎山认为，江西地区是洪州窑瓷器的主要销售区域，从南至北均有出土，覆盖面广，时间从东汉晚期至晚唐五代时期，贯穿洪州窑的全部生产期。到东晋至唐代中期的洪州窑兴盛时期，销售范围较广，南到广东、广西，北到郑州、洛阳、西安一线，东到浙江，西到湖北，流及至少9个省、自治区，并传布到了韩国、日本等东亚国家以及东南亚、西亚与非洲的一些国家。流布的具体地点除一般城镇外，还有东晋、南朝时期的都城建康（今南京），隋唐时期的都城长安（今西安），以及隋唐时期的著名港口城市扬州与广州市，甚至还有韩国的公州市、天安市。值得一提的是，在向外流布的地点附近或不远之处有一些还有瓷窑场，有的甚至还是名窑，如南京之南不远处有越窑，合肥之北不远处有寿州窑，武昌之南不远处有岳州窑等，洪州窑瓷器能打进其他瓷窑尤其是名窑的主要销售区域，说明它在市场上具有较强的竞争能力。[2]

这个销售市场特点，说明了在古代生产力有限的条件下，当地生产的产品，最初是以满足当地需要为主。只有当一个窑址扩大生产规模、其产品销售已经超越当地市场的需要之后，才会寻求向外扩大市场。在向外扩大市场的过程中，必然会碰到产品竞争的问题，这就迫使自己要提高产品质量、生产出更能满足市场需求的新产品来。洪州窑到中唐时期能够走进宫廷、走出国门，并成为当时海上丝绸之路起点城市——广州市与扬州市最主要的瓷器供应商，表明江西古陶瓷至迟在中唐时期已经跻身全国制瓷水平的前列。

四、线路：水路为主，陆路为辅

由于陶瓷是沉重、易碎的商品，这就决定了它的销售路线会尽量选择水路运输为主，水

---

[1] 权奎山：《洪州窑瓷器流布初探》，《中国历史文物》2008年第3期。
[2] 权奎山：《洪州窑瓷器流布初探》，《中国历史文物》2008年第3期。

陆兼程为辅。这时,江西境内河网密布的地理环境就为江西古陶瓷的外销提供了天然的运输渠道。

从洪州窑的销售市场,我们可以看到,在东晋以前,洪州窑产品的省内销售路线主要是通过赣江进入鄱阳湖,然后通过鄱阳湖沟通饶河、信江、抚河、修水等其他水系,经水路就可以到达江西大部分地区。

东晋以后,通往省外的销售路线,主要是借助赣江—鄱阳湖线路,出湖口,进入长江,然后发挥长江黄金水道的运输优势,或顺水而下,直达扬州、建康(南京),甚至出长江,漂洋过海到达东亚、东南亚的一些国家;或逆水行舟,到达武昌,再溯汉水而上,进入中原,在河南赊店上岸后,换骡马运输,到达黄河岸边再通过黄河或进入汉中,到达汉唐都城长安(西安),或再顺河而下,流布到中原大地。

隋唐大运河与大庾岭商道开通之后,江西古陶瓷又多出了一条便捷的出海通道,即:向南溯赣江而上,到赣州大余南安码头上岸,人肩马扛翻越梅岭后,进入广东省南雄的浈水(北江),然后顺流而下,转珠江,到达唐代最大对外贸易港口——广州。

汉唐时期除了都城长安(今西安)与建康(今南京)以外,在武昌、扬州、广州三个港口城市出土洪州窑青瓷较多,这一市场特点也说明了武昌、扬州和广州是江西古陶瓷外销线路上的主要集散地与中转站。

就这样,汉唐时期的江西瓷器,凭借其先进的制瓷技术与优良的产品质量,从内销走向外销,既走进都城,又走出国门。伴随着江西瓷器走出去的,还有江西的文化。我们把这些江西古陶瓷文化传播的路线,称之为江西古陶瓷文化线路。

第四节 汉唐时期线路的地位与影响

汉唐时期是江西古陶瓷历史上一个大发展的时期,不仅制瓷的窑场数量和分布有很大的扩展,制瓷工艺也有了很多创造和进步,开始在国内制瓷格局中占有重要的地位,其标志就是洪州窑与景德镇窑的瓷器开始贡入皇宫,并迈出国门,远销海外。

一、江西陶瓷在唐朝开始深入皇宫禁苑

据清人蓝浦在《景德镇陶录》卷五"景德镇历代窑考"记载,南朝陈"至德元年,诏镇以陶础贡建康",到隋炀帝大业年间(605—617),景德镇制成狮象大兽两座,奉于显仁宫;隋炀帝幸臣何稠曾专程来到景德镇研制琉璃瓦并监督烧制成功。这些景德镇向朝廷贡陶的记载,至少说明景德镇很早就在生产高质量的陶器。到了唐高祖武德年间,当时叫昌南镇的景德镇地区瓷业生产有了较大进步,镇里出了两个制瓷高手,一个叫陶玉,一个叫霍仲初。陶玉是本区钟秀

里人,他所烧的瓷器称"陶窑",瓷器的特色是"土惟白壤,体稍薄,色素润"。陶玉把自己所烧制的瓷器运入关中,到京都长安出售。由于瓷器质量好,不仅为市场购买者所钟爱,而且惊动皇宫,朝廷命他烧制瓷器进贡宫廷,作为皇家御用之物。因为瓷器秀美如玉,以至被称为"假玉器","于是昌南瓷名天下"。霍仲初是本区的东山里人,他所烧制的瓷器称"霍窑",瓷器的特点是"色亦素,土墡腻,质薄,佳者莹缜如玉"。武德四年(621),皇帝下诏书,命他制造瓷器进御皇宫。这两个制瓷能手由于技艺高超,不仅为自己创下了辉煌的事业,而且大大提高了景德镇地区瓷器的声望。同年,朝廷置新平镇,并在镇设监务厅,监瓷进御。从《襄陵名宦志》记载"唐褚绥,字玉衡,晋州人。景龙初,为新平司务。会洪州都府奉诏需献陵祭器甚迫,绥驰辕门,力陈岁歉,户力凋残,竟获止"①这条文献,可知盛唐时,唐中宗曾诏命景德镇速进献陵祭器,这种祭器或许就是"莹缜如玉"的白瓷器。中唐时期,陆士修等人在景德镇吟咏过白瓷,留下"素瓷传静夜,芳气满闲轩"②的诗句。元和八年(813),唐代著名文学家柳宗元曾代饶州刺史元崔作《代人进瓷器状》,文曰:"艺精埏埴,制合规模。禀至德之陶蒸,自无苦窳;合大和以融结,克保坚贞。且无瓦釜之鸣,是称土铏之德。器渐瑚琏,贡异砮丹,即尚质而为先,亦当无而有用。"③这些文人的吟咏词句从另一个方面证明了唐代景德镇窑的白瓷确实制作精良,已经成为全国瓷器中的翘楚,皇家贡品。以上这些有关景德镇隋唐时期制瓷业的文献记载,虽然不是出于正史,难以考证,但多多少少反映了景德镇当时辉煌的制瓷成就及其在国内的至上地位。

还有洪州窑的青瓷,在茶圣陆羽所著《茶经》一书中名列唐代青瓷六大名窑之一。值得注意的是,在唐玄宗时,洪州窑瓷器还曾作为地方珍货进奉给皇帝。据《旧唐书》卷一〇五《韦坚传》记录:唐玄宗天宝二年(743),陕郡太守、水陆转运使韦坚,引浐水到长安"望春楼"下,凿为"广运潭",玄宗到望春楼诏群臣一起观新潭,韦坚以新船数百艘置于潭侧,扁榜郡名,各陈郡中珍货于船背,其中"豫章郡船,即名瓷酒器、茶釜、茶铛、茶碗",玄宗随后将其"赐贵戚朝官"。这次盛大的南方手工业及土特产展示,名瓷独举豫章(洪州),充分表明江西洪州窑瓷器在当时瓷业界的崇高地位。

以上景德镇窑与洪州窑瓷器在唐代开始贡入皇宫的文献记载,表明汉唐时期的江西陶瓷在国内市场已经将触角深入到皇宫禁苑,地位较高,影响很大。

二、江西陶瓷成为海上丝绸之路的源头

唐代国威强盛,当时的外交,有所谓"万国朝未央""万国拜含元"的盛况。日本、朝鲜和东南亚各国的遣唐使,沟通着当时的中外关系。同时,民间的贸易往来,也随着历史的发展而繁

---

① 转引自李知宴:《唐代陶瓷概况与唐瓷分期》,《文物》1972年第3期。
② 陆士修:《五言月夜啜茶联句》,《全唐诗》卷七八八。
③ [唐]柳宗元:《代人进瓷器状》,《柳河东集》卷三十九,中华书局上海编辑所1960年版。

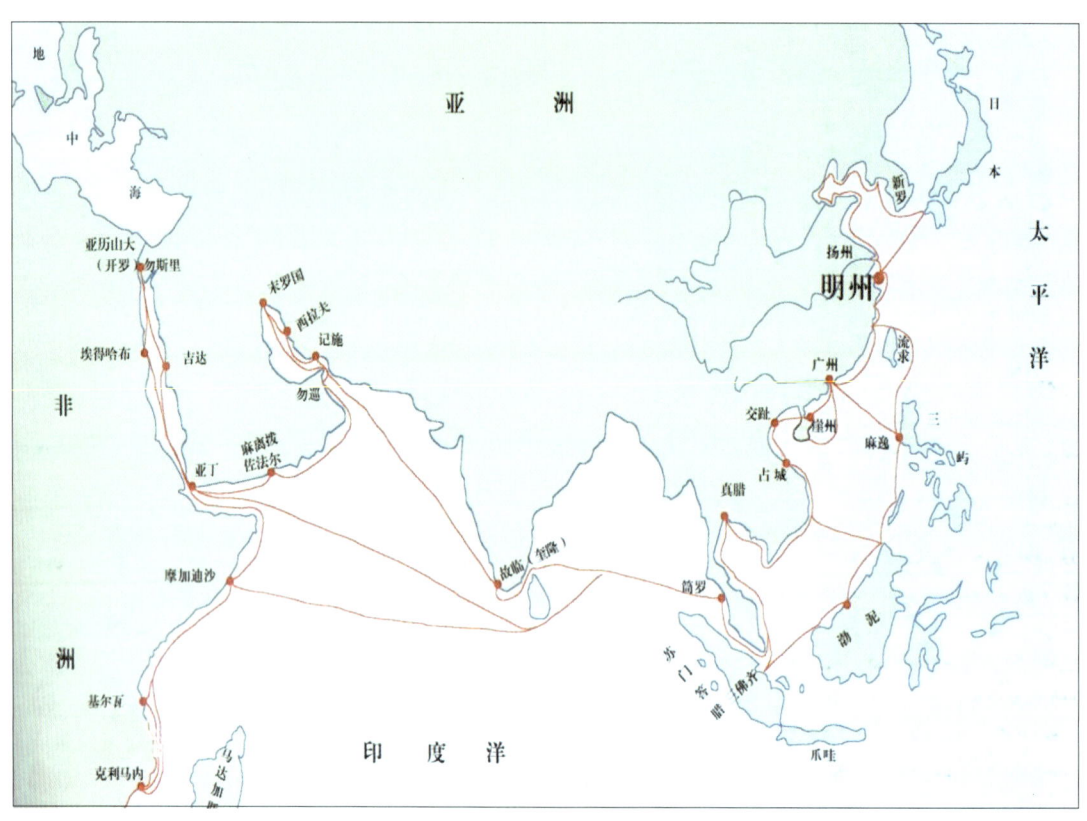

海上丝绸之路

荣起来。特别是海上交通,在唐代有了重大进步,出现了"海上丝绸之路"。唐代地理学家贾耽说,中国海船从广州经南海到波斯湾的巴士拉港,全程需三个月。这条航线把中国和以室利佛逝(今苏门答腊)为首的东南亚地区、以天竺为首的南亚地区、以大食为首的阿拉伯地区,通过海上丝绸之路连接在一起。

海上丝绸之路又称陶瓷之路。"陶瓷之路"是日本古陶瓷学者三上次男先生在20世纪60年代提出的。作为日本中东文化调查团的重要成员,三上次男在埃及福斯塔特(今开罗)的考古发掘,彻底开启了这位对中国陶瓷有迷恋情结之人的心扉,于是他将多年来在世界各地对中国陶瓷的考古成果,写就了《陶瓷之路》这本影响世界陶瓷史的著作。《陶瓷之路》一书让世人再一次了解和认识了这个与中国同名的"china"。[①]"陶瓷之路"始于公元9世纪中期的唐代。唐代东西洋航路所及之处,均有唐瓷碎片标本发现。瓷器在晚唐五代时期开始成为我国重要的出口商品,到宋元以后,则取代丝绸,成为对外贸易的最大宗商品。因此,"海上丝绸之路"终被"陶瓷之路"所取代。

那么,江西古陶瓷在这条横跨东西洋之间的海上丝绸之路上居于什么样的地位呢?

---

① 《陶瓷之路》,《科学博览》2010年第11期。

从空间地理上来讲,把陆上"丝绸之路"与"海上丝绸之路"联系起来的是大运河。大运河因为其在中国水陆交通网络中的关键地位,长时间成为"东方世界主要国际交通路线"。

与大运河一样,赣江—鄱阳湖水道也是在隋唐时期开始纳入全国南北交通大动脉,自然也就成了"东方世界主要国际交通路线"上不可或缺的一环。因此,江西在全国的交通区位优势也开始显露出来。隋唐时期,因中国富强,来自中亚、西亚等地来华通商的"商胡"非常之多。商胡善于营生谋利,足迹遍于中国。江西地区由于地处交通要地,社会政治环境较好,经济较为发达,也吸引了不少外商。大食、波斯等国商人从广东、福建等地纷纷来到江西进行商贸活动。如《饶州府志》卷二十四《人物志》记载:"郭常,鄱阳人,业医。有波斯安息人自闽转道经饶,病且亟,他医莫能治。"洪州虽非海港,但为岭南北上道路所经,又是江西观察使所在地,成为晚唐五代时期商胡较为活跃的地区。《太平广记》屡及洪州胡商,如卷三七四《胡氏子》:洪州胡氏遇见一胡商,胡人"知其头中有珠,使人诱而狎之,饮之以酒,取其珠而去"。卷四〇四《岑氏》:临川人岑氏,发现两块宝石,拿到豫章,卖给波斯胡人。岑氏以卖宝石之钱"为生资,遂致殷赡"。卷四四一《莫徭》:莫徭得到一根象牙,"载到洪州,有胡商求售,累加值至四十万。寻他胡肆,胡遽以草席复之。他胡问是何宝,而辄见避,主人除席云:止一大牙耳"。胡商在江西的频繁活动,足见唐代江西与海外的联系已大为加强。胡商在江西境内的活动,表明本区的商业经济已达到较高的水平,的确,胡商在江西可发财致富。唐肃宗时两京粮饷不继,江淮度支使征洪州波斯胡商财,以补时用,"胡乐输其财而不为恨"①,就是明证。

凭借天时地利人和,形成于唐代的江西古陶瓷文化线路,自然就成为海上丝绸之路的重要组成部分。江西唐代瓷器不但向北可以便捷地到达陆上丝绸之路与"海上丝绸之路"的交汇城市——扬州,而且向南还可以便捷地到达南海出海港口城市——广州市。据近人徐俊鸣《两广地理》所记,唐代侨居广州的阿拉伯人多达十余万,这是一个惊人的数目,而其中绝大部分是商人。他们漂洋过海带来了许多珍宝、象牙、玛瑙等细货,同时也希望将中国的著名特产如丝绸、瓷器、茶叶等物运往国外。当时,由于岭路的拓修,打通了珠江和赣江之间的联系,江西的洪州与广东的广州之间的距离突然变得不再遥远。正如中国古外销瓷学会原会长叶文程先生所说:"广州港当时与洪州(即今南昌市)关系密切,洪州在赣江旁边,有水路通珠江进而与广州相通,中唐以后,洪州成为介于江淮之间的一大都会,广州的瓷器出口仰给于洪州。"②还有人说:"广州是唐王朝对外贸易的中心,瓷器是当时最主要的出口商品,而广州的瓷器出口仰给于洪州。"③

---

① 参田余庆、李孝聪:《唐宋运河在中外交流史上的地位和作用》,载《运河访古》,上海人民出版社1986年版。
② 叶文程:《试论中国古外销陶瓷的航线》,《中国古陶瓷研究》第14辑。
③ 陈为民:《试论唐代江西商业的繁荣》,《南方文物》1998年第4期。

因此，江西虽然不在沿海地区，没有自己的出海口，但其地处南北交通大动脉的地理位置优势和盛产陶瓷的产品优势，弥补了其缺陷，决定了其在"海上丝绸之路"与"陶瓷之路"上的特殊地位。反观扬州、广州，虽然地处沿海，是"海上丝绸之路"的起点城市，但其外销商品是靠江西等内地提供的。因此，地处"海上丝绸之路"东海与南海两个出海口中间的汉唐江西，就成了"海上丝绸之路"的源头。可以说"海上丝绸之路"离不开江西，陶瓷之路更离不开产瓷大省江西。否则，"海上丝绸之路"与陶瓷之路将成无源之水，无本之木。

第五节　汉唐时期线路上的物质文化遗产

江西古陶瓷文化线路作为一项新类型的文化遗产，其内容非常丰富，它不仅是一条条古陶瓷运输的路线，更是规模巨大的文化遗产廊道。沿着不同时期不同区域的水上、陆上陶瓷运输路线，各地遗留下大量与陶瓷生产、销售、运输、祭祀、生活有关的历史遗存，如窑址、作坊、矿洞、城镇、街道、祠堂、墓葬、码头、关卡、衙署、古塔、祭祀建筑等。

汉唐时期江西古陶瓷文化线路的物质遗产，由于年代久远，在历史长河中不断遭到破坏，今天能留存在世的，主要是窑址，另外在一些历史文化名城名镇名村中还保留些许印记。

一、古窑址

根据江西第三次全国文物普查的数据得出的《江西汉唐窑址登记表》（附表一），全省总共调查登记了87处汉唐时期的古窑址。其中70%（61处）分布在南北交通大动脉的赣江流域。窑址数量排第二位的是昌江—饶河流域，共有11处，窑址分布从饶河的出湖口——鄱阳县双港镇长山岛到饶河的源头地区婺源县，都有分布，但以景德镇地区最为集中。鄱阳湖另外三大支流——信江、抚河与修河流域，汉唐窑址分布较少。

下面择要介绍江西汉唐时期的一些重要窑址，尤其是经过考古调查与发掘的窑址。

1.洪州窑：1977年江西文物考古工作者在南昌市南面约30公里处的丰城市曲江镇罗湖村发现了规模较大的古代瓷窑遗址，并于1979年对这处瓷窑遗址进行了首次考古发掘，在发掘过程中，共清理了唐代龙窑遗迹二座，出土青瓷器和窑工具2917件。1992年秋冬至2004年间，江西省文物考古研究所、北京大学中国考古学研究中心以及丰城市博物馆，又先后对洪州窑进行过4次考古调查与发掘，出土各类窑工具和青瓷器达数万件。经调查与发掘证实，洪州窑是一处大型窑址群，分布在江西丰城市境内的赣江流域两岸，现存37处窑场，横跨6个乡镇10个村委会18个自然村，面积达40万平方米，遗存之多，实属罕见，是中国古代最为大型的窑业遗存之一。

通过对调查所获资料的整理，可以肯定这些窑场遗址是一个整体，均为当年洪州窑的窑

场。这些窑址虽然南北相距较远,但从地形上观察,它们以赣江为纽带,基本连成一体。它们皆坐落于赣江或与赣江相通的清丰河、药湖畔的山坡和丘陵岗阜地带。从最南边的河州乡罗坊窑址到最北边的同田乡麦园窑址相距约20公里。其中最宽处的曲江镇罗湖窑址群宽约1公里。

从各窑址采集的遗物分析,同时期的特征相同,不同时期的具有明显的继承和发展演变关系。从地理位置与行政区划看,它们的所在地唐代均属洪州管辖。这样就基本解决了有关洪州窑遗址的所在地及其兴衰等问题。①

2.白浒窑:位于抚州市临川区温泉镇白浒窑村东北至三房村的崇仁河西岸,崇仁河紧靠窑址的山坡由西向东流入抚河。这里是崇仁河与宜黄河两大水系的汇合处,从这里,逆流能达宜黄、崇仁、乐安等县,顺水可至南昌、丰城、鄱阳等地,水面交通极为便利,为瓷器的销售提供了条件;早年此地树木茂密,多以松木为主,为瓷业生产提供了充足的燃料;瓷土丰富,为瓷业生产胎土。1950年和1960年,文物工作者在文物调查工作中发现了白浒窑窑址。经过实地调查,白浒窑遗址绵亘2公里,包括毛家村、一甲村与二甲村。整个窑址除有几座遭到破坏外,仍有七座较为完整。废墟上散布的瓷片、窑具等遗物甚多。白浒窑与丰城罗湖窑在隋唐时期同属洪州较大的窑业基地,烧造年代为南朝至宋代。主要产品有碗、罐、缸等,以碗为主。器物多为平底,底心稍内凹,也有部分圈足器。大多胎骨粗糙、厚重,胎土灰色。釉色多呈青绿、酱褐,也有少量豆青色。器内施全釉,外施釉多不及底。釉面常开细冰裂纹,釉水不均匀者呈泪痕状。纹饰较简单,多为葵花形纹,罐类器物的肩部,常以"铺首"为饰。所产器物古朴大方,技艺纯熟,釉汁光润,具有时代特征,而制作造型、工艺纹饰又具地方特色而著称江西。

3.落马桥唐代窑址:1982年5月间,景德镇太白园附近落马桥基建工地发现一处唐代瓷窑,堆积厚达7米。地表层早年被扰乱。从堆积底层出土的青瓷碗分析,形制为敞口,腹壁斜削,内底微下塌,玉璧形底。底足边沿黏结有五个泥支钉。浅灰色胎,胎壁厚重。通体施釉,釉呈淡蟹壳青色,青中泛黄的成分较多,开冰裂细片,釉面有气泡,器底处有垂釉现象。釉薄而较透明。落马桥窑所出青瓷碗,与浙江诸暨牌头茶场"唐贞元十年"(794)和浙江上虞联江帐子山"贞元十七年"(801)墓所出青瓷碗相同。据考古报告,景德镇五代青瓷的特征是"9~12个支钉不等,圈足壁要比唐中晚期的玉璧形底明显减薄,且足也稍高,胎质更致密……釉呈纯正的蟹壳青色",并推断这是"迄今景德镇第一次出土的唐代遗物,为研究唐代景德镇窑业状况及产品面貌提供了一条实物依据"。②

4.石虎湾唐代窑址:位于景德镇市湘湖乡石(白)虎村,距市区9公里。附近窑场遗存范围广,堆积丰富。现存有白虎湾、白虎岭、小麦坞老虎床、南门坞、羊里坞、渡槽和匣钵墩等13

---

① 江西省文物考古研究所等:《江西丰城洪州窑遗址调查报告》,《南方文物》1995年第2期。
② 虞刚:《景德镇窑址调查二则》,《中国陶瓷》1982年7期。

处,总面积约3万平方米。小麦坞位于白虎村北约500米的"老虎床",窑址依山自西向东分布,面积约300平方米。堆积保存差,仅见青瓷碗、盘一类器,青泛灰色釉,属五代产品。渡槽窑位于白虎村东北约400米处,渡槽由东北向西南延伸穿过窑址。窑包高达8米,堆积丰富。从地层剖面看,堆积可分为三层,上层青白瓷,中层为青瓷和白瓷,底层全为青瓷,主要有碗、盘、洗等一类器。

1990年秋,景德镇市昌河机械厂徐恒君在石(白)虎湾收到当地农民挖土盖香菇棚时出土的一件青釉瓷碾。碾呈船形,中间碾槽为月牙形。高6.8厘米,残长12厘米(全长约25厘米),宽6厘米。青釉似蟹壳青色,开细片,釉不及底。灰色胎。沙底。左边刻有行书"大和五年"(831)铭文;右边一直线、一曲线相间成二组。[①]这是佐证景德镇瓷业烧造始于唐代的珍贵资料。据此推断,石(白)虎湾窑始烧于唐代。

5.玉山渎口窑:位于玉山县东部约11公里的下镇镇渎口村东面约1公里的小山坡上,地势北高南低,最高处高出周边水田约40米。窑址东西长约100米、南北宽约60米,分布面积约6000平方米。下镇溪和八都溪从窑址南部蜿蜒流过,汇入信江。2004年5月至7月,江西省文物考古研究所对玉山渎口青瓷窑场进行了抢救性发掘。此次发掘共出土完整和可复原器物2000余件,绝大部分为瓷器,也有少量陶器。瓷器可分为生活用具、瓷塑、窑具、明器等。生活用具有壶、碗、盏、罐、盆、杯、钵、铫、器盖、扑满、瓶、熏炉、盒、碾轮等。壶、碗、盏、罐是大宗产品。以壶的数量和种类最多。渎口窑以烧造青瓷为主,胎多灰白或灰色,色较深,质粗而坚,釉色青中闪黄,流釉明显,开片少,装饰技法主要为划花或刻花,花样简单,主要为花卉,器物施釉不到底,碗、盏等外部仅施半釉,釉面较厚,其所出的各式碗、短耳壶、盘口壶、双耳罐与浙江衢州地区属婺州窑系龙游窑的产品如出一辙,因此玉山渎口窑与龙游窑一样同属婺州窑系统。同时也受到越窑的强烈影响,比如渎口窑的釉面多光素无纹,少量划花、印花、刻花装饰,很多器物青中带黄,器物造型方面,瓜棱形壶,花口碗、盘,海棠式杯,碗内底的"吉"字,外底的"大"等铭款,所有这些都具有越窑的典型特征。渎口窑出土的壶,总体而言,器身较高,腹多作瓜棱形,壶咀与把手也较长,轻盈雅致;既有近"玉璧"底,也有圈足,内底及底足所粘支烧衬痕较为细小密集,根据这些特征以及与周边地区的同类器物比较,其始烧年代大致为晚唐;从龙窑底部及地层所出的元丰通宝(1078—1085)分析,其终烧时间约当在北宋中晚期。

6.丽阳蛇山五代窑址:位于景德镇市区西南21公里的昌江区丽阳乡洪家村与港塘村之间的蛇山西坡上,面积约1000平方米。2005年7—11月,由故宫博物院、江西省文物考古研究所、景德镇市陶瓷考古研究所联合组成的考古队对窑址进行了调查与试掘,出土了大量五

---

① 黄云鹏:《景德镇首次发现带纪年铭文的唐代青瓷》,《南文文物》1992年1期。

代时期的青瓷器,器型有碗、壶、罐、器盖、网坠等,还出土了碾轮、轴顶帽等制瓷工具与覆桶状和柱状的支烧窑具。该窑址在烧造工艺上采用叠烧法,下为支烧具,上为器物裸叠,器物之间用支钉垫离。器物烧成后,内底多留有支钉痕。①

7. 余干黄金埠窑址:位于余干县黄金埠镇上行村委新屋郑家的刘家山上。2006年3月至7月,江西省文物考古研究所对窑址进行了发掘,揭示唐代斜坡形阶梯状龙窑一座,窑炉长38米,宽1.7~2.2米,保存较为完好;出土大批青瓷器和各类窑具,总数近万件(片),其中完整或可复原的器物达3000多件。根据考古专家考证,余干黄金埠窑址发掘出来的龙窑遗迹"是迄今我国发现的最早的一座阶梯式龙窑",为研究南方地区制瓷窑炉的发展史提供了新的资料。出土瓷器雄浑大气,具有盛唐时代的风格,为同时期江西窑址所仅见。尤其是一批装饰有釉下褐彩的瓷器和一批中西亚胡人喜用的打击乐器——腰鼓的出土,说明了黄金埠窑是唐代一处重要的生产外销陶瓷的窑址,与同时期著名的湖南长沙窑有着密切的联系。

8. 蓝田唐代窑址:位于浮梁县湘湖镇蓝田村金星自然村西北的万窑坞山坡上。2012年10月至12月,由北京大学考古文博学院、江西省文物考古研究所和景德镇陶瓷考古研究所组成的联合考古队对浮梁县蓝田窑进行了考古发掘。发掘总面积为541平方米,清理各类遗迹12处,包括窑炉2座、灰坑7个、墓葬1座、沟2条,出土了数以吨计的各时期的瓷器和窑具。本次发掘清理出的两座窑炉中,一号窑炉保存十分完好,只是窑尾部分有少许缺失,时代为晚唐时期。整座窑炉为龙窑,平面呈长条状,窑炉总长28.7米,窑内最宽处1.9米,残高0.1~0.7米。由窑门、火膛、窑床、窑前工作面四部分所组成。在窑床的前部完整地保存了器物柱底部的支垫器物的窑柱,从中可见器物柱的分布十分密集,为人们了解当时的装窑量提供了不可多得的重要资料。北京大学考古文博学院秦大树教授认为,通过统计窑柱的数量,可以分析当时窑炉的装烧量。从窑场的宽度、坡度和形状都可以看出早期窑炉的特点。此次蓝田窑址考古发掘出土器物种类也十分丰富,除了常见的碗、盘、执壶、罐等器物外,还发现了一些十分罕见的器物,如腰鼓、茶槽子、瓷权、瓷网坠等,这些在景德镇古代窑址中都属首次发现。此次考古发掘清理出景德镇地区保存最完好的晚唐时期窑炉,并出土了丰富的晚唐、五代时期的陶瓷遗物。不仅填补了景德镇窑炉发展早期形态的空白,将景德镇制瓷业创始的时间向前推了百年左右,还对探讨南方地区白瓷的起源有重大意义。

9. 南窑唐代窑址:位于乐平市接渡镇南窑村。南窑遗址东西最宽200米,南北最长153米,地表可见13条明显隆起的脊状堆积,在两条隆起的脊状堆积之间的低洼处分布着一条条龙窑遗迹,总计有12座龙窑。2013年3月至11月,江西省文物考古研究所对其进行了正式考古发掘,揭示龙窑遗迹2座及其他窑业遗迹,总计揭露面积1013.5平方米,出土多达数

---

① 故宫博物院等:《江西景德镇丽阳蛇山五代窑址清理简报》,《文物》2007年第3期。

十吨的窑具和瓷片标本。其中全面揭露的一座长达78.8米的龙窑遗迹，是迄今为止考古揭露最长的唐代龙窑遗迹，也是目前景德镇地区发现最早、保存最完整的窑炉遗迹，填补了景德镇瓷器烧造窑炉形制最早形态的空白。龙窑窑床中段使用了方形减火坑的技术手法，这是以往遗迹中所没有的。南窑出土的瓷器釉色种类较多，有青釉瓷、酱黑釉瓷、青釉褐斑瓷、青釉褐色彩绘瓷以及素胎器，以青釉瓷器为主。器形丰富，以碗、盘、双系瓶居多。碗盘类器流行圆饼足、玉璧底，见少量的圈足碗。还发现了人面坝、茶碾、瓷权、砚滴等罕见的器物。值得关注的是青釉、酱黑釉腰鼓和器形硕大的大碗器，彰显了唐代赣鄱与西域地区文化交流频繁的史实。产品的烧造多数采用明火烧造，少量高档产品采用匣钵先进工艺。此次考古表明，南窑始烧于中唐，兴盛于中晚唐，衰落于晚唐，距今已有1200多年的烧造历史。

二、古驿道、古塔、古观

1.梅岭古驿道：位于江西大余县南安镇梅山村大庾岭山脉中部，北连江西大余，南达广东南雄，全长40公里，现保留1875米，最宽处4米，最窄处2米，以青石及鹅卵石铺砌而成，路旁植梅、松等树，是古代中原通往岭南广东的重要驿道。2006年被国务院公布为第六批全国重点文物保护单位。

梅岭处于南岭五岭之首的大庾岭之咽喉，地势险要。梅岭设关，始于秦汉。唐玄宗开元四年（716）十一月，诏命岭南道按察候补史张九龄开凿大庾岭驿路。张九龄是广东韶关人，而韶关与大庾岭比邻，他自然十分熟悉赣南与粤北的地形，深知其政治、经济地理位置的重要。于是他不畏艰险地亲自带领当地民众"相其山岩之宜，革其坂险之故"，大力平险拓宽，使得大庾岭路变得"坦坦而方五轨，阗阗而走四通，转输以之化劳，高深为之失险"。①从此，大庾岭驿路沟通岭南岭北，成为联结江西赣江与广东北江之间的一条纽带，大大疏畅了南北水陆联运的通道。它不仅保证了岭南地区的贡赋交纳、提高了漕运的速度，而且交通直达海上，带来了商品交流的日益发达。

2.本觉寺塔：坐落在吉安县永和镇永和村吉州窑区内。1957年公布为江西文物保护单位。塔高26米，八面九级，青砖砌成，外墙石灰粉饰，塔檐以砖叠涩挑起。塔基厚0.8米，底层壁厚1.3米，南北两面各有拱门，塔内一至三层中空，有阶梯可上，四至九层为虚门。塔体自下而上逐层递收。史载始建于唐开元年间（713—741），北宋太平兴国年间维修。1984年维修时在第八级神龛中发现陶制菩萨3尊，在塔顶发现唐开元通宝铜钱和北宋太平兴国铜钱若干枚，证明史载无误。1985年维修时塔刹改为黑釉瓷葫芦顶。据《庐陵县志》卷十三《礼典志·寺观》记载，永和本觉寺建于唐开元年间（713—741），属东昌上市；唐天复二年（902）永和又

---

① ［唐］张九龄：《开大庾岭路记》，《全唐文》卷二九一。

建了一座慧灯寺。《青原山志》卷三记载龙集寺（又称龙度寺，建于唐初），"永和窑所资也"，"共龟地出腻土"。说明早在盛唐时期，佛教就已传入永和。吉州窑生产的瓷器"重仙佛"，很显然是受到了唐宋佛教艺术的影响，与永和及邻近的青原佛寺有一定关系。

3.清都观：位于吉安县永和镇永和村桐木桥自然村。始建于南唐，明洪武、清乾隆、光绪年间重修，1982年维修。主体建筑为"清都观"，左右两翼为"南海宫"和"天姥宫"。砖木结构，占地面积412平方米，正面为门斗式。南海宫进深较短，观内现存有神龛一座，神牌一块，石雕菩萨一尊，石雕狮子一对，石雕蟾蜍一只，石花瓶一口，重修石刻碑记五块和香炉底座等文物。据明代《东昌志》（手抄本）记载："至五代时，民聚其地，耕且陶焉，由是井落圩市、祠庙寺观始创。周显德初，谓之高唐张临江里磁窑团，有团军主之。"可证清都观是历史文化名镇永和镇的最早建筑之一，见证了其后吉州窑的兴衰史，是重要历史文物，2006年被列为江西省级文物保护单位。

三、历史文化名城名镇

秦代时，南壄（今大余）设有赣江最南的一处水陆换载港口，船只到此地后必须卸船改陆运。馀汗（今余干）地处信江下游，秦汉王朝征伐南方越人时，军用物资需在此中转，因此这里很早就成为鄱阳湖边上的一处港口。其他如彭泽（今湖口）、鄡阳（今都昌县西）、海昏（今永修吴城镇南）、番（今鄱阳县东北）、豫章（今南昌）、新淦（今樟树）、巴邱（今峡江）、庐陵（今吉安）、南康（今赣州）、雩都（今于都）等滨水城镇都是船只往来与修造之地，也是江西瓷器外销的重要中转站与集散地。这些古代城镇，或延续成为历史文化名城名镇，或沧海桑田，早已湮没在地下。

1.洪州城：即今南昌市。汉高祖五年（前202），刘邦为"昌大南疆"，派御史大夫灌婴（后封颍阴侯）率兵渡江平定南方。灌婴渡江后选定南昌为郡治所在地，设豫章郡，辖十八县，以南昌县为首，灌婴奉命驻军当地，于公元前201年在南昌筑城，此城俗称"灌婴城"。城址选在"诸道之冲"，位于今湖坊乡境内的黄城寺一带，城墙以土构筑，城周长十里八十四步，城辟六门，分别为南门、松阳门、皋门、昌门、东门及北门，城区面积约1平方公里。并取"昌大南疆"和"南方昌盛"之意，定名"南昌"，属地包括今南昌、进贤、新建、丰城等县，面积约达3万平方公里。

东晋置江州，辖境为江西大部，南昌既是江州州城，又是豫章郡治。东晋文帝咸安年间，豫章太守范宁对城墙进行修整，在城东、西北两个方向各增辟一门。

隋朝废郡置州，改"豫章郡"为"洪州总管府"。唐朝南昌先后为洪州总管府、洪州都督府和江南西道治所。随着经济的发展，唐朝初年在土城的西北隅另筑新城，即今南昌旧城区所在位置。城墙材料也改土石为青砖垒砌。武周垂拱元年（685），洪州都督李景嘉继续扩筑城围,仍辟八门。贞元十四年(798),为适应城市交通需要,再次改建并加高扩大城门。宪宗元和四年(809),韦丹任洪都观察使后,认为城内民宅建材多用毛竹,易失火,于是便改建瓦房,同时开辟南市和北市等三条街市。经过200余年的不断改造与扩建,此时南昌城面积已"广比汉城倍之",方圆二十余里。据史料记载,唐贞元年间,洪州城周长15.5公里,共设16门,面积约14平方公里,现青山路、贤士湖一带已属城区。城外有壕沟环绕,城内有子城四座。子城始建于三国时期,城周长二里二百四十步,城门四座,位于现民德路西段附近。唐代南昌文化昌盛,商业繁荣,制造业发达,成为江南都会。唐代诗人王勃在《滕王阁序》中称"闾阎扑地,钟鸣鼎食之家""桂殿兰宫,列山峦之体势"。韦庄在其诗《南昌远眺》中也描绘了洪州城的繁华景象:"南昌城郭枕江烟,章水悠悠浪拍天。荒草绿遮仙尉宅,落霞红衬贾人船。"洪州城在唐代被称为"江淮之间一都会也",实在是名副其实。

南唐交泰元年(958),中主李璟升洪州为府,并建南都。建都带来大批的王公贵族、优伶歌女,南昌城再度大兴土木,营建殿宇,如长春殿(又名皇殿)、澄心堂等,同时将八座城门重新修葺,改东门称东华门,改西门称西华门。按照京都的建设格局,将城区拆迁规划,拓宽马路,即"鸣銮路"。这是南昌仅有的一次建都史,至今南昌还留有"皇殿侧"的地名。

南昌市现在又名洪城,就是得名于唐代洪州城。唐代洪州城的标志性建筑——滕王阁,始建于唐永徽四年(653),历史上屡毁屡建,现在仍然屹立在南昌市的赣江岸边。

2.江州城:即今九江市。江州城初名盆城,也称湓口、湓城或湓口城。据晋张僧鉴所撰《寻阳记》载:"湓口城,汉高祖六年灌婴所筑。"《永乐大典》卷八〇九二《十九庚·城》"江州府城"条引南宋无名氏《淳祐江州图经志》也说:"州城,汉灌婴所筑也(高帝六年)。城池北阻大江,西带盆口,东南引庐宫诸水绕之。"又引李堕《谯楼记》说:"湓口城汉高帝六年灌婴所筑。寻阳在昔为江表要冲,宜英豪加意经理也。自南北分裂,历晋至陈,号为重镇,与荆扬比。"据此可知,寻阳自建城至今已有2200多年的历史。城初建时,已经有城有池,应有一定规模。东晋末,刘裕修浚城池,增高城墙,扩大城市规模;至刘宋中期,邓琬拥立晋安王刘子勋称帝寻阳,在此驻兵数十万,加上朝中百官及城中居民,人口已相当可观,寻阳规模之大可知。齐武帝萧赜继续增广城池,进一步扩大城市规模。齐梁时,寻阳迭为江州治所,其地位显得更加重要。梁末,王僧辨、陈霸先率重兵沿江东下平定侯景之乱,就是从寻阳出发的。而作为长江上的交通枢纽,"襟江带湖,据三江之口,四达之衢,七省通连",从唐代起就成为江南重要的商贸城市。特别是大运河的开发,使江州城成为附近几州的物资集散地,使得隋唐江州城的商品经济特别发达。符载在《江州录事参军厅壁记》中说:"江州航运地方千里,江涵九派,缗钱粟帛,动盈万数,加以四方士庶,旦夕环至,驾车乘舟,叠毂联墙。"孟浩然在诗《自寻阳泛舟经明海》中也说:"大江分九流,森森成水乡。舟子乘利涉,往来至寻阳。"可见,唐代江州城吸引了各地商贾,他们日夜奔忙,出手很大,天时、地利、人和,使江州城"世称雄镇,且曰天府",其繁华程度可与洪州媲美。

3. 虔州城：即今赣州市。汉初设赣县，属豫章郡。三国吴嘉禾五年(236)分庐陵郡置南部都尉，治雩都，赣县属之。东晋永和五年设南康郡。隋开皇九年(589)，改南康郡为虔州，以虔化水(今宁都梅江)得名。隋大业元年(605)，复名南康郡。唐武德五年(622)仍名虔州，武德七年名南康州，武德九年复名虔州。天宝元年(742)，又改南康郡。乾元元年(758)，再复为虔州。

赣州城址屡经迁徙。《太平寰宇记》载：汉高祖六年，"使灌婴略定江南，始为赣县立城，以防赵佗。……今州西南益浆溪故城是也"。益浆溪故城大体位置在今蟠龙镇一带。西晋太康三年(282)，罢南部都尉置南康郡，太康末年(约289)，因洪水泛滥，城址迁至今虎岗一带的葛姥城。东晋永和五年(349)，南康郡太守高琰始建土城于章贡二江间。并将郡治从雩都迁此。东晋义熙七年(411)，因城毁于兵火而迁今七里镇一带。南北朝宋永初元年(420)，改南康郡为南康国，移治雩都。梁承圣元年(552)，复迁南康郡治与赣县县治于章贡二江间，历代相沿此址。唐末五代后梁时期(907—923)虔州刺史、军阀卢光稠控制赣州，隐然有割据之势，将城区向东、南、西三面扩展，面积扩大近两倍，并设西津、镇南、百胜、建春、涌金五门，开凿护城壕，奠定了此后赣州城区的格局。

东晋南朝时期，由于北方人口大量移向江南，赣南地区日渐得到开发。《隋书·地理志》载及豫章郡风俗，称人民"勤耕稼……一年蚕四五熟"，而南康郡"其俗颇同豫章"。虔州是江西南部重要的水陆枢纽。唐代为了适应广州对外贸易的发展，开元四年(716)张九龄奉命主持开凿了大庾路。贞元(785—805)初路应出任虔州刺史，又对赣江航道作了疏治。加上当时虔州东至汀州驿道的开辟，虔州商人可以"行贾长汀"。这样，虔州城遂成为海内外商人汇集之地，也成为江西古陶瓷外销的一个重要中转站。

附表一：江西汉唐窑址登记表(依据全国第三次文物普查资料)

序号	名称	时代	河流	地址
1	洪州窑港塘清丰河窑址	东汉	赣江	宜春市丰城市石滩镇港塘村委会旁清丰河畔
2	洪州窑港塘小学前窑址	东汉—两晋	赣江	宜春市丰城市石滩镇港塘村委会陈家村
3	洪州窑港塘东汉窑址	东汉—两晋	赣江	宜春市丰城市石滩镇港塘村委会陈家山
4	洪州窑龙凤松树山窑址	东晋	赣江	宜春市丰城市同田乡沿江村松树山
5	洪州窑罗湖寺前山窑址	东晋—唐中期	赣江	宜春市丰城市曲江镇罗湖村委会寺前村
6	牛眠地马蹄窑	两晋	赣江	
7	洪州窑龙凤白鹭山窑址	两晋	赣江	宜春市丰城市同田乡龙凤村赣江滨
8	洪州窑龙凤乌龟山窑址	两晋	赣江	宜春市丰城市同田乡龙凤村赣江滨
9	蚕石窑址	两晋—南北朝	赣江	南昌市南昌县冈上镇蚕石村西抚河支流北侧
10	洪州窑罗湖管家窑址	两晋—唐	赣江	宜春市丰城市曲江镇罗湖村委会管家村
11	洪州窑罗湖狮子山窑址	两晋—唐	赣江	宜春市丰城市曲江镇罗湖村委会寺前村
12	洪州窑罗湖象山窑址	两晋—唐	赣江	
13	洪州窑罗湖外宋窑址	两晋—唐	赣江	宜春市丰城市曲江镇罗湖村委会外宋村
14	洪州窑龙凤李子岗窑址	南北朝	赣江	宜春市丰城市同田乡龙凤村赣江滨
15	洪州窑龙凤牛岗山窑址	南北朝	赣江	宜春市丰城市同田乡龙凤村赣江滨
16	洪州窑麦园窑址	南北朝	赣江	宜春市丰城市同田乡沿江村委会沿江村
17	洪州窑郭桥缺口城窑址	南北朝—隋	赣江	宜春市丰城市曲江镇郭桥村北2公里长中岗
18	洪州窑郭桥罗湖闸窑址	南北朝—隋	赣江	宜春市丰城市曲江镇郭桥村罗湖闸旁
19	洪州窑郭桥落水坳窑址	南北朝—隋	赣江	
20	洪州窑药湖蛇尾山窑址	南北朝—隋	赣江	
21	洪州窑交椅山窑址	南北朝—隋	赣江	
22	洪州窑药湖蛇头山窑址	南北朝—隋唐	赣江	
23	洪州窑罗湖南坪窑址	南北朝—唐	赣江	宜春市丰城市曲江镇罗湖村委会南坪村
24	洪州窑梅林鹅头山窑址	隋唐	赣江	宜春市丰城市梅林镇江桥村鹅头山
25	洪州窑罗湖上坊窑址	隋唐	赣江	宜春市丰城市曲江镇罗湖村委会上坊村
26	洪州窑罗湖尚山窑址	隋唐	赣江	宜春市丰城市曲江镇罗湖村委会尚山村
27	洪州窑罗湖对门山窑址	隋唐	赣江	宜春市丰城市曲江镇罗湖村委会寺前村
28	洪州窑罗湖乌龟山窑址	隋唐	赣江	
29	鸦宿嘴窑址	唐	赣江	九江市都昌县周溪镇黄湖村委会鸦宿嘴
30	盛家咀窑址	唐	赣江	

续表

序号	名称	时代	河流	地址
31	塔下窑址	唐	赣江	
32	窑下窑址	唐	赣江	
33	三口窑	唐	赣江	赣州市大余县南安镇新余村壶头岭
34	田心窑址	唐	赣江	
35	东山窑址	唐	赣江	
36	林岗坝窑遗址	唐	赣江	
37	象莲龙窑遗址	唐	赣江	
38	象莲窑遗址	唐	赣江	
39	五工岭窑址	唐	赣江	赣州市瑞金市壬田镇青龙村五工岭小组
40	凤形排唐代窑址	唐	赣江	赣州市上犹县梅水乡水陂村凤形排组山坡上
41	上窑窑址群	唐	赣江	
42	窑塘窑址	唐	赣江	赣州市于都县贡江镇窑塘村窑塘组
43	东坑窑址	唐	赣江	赣州市于都县岭背镇东坑村梅江南岸
44	鸦雀坡窑址	唐—北宋	赣江	
45	东山坝古窑址	唐—南宋	赣江	
46	洪州窑罗坊窑址	唐五代	赣江	宜春市丰城市剑南街道罗坊村委会罗坊村
47	洪州窑窑里窑址	唐五代	赣江	宜春市丰城市剑南街道罗坊村委会窑里村
48	洪州窑窑仔岗窑址	唐五代	赣江	宜春市丰城市曲江镇曲江村典江村
49	洪州窑孟家山窑址	唐五代	赣江	宜春市丰城市曲江镇曲江村小学内
50	洪州窑石上黄金城窑址	唐五代	赣江	
51	黄泥坳古窑址	唐五代	赣江	赣州市全南县陂头镇黄塘村杨溪小组
52	七里镇窑遗址	晚唐—明初	赣江	
53	吉州窑遗址	晚唐—明末	赣江	吉安市吉安县永和镇永和村桐木桥自然村
54	丰山古窑址	晚唐至五代	赣江	赣州市石城县丰山乡丰山村窑里村小组
55	临江窑遗址	五代—明	赣江	吉安市青原区天玉镇临江村簸箕岭
56	上甲古窑址	五代宋	赣江	赣州市寻乌县文峰乡上甲村圆墩背村民小组
1	栖悟山隋唐窑址	隋唐	袁河	
2	园艺场古窑址	唐	袁河	宜春市高安市杨圩镇横塘村委会横塘自然村
3	燕山窑遗址	唐—20世纪60年代	袁河	
4	塔下唐窑遗址	唐	袁河	宜春市上高县塔下乡上新村原种场

续表

序号	名　称	时代	河流	地　址
5	店下陶窑址	唐—宋	袁河	宜春市袁州区渥江乡渥江村南500米店下组
1	长山窑址	唐	饶河	上饶市鄱阳县双港镇长山村委会长山村
2	齐村前山窑址	唐	饶河	
3	南窑窑址	唐	饶河	景德镇市乐平市接渡镇坑口村南窑自然村
4	蓝田窑址	唐	饶河	浮梁县湘湖镇兰田万窑坞、柏树下、大金坞
5	洪家蛇山窑址	五代	饶河	景德镇市昌江区鲇鱼山镇洪家村南面蛇山
6	黄泥头窑址	五代宋	饶河	
7	杨梅亭窑址	五代宋	饶河	
8	南门坞窑址	五代宋	饶河	
9	白虎湾窑址	五代宋	饶河	
10	焦坑坞窑址	五代宋	饶河	
11	湖田窑址	五代—明	饶河	
1	仙鸡蓬窑遗址	南北朝	信江	上饶市铅山县鹅湖镇下古埠村仙鸡蓬自然村
2	田傍山窑址	唐	信江	鹰潭市贵溪市滨江乡江南村委会仰潭毛家
3	瓦子山窑址	唐	信江	鹰潭市贵溪市滨江乡江南村委会仰潭毛家
4	窑铺岗窑址	唐	信江	
5	东岸古窑址	晚唐至五代	信江	鹰潭市月湖区童家镇里屋村委会东岸村
6	黄金埠窑址	唐中晚期	信江	
7	渎口古窑址	晚唐—北宋	信江	上饶市玉山县下镇镇渎口村
8	赛头古窑址	晚唐—北宋	信江	上饶市玉山县下镇镇赛头村
9	塘顶古窑址	五代宋	信江	
10	江村窑	唐—明	信江	
1	阙口张家古窑址	东晋	抚河	
2	白浒窑古窑址	隋唐	抚河	
3	禾溪村中塘古陶窑遗址	唐	抚河	抚州市南丰县紫霄镇禾溪村中圹自然村
4	庄坊窑里窑址	五代	抚河	抚州市金溪县对桥乡庄坊村委会庄坊村小组
1	后港窑址	三国	修水	
2	渣村窑址	南北朝—唐	修水	宜春市奉新县会埠镇渣村村东1000米
3	潭村窑址	南北朝—唐	修水	
4	程子源窑址	唐—宋	修水	

第三章 江西古陶瓷文化线路的发展

宋代是我国瓷业生产的高峰期,呈现出百花齐放的繁荣局面。瓷窑遍及南北各地,名窑迭出,品类繁多,除青、白两大瓷系外,青白釉、黑釉和彩绘瓷纷纷出现。各地窑场相互竞争,相互借鉴,促使瓷窑增加与窑场的扩大,形成不同风格的瓷窑体系。各瓷窑体系的区别,主要依据各地窑场瓷器釉色、胎质、造型、装饰与烧造工艺的同异而定。闻名于世的有北方的定窑系、磁州窑系、耀州窑系和钧窑系,南方的龙泉窑系和景德镇青白瓷窑系等六大窑系。全国六大窑系的形成,是宋代瓷业生产大繁荣的重要标志。

同全国一样,宋代江西制瓷业也出现了前所未有的发展与繁荣局面。各地窑场林立,名窑迭出,形成了江西瓷业空前繁荣的景象。江西古代五大名窑除洪州窑是汉唐时期的窑场外,景德镇窑、吉州永和窑、白舍窑与赣州七里镇窑都是宋元时期的窑场。尤其是景德镇窑,取青瓷和白瓷之长创造出色质如玉的青白瓷,对整个江南地区瓷窑影响很大,出现了不少模仿景德镇青白瓷的瓷窑,从而在南方形成了一个以景德镇为中心的青白瓷窑系。

到元代,由于元王朝将全国唯一的制瓷管理机构——浮梁磁局设立在景德镇,景德镇凭借天时、地利、人和的优势,创烧出元青花、釉里红以及高温蓝釉、红釉和卵白釉等新产品,很快风靡全国甚至世界瓷器市场,景德镇逐渐奠定世界"瓷都"的地位。

第一节　宋元时期线路发展的背景

宋元时期,随着全国经济中心的南移,江西在全国的经济地位快速上升,迎来了经济大发展的时代。这一时期,北方由于长期处于与辽、金、西夏和蒙古等少数民族政权的对峙状态,导致了大规模的北方移民南迁,进入江西等省。北方移民的南迁,带来了中原地区先进的生产技术,对江西陶瓷生产技术的提高也有促进作用。鄱阳湖—赣江航道在北宋以后正式确

立为贯通南北的交通大动脉,造就了宋元时期江西商业的大繁荣。再加上造船业与茶业经济的进一步发展,都为宋元江西古陶瓷文化线路的进一步发展与繁荣创造了条件。

一、北方移民的大规模南迁与江西的全面开发

唐末北方战祸频仍,尤其是安史之乱与黄巢起义,造成大批民众往南方迁徙,不少人沿着皖南山区通道,进入江西。五代十国阶段,各个小王朝的争战也影响到江西地区,一方面有北方人户迁入洪、饶、抚、吉等地,另一方面又有避乱者迁出。相对于中原州县,江西各处仍称安稳,"无边徼警扰,故徙者依焉",仍能保持着巨大的人口吸纳力。到北宋末年,又发生了靖康之难、宋室南渡等事件,再次造成北方汉人的大批南迁。随着这几次大规模的北人南迁,宋元时期的江西人口急剧增加。宋徽宗崇宁元年(1102),全国在册户口数为2026万余户、4532万余口,其中江西地区为201万余户、446万余口,均占十分之一,其中人口为诸路之首(其次是两浙路,432万余口)。元代江西的户、口数也是成倍增加,元世祖至元二十七年(1290),江西在册户、口数分别占全国的20.2%和23.3%,居各省之首。

北方移民的大规模迁入,使江西从南到北都得到了全面的开发,江西作为国家的一个重要财富基地,已经确立起来。《宋史·地理志》述及江南东西路的物产时有如下记载:"(自)永嘉东迁,衣冠多所萃止。其后文物颇盛,而茗荈、冶铸、金帛、粳稻之利,岁给县官用度,盖半天下之入焉。"

正是由于江西全境在宋元时期得到了比较全面、均衡的开发,江西宋元窑址的分布在全省呈现比较均衡的格局。很多以前被认为是蛮荒的边远山区,随着经济的发展与人口的增多,也出现了大小不一的宋元窑址。

北方移民的大规模迁入,还造成了江西部分地区开始出现人口过剩现象,并刺激了豪族大户对土地的兼并。以宋神宗元丰三年(1080)为例,当时江西在册户口为136万户、307万口,其中客户、客口分别占36%和37%,而经济水平相近的两浙路,同一时期客户和客口所占比重不过21%和19%。超过三分之一的人口没有土地,成为客户客口,这就迫使一部分南下移民发生职业性转移,改为从事工商业和手工业,从而刺激了包括制瓷在内的手工业的发展。

一些农民或生活贫困者往往也以制瓷或贩瓷为生。如鄱阳县北20里的席坊,"陶甓者所居,处势迥僻"①。又鄱阳民黄廿七,"绍熙元年,到景德镇贩瓷器"②。南宋汪肩吾《昌江风土记》说:浮梁之民,"富则为商,巧则为工。……士与工商,皆出四方以就利。……其货之大者,摘叶为茗,伐楮为纸,坯土为器,自行就荆湖吴越间,为国家利。其余纺织布帛,负贩往来,盖其小

---

① 《夷坚志》补,卷四《杨一公犬》。
② 《夷坚志》三志,辛卷十《湖口庙土地》。

者耳"①。还有北宋文学家曾巩之叔、南丰人曾叔卿,亦曾数往饶州景德镇贩运陶瓷,销往淮北。②

北方移民大规模南迁入赣,还改变了江西陶瓷市场的消费主体,直接造成了宋元古陶瓷文化线路的产品特点发生改变。江西本来一直是以南方本地人为主体,所以洪州窑烧造的青瓷产品在中唐之前一直主宰着江西陶瓷市场。但在晚唐五代以后,随着北方移民的大规模入赣,江西人口成倍增加,逐渐变成以北方人为主体。这些北方人在审美习惯上更喜欢白瓷(这也就是唐代会出现"南青北白"制瓷格局的缘故),因此,他们在南方定居后,也就更希望能够买到白瓷日用品。为了满足他们的需要,我们可以看到无论是景德镇窑,还是吉州窑、赣州七里镇窑、南丰白舍窑,只要是在晚唐五代开始烧造瓷器,而后在宋元迅速发展的大窑场,都在试图生产白瓷。这些窑场就是因为能够根据市场的变化,及时改烧白瓷与青白瓷,才在宋代"百花齐放"的瓷器市场格局中发展壮大,成为市场占有率较高的大窑场。这正是以景德镇为首的青白瓷窑系为何在宋代异军突起,成为产销量最大的窑系,占据七大窑系之首位的真正原因。反观洪州窑,却因为因循守旧,仍然在生产带褐色的青瓷,才最终被时代所淘汰。

因此,北方移民的大规模南迁,不仅为江西的大发展提供了充足的劳动力,带来了中原地区先进的生产技术,形成了洪州所领州军"赋粟输于京师为天下最"的局面,而且还直接改变了江西的制瓷格局,促成了以景德镇为首的青白瓷窑系成为天下产销量最大的窑系。江西在这场时代变革中,以其一贯博大的文化包容性,兼收并蓄南北瓷窑的先进制瓷工艺,生产出既能满足新来北方人对白瓷的喜爱,又能满足原有南方人对青瓷的留恋这种亦白亦青的青白瓷产品,一举奠定其在全国制瓷市场格局中头号窑场的地位。

二、宋元鼓励海外贸易政策的刺激与对外商道的疏浚与整治

7世纪初,唐朝政府在中国南部边境的广州建立了第一个市舶司,并在有唐一代一直存在。10世纪后半叶宋朝建立后,朝廷因财政困难,"一切倚办海舶",并奖励外贸,市舶司大大发展了,除在广州恢复设立市舶司外,又在浙江的杭州、明州(今宁波)和福建的泉州等三个沿海城市增设市舶司。宋代奖掖外贸的政策被随后的蒙元帝国改进并很好地加强了,蒙古人十分热衷于鼓励海外贸易,其间,曾在沿海地区7个港口设立市舶司。随着鼓励海外贸易政策的实施,海外贸易量直线上升,海外贸易的课税在国家岁入的份额也大幅提升。南宋早期的12世纪初期,海舶课税在宋廷岁入中占到15%以上,是北宋初的两倍。根据对元至元二十六年(1289)年课税的研究表明,海舶课税也占到了政府岁入的六分之一。

---

① 乾隆《浮梁县志》卷一《风俗》。
② 同治《建昌府志》卷八《善士》。

宋元市舶司的大量增置,是因为海外贸易范围的不断扩大和贸易品种的不断增加。宋、元政府的热切参与,刺激并确保了10到14世纪中国海上贸易的扩大与繁荣。在他们的推动下,贸易的区域极大地扩展了。瓷器为我国最先发明,作为日常生活用品,它以一种新型商品出现于世界,使亚洲不少国家前来我国的人感到惊奇,他们把这些极其珍贵的宝物带回到各自的国家,扩大了瓷器的影响与市场。当时的文献,如南宋赵汝适于1225年写就的《诸番志》记录了58个国家或地区,其中15个与宋朝进行了陶瓷贸易。到了元朝,汪大渊《岛夷志略》记录的国家和地区增加到99个,其中44个国家进口元代的陶瓷器。

随着宋元鼓励海外贸易系列政策的实施,沿海港口城市对外贸产品的需求量大增。瓷器是我国传统的大宗外贸商品,江西又是东南沿海腹地生产瓷器的主要产区,为了适应瓷器外运的需要,宋元时期江西的地方官府加大了对外商道的疏浚与整治。

首先,北宋初期在赣江沿线增设南康军、临江军、南安军三个州级行政区,强化了北、中、南三个关键航道的统治与管理,对改善这些地区的治安环境有作用。

其次,对赣江航道最艰险的"十八滩"(赣县至万安县的190公里滩石)进行了整治。嘉祐年间(1056—1063),虔州知州赵抃征调民匠,"凿赣梗阻,以通舟道"①,使舟船至此,更觉安全。

第三,嘉祐八年(1063),江西提刑蔡梃、广东转运使蔡抗两兄弟携手共事,"商度工用,陶土为甓,各甃其境",使大庾岭两面均"成车马之途"。他们又"课民植松夹道,以休行者"②,减轻过往商客的劳累。大庾岭是赣江和北江的分水岭,联系着长江、珠江两大水系,所以岭路的拓宽展平,直接加强了两大水系的社会交流,带来北宋"漕引江淮,利尽南海"的统治效益。同时,这条古道的拓修,使赣南成为"五岭之要会","闽粤之咽喉"。

第四,鄱阳湖航道北端的星子县境内,水面窄而风浪大,航船经由此处,必借避风港停泊。元祐年间(1086—1094),南康军知军吴审礼以军治滨湖,风涛险恶,舟船无停泊之所,遂在县南一里左右的湖滨水域,"构木为障",初步构筑起一个稍可防御风浪的港区。崇宁中(1102—1106),知军孙乔年改木栅为石堤,长150丈,"内浚二澳,可容千艘"③,提高了避风港抗御风浪的能力与港区容量,改善了进出鄱阳湖的航行环境。

第五,鄱阳湖航道体系中的其他大河也有整治。例如,抚河中游,至南城以后称盱江,多穿行在丘陵山谷地区,沿途滩石碍航处甚多,元祐六年(1091),江西转运使张商英调民"凿盱水以通运道"④,提高了抚河的通航能力。

第六,江西通往浙江、福建的道路,在唐末以后也逐渐打通。《能改斋漫录》卷十四《记文·

---

① 《宋史》卷三一六《赵抃传》。
② 《宋史》卷三二八《蔡抗传》。
③ 同治《星子县志》卷三。
④ 光绪《江西通志》卷六三《水利》。

高丽至豫章先状》记载,北宋崇宁年间,高丽人从明州海道到京都入贡,"偶乘风,自江路至豫章。其先状云:'泛槎驭以寻河,远朝天阙;望桃源而迷路,误入仙乡。'"①说明北宋时期随着明州司舶司的设置,江西洪州(南昌)通往浙江明州(宁波)的水路已经非常通畅,搞得高丽人一不小心就从明州误跑到洪州来了。另有文献资料记载,唐末乾符五年,黄巢起义军转战到浙东,"执观察使崔缪,于是高骈遣将张潾、梁缵攻城,破之。收众逾江西,破虔、吉、饶、信等州,因刊山开道七百里,直趋建州"②,打通了赣州、信州通往建州的道路。

对外商道的疏浚与整治,为包括瓷器在内的江西大宗商品的大规模外销赢利创造了条件,因此,宋元时期的江西古窑址烧造规模都比较大,呈现专业化、规模化的集团式发展模式。

三、造船技术的进步与商业贸易的繁荣

随着商道的疏浚与拓展,为适应航运业的兴旺,江西的造船业也等到了进一步的发展。北宋时期,洪、吉、虔、江诸州,都设有官办造船场。每场派遣监官2人,分拨兵卒200人从事劳作,专责制造运输船只。天禧末年(1021),江南及西北诸州共造漕船2916艘,其中虔州605艘,吉州525艘,合计1130艘,占总数38.8%,居诸路第一位。造船数量多,与需要运输的货物多、造船能力强成正比。北宋仁宗时期,"三司相度,省司勘会"的结论是:"逐年搬运斛斗、钱、帛、杂物,全藉虔、洪州打造舟船应付。"③江西的造船业,因航运的大格局稳定而终宋代未衰。

江西位于四通八达的要冲,随着对外航道的畅通,为商业贸易的发展提供了各方面的有利条件,于是来商纳贾,舟楫连樯,交易繁盛。虽然有三百里赣石险滩,与黄河三门峡、长江三峡并称惊险,但是阻隔不住南来北往的客商。一批批的舟船在虔州蚁聚待水,时运好的遇上"清涨",飘忽而过赣石。逆水上行时雇请万安篙师,曲折航行,也能抵达虔州城。鄱阳湖的风涛,有时令人惊恐,让客商滞留吴城,在望湖亭上候风观景,此亭遂与滕王阁齐名;或在鄱阳湖北端的老爷庙祭神,在星子港避浪,期待顺风扬帆,安全航行。

江西商人经营本地出产的名优产品,又以较高的儒学文化修养,讲究诚信仁义,在商场中赢得声誉。洪迈《容斋随笔》卷七《洛中旴江八贤》记载:在北宋时期,建昌军南城县有个瓷器商人曾叔卿,长年采购瓷器"转易于北方",获取利润。有一次,他准备了一批瓷器,却没有运销,遂有资本较少的转手商人"从之并售者",此人向曾叔卿买到这批瓷器,筹划运去北方出卖。他坦白地告诉叔卿:"欲效公前谋耳。"他心想,你不去做这笔生意,我却是要去的,江西瓷器在北方的销路一向很好,若能将这批瓷器运去,定会赚钱。但是,为什么曾叔卿准备好了

---

① 参见陈文华、陈荣华主编:《江西通史》,江西人民出版社1999年版,第364页。
② 《新唐书·黄巢传》。
③ 《宋会要辑稿·货食》五十之二。

货却又不去卖呢?他诚实地向来人说:"吾缘北方新有灾荒,是故不以行。"不仅如此,叔卿还表示,现在我告诉了你真相,也不能让你受损。于是退还货款,不卖给此人。

此外,宋代人们的商业观念也随着社会的发展而发生了变化。北宋熙宁年间,宰相韩琦指出:"商者,能为国致财者。"①商人的社会地位不断提高,当时的社会已是"商农相因以为生者也,商不通则物不售,物不售则贱,贱则伤农"②。在这种社会风气下,江西的商业氛围也很浓厚,最明显的表现就是江西生产的陶瓷、铜镜等商品都开始打上了自己的作坊字号,有了商标和广告宣传意识。如北宋时期景德镇湖田窑青白瓷碗类上比较流行一种戳印带花边的文字图案。图案大致可以分为花环形和灯笼形两种,以绣球状花环为多,且最具地方特色。花环图案中心戳印的文字有两类:一类为"詹""宋""吉""占""黄""奉"(疑为"秦"之误笔)"李明"等姓氏、姓名;另一类为"酒"等用途名。这类印戳是经过精心设计后制作出来的,戳印在碗上是一种批量生产。这类用图案装饰作坊主姓氏的印戳,明显具有商标和广告的意义。它们反映了当时名窑林立,各窑口之间为了争夺市场,出现了激烈的商品竞争。同一时期湖田窑生产的粉盒在盒底也模印"段家合子记""许家合子记"等十多家作坊牌号,在生产的注子(执壶)的柄上模印"李十哥削瓶""李十哥男小四削瓶"等作坊牌号,一方面反映了当时湖田窑至少有近二十家的作坊在生产瓷器,而且形成了一些分工,有的以生产碗著名,有的则以生产合子或生产注子著名,印证了《陶记》"景德陶,昔三百座"所记不虚;另一方面也反映了当时湖田窑的制瓷水平很高,产品很有市场竞争力,树立起了一批自己的品牌产品,而且有意识地保护和宣传自己的商标产品。③

四、蒙古帝国的建立与中西交通的大发展

蒙古是一个历史悠久的民族,其名称始见于唐代,当时是室韦诸部之一,称为蒙兀室韦。1206年,蒙古贵族在斡难河源召开大会,奉铁木真为大汗,尊称成吉思汗,建立了大蒙古国。成吉思汗建国后,积极向外扩张。1218年蒙古灭西辽,与花剌子模统治下的中亚地区直接接壤。1219年,成吉思汗率大军进行第一次西征,战胜了花剌子模,征服了辽阔的中亚地区及波斯东部呼罗珊地区,并初次战胜了俄罗斯诸侯联军,为横跨欧、亚的蒙古帝国的建立奠定了基础。1229年,继承汗位的窝阔台派大将绰儿马罕率军西征,消灭了在波斯西部复国的花剌子模,征服和招降了波斯大部分地区。1235年,窝阔台派拔都、速不台率军进行第二次西征,征服了钦察、俄罗斯地区,建立了钦察汗国。1252年,蒙古进行了第三次西征,消灭了伊

---

① 《续资治通鉴长编》卷二六四。
② 同上,卷四九〇。
③ 肖发标、冯菊莉:《景德镇湖田窑宋代青白瓷碗上刻印文字研究》,《古陶瓷科学技术 2002 年国际讨论会论文集》,上海科学技术文献出版社 2002 年版。

斯兰亦思马因教派在波斯北部建立的木剌夷国。1258年,攻陷巴格达,阿拔斯王朝灭亡。蒙古在征服的西亚地区建立了伊利汗国,其疆域东起阿姆河,西至小亚细亚,南至波斯湾,北与钦察汗国相邻。在中国,蒙古于1227年灭西夏,1234年灭金,1279年灭南宋,统一了全国,结束了自唐末藩镇割据以来,中国南北对峙、五六个民族政权长期并存的分裂局面。至此,欧亚大陆绝大多数地区都处于蒙古控制之下。

蒙古对西亚的征服,伊利汗国的建立,使中国和西亚的联系比历史上任何时候都更加紧密。而且,元朝与伊利汗国的统治者都是拖雷的后裔,血缘关系最近,因此双方的联系远较其他汗国密切。伊利汗国境内的阿拉伯人、波斯人在元朝做官、经商、行医和从事手工业生产的非常多,中国官员、文人、工匠留居伊利汗国的也很多,双方往来如同一家,经济、文化交流频繁。元时,从西亚、中亚等地迁入中国的"木速蛮"(元代对伊斯兰教徒的称呼)工匠,被编入了元朝政府或诸王贵族所属的工局,从事纺织、建筑、武器及金玉、瓷器器皿制造、酿酒等行业。

蒙古帝国的建立与中西交通的大发展,对江西古陶瓷文化线路的影响也非常巨大。首先它改变了江西甚至全国瓷器产品的风格,其次是改变了中国甚至世界瓷器生产的格局。

由于蒙古国俗尚白,元王朝就在当时白瓷烧造质量最高的瓷窑——景德镇窑设立了全国唯一的制瓷官手工业机构——浮梁磁局,为其生产卵白釉瓷器。后来,为满足其亲密兄弟伊利汗国的需要,又从西亚、中亚调入工匠,生产出了元青花瓷器。元青花瓷器的器型多大盘和水壶,就与伊斯兰教徒共同饮食、时兴"抓饭"以及每天要向真主安拉礼拜5次,礼拜前小净要洗手、脸、脚,大净要洗全身,每天必须佩戴水壶有关。在出土的大盘和水壶上,多写有与伊斯兰教有关的波斯文、阿拉伯文。内容有的是颂扬真主安拉和先知穆罕默德;有的是《古兰经》语录和圣训格言,如"真主可使伊斯兰教徒万事如意"、"谁行善,谁作恶,真主都能看到,善恶有报"等。

元青花瓷质细洁而色白,采用波斯进口钴料的釉下蓝色彩绘幽菁可爱,图案装饰雅俗共赏。由于彩色在釉下,有不易褪脱的优点,而工艺过程又相对的简化,便于降低成本大量生产。元代景德镇白地蓝花的青花瓷烧制成熟后,从14世纪二三十年代到15世纪前期,大约仅仅经过70年左右,景德镇的青花瓷器就占据了中国瓷器生产的主流,景德镇也由此成为中国的瓷都。可以说,没有青花瓷的创烧成功就没有"瓷都"景德镇。青花瓷的出现还逐渐改变了唐代南青北白、宋代百花争艳的制瓷格局;结束了以往主要靠刻、印花为装饰手段的青、白、黑三色为主的单色釉瓷的时代,从此,我国陶瓷生产进入了一个以生产釉下和釉上彩绘瓷为主流的五彩缤纷的新时代。

五、元王朝在景德镇设立浮梁磁局与御土窑

元朝政府在统一中国的前夕——至元十五年(1278),在景德镇设置浮梁瓷局。"浮梁瓷

局,秩正九品,至元十五年立。掌烧造磁器,并漆造马尾棕藤笠帽等事。大使、副使各一员。"①这是元朝政府在地方上唯一设置"掌烧造"官府用瓷的机构。元朝政府选择景德镇设置浮梁瓷局,乃是因为盛极一时的汝、定、官、钧、吉州和龙泉等宋代名窑,在蒙古统治者征服金和南宋的战争中遭受致命性摧残。景德镇窑场由于地处偏僻,在这场旷日持久的战乱中不仅没有受到战祸的侵扰,而且成为收纳各地名工巧匠和廉价劳动力的天然场所。②

管领"浮梁磁局"的中央将作院置院使(1294)前,由江西行枢密院指令县丞兼税课局军民人提举,行大使权,计历16年;元贞年浮梁县升州后,又有储政院指派中央杂造局典史行大使权力,历有19年;泰定年起,改由饶州路总管监陶,历经7年;自至顺年起,始由将作院正式接管,委派承务郎以上官品,专任"督陶官",行大使职权,一直到造反军徐寿辉部将于光占守浮梁(1356),浮梁磁局迁安徽歙县止,经历26年。浮梁磁局在浮梁景德镇共存在78年。③

元王朝不但在景德镇设立"掌烧造磁器"的浮梁磁局,还设有专门烧造贡瓷的"御土窑"。元朝学者孔齐《至正直记》有两处谈到元代的御土窑。该书卷二"饶州御土"条下:"饶州御土,其色白如粉垩,每岁差官监造,以贡,谓之御土窑。烧罢即封,土不敢私也。"该书卷四"窑器不足珍"条下:"在家时,表兄沈子成自余干州归,携至旧御土窑径尺肉碟二个,云是三十年前所造者,其质与色绝类定窑之中等者……至正癸卯冬记。"这两则材料至少说明了以下事实:(1)元代御土窑在顺帝元统元年(1333)就已经烧造瓷器了。因为按《至正直记》第二则材料所记,孔齐在"至正癸卯"年(1363)所见到的"径尺肉碟",是30年前御土窑烧造的,由"至正癸卯"年上推30年即为元统元年(1333)。(2)御土窑烧造一种器质和釉色类似宋代定窑器的径尺肉碟。(3)元代御土窑是用"色白如粉垩"的瓷石制胎,这种制瓷原料为御土窑所专用,为政府垄断。(4)元代御土窑不是长年进行生产,而是每年开窑烧造一次,御土窑的督陶官由中央政府委派。据记载,泰定二年(1325)二月,饶州路总管段廷珪奉旨到御土窑督烧御用瓷。④至顺二年(1331)二月,官居"镇江等处稻田提举"的堵闾也奉命督陶御土窑。⑤

元王朝将"掌烧造磁器"的浮梁磁局与御土窑设在景德镇,表明了景德镇陶瓷生产的质量与规模已经引起官方的重视,进而加强对景德镇陶瓷生产的管理。这一机构的设置,也从政府的层面认同了景德镇陶瓷生产的高超技术,并进一步通过垄断"御土"来推动景德镇陶瓷生产水平的提高。

---

① 《元史》卷八八《百官志》(四)。
② 熊寥:《元代官窑艺术》,《河北陶瓷》1993年第4期。
③ 刘鉴唐:《景德镇不是官控元瓷烧造地》,《人民日报》海外版2009年8月28日。
④ 元涂济亨:《浮梁县志·序》。涂济亨,元朝泰定年间,任浮梁县知县。
⑤ 元《至顺镇江志》卷十九。

六、茶业经济发展的刺激

江西茶业从唐代发展而来,到北宋时产地已遍及全境,产量高居诸路之首,成品茶的质量优良,市场效益很好,对群众生活和官府财政都关系巨大。

自唐以降,茶叶成为人们必不可少的日常生活用品。王安石曾说:"夫茶之为民用,等于米盐,不可一日以无也。"① 著名的农学家王桢也指出:"上而王公贵人之所尚,下而小夫贱隶之所不可阙,诚生民日用之所资,国家课利之一助也。"② 茶叶,对北宋朝廷在很大的意义上是战略物资,所以官府绝对垄断着茶叶的销售。其政策办法是:川峡、广南两地允许民间买卖,但"禁其出境";其余各地全部禁止,通由官府买卖。当时江南的茶叶产量占全国的 34.09%,岁课占 44.53%。江南的 15 个产茶州军为宣、歙、江、池、饶、信、洪、抚、筠、袁州、广德、兴国、临江、建昌、南康军,其中除宣、歙、池、广德、兴国 5 州军外,均属江西地区。所以,产地之中江西占 2/3,则岁课按平均数折算,江西产地能得 684.66 万余斤,超过两浙、荆湖、福建三地的总和,约合东南诸路总岁课的 30%。

吉州窑的主要产品是茶盏,早在唐末五代,"饭后三碗茶"已成为吉州禅寺的"和尚家风"。茶对禅僧而言既有养生之功,又是得悟途径,茶与禅的关系已达到"禅茶一味"的境界。③ 刘新园先生有过如此描述:"吉州窑工匠把一片枯死的桑叶放置在坯碗之上送入窑室,这脆弱的桑叶不仅没有灰飞烟灭,相反它那美丽的形体、清晰的叶脉,竟然永恒地完整无缺地保留在漆黑的茶盏上,就像圆寂高僧经过茶毗后出现的五光十色的舍利子一样。"④ 青原山禅宗七祖行思道场遗址出土的贴有蔷卜图案的茶盏,以及奉新百丈山怀海道场出土的书写"众寮"款的吉州瓷,就有力地证实了禅文化对吉州窑瓷器产生的影响。

因此,茶业经济的大发展与禅茶的流行,极大地刺激了与其相关的产业——陶瓷茶器的生产。无论是景德镇窑与南丰白舍窑的青白瓷,还是吉州永和窑与赣州七里镇窑的黑釉瓷,茶盏、茶壶等品茶器具的生产都在其中占有很大的分量。

第二节 宋元时期江西制瓷业的成就

江西古陶瓷文化线路既是一条商贸之路,也是一条陶瓷技术的传承发展之路。宋元时期,江西的古陶瓷之所以能走出江西,销往全国甚至世界,与宋元时期江西的制瓷业水平在

---

① 《临川先生文集》卷七十《议茶法》。
② 《农书》卷九《茶》。
③ 深圳博物馆等:《禅风与儒韵——宋元时代的吉州窑瓷器》,文物出版社 2012 年版。
④ 深圳博物馆等:《禅风与儒韵——宋元时代的吉州窑瓷器》"致辞",文物出版社 2012 年版。

全国甚至世界处于领先地位密切相关。这一时期，继承汉唐时期的制瓷传统，不断创新，开发出适销对路的新产品，在制瓷史上创造了一个又一个新奇迹。

一、景德镇窑的制瓷成就

从晚唐五代开始起步的景德镇制瓷业，进入宋元以后，由于其特殊的区位优势与稀有的高岭土资源，在宋元时期创造了一个又一个制瓷神话，为其在明清最终奠定世界瓷都的地位打下了坚实的基础。

1.从"南青北白"到青白瓷独占鳌头。

众所周知，唐代瓷业是"南青北白"的格局。但进入宋代以后，制瓷格局发生了变化。最大的变化是名窑林立，新品迭出，呈现出一派百花争艳的喜人局面。另一变化就是江西景德镇窑异军突起，这里生产的青白瓷兼收并蓄了青瓷与白瓷的优点，生产出亦青亦白的青白瓷，既满足了南方人对传统青瓷的喜爱，又满足了北方南迁移民对白瓷的怀念，因此，青白瓷从它诞生的那一刻起，就受到了全国不分南北广大民众的喜爱，成为宋代产量最大、销售最广的瓷器品种。青白瓷窑系也就从宋代六大窑系中脱颖而出，独占鳌头。

近几十年来，在江南地区发现了不少专烧与兼烧青白瓷的宋代瓷窑。据初步统计，在全国9个省市的45个县市发现了宋代青白瓷窑址。江西除景德镇外，还有南丰白舍窑、赣州七里镇窑、吉州窑、金溪的里窑、萍乡的南坑、宁都的黄陂、靖安的丫髻山、奉新的窑场里以及乐平、横峰、南城、婺源窑等都生产过青白瓷。安徽、福建、广东、广西、河南、湖北、湖南、四川等省也有青白瓷窑场。

青白瓷的釉料调制是非常讲究的，如果釉果的比例高了，釉的流动性过大，会造成器物上下釉色差别很大，往往是上半截因釉太薄而显露出胎色，而下半截则因釉太厚而凝聚成玻璃状。如果釉灰的比例高了，釉的流动性过小，又会造成不透明的淡青釉色，达不到不青不白、亦青亦白的效果。因此，虽然全国仿烧景德镇窑青白瓷的窑口众多，但终因不能精确掌握青白釉的调制比例而略逊一筹，难以与景德镇窑产品竞争。景德镇烧制的青白瓷，釉色清新淡雅，品类造型丰富，装饰手法多样，制瓷工艺先进，已发现的窑址规模庞大，遗物堆积丰富，是其他各地区生产青白瓷的窑场所无法比拟的，且南北各地的青白瓷窑场中绝大多数都是受景德镇的影响之后才开始烧造青白瓷的。因此，景德镇窑当之无愧地被陶瓷学界称为宋代青白瓷窑系的代表性窑场。

2.从上层瓷石的开采到高岭土的使用。

兴起于北宋的景德镇青白瓷是采用容易采掘、质地优异的上层瓷石制胎。但是上层瓷石总是有限的，像三宝蓬之类的风化型的矿床，当表层瓷石采完之后，中下层的瓷石由于铝氧含量低（仅13%~15%），钾钠氧化物含量较高（约6%~7%），烧结温度偏低，不能单独制胎。

蚀变型瓷石矿（如南港之类）的下层瓷石（铝氧含量约 15%~17%），质量也不及上层，虽能制胎，但由于南河地区地下水位高，开采艰难，成本必然高昂。在这种情况下，那些依附于农业的、曾以其原料就近为之优势而兴起的小窑，必因采掘条件的变化或原料的质量变劣而不能持续烧造。南宋蒋祈《陶记》谓："进坑石泥，制之精巧，湖坑、岭背、界田之所产已为次矣。"能够制造精巧瓷器的原料仅进坑一处！其他产地的瓷石的质量已非北宋可比了。

景德镇陶工面对南宋时代遭遇的严重原料危机，没有退缩，而是勇于探索，几经试验，终于找到了高岭土这种瓷器的骨骼。

高岭土，因这种能制瓷的土最早产于景德镇浮梁县高岭村而命名。高岭土以洁白、细腻而闻名于世。高岭土在陶瓷中的作用是引入 Al_2O_3，有利于莫来石的生成，提高其化学稳定性和烧结强度，在烧成中高岭土分解生成莫来石，形成坯体强度的主要框架，可防止制品的变形，使烧成温度变宽，还能使坯体具有一定的白度。同时，高岭土具有一定的可塑性、黏结性、悬浮性和结合能力，赋予瓷泥、瓷釉良好的成形性，使陶瓷泥坯有利于车坯及注浆，便于成形。

虽然瓷器的出现和高岭土的关系不甚明确，但是当铝氧含量较高、储量有限的上层瓷石被早期的陶工们用完之后，高岭土就成为制瓷业中生命攸关的原料了。正如殷宏绪在1712年的书简中所记述的那样：瓷石（白不子）是瓷器的肌肉，而高岭则是瓷器的骨骼。周仁先生在研究清初瓷器的化学成分之后也说："由于大量使用高岭，瓷石在胎中主要是起熔剂作

浮梁县高岭山尾砂堆积

用。"将高岭土引进到制瓷原料中，不但解了南宋景德镇窑遇到的原料危机，而且成为景德镇元代以后窑业兴旺的关键性标志。[①]元代以后，景德镇的陶工广泛使用瓷石加高岭土的"二元配方"制胎法，在制备瓷胎时于瓷石中加入高岭土。高岭土的应用是元代景德镇制瓷业生产力高度发展的标志，保证了景德镇瓷器以质优价廉的优势，一举占领了全国的瓷业市场，并成为全国的制瓷中心。

民国许之衡所著《饮流斋说瓷》评论："瓷质之贵，在于瓷泥。瓷泥也者，以地质学语释之，乃一种富于黏性之冲积土也。大抵由山水冲激，积而成砂；砂复滤细，则成为泥。是种土砂，非随处所恒有。复分各色，有紫、有黄、有褐、有白，而以白为最贵。紫也、黄也、褐也，均无法使之白。而白之一种，千百年来独尊景德镇之所制焉。"因此，元、明、清三代，全国瓷器独尊景德镇，与景德镇最早发现并使用高岭土这种优质制瓷原料密切相关。

3.元代景德镇窑生产的青花瓷、釉里红瓷和红釉、蓝釉等高温颜色釉瓷以及孔雀绿等低温颜色釉瓷，极大地拓展了彩瓷的发展空间，改变了人们对西晋以来早期彩瓷的不良印象，开创了中国彩瓷的新时代。从此，唐代以来的"南青北白"的制瓷格局被打破，以青花瓷为代表的彩绘瓷成为我国瓷业生产的主流。

（1）青花瓷：是指一种在瓷胎上用钴料着色，然后施透明釉，在1300℃左右高温下一次烧成的釉下彩瓷器。釉下钴料在高温烧成后，呈现出蓝色，习惯上称为"青花"。

人们对于元青花的认识，有一个过程。1929年，英国人霍布逊（R.T.Hobson）在一本名为《老家具》（old furniture）的杂志上发表了一篇《明代以前的青花瓷器》的文章。在文中，他首次向世人公布了大维德基金会收藏的一对青花云龙象耳瓶，但当时并没有引起世人的关注。20世纪50年代初，美国学者波普（John Alexander Pope）博士根据这对"至正型"标准器，对照伊朗德黑兰考古博物馆和土耳其伊斯坦布尔托布卡普宫博物馆所藏具有类似风格的青花瓷器进行对比研究，辨认出一批元青花瓷器，并且出版了两本专著（《十四世纪青花瓷器：伊斯坦布尔托布卡普宫博物馆所藏一组中国瓷器》和《阿德比尔寺所藏中国瓷器》），把与至正十一年（1351）象耳瓶相似风格的青花瓷器都划为"十四世纪青花瓷器"。波普的研究引起很大的轰动，使世人对元青花的研究开始走向深入。

这对青花云龙象耳瓶，现藏英国大维德基金会。瓶高63.6厘米，瓶身纹饰自上而下依次分为八层：缠枝菊、蕉叶、飞凤、海水云龙、波涛、缠枝牡丹、杂宝、变形莲瓣。全器釉色晶莹，色彩鲜艳。颈部自右至左，用青料直书题记5行62字："信州路玉山县顺成乡德教里 荆塘社奉圣弟子张文进（另一件作张文身）喜舍 香炉花瓶一副祈保合家清吉子女 平安 至正十一年四月良辰谨记 星源祖殿胡净一元帅打供"，至正十一年为公元1351年，已是元代的晚期。

[①] 刘新园、白焜：《高岭土史考》，《中国陶瓷》1982年第7期。

元青花云龙象耳瓶及瓶上题记

  到目前为止,国内外各大博物馆收藏完整的元青花瓷,数量仍然非常有限。经初步统计,国外有200多件,其中波普博士去过的托布卡普宫博物馆有40件,德黑兰考古博物院有37件,名列全世界头两位。国内收藏的元青花没有国外多,完整器有100多件,数量较多的是几批大的窖藏器,如江西高安窖藏、河北保定窖藏、北京旧鼓楼窖藏等。传世品只占一小部分。主要为故宫博物院、上海博物馆以及香港一些私人收藏家所藏,其中出土采集品占80%以上。物以稀为贵,元青花存世完整器这么少,在今天的艺术品市场上自然价格不菲。一件比较典型的大件元青花瓷器拍卖市场上底价一般都在百万元以上。2003年9月16日,在美国纽约的一个拍卖会上,一件元青花龙纹扁瓶以583.15万美元的高价成交,创造中国瓷器公开交易的新纪录,将世人的目光聚焦在元青花这一世界级珍品上。2005年7月12日伦敦佳士德以1400万英镑拍出元青花鬼谷子下山图罐,加佣金后为1568.8万英镑,折合人民币约2.3亿元,再次创造了中国艺术品在世界拍卖市场成交的最高纪录。

  (2)釉里红瓷:釉里红瓷的烧成,是元代官窑的一大发明。釉里红呈色烧成工艺难度大。首先铜红料的浓度必须控制在釉中浓度为千分之几,而且用其制备颜料时要研磨到十分细,否则难以形成艳丽的红色。其次,烧成温度和气氛对釉里红的显色也有很大影响,温度过高铜全部褪色，温度过低则釉面发朦，红彩不能显现出亮红色。再次，烧成气氛一定要控制还原焰，氧化气氛或还原不足，易使彩色发暗或发乌。另外为了避免铜的褪色，烧成中高温阶段不宜经时过长，故烧成时的窑位选择也极有关系。元代官窑烧造的釉里红，虽然处于草创阶段，但是依然制作了不少名贵的釉里红器。如江西高安元代窖藏出土的釉里红开光花鸟纹罐①，器颈饰弦纹三道，器肩绘变体覆莲纹一周，上下各间以双钩线纹一道，器腹主体纹为菱花形开光四块，开光内分别画鹤穿菊纹、孔雀牡丹纹，开光间上下对称画饰呈三角形灵芝云纹，器腹下部饰弦纹四道成一组，近底足部绕弦纹四道成另一组。整个画面造型准确，构图匀称，描绘细腻、生动，但釉里红呈暗红色，纹样周围晕散痕迹倒呈较艳丽的红色。

元代釉里红开光花鸟纹罐

（3）高温红、蓝色釉瓷：铜在高温还原气氛中能呈现红色。以铜红料作为彩绘料，在釉下施彩即成釉里红。若以铜红料掺入釉内作为呈色剂，即能烧成高温铜红釉。红色在中国传统社会中是一种非常吉祥的颜色，素有"中国红"之称，所以陶工们长期以来就有生产红色瓷器的追求。目前已发现湖南长沙窑有通体高温红釉的制品。宋代钧窑则使红釉的烧造达到一个新的境界。但他们的胎釉制备都远逊于元末明初景德镇的制品。如1979年江西丰城发现的两件红釉老年男俑。这两件瓷器都出土于景德镇凌氏"后至元戊寅"（1338）的纪年墓中。这两件红釉瓷俑的制作是在青白釉上加涂铜红釉。俑的鞋帽为褐釉，袍为红釉，面部袖口及双手捧圭为青白釉。两俑均为实心模制。由于此时的红釉器，在景德镇尚处初创阶段，红釉呈色不鲜艳，因红釉是涂抹在青白釉之上，加于高温共熔和窑室气氛因素及青白釉中铁的作用，故釉呈赭色。

瓷釉的蓝色，是钴料的发色造成的。我国春秋战国时代的陶胎琉璃珠及唐三彩陶

元代蓝釉金彩匜

---

① 刘裕黑等：《江西高安发现元青花、釉里红等瓷器》，《文物》1982年第4期。

中的蓝釉器,都是钴蓝的制品,但都属低温烧成。在瓷器上的高温钴蓝釉,则是元代景德镇的创制。河北省保定市发现的蓝釉金彩匜及蓝釉金彩酒杯和蓝釉金彩盘,呈宝石蓝色,十分纯正,代表了元代景德镇高温蓝釉的烧造水平。

4.从支钉、垫饼支烧到芒口覆烧,烧造技术不断创新。

景德镇窑烧造的瓷器,顺应制瓷原料与新产品的变化,经历了从北宋早期的泥团支钉叠烧法到北宋中期的泥团垫饼支烧法,再到北宋后期多级垫钵覆烧法、南宋中后期的芒口覆烧法、元代的涩圈叠烧法与石英支烧法等多种垫烧技术的变化过程。每一种变化都是窑工积极探索、不断创新的结果,让景德镇的制瓷业总能克服遇到的困难,化解生存危机,并保持其在全国制瓷业中的领头地位。

北宋早期青白瓷器形继承晚唐五代风格,器足浅矮宽大,器身低矮。与这种产品风格匹配的装烧方式采用匣钵套装,但仍沿用五代时的泥团支钉垫烧法,不过支钉数量大为减少,只有3~7个支钉,注壶则是在温碗中以支钉相隔一起烧成。

元代红釉老年男俑

北宋中期青白瓷的烧造技术完全成熟,釉色纯正,釉层色泽如玉,晶莹润澈,青白瓷的造型大多高大饱满,在装烧方式上扬弃支钉支烧法,采用泥团垫饼支烧法,单件装烧。由于垫饼放在圈足内支撑器身,一般器底都较厚。这一时期的青白瓷胎骨大多显得厚重,碗盘类圈足比较高,造成这一现象的原因,应与此时青白瓷的制作和烧造技术尚处于初创阶段有关。由于改用龙窑装烧,窑温可以迅速上升,也可以迅速降温,青白瓷釉的流动性增大,瓷胎也容易因超温而软塌,在没有非常熟练地掌握好胎、釉的烧成温度的技术条件限制下,窑工为了提高烧成率,只有加厚胎骨以防软塌,加高圈足以防流釉黏足。

南宋后期的青白瓷窑业堆积中匣钵的数量大为减少,80%以上的都是芒口碗盘和断面呈L形的白色瓷质的弧形条状物与大而厚的饼状物。这种采用"支圈覆烧法"的烧制技术与北宋中后期用多级垫钵覆烧法的烧制技术有所不同。采用"支圈覆烧法"可以不依赖匣钵,就能装烧同一规格的产品,如果把它和匣钵仰烧法相比较,能增加装烧密度(竖向)四倍以上,并有减少变形、节约燃料和耐火材料等优点。景德镇窑场在此时使用"支圈覆烧法"来烧造青白瓷,较好地解决了降低器物变形率和提高窑炉装烧量以减轻窑税负担、适应南宋景德镇使用下层软质瓷石容易变形这么两个现实性难题,为渡过窑业危机创造了条件。

5.从"半刀泥"刻花到模印印花,再到釉下画花,装饰技术不断进步。

顺应制瓷原料与烧造技术的变化,景德镇窑青白瓷的装饰技术也在不断进步。从北宋中后期的"半刀泥"刻花到南宋中后期的模印印花技术的转变,就是因为南宋中后期景德镇窑面临原料危机与窑税加重的困境,在器身变薄以增加产品数量的情况下,被迫选用的装饰技术。

半刀泥是一种刻花技法名称。景德镇称一边深一边浅的刻花技法为半刀泥。它是用铁质的小刻刀在干燥的坯体上刻画成一面深、一面浅的凹面与线组成的花纹,再施釉,经高温一次烧成的陶瓷装饰品种,瓷质洁白如玉、釉面莹润、刻花纹样流畅生动,精巧细腻,给人一种神奇悦目的美感。

半刀泥这种刻花装饰技法只适用于北宋景德镇窑仰烧的厚胎类碗盘等器皿。进入南宋中后期,随着景德镇优质而又便于开采的制瓷原料——上层瓷石的枯竭,景德镇遭遇了制瓷原料成本上升与政府税务加重的双重危机。为了摆脱困境,景德镇窑工开始生产一种器形坯体很薄的青白瓷。这种薄瓷无法拉坯成型,只能模印成型。由于坯体薄,也很难再在坯体上刻花。于是,景德镇窑借鉴北方定窑的印花技术,开始使用模印印花技术来装饰瓷器,既简便又美观,不但帮助摆脱了困境,而且又给人耳目一新的感觉。

元代由于游牧民族——蒙古族入主中原,又开辟了横跨欧亚的交通路线,东西方之间、各民族之间的文化交流和融合日益密切,中东伊斯兰教、藏传佛教的影响加深,使得景德镇元代瓷器的造型发生了深刻的变化,新的器形层出不穷,出现了大量异域外民族的花纹、图案。装饰手法也发生了巨大的变化。元以前中国瓷器的装饰手法主要是用泥刀来刻画、镂雕和堆塑,而元以后中国瓷器的装饰手法主要是用画笔来描绘。绘画艺术与制瓷艺术结合得越来越紧密,色彩和图案日益成为判断瓷器装饰水平的因素。这种改变,不但丰富了陶瓷装饰艺术,而且使瓷器日益成为高雅的艺术品,从过去单纯的生活用品变为既实用美观的生活用品又可用于欣赏的艺术品。

6.从家庭手工工场到分工协作的专业化生产。

宋元时期的景德镇制瓷技术之所以能够迅速提高,还与其转变生产方式有关。一般认为,在宋代以前,中国广大乡村的手工业往往是家庭手工业,农忙时耕种,农闲时生产,而且整个生产工艺流程都在自家完成,尚处于副业的地位。宋代以后,随着商品经济的快速发展,加上人口的成倍增加,人口相对过剩,使一部分人从土地上解放出来,成为自由的劳动力,江西等江南地区开始出现雇佣工人,分布于各行各业之中。雇佣工人的出现,为生产流程较长的制瓷业出现分工协作的专业化生产提供了条件。史料记载南宋时期的景德镇"陶工、匣工、土工之有其局;利坯、车坯、釉坯之有其法;印花、画花、雕花之有其技,秩然规制,各不相紊"①。这种专业化、流水作业的生产经营模式,大大提高了瓷器的质量和工艺水平。

二、吉州窑的制瓷成就

吉州窑是宋元江南地区一座举世闻名的综合性瓷窑,它集南北各大民窑之大成,博采众窑之长。其器物在北宋时多仿定窑,南宋时受建州窑、龙泉窑的影响较大。其白地黑花釉下彩、绿釉及红绿彩等制品直接渊源于磁州窑的工艺,其印花装饰工艺及覆烧工艺继承了定窑的传统。吉州窑带有自身特点的代表产品是黑釉器。此外,还有青釉、白釉、青白釉和釉下彩绘瓷及琉璃器。装饰技法丰富、独特,以剪纸贴花及木叶贴花最具特色。吉州窑的瓷器也行销全国各地,在今陕西省博物馆中就珍藏有宋代吉州窑烧制的瓷器。据说,南宋时永和镇有五窑,而以舒公窑最佳。舒翁的女儿舒娇,尤善陶瓷工艺,是一位著名的女制瓷能手。所制玩具,栩栩如生,瓷色也好,"几与哥窑等价"②,吉州的碎器窑,名气也不小,"南宋时所烧造者……土粗坚、体厚、质重,亦具米色、粉青样。用滑石配釉,走纹如块碎,以低墨、土赭搽熏既成之器,然后揩净,遂隐含红黑纹痕,冰碎可观。亦有碎纹素地加青白花"③。据专家们研究判断,吉州窑的黑釉,在掌握氧化亚铁的结晶和硅酸的釉药变化以及火候、温度冷却时间等方面,都胜过建州窑。

吉州窑瓷器种类繁多,纹样装饰丰富多彩。按胎釉可分为黑釉、白地褐色彩绘、素胎、青釉、乳白和绿釉等类。在装饰技法上,吉州窑喜用洒釉、剪纸、贴花、剔花、印花、彩绘、划花和雕塑等,使产品变幻无穷,丰富多彩。在瓷器的实用性与艺术性的相结合上有自己独到的创新。宋元吉州窑以多变的釉色、丰富的装饰、优美的造型、独特的工艺和浓郁的乡土气息独树一帜,成为民窑的奇葩,在我国陶瓷发展史上占有十分重要的地位。

1.黑釉瓷:独创别具一格的装饰风格。

黑釉瓷是吉州窑一朵开放"异彩的山花"。黑釉瓷又称为"天目瓷"。它利用廉价的天然黑色涂料,通过独特的制作技巧,产生变化多端的釉面与纹样,达到清新雅致的效果。表现出民间的"实用艺术和朴素风格"。

吉州窑黑釉瓷的烧造,是从早期单色的黑釉装饰,发展到各种窑变色釉和色彩的装饰,

---

① 《江西通志》卷九十三《经政略·陶政》。
② [清]朱琰:《陶说》卷二《古窑考》。
③ [清]兰浦:《景德镇陶录》。

它的艺术成就集中体现在各种类别的茶盏器皿上。其中以剪纸贴花、木叶贴花、黑釉彩绘、兔毫纹、鹧鸪斑、玳瑁斑等形色最为突出,它们展示出黑釉瓷深沉古奥的艺术魅力。

(1)剪纸贴花。吉州窑黑釉瓷类中剪纸贴花装饰,基本上可归纳为两种类型,一种是单色黑釉的剪纸贴花,一种是窑变黑釉的剪纸贴花。单色黑釉剪纸贴花是把剪好了的图案直接贴于胎上后施一层黑釉,然后揭掉剪纸就得出釉色与胎色相对的图案。这种手法效果爽朗。早期吉州窑单色剪纸,以团花形式为主,图案完全是民间剪纸中的鞋花和帽花,作品简单,直接来自生活。常见有窗花形式中的梅朵、龙凤题材。这种类型的剪纸贴花装饰工艺直接简单,风格古朴淳厚,在瓶、炉、罐等器物上运用较多,当时有一定的生产量。

第二种类型是将剪纸图案进一步运用在黑釉窑变的丰富釉色之中,主要是茶盏的生产。绝大多数的剪纸花样,是将画面的空白处刻去,形成线线相连的效果。在这种黑釉窑变的剪纸贴花中,剪纸图案的原始面貌不是很强,它不像前一种剪纸装饰那样因图案面积大,釉色单纯而保留出剪纸团块特点和边缘线的力度。剪纸贴花盏的装饰,由于器物小,而且又是沿盏壁同时摆上三个或四个剪纸团花,因此剪纸图案的面积较小,一般在三厘米大小不等,又由于在烧造过程中两种釉的渗透使得图案的边缘线有一定的模糊,但美丽的窑变釉色千姿百态,它将剪纸图案衬托得雅致艳丽,又使得黑釉窑变中的剪纸贴花另有一种清新意趣。

剪纸题材主要有龙凤、鸳鸯、梅鹊、蝴蝶、

南宋吉州窑剪纸贴花盏

黑釉剪纸剔花梅瓶

南宋黑釉木叶贴花盏

鸾凤、梅、兰、竹、菊等，其中梅花与鸾凤是两种最常见的题材。

吉州窑剪纸贴花既注重剪纸本身的特点，又注意适用于陶瓷装饰工艺的要求，在形象描绘上，大多是平视的。避开复杂的透视关系，剪影手法中的形象直观明显，便于夸张造型和将复杂形象描写条理化。还有的剪纸装饰纹样黑白处理关系在简洁中求丰富，变化中求统一，疏密运用适当，对比豁亮爽利，线条的归纳梳理错落有致，玲珑而不紊乱，图案"透亮"的特点和民间窗花是一脉相承的。它体现了吉州窑陶工对陶瓷装饰工艺的谙熟和装饰意匠的别出心裁。

今天我们已无法知道为什么吉州窑陶工们将剪纸贴花这种形式运用于茶盏的生产，也无法得知吉州窑陶工是否有意以剪纸贴花的手法来营造茶戏的种种幻觉，从而使得茶汤丹青不致"须臾就散减"。然而吉州窑的剪纸贴花盏确实是能达到茶汤幻物象的最佳之饮具。也许正是当时的饮茶风尚的讲究，促使了吉州窑剪纸贴花天目盏的大量生产，并且成为投世人所好的卖点之一。

（2）木叶贴花。将天然树叶浸水腐存脉络后沾釉贴在器物上烧制而成，它是南宋茶盏中最具特色的作品，是吉州窑独创的一种陶瓷装饰工艺。其做法是以一片叶子贴在盏心、盏壁或盏口，有二叶三叶重叠的。木叶纹样以植物标本为主体，通过最简单的自然之美来表现审美情趣。有人认为吉州窑木叶纹瓷的产生与禅宗有一定关系，是受贝叶的启发而产生的装饰意象；也有人认为它的产生是秋叶飘落中的偶然一得。不论如何，一只紫黑光亮的盏底，浮出一片金色的叶子，这是多么深远幽雅的构思意境。

（3）黑釉彩绘瓷器。黑釉画彩是以彩绘形式来装饰黑釉器的一种。它是在纯黑色釉的器底上以一种米黄色的乳釉以画和洒两种手法营造出具象与抽象两类画面。吉州窑黑釉彩绘中画梅的题材最多，既有绘画性的逸气之感，也不乏工艺装饰中因器施艺的特性，大多数是在盏的内壁表现出圆形构图的丰富形式，或枝梅横直斜出，或朵梅含苞欲放。釉的挥洒，在把握画意和成器之中，体现出彩釉与黑釉相融的微妙变化，深沉中隐隐让人体会出"疏影横斜水清浅，暗香浮动月黄昏"的美感，表现出一种文人画的写意之风。吉州窑黑釉彩绘装饰品中，还有双凤、喜鹊登梅、兰草一类。画笔娴熟、端庄粗放，有动有静、笔简意深，富有含蓄隐晦的风味和浓厚的水墨画意境，开创了釉上彩绘的先河。

（4）兔毫纹。是窑变釉色中形如兔毛的一

黑釉彩绘折枝梅纹盏

种，它是在黑色釉面上渗透出尖细的棕黄色或铁锈色条纹，状如兔毫。兔毫纹沿盏壁往下垂流。兔毫的纹峰颇有序列，是很合规矩的，乍看上去似乎是相当整齐划一，像条状的多方连续图案，如果没有大体上的整齐划一，则人们也不会联想到兔毫。但在兔毫这种规矩、序列、统一之中，却又有一种形状和色调上的随意性，毫峰参差不齐，釉面在银紫色的统一中产生微妙变化，既是人工作用的结果，又不完全是人所能把握的现象。我们现在很难判定，宋代陶工们究竟是先有兔毫意念，在此意念驱动下有意创造兔毫的效果呢，还是某种条件下烧出了这种形状的纹样，故而取名，或者兼而有之。兔毫釉可以具象为兔毫，但决不仅仅是毛茸茸的兔毛就能包括的全部效果，兔毫釉在抽象中蕴藏形似，丝丝银针，似乎是猛然间立于江河畔，千万水流徐徐淌过，迎面射来，直冲着你，迸射刺目的感觉异常强烈。兔毫纹茶盏是宋代茶文化饮具中名贵的品种之一，为士大夫阶层所喜爱。宋人品茶、斗茶专尚兔毫盏。宋徽宗《大观茶论》就说："盏色以青黑为贵，兔毫为上。"

（5）鹧鸪斑。这也是一种窑变黑釉结晶斑。因较多的铁元素在釉里结晶，黑色釉面便呈现类似鹧鸪鸟胸前羽毛一样的带灰白色圆点花斑，宋代文献中称为鹧鸪斑。鹧鸪斑的美丽较之兔毫，不仅有形变化，而且产生更加丰富的色彩变化，如天际云彩而变幻无常，这种形式不完全被人控制，又不能不受人控制。鹧鸪斑盏也是最受宋人青睐的饮茶器具之一，多有诗文称赞。陈塞叔诗云："鹧鸪碗面云萦字，兔毫瓯心雪作泓。"僧惠洪："点茶三昧须饶汝，鹧鸪斑中吸春

兔毫盏

黑釉鹧鸪斑盏

吉州窑玳瑁斑瓶

露。"①当时烧造鹧鸪斑的只有吉州窑,而这种鹧鸪斑盏和兔毫盏是宋代两种最好的饮茶用具,兔毫盏吉州窑有,但以福建建窑为多,并且建窑兔毫盏有底刻"供御"和"进琖"者,这是专供宫廷的茶盏。而鹧鸪斑是吉州窑独有的产品,建窑遗址中不曾发现有这种标本。

(6)玳瑁斑。这是吉州窑黑釉窑变中较为美丽的品种,属窑变花釉的一种,为黑釉结晶斑。它是以黄黑两种色调交错混合的釉色仿玳瑁甲壳的色泽,花色变化无穷,但总不失玳瑁甲壳特有的色调。通常将花纹细碎点状,不成斑块者俗称为"玳皮釉"。吉州窑烧成的玳瑁斑,追求浑然天成的造化之态,再现自然的神韵风貌,可能不是陶工们的初衷,然而在得到了这些效果之后,他们又在创造中总结并掌握了这些规律而达到了得心应手、呼之即出的高超技艺。这已不仅仅是在生产日用器皿了,而且是匠心独运的艺术创作。

2.褐色彩绘瓷:吸纳民间绘画技法。

吉州窑的彩绘瓷是一种褐色的单色彩绘,这种单色彩绘通常被人们称之为"铁锈花"。铁锈花装饰是从传统粗瓷画彩中发展而来的。它的成熟期是在宋代,其中以北方民窑的产品为数最多,品种最丰富。吉州窑彩绘艺术的图案风格较之北方各窑产品,有秀丽典雅的特点。彩绘瓷的主要器型有罐、瓶、盆、炉、壶、枕、粉盒、器盖和玩具等。装饰纹样多种多样,凡民间传说、人物小品、蟠龙鸾凤、花鸟鱼虫、山峦波涛、吉祥文字等均可为题。这些表现题材反映了民间审美意识中朴实的情调,并有浓厚的乡土气息。如蛱蝶、双鱼、双鸭戏水(成双)、跃鹿(禄)、鹊(喜)、回纹(连续不断)等。与绘画相连的折枝梅、芦草、梅竹以及和图案有关的海涛、八卦、六边形和连弧纹等,均为民族文化民族欣赏习惯的反映。

彩绘跃鹿纹盖罐

画面构图多根据器物的不同造型需要而设计,往往主题突出,精美细致。1980年冬,窑门岭出土一件彩绘瓶,口沿虽稍残,但纹样精美生动。根据瓶器形,主题花纹安排在器腹两侧,腹部勾绘两对称之六连弧开光。主题纹饰为双鸭戏水,生动活泼,以外空间点缀池荷岛石,颈部绘以连绵不断的回纹、窗外绘以席纹作衬托。图案的设计意图显然是反映吉祥如意的主题。成双成对的寒鸭活跃于池塘中,使画面充满了动势感。整体设计围绕着"动"展开,但

---

① 《诚斋集》卷二十,《四部丛刊》影宋写本。

又不失其稳定性。陶瓷双鸭戏水继承了中国水墨画的写意手法。回纹、海涛纹的构图又有图案画的章法，两者结合得匀称和谐、自然完美。这种主题突出、构图精美、色彩柔和、画笔娴熟纤细的手法，形成了作品的清晰、含蓄、秀丽的地域特色和时代风格。

根据器形的不同特点，一般来说，瓶类颈部饰弦纹、回纹，腹部饰海涛或六、四连弧开窗，内多绘跃鹿、双鸭戏水图案，有的则绘芍药、飞碟、梅花，点缀以竹叶或缠枝花草，构图静中有动，有起伏节奏的变化，具有安定、和谐、新颖的美感。罐类器亦多饰连弧形光、跃鹿、海涛、花蝶、芦草和莲瓣纹。盘多绘双鱼戏水，疏朗、活泼、情景交融，使装饰艺术与器物的形制配合得十分协调。壶类器多饰花蝶、缠枝蔓草、梅花、芦草纹样。杯形器多饰弦纹、梅蝶纹。粉盒盖面多为弦纹、葵花、梅花、芦草、芦雁、莲瓣和乳钉纹样。瓷枕边沿多为宽带弦纹，内为三弧、八弧开窗，窗内绘以梅竹、松枝、海涛纹。有的为四边连续或六边"山"字形构图，也有彩书"情如流水恨无□□……"的诗句。鼎炉颈部多饰回纹，腹为连弧开窗，内绘梅竹、莲花、跃鹿、八卦、鸳鸯戏水，窗外衬托以莲瓣、四边或六边几何纹样，适应炉体造型特点的需要，使装饰和造型达到协调统一。

3. 素胎瓷塑：生动传神的瓷塑技艺。

吉州窑的素胎瓷塑技艺颇具盛名。史志中常见吉州窑舒氏父女"工为玩具"的记载。如明代曹昭《格古要论》道："吉州窑……宋时有五窑，舒公烧者最佳。"清代施闰章的《矩斋杂记》曰："宋时江西窑器出庐陵之永和市，有舒公为玩具，翁之女尤善，号曰舒娇。"又清代唐秉钧《文房肆考》中云："宋时江西窑器出吉安属庐陵县永和市……宋时有五窑，舒翁工为玩具，烧者最佳，翁之女号舒娇，尤善。"《景德镇陶录》卷七亦载："宋时吉州永和市窑……惟舒姓烧者颇佳，舒翁工为玩具。翁之女名舒娇，尤善陶，其炉瓮诸色与哥窑等价。花瓶大者值数金。"这些记载大都是转引自宋代庐陵人欧阳铁的著述。据《庐陵县志》引《青原杂记》云："欧阳铁杂著云：永和镇舒翁、舒娇，其器重仙佛，盛于乾道间，余见有元祐、崇宁者。"欧阳铁的记载是最早记载舒氏父女的文字，并说明了舒氏父女的生活时代。1980年在吉州窑遗址中的尹家山岭发掘出"舒家记"铭文瓷片，这一实物的出土证实了舒家窑是当时最负盛誉的五窑之一。

"舒家记"瓷枕底部

吉州窑的素胎瓷塑形象丰富，包括人像、牧童骑牛、鸡、鸭、猪、牛、虎、象棋、瓷珠等。其中牧童骑牛与韩国海域中国元代沉船中的景德镇窑牧童骑牛瓷塑极相近似。

第三节　宋元时期线路发展的特点

宋元时期,江西古陶瓷文化线路在汉唐的基础上,又有了较大的发展。根据《江西宋元窑址登记表》(附表二)所记录的江西宋元窑址分布概况与景德镇窑、吉州窑、赣州窑与白舍窑等大型窑口产品的销售市场,我们可以看到以下几个变化。

一、产区特点

宋元时期江西瓷器产地呈现出两个新特点。

一是大型窑场的数量增加较快。目前江西登记在册的宋元窑址有 94 处(附表二:《江西宋元窑址登记表》),窑址数量从总体上看好像比汉唐时期的 87 处没有增加多少,但实际上宋元窑址在分布面积上要比汉唐窑址大很多。汉唐时期的一个窑场,往往只有一到两个窑口,而宋元时期的一个窑场,则往往包括数十个甚至上百个窑口。如景德镇窑,南宋的蒋祈在《陶记》中更称:"景德陶,昔三百余座。"冯先铭先生在《我国宋元时期的青白瓷》一文中提及景德镇发现宋代窑址堆积就有 136 处[①],白舍窑、吉州窑、七里镇窑等大窑址,其分布面积也大多在几平方公里,包含数十个甚至上百个窑口。这表明宋元时期的江西制瓷窑场由于市场的扩大,生产走向了专业化、规模化的集团式发展的新模式。

吉州窑牧童骑牛瓷塑

---

① 冯先铭:《我国宋元时期的青白瓷》,《故宫博物院院刊》1979 年第 3 期。

二是由于宋元鼓励海外贸易政策的刺激，当时地处东南沿海的浙江、福建、广东三省的宋元制瓷窑场都得到了极大的发展。作为这三个沿海省份的腹地，江西凭借其在发展制瓷手工业上的诸多优势，自然不甘落后，纷纷开窑办厂，大力发展制瓷业。这就形成了与沿海三省交界处的赣东、赣南山区的制瓷业，出现超过经济较发达、人口较密集的赣北平原的新格局。如赣东北的昌江—饶河流域由于景德镇窑的蓬勃发展，其生产规模开始超过鄱阳湖—赣江流域，成为江西最主要的瓷器生产基地。目前在昌江—饶河流域发现的宋元窑址有38处，而赣江流域只发现了20处。另外，赣南山区也出现了七里镇窑、东山坝窑等多个大型窑场。而在赣北的赣江下游与鄱阳湖周边地区，窑址数量反而较少，也没有大型窑场。

二、产品特点

青白瓷无疑是宋代江西产量最大的商品瓷，其次是黑釉瓷，再次是仿龙泉青瓷。这三大釉色的瓷器成为宋代江西瓷器生产的主流产品。至于仿北方磁州窑的褐色彩绘瓷、绿釉瓷、酱釉瓷以及仿定窑的模印乳白瓷等，则产量较小。

元代景德镇窑生产的瓷器，品种繁多，青白瓷和黑釉瓷的产量仍然非常巨大，但代表元代景德镇制瓷水平的当推元青花、釉里红、枢府卵白釉和高温颜色釉等四种，被誉为元代景德镇窑的"四大名瓷"。

宋代景德镇窑烧制的青白瓷具有胎腻质细、体薄透光、釉面莹润、如冰似玉、滋润清雅、晶莹夺目等特点。它既不像白瓷那样素净、牙白瓷那样雅洁，也不像卵白瓷那样失透，更不像青瓷那样青翠欲滴。它让人一眼看去犹如青白玉，因而很受当时人赞叹和青睐。北宋吏部尚书彭汝励在《送许屯田》诗中写道："浮梁巧烧瓷，颜色比琼玖。"这首诗中所讲的"琼玖"就是美玉的意思。蒋祈在《陶记》一书中称："景德陶，昔三百余座。埏埴之器，洁白不疵，故鬻于他处，皆有'饶玉'之称。其视真定红磁、龙泉青秘，相竞奇矣。"说明景德镇青白瓷在当时就以"饶玉"（饶州之玉）相称。

南丰白舍窑的青白瓷质量，仅次于景德镇窑。吉州窑烧瓷品种有白釉印花瓷、褐色彩

青白釉胡人牵马俑

绘瓷、黑釉瓷、青白瓷、青瓷、低温铅釉陶等。吉州窑黑釉瓷独创的剪纸贴花、木叶纹、玳瑁釉、鹧鸪斑花釉等装饰工艺都别具一格。宋代赣州（七里镇）窑主要生产乳白釉瓷、青白釉瓷和黑釉瓷，该窑生产的一种仿漆器的酱釉瓷，光洁照人，酷似漆器，受到人们的喜爱。

值得一提的是，随着宋元中西文化交流的不断加强，江西宋元瓷器上开始出现西亚波斯和阿拉伯文化的元素。其中最具代表性的作品就是珍藏于江西省博物馆的青白釉胡人牵马俑。它出土于1970年江西景德镇市郊洋湖大队的一座北宋墓中，高21.9厘米，底长11.5厘米，底宽10.1厘米。外形为马与俑立于方形底座上。马膘肥体壮，昂首嘶鸣，尾巴上翘，背部配置鞍辔。两侧各立一胡人，圆目，高鼻，翘须，发髻高挽，上身着窄袖长衫，下衣撩起，脚蹬长靴。左俑双手执缰作牵马状，右俑执鞭作赶马状，一副整装待发的姿态。施青白釉，釉质莹润，光洁透亮，属景德镇窑产品。青白釉胡人牵马俑的发现，用实物证明了宋代中西陶瓷文化交流的盛况，表明西亚"胡人"经常出现在景德镇，并为当地陶工所熟悉。也许这些"胡人"就是经营瓷器贸易的商人。

三、市场特点

据统计，宋代墓葬出土青白瓷数量较多的有江西、江苏、辽宁三省，此外，浙江、湖南、湖北、安徽、河南、陕西、四川、吉林、内蒙古等地区也有出土。俞永柄《宋辽金纪年墓葬和塔基出土的瓷器》一文截至1994年收集到的211座纪年墓葬和11处塔基出土的瓷器资料[①]，具有以下两个特点：一是在距离定窑不远的河北易县辽天庆五年（1115）净觉寺塔基出土了32件瓷器，其中定窑白瓷仅有1件，而来自千里之外的景德镇青白瓷则多达31件，并且在东北地区的辽代墓葬中出土了大量的青白瓷，这个现象说明青白瓷在东北的辽国得到了特别的青睐；二是在淮河以南的长江中下游地区北宋墓葬出土的瓷器中，70%为青白瓷，其他各种青瓷占12%，各种白瓷占4%。这两个特点充分说明了景德镇青白瓷在北宋时期的全国内销市场上是最为畅销的瓷器。

冯先铭先生1994年统计，"50年代以来已有15个省和自治区出土了景德镇的青白瓷，长江以南地区的江苏、浙江、江西、湖南、湖北和四川，长江以北的安徽，华北地区的陕西、山东、山西、河南、河北，东北地区的辽宁、吉林，西北地区的新疆以及内蒙古自治区。青白瓷流通范围如此之广，把出土众多的青白瓷与瓷窑遗址的丰富遗物堆积互为印证，反映了宋代景德镇陶瓷业的发展与兴盛状况"[②]。由于各地市场不同，供应产品也不同。蒋祈《陶记》："若夫浙之东、西，器尚黄黑，出于湖田之窑者也；江、湖、川、广，器尚青白，出于镇之窑者也。碗之

[①]《考古》1994年第1期。
[②] 冯先铭主编《中国陶瓷》，上海古籍出版社1994年版，第403页。

类、鱼水、高足;碟之发晕、海眼、雪花,此川、广、荆、湘之所利;盘之马蹄、槟榔;盂之莲花、耍角;碗、碟之绣花、银锈、薄唇、弄弦之类,此江、浙、福建之所利,必地有择焉者。"①工艺精美、质量上乘的瓷器,吸引了各地陶贩前来购买,景德镇的瓷器供不应求,"一日二夜,窑火既歇,商争求售,而上者择焉,谓之'拣窑';交易之际,牙侩主之,同异差互,官则有考,谓之'店簿';运器入河,肩夫执券,次第件具,以凭商算,谓之'非子'"②。通过这些商贩,景德镇的瓷器遍及全国各地,甚至国外。

另外,近年来内蒙古集宁路考古出土了大量瓷器窖藏——其中就有不少景德镇的青白瓷,表明集宁路是北方贸易输出的一个重要驿站,也说明了到元代时期,景德镇瓷器仍然大量销往北方地区。

四、线路特点

由于宋元王朝在浙江与福建沿海增设市舶司,增加了新的出海通道,造成了赣东北地区的饶州与信州在江西古陶瓷文化线路上的地位日益提升的格局。如果说汉唐时期江西古陶瓷外销更多地依赖南面的广州市,到了宋元时期,江西古陶瓷外销就比较均衡地向东、向南甚至向西多路并进,增加了通往杭州、明州、泉州的三条出海新线路。因此,江西古陶瓷外销线路就由汉唐时期的Y字形(南面通往广州,北面通往武昌与扬州),到宋元时期演变成了向东南打开的扇形(增加了东面通往杭州、明州与泉州三条主线)。

第一条向东线路为传统的长江线路。景德镇窑从昌江顺流而下,吉州窑和赣州七里镇窑则从赣江顺流而下,到达鄱阳湖后,再顺流出湖口入长江,顺长江干道而下至长江下游平原,再从这里转入运河,分运南北。在此线的长江与运河沿岸,一路皆有青白瓷的发现。向北有可能通过当时的港口城市江宁府(治今江苏南京)、扬州、楚州(治今江苏淮安)和海州(治今江苏连云港)出海,运往日本和高丽。此线的楚州是一个值得关注的港口。楚州北有大淮,所谓"大淮横涉,到于东海",从楚州出海北行到日本和新罗,自晚唐以来就是一条传统的航海线。根据宋代青白瓷的出土情况,大致可以勾勒出这条从北运河出海的运输线路图:由扬州顺运河北上至楚州,由淮河出海,北上至海州,绕过山东半岛,沿渤海湾至辽国或高丽,以及转至日本。③通过长江干道东运的瓷器还可以通过大运河向南运抵外销港口杭州、明州(宁波)、泉州等东南沿海港口。有专家分析宁波港口遗址出土瓷器之后,认为出宁波港是景德镇青白瓷外销的重要港口。在他主持发掘的宁波东门口码头遗址宋代文化层出土有青白瓷碗、碟,宋元文化层有碗、盘、盂、盒、瓶、枕等。有些碗镶银口,当是采用覆烧方法烧制的芒口瓷,这正是

---

① 《江西通志·陶政门》引蒋祈《陶记》。
② 《江西通志·陶政门》引蒋祈《陶记》。
③ 黄义军:《宋代青白瓷的历史地理研究》,文物出版社2010年版。

景德镇南宋时期流行的圆器类型。①

第二条向东线路为信江—衢江—富春江线路。景德镇窑产品沿昌江到饶州府鄱阳县,入鄱阳湖转余干溪(今信江下游),溯余干溪而上,经上饶江(今信江中游)至玉山,陆行一段河谷低地至常山,转入江山溪(今江山港),顺流而下到达南宋行在临安以及外销港口明州。处于浙赣交界处的衢州,号称"五路总头"。衢江航道,上联徽歙,下通杭州;乌溪江航道,上达遂昌、龙泉,下游在衢县(今衢州市)樟树潭与衢江会合。更有三条陆路,其一是官道,其二是北山通道,其三是南山通道。在南山通道沿线发现有许多宋元时期的窑址,一些重要城镇还设有天妃宫,暗示着此路与海运的关系。②北宋晚期,在衢江及其支流沿线附近的武义、兰溪等地就传入了景德镇青白瓷,南宋以后的景德镇青白瓷的分布地点和数量更是有增无减,反映出江西与两浙路联系的加强。

第三条向东线路为江西通福建线路。宋元时期景德镇至泉州的运输线主要有三条,一路由信州过分水关至崇安,南下至南剑州剑浦(今福建南平);一路由信州广丰至建州浦城,再顺建溪至剑浦;一路由抚州至邵武军,再至剑浦。到剑浦后,可以顺闽江至福州,再泛海转抵泉州,或沿闽江而下转大漳溪,经永福(今永泰)入德化之涌溪和浐溪,至德化县,再达泉州。③南宋中期以后,泉州以其接近都城临安的优越地理位置,成为中国最大的对外贸易港口。泉州港地位提升的结果是,江西至福建泉州沿海运输路线的繁荣。在泉州府后山遗址宋元文化层,除出土本土窑瓷器外,还发现了包括景德镇青白瓷在内的多种外销瓷器。④泉州出土的数量众多的景德镇青白瓷,可以作为景德镇青白瓷由此外销的一个旁证。

因此,赣东北地区的信州,作为连接浙江与福建出海口的交通枢纽,在宋元江西古陶瓷文化线路上的地位显著提高是这一时期线路发生的最大变化。对此,文献也有相关记载。如《太平寰宇记》中记载信州与浙江衢州的陆路交通,只有东向一条,到《元丰九域志》已是三条:自本州界首计东向为110里,东南向为205里,东北向为80里。信州与福建建州的陆路,也由东南向一条增为两条,自本州界首计南向为280里,西南向为400里;与邵武军的陆路为360里,⑤东部的建昌军,是交通福建的重要区域,自界首至邵武军的陆路,东向139里,东南向为350里。由于诸多山间道路开通,武夷山中的客货运输日益畅通,有人描述为"南北人往来商货财,吏送故迎新,日暮不绝,若夷径然"⑥。福建客商带茶货入中原,一条重要的线路

---

① 林士民:《从明州古港出土文物看景德镇宋元时的陶瓷贸易》,《景德镇陶瓷》1993年第4期。
② 季志耀:《试谈浙西宋元窑址及其产品的外销》,中国古陶瓷研究会、中国古外销陶瓷研究会编:《中国古代陶瓷的外销——一九八七年福建晋江年会论文集》,紫禁城出版社1988年版。
③ 黄天柱:《福建泉州古港与著名"景瓷"外销的深远关系》,《景德镇陶瓷》1993年第3期。
④ 陈鹏、曾庆生:《泉州府后山出土的江西瓷器》,《江西历史文物》1983年第4期。
⑤ 《元丰九域志》卷九《福建路·邵武军》。
⑥ 刘敞:《公是集》卷三五《送王舒序》,四库本。

就是走建州崇安县山路,北上分水关,越过紫溪岭,进入信州铅山县河口镇,再装船由铅山河入信江,至鄱阳湖,出长江而去。

值得注意的是,除了向东的销售线路以外,随着南宋政治中心的南移与青白瓷窑系影响的不断扩大,江西瓷器市场开始向西扩展。向西的线路有两条:

第一条向西线路是沿长江逆流而上,经湖北向西销往四川地区。"根据对已报道的、有确切器物件数的33处(四川省宋代)窖藏的统计,在3355件窖藏器物中,瓷器共2053件,为最大宗的器类,占全部出土器物的61.9%,其中青白瓷在各种釉色瓷器中所占比例最大,为44.81%,次为龙泉窑青瓷,再次为四川本地生产的瓷器。"[1]四川地区出土的南宋青白瓷,基本上都是景德镇窑生产的高档瓷器。出土地点具有三个特点:一是沿江河和重要陆路交通线分布;二是多为区域中心城市;三是在经济发达地区。青白瓷等江南特产在四川地区的大量涌现,体现了南宋时期四川与东南市场经济联系的加强。

第二条向西线路是由赣西的萍水河经湘东入湖南省醴陵,沿渌水至株洲,入湘江,经灵渠,通往广西、广东。这条线路的形成,主要是受吉州窑的影响较大。自吉安沿赣江支流——禾水可以到达永新、莲花,在莲花翻过一座山峰就到了萍乡市湘东区的南坑,这里就是萍水河的源头。南坑窑是目前在赣西发现的宋元时期规模最大的一处窑场,产品以芒口青白瓷为主,也有仿吉州窑的黑釉瓷与仿龙泉窑的青瓷。受萍乡南坑窑的辐射影响,宋元时期湖南衡阳出现了耒阳磨形、太平,衡东石湾、小初,常宁阴田等20多处青白瓷窑场[2],除了湖南以外,广西东南以及广东西部的一些地区在南宋以后也出现了一些青白瓷窑址。因此,这条线路还是江西宋元瓷器利用湘江经灵渠进入广西、广东的又一出海通道。这条通道水流平缓,村镇相连,货船舶运方便,对于沉重易碎的瓷器是最好的运输途径。相比之下,从鄱阳湖逆赣江而上,换陆路翻越大庾岭到粤北的浈水上船顺流至广州,虽距离较短,但中途需人力负货翻山换船,对瓷器运输是不利的,因此,有学者从运输成本考量,认为对于运输瓷器这种易碎的大宗商品,这条通往广州的线路更能节省运输成本,是仅次于长江线路的第二条黄金水道。[3]

第四节 宋元时期线路的地位与影响

我国瓷器输出自唐开始,但不见文献记载,可能开头大半还属于民间小额贸易,小半属于贡赐性质的贸易。宋代瓷器之作为商品大量输出则有《宋史·食货志》及南宋人赵汝适的

---

[1] 黄义军:《宋代青白瓷的历史地理研究》,文物出版社2010年版。
[2] 唐先华:《景德镇青白瓷与衡阳青白瓷》,《景德镇陶瓷》第三卷第一、二期(总第59、60期)。
[3] 季志耀:《试谈浙西宋元窑址及其产品的外销》,中国古陶瓷研究会、中国古外销陶瓷研究会编:《中国古代陶瓷的外销——一九八七年福建晋江年会论文集》,紫禁城出版社1988年版。

江西宋元窑址分布图

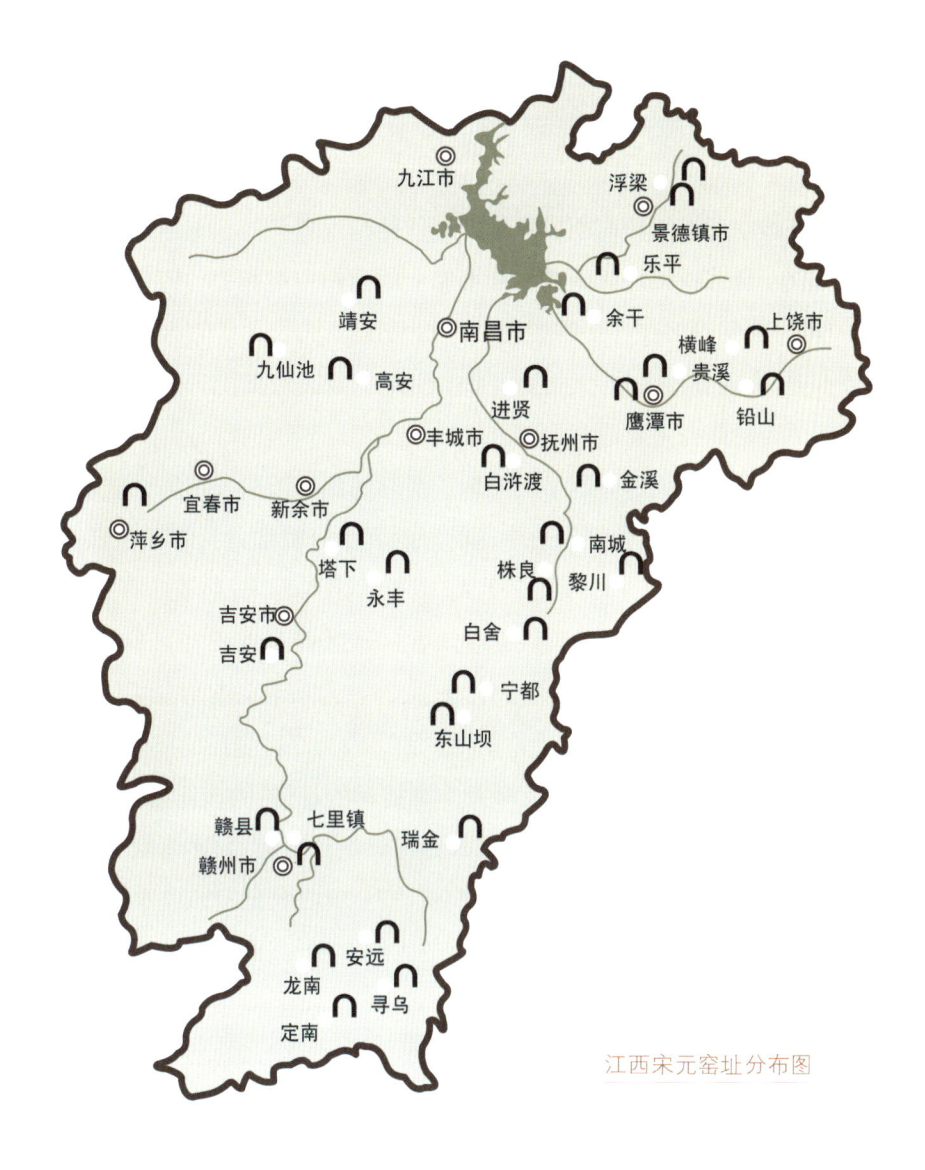

《诸番志》的明确记载。这些记载已为国外的考古发现所证实,发现器物数量之多、地区之广已非唐瓷所可比拟。[1]成书于南宋理宗宝庆元年(1225)的《诸蕃志》一书,作者是福建路市舶提举赵汝适。他在书前的自序中写道:"汝适被命此来,暇日阅《诸番图》,有所谓石床、长沙之险,交洋、竺屿之限,问其志,则无有焉。乃询诸贾胡,俾列其国名,道其风土,与夫道里之联属,山泽之蓄产,译以华言,删其秽渫,存其事实,名曰《诸蕃志》……"他在书中共列举了58个国家或地区,其中用瓷进行贸易的有15个,占全部的四分之一以上。书中提到与这15个国家进行瓷器贸易时,12处用了"瓷器",具体用"青瓷器"、"青白瓷器"与"白瓷器"名称的各1处。[2]到了元朝,汪大渊《岛夷志略》记录的国家和地区增加到99个,其中44个国家进口过

---

[1] 中国硅酸盐学会编:《中国陶瓷史》,文物出版社1982年版。
[2] 冯先铭:《宋代瓷器的外销》,《古陶瓷鉴真》,北京燕山出版社1996年版。

元代的陶瓷器。与《诸蕃志》不同的是，《岛夷志略》一书记载当时输出国外的中国瓷器名称为"处州磁器""青磁器""青白磁""青白花磁"等四类，新出现的"青白花磁"可能就是指景德镇元代刚刚发明的青花瓷。

宋元时期的瓷器之所以能比前朝更大规模地外销到世界各地，与当时造船技术的提高以及指南针、水密仓、链式铰接舵等新技术在海船上的运用密切相关。宋代有位叫朱彧的在《萍洲可谈》中写道，那些停泊在广州的商船，"海舶大者数百人，小者百余人，以巨商为纲首。舶船深阔各数十丈，商人分占贮货，人得数尺许，下以贮货，夜卧其上。货多陶器，大小相套，无小隙地"，说明了当时陶瓷主要通过海船外销的状况。

元代瓷器外销到东南亚大部分也采用海船。当时的船体结构及抗风性能已有了很大改进和提高。摩洛哥旅行家伊本·白图泰对中国的海船就十分赞赏："大船有三帆至十二帆，帆皆以竹为横架，织成席状，大船一只可载一千人，内有水手六百人，兵士四百人，另有小艇三只附之。此类商船皆造于刺桐（泉州）及兴克兰二埠。"元代豫章人汪大渊多次乘商船往返于南洋各地，并写下了《岛夷志略》这一伟大著作。汪大渊在元顺帝至正初曾两次"附舶"泛海印度洋，其游历之广远，为中国第一人。其所"附"之"舶"，或为江西瓷商的商船。在航海技术方面，元代的海员已掌握了海洋气象变化及海上季风活动的规律，去南洋诸国是"每遇冬汛北风发舶"，"夏汛南风同帆"，加上天文航海技术及指南针的广泛运用，使海航更加准确地把握航向和航线。所有这些条件，都有利于瓷器大批量、安全、快捷、低运输成本地外销出口。

那么，在宋元海上丝绸（陶瓷）之路蓬勃发展的大好时期，江西古陶瓷文化线路在其中占有什么样的地位与影响呢？

一、江西是海上丝绸之路的最主要源头

进入宋元以后，海上丝绸之路完全取代了陆上丝绸之路，成为东西方文明间最重要的交通路线，为此，东南沿海地区增加了大量的出海港口，海上丝绸之路的起点城市不再局限于广州与扬州，增加了杭州、泉州等新的起点城市，泉州在南宋至元代还超过广州，成为最大港口城市。这些出海港口城市之间此消彼长的变化，并没有影响到江西古陶瓷文化线路是海上丝绸之路重要源头的地位。反而由于地处"吴头楚尾，粤户闽庭"即浙江、福建、广东等东南沿海省份内陆腹地的区位优势，以及江西的江河水道与长江、闽江、珠江都能便捷对接的有利交通条件，决定了瓷器大省江西的古陶瓷文化线路是海上丝绸之路的重要源头，是海上丝绸之路上不可或缺的一环。陶瓷产区江西与东南沿海海上丝绸之路起点港口城市的关系，犹如一种"前店后厂"的关系，店门可以朝南开，也可以朝东开，但卖的东西还是后面厂子里生产的这些东西，因此，它们是相辅相成、不可分割的关系。这种关系也就决定了江西是海上丝绸之路的最主要源头。

二、青白瓷成为海上丝绸之路上的两大商品瓷之一

宋元外销瓷器的品种主要有景德镇窑系的青白瓷、龙泉窑系的青瓷以及建窑系的黑釉瓷，其中以景德镇窑系的青白瓷数量最大。由于景德镇窑生产的青白瓷供不应求，于是在景德镇青白瓷通往沿海港口的外销线路上，出现了许多单纯以外销为目的的仿烧民窑，在整个东南沿海地区形成庞大的青白瓷窑系。如福建省的浦城、崇安、政和、光泽、建瓯、建宁、闽清、闽侯等县市都发现有仿烧景德镇青白瓷的窑址。①

自19世纪50年代起，特别是最近十几年来，亚、非一些国家沿海地区的文化遗址中，陆续出土了相当数量的宋元青白瓷，其中以亚洲国家发现居多，如日本、朝鲜、菲律宾、马来西亚、巴基斯坦及非洲的埃及，还有欧洲的一些国家。如1990年海上丝绸之路考察队中的日本学者和印度学者在印度次大陆南端的马纳尔湾以西1.5公里的一个小村子里，发现了大量的中国瓷器，其中就有11—12世纪景德镇产的白瓷和青白瓷。②海外出土宋代青白瓷的情况表明，在10—13世纪的外销瓷中，青白瓷始终是一个主要的品种。不同国家和地区对青白瓷窑口有不同的选择，这与各窑场青白瓷的出海港口，以及这些港口与海外国家的传统航线有关。从出土情况看，景德镇等内陆窑场的青白瓷多销往日本和朝鲜半岛，华南沿海窑场的青白瓷多销往东南亚地区。③此外，北非、东非、西亚和南亚也有少量宋代青白瓷出土。

除了国外遗址出土瓷器的资料外，东海、南海等海上丝绸之路沿线的沉船遗址出土的瓷器，也是研究宋元古陶瓷外销的重要资料。如1976年在朝鲜全罗南道木浦市新安海底发现的一艘元代沉船上，共获得各类文物17947件，其中瓷器16792件。龙泉窑青瓷9639件，占57.23%；景德镇青白瓷4813件，占28.66%；黑瓷371件，占2.21%；杂釉瓷1789件，占10.65%。打捞瓷器数量之多，质量之好以及品种之齐全，可以说是空前的，是20世纪国际考古工作的一件大事。从沉船打捞的元代景德镇窑青白瓷多达4800多件来看，虽然元代景德镇已经发明了青花、釉里红、卵白釉和高温红釉、蓝釉等新瓷品种，并且在大量烧造黑釉瓷，青白瓷在景德镇的生产已经过了其高峰期，但元代青白瓷在国际市场上仍然占有广大的市场。

总之，根据国外与沉船遗址出土资料，宋元时期中国东南沿海地区的外销瓷窑，"除龙泉青瓷窑系外，当推江西景德镇青白瓷窑系的青白瓷"④。也就是说，与唐代南北诸窑都有瓷器出口，江西的洪州窑青瓷只是其中之一相比，到宋元时期，江西景德镇青白瓷窑系的青白瓷已从全国诸多窑场的竞争中脱颖而出，成为与浙江龙泉窑系的青瓷并驾齐驱的两大龙头产品。

---

① 周春水：《从碗礁一号沉船看闽江水路的瓷器外销》，《中国古陶瓷研究》第14辑，紫禁城出版社2008年版。
② 《世界文化之窗》，《新华文摘》1991年第2期。
③ 黄义军：《宋代青白瓷的历史地理研究》，文物出版社2010年版。
④ 叶文程：《宋元时期景德镇青白瓷窑系的外销》，《景德镇陶瓷》1989年第3、4期。

三、江西开始引领全国制瓷业

随着景德镇窑在宋元诸多名窑中最后脱颖而出,江西开始引领全国制瓷行业。因为无论是在生产规模与产品数量上,还是在生产品种与产品质量上,江西瓷器都占据了最主要的位置。冯先铭先生认为:"青白瓷系是江南地区两大瓷窑系之一,影响面之大,居宋代六大瓷系的首位",从全国各地宋墓出土青白瓷的情况来看,景德镇青白瓷流通非常广阔,"青白瓷流通地域如此广泛,几乎达到了全国三分之二的省份,除个别省出土青白瓷为本省产品外,绝大多数青白瓷都是景德镇窑产品,任何一个宋代瓷窑产品都远远不及景德镇青白瓷流通区域广泛"。[①]刘新园先生还认为,景德镇窑"就其生产规模与市场范围来看,则又远远超过定窑和同期的其他窑场而成为宋王朝的无与伦比的头号瓷窑"[②]。

到元代,由于元王朝将"掌烧造磁器"的唯一官府机构——浮梁磁局以及御土窑设于景德镇,景德镇在全国制瓷行业的龙头地位更加稳固。有元一代,景德镇发明创造的青花瓷、釉里红瓷、青花釉里红瓷、高温红釉与蓝釉瓷、卵白釉枢府瓷以及低温的孔雀绿釉瓷都是划时代的新产品,代表了当世制瓷业的最高水平。特别是元青花与釉里红瓷器,彻底改变了中国瓷器非青即白的面貌,将中国瓷器引领到一个五彩缤纷的彩瓷新时代。

第五节　宋元时期线路上的物质文化遗产

宋元时期,江西古陶瓷文化线路在汉唐的基础上有了较大的发展,留给后人的物质文化遗产也更加丰富。根据江西古窑址专项调查资料的统计,目前仍然保存的宋元古窑址就有94处。除了景德镇、吉州永和、南丰白舍与赣州七里镇等四大名窑外,江西其他比较重要的宋元窑场还有铅山江村窑、横峰城郊横峰山窑、贵溪坝上窑、金溪小陂窑与里窑、九江市郊大垅窑、靖安丫髻山窑等。

一、古窑址

1.景德镇宋元窑址。

景德镇境内,窑场密布。据景德镇市文物考古工作者多年的调查证实,除市区的遗迹遗物叠压在近、现代建筑物下一时难以统计,以及那些已经被破坏殆尽或几乎全部被扰乱的遗

---

① 冯先铭:《宋元青白瓷》,上海人民美术出版社1984年版。
② 刘新园:《景德镇瓷窑遗址的调查与中国陶瓷史上的几个相关问题》,《景德镇出土五代至清初瓷展》,香港冯平山大学博物馆,1992年7月。

存之外，如今（1987年前）宋代景德镇的窑业遗存总计还有137处之多。①代表性的窑场有湖田、杨梅亭、黄泥头、湘湖、白虎湾、南市街、柳家湾、小坞里、银坑坞等。主要分布在南河流域（包括小南河），延绵将近百里，其间星罗棋布，规模极其庞大，遗物十分丰富，发掘瓷片堆积如山，是同时代其他窑场无法比拟的。

这些遗存的分布大致有以下特点：

（1）遗存一般都依山近水，其中多数遗存比邻河道或小溪，且四周皆为植被茂盛的山峦。这说明古代窑业对水资源与周围柴薪资源的依赖。

（2）大部分遗存就近瓷石矿，一般在数公里或更近就有一处瓷石矿，尤其宋以前的窑场，几乎是就矿而置。

湖田窑遗址龙窑

（3）五代至宋的遗存遍布乡村四野，在南河与小南河一带广袤约百里之地，堆积丰厚，规模庞大；南宋中后期各窑场开始衰落；而元以后的遗存在乡村分布则逐渐减少，逐步集中到景德镇市区。

（4）宋代遗存均顺山坡堆积，从其堆积特征与过去试掘清理资料看，其窑炉为龙窑。五代与宋代遗物有叠压关系，说明宋代窑场是在五代窑场上继续烧造，但其堆积规模却为五代窑场的数倍。

需要说明的是，景德镇宋元窑址众多，但经过考古发掘的窑址却不多。近30年来，考古工作做得最多的是湖田窑，江西省文物考古研究所在1988—1999年就曾经对它进行过10次考古发掘②。另外，为配合基本建设项目的需要，近年江西省文物考古研究所和景德镇市陶瓷考古研究所

丽阳元代龙窑全貌

---

① 江建新：《景德镇窑业遗存的考察与研究》，《陈昌蔚纪念论文集（陶瓷）》第三辑，陈昌蔚文教基金会2006年版。
② 江西省文物考古研究所、景德镇民窑博物馆：《景德镇湖田窑址1989—1999年考古发掘报告》，文物出版社2007年版。

吉州窑鸟瞰

还对昌江区竟成镇铜锣山窑址①、浮梁凤凰山②和道塘里窑址③等三处宋代窑址和珠山区风景路(明御器厂故址北端)元代官窑遗存、落马桥、丽阳镇碓臼山④等三处元代窑址进行过抢救性考古发掘。这些考古发掘出土了大量的遗迹和遗物,揭示了宋元景德镇窑的生产面貌,获得了丰富的历史文化信息。

2.吉州永和窑遗址。

吉州永和窑遗址地处吉安县东南的永和镇西侧,邻近赣江河畔。东北面由林家园和柘树下起至西南部的塔里前、船岭下长达2公里;西北侧由窑门岭起至东南侧的辅顺庙宽达1.5公里,现有窑包堆积共25处,即窑岭、茅庵岭、牛牯岭、后背岭、窑门岭、官家塘岭、屋后岭、猪婆石岭、蒋家岭、七眼塘岭、松树岭、曹门岭、乱葬戈岭、尹家山岭、本觉寺岭、上蒋岭、讲经台岭、曾家岭、斜家岭、枫树岭、拓树岭、自家岭、天足岭、下瓦窑岭等。窑址总面积达80525平方米,窑业堆积为726800立方米。

为更好地了解吉州窑在我国陶瓷史上所占有的重要地位,特别是以民间手工制瓷为中心,所形成的乡镇布局,制瓷业作坊的规模,生产方式,制瓷工艺特点及经销产品等一系列问

---

① 江西省文物考古研究所、景德镇民窑博物馆:《江西景德镇竟成铜锣山窑址发掘简报》,《文物》2007年第5期。
② 江西省文物考古研究所、浮梁县博物馆:《江西浮梁凤凰山宋代窑址发掘简报》,《文物》2009年第12期。
③ 付雪如等:《江西景德镇道塘里宋代窑址发掘简报》,《文物》2011年第2期。
④ 故宫博物院、江西省文物考古研究所等:《江西景德镇丽阳碓臼山元代窑址发掘简报》,《文物》2007年第3期。

题,江西省文物工作队于 1980 年 10 月至 1981 年 12 月对吉州窑进行了第一次大规模发掘①。在本觉寺岭窑包堆积上揭示一座长 36.8 米的龙窑,在桐木桥村东北的斜家岭与枫树岭窑包之间发现大片作坊遗迹,有散水槽、练泥池、淘洗池、蓄泥池、操作房,构筑严谨,砌叠规整精细,是一处目前少见的作坊遗址,清晰地展现了宋元时期制瓷生产的各项程序。为配合永和镇东昌路改造工程,江西省文物考古研究所联合吉安县博物馆在 2012 年又对吉州窑遗址进行了一次抢救性考古发掘,清理出制瓷作坊遗迹 86 个,随之出土一批宋元时期的青白釉、白釉、黑釉、绿釉瓷器,为研究南宋、元代吉州窑的制瓷工艺流程提供了重要资料。②

吉州窑遗址龙窑

2001 年,吉州永和窑被列为全国重点文物保护单位。

3. 赣州七里镇窑址。

七里镇窑址位于赣州市东南郊 4 公里处的章贡区七里镇,濒临贡江北岸,接近章江和贡江的交汇处。窑址沿贡江北岸分布在东到砂子岭,南至贡江,西至赣南化工厂宿舍区的杨家岭,北至赣于公路约 3 平方公里范围的临江丘陵地带,现存窑业堆积有周屋岭、张屋岭、郭屋岭、袁屋岭、罗屋岭、赖屋岭、刘屋岭、高岭、木子岭、砂子岭、殷屋紫、殷屋背、殷屋对门、周屋坞、鲤鱼形等 15 个窑包。最高的郭家岭窑包高达 21 米。整个窑址可分为东区(上窑)、南区(中窑)、西区(下窑)3 个地段。东区以乳白、青白釉为主,南区以青釉瓷为主,西区以褐釉瓷为主。1985—1986 年底,江西省文物考古研究所在砂子岭和张家岭先后发掘四座窑炉,均属龙窑形制。砂子岭的两座龙窑残破不全,时代为五代至宋代;张家岭清理出两座平行的宋代龙窑,两窑相距 3.9 米,各长 30 多米。③1991 年 9 至 10 月,江西文物考古研究所与赣州市博物馆又对地处赣州地区粮油公司内的木子岭堆积进行了抢救性发掘。

七里镇窑各类瓷器的烧造年代大致可分为如下几个时期:唐末和五代产品有青绿釉和

---

① 《吉州窑遗址发掘报告》,《景德镇陶瓷》1983 年第 1 期。
② 郁鑫鹏:《江西吉州窑遗址考古又有新发现》,《江西日报》2013 年 1 月 18 日。
③ 江西省文物考古研究所、赣州市博物馆:《江西赣州七里镇窑址发掘简报》,《江西文物》1990 年第 4 期。

白舍窑窑包分布图

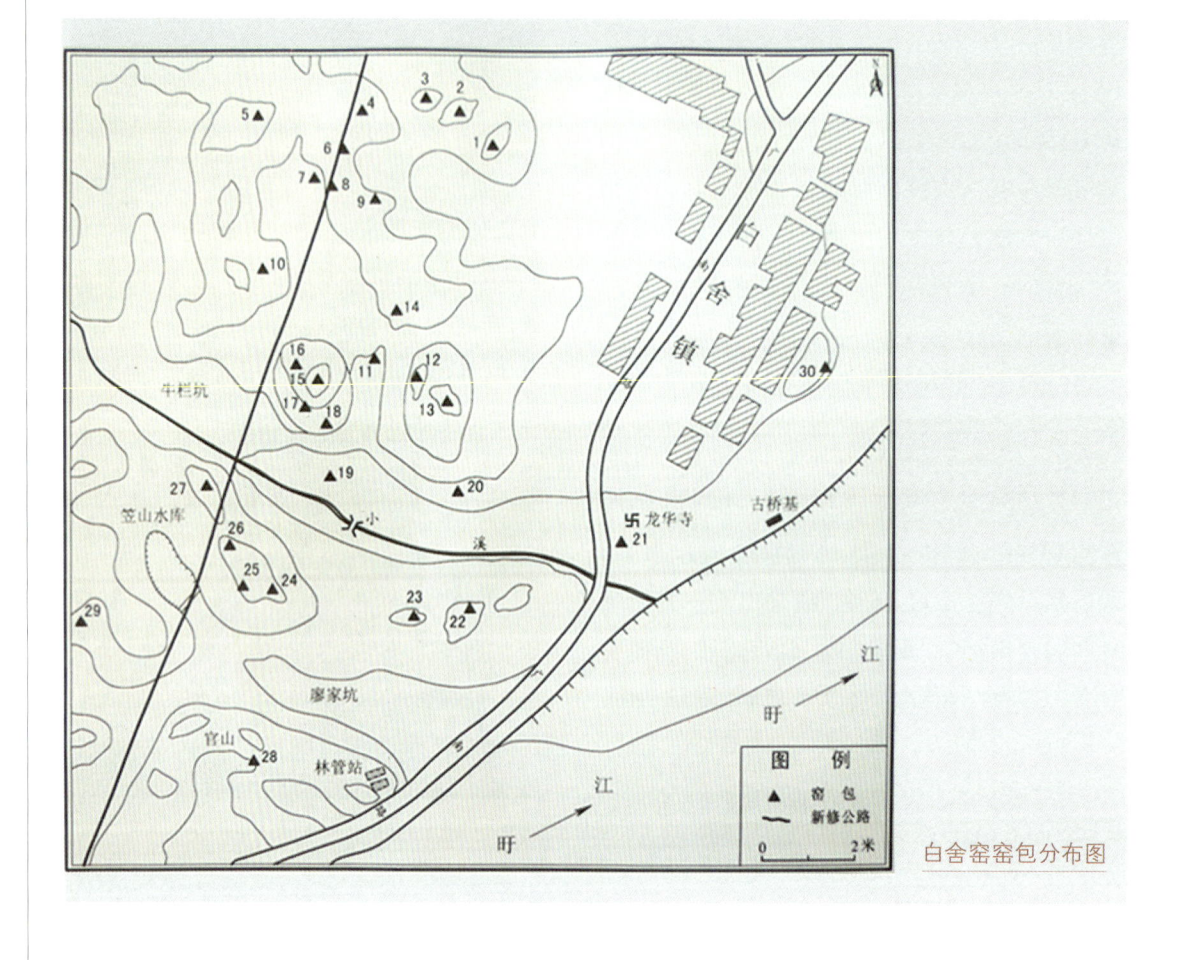

乳白釉瓷。北宋时期青釉瓷停烧,乳白釉瓷继续沿烧并有新的发展和提高,同时开始烧制青白釉瓷和黑釉瓷。

从发掘资料看来,砂子岭窑多烧制青绿釉和乳白釉瓷。周屋岭窑多烧制青白釉瓷,应是宋代所建。张家岭窑产品多为黑釉瓷。这表明七里镇各个窑场产品各有侧重和分工,时代亦有早晚之分,窑场大致是由东向西发展。

七里镇窑址在1959年列为省级重点文物保护单位,2013年又被国务院公布为第七批全国重点文物保护单位。

4. 白舍窑窑址。

白舍窑位于南丰县南白舍村西南侧红土山冈上。有古窑遗址32座,窑包堆积20余座,绵延2公里,遗存丰富,窑址散布于瓦子山、符家山、对门排等处,窑旁遍布瓷片、窑具、垫器、匣钵、炭灰等。饶家山窑址是其中的一处窑业堆积,1998年10月至1999年1月,江西省文物考古研究所会同南丰县博物馆对其进行了抢救性考古发掘。

《南丰县志》记载:"白舍,宋时置官监造瓷窑,窑数处,望之如山。"产品有白瓷和青白瓷,还有少量薄胎瓷。造型、釉色与景德镇窑大体相似。白瓷精者胎质洁白细腻,釉汁晶莹润泽;粗者胎质较粗糙,色泽白中泛黄,呈蛋壳色。由于瓷工们制瓷技艺精良,产品以往被误认为景德镇窑,最早见于南宋蒋祈《陶记》一书,谓与景德镇竞争者有此窑。

二、古矿遗址

1. 高岭瓷土矿遗址:位于景德镇市东北50公里鹅湖镇高岭山,遗址分布在方圆10平方公里的范围内,遗存有几十处采掘矿洞、淘洗设施和尾砂(矿土淘洗的废弃物)堆积。采掘遗址分四个地段:高岭村后的庙岗分水岭西至西南端的梅头坞;东北端自何家大槽起,南至肖家止;位于红旗山以西,穿过老厂东北向分布;北起老厂,南西至冯家大槽。四个地段的多数古矿洞坑道与淘洗池遗迹清晰可辨,并在其尾砂堆积物中遗留有明、清时代的粗瓷碗和瓷灯盏残片。据《浮梁县志》记载:"高岭,在县东七十里仁寿都,地连婺湖石城,山险特其,黄巢之乱乡民保之,有黄梅寨、走马台、双井泉。元末于光将李昌赛守之,民有强悍风。今其山产磁土,取以为业。"高岭古瓷矿区开采于元代,至明代中期,清乾隆以后虽有开采,但为数不多,应为该矿的衰落期。它支配景德镇瓷业有几个世纪。2006年被公布为全国重点文物保护单位。

2. 三宝蓬瓷石矿遗址:位于景德镇东南约12公里。三宝蓬为南山余脉,山高数百米,山上有多处较大的瓷石开采坑洞,宋代已经开始了瓷石的开采。在山脚下,至今还有一座水碓房,为专门加工瓷石的作坊。该作坊最初建于宋代,原以风车做动力,以后人们利用附近小溪水源,改风车为水车做动力。每个车轮可带四支碓。古代矿工从三宝蓬挖来瓷石,将它锤敲成小块放入碓臼内粉碎。然后淘洗、滤渣、沉淀、风干,最后制成长方形瓷土块,即可塑性强的优质制瓷原料。南宋以前景德镇瓷器制胎仅用瓷石一种原料,因此,当时三宝蓬瓷石矿与邻近的湖田、杨梅亭窑可能形成一个完整的瓷器生产区域,对湖田、杨梅亭窑场产生过重大影响。至今该处瓷石矿仍有开采,作坊碓声昼夜不息,保留着古意浓郁的风貌。

3. 陈湾瓷石矿遗址:位于景德镇市西南约20公里鱼山乡陈湾村附近,开采于明代。该矿瓷石品质与三宝蓬瓷石相似,是生产传统瓷原料产地,景德镇生产仿哥器瓷土原料就出自陈湾。现今仍保存有制瓷土的水碓作坊。

4. 大洲瓷土矿遗址:位于景德镇西北约45公里浮梁县黄坛乡境内,矿床属花岗岩风化残积型。该矿区瓷土外观呈淡黄色,主要由高岭石、石英、云母类矿物组成,质地纯净,品质优良。该矿约开采于清代嘉庆,清末期因开采困难而停止。

5. 长明露天瓷土矿遗址:位于浮梁县瑶里镇长明村内,开采于明代初期,为长达20多公里的露天矿,可容万人采掘,故称万人坑。该遗址保存较为完整,对研究陶瓷原料工艺过程具有一定的价值。

6.瑶里釉石矿遗址：位于浮梁县瑶里白石塔村，其开采年代始于宋代，矿道深数十米至数百米不等，目前保留4组矿坑道。据推算，从这里采掘出釉矿石有近百吨之多。民间有"高岭土，瑶里釉"的美誉。

7.瑶里水碓作坊群：位于浮梁县瑶里镇绕南，占地1500平方米，始建于宋代，经历代不断修缮保存至今。水碓作坊群由水坝、水闸、水轮、传动轴、板头、碓头、碓坑和淘洗池等部分组成，是用来粉碎瓷石的。水碓房和淘洗池、制坯房构架均为木构架，淘洗池、制坯房一字排开有三间。

8.乐平瓷土矿遗址：据乐平志书记载，境内南港、丰源、礼林、上麻山、盛冲坞、山下等地有瓷土分布。经考古调查证实，丰源瓷土矿附近遗存有大量宋元时期的瓷片堆积，据考证该矿最晚在五代就已开采，土质是一种由高岭石和埃洛石组成的呈白色微黄的黏土类。此外，还有一种呈灰白色块状用于制作匣钵的白土矿，分布在小陂、麻山上、周家山、王子堂等处。

9.乐平陶土矿遗址：即黑黏土，主要分布在缸彭山、瀛里、上窑、中窑、下窑、万西、名口、后港、洄田等地。其中瀛里一带品质最优，开采历史也悠久，自唐迄今，一直为乐平日用陶器产品制作基地。

10.严家岭瓷矿遗址：位于余干县东南梅港乡王化村委会严家岭村西侧，严家岭山腰中。矿井斜巷道暗采，长800多米，宽1.3米，是一座面积较大、矿井形制较复杂的中型瓷矿采集遗址。新中国成立后，该矿井为余干及景德镇瓷业生产输送瓷土原料。据志书载，以及20世纪50年代出土的瓷钵、匣钵、瓷碗等考查，早在唐、宋时期，就有乡民在此用简单方法就地表进行开采，并建窑烧制土瓷。清初已开矿井，建"六合碓"等生产，及至民国继续开采。1950年成立"余干白土站"，1952年成立景德镇瓷土制造公司余干瓷土制造厂，1957年改为余干瓷石矿，严家岭井采矿作业至1985年，后遂停止开采。

三、古驿道

1.梅关与古驿道：梅关，位居梅岭巅，砖石构筑，坐南朝北，东西横卧，紧连山崖。现存关楼始建于宋嘉祐年间，关楼上方现镶嵌明万历年间南雄知府蒋杰题的石刻匾额，北书"南粤雄关"，南书"岭南第一关"。关楼南门有一副对联："梅止行人渴，关防暴客来。"关楼北面有闸门，闸门后设置关门，关门已毁，关门之南尚存门后两个拴孔。

梅岭古驿道，始通于秦汉，唐张九龄开凿扩展。古道从梅关向南北两边伸延，北连江西大余，南达广东南雄，全长40公里，道宽2至4米，以青石及鹅卵石铺砌而成，为古代沟通南北，联结长江、珠江水系的交通孔道，历代都有修补，并在路旁增植松、梅等树。

2.赣闽古驿道：该驿道位于上饶市铅山县鹅湖镇鹅湖村烟棚自然村，卵石铺筑，宽3米，长500米。是唐代以后闽至赣的官府大道，现还保留当时的地名。

3.**黄巢寨遗址**：位于上饶市铅山县鹅湖镇石桥村北偏西的石山顶上。现存残垣的四周寨墙为山石垒砌。高处1.1米，厚约0.7米。寨内有人工开凿的水塘。唐末黄巢起义军曾两度入信州（今上饶），此寨即为义军据信州时所筑。东可监视入闽古驿道，西可控制通向饶州（今鄱阳）的大道，南控信江。

4.**洲湖古驿道**：位于抚州市黎川县洵口镇洲湖村丰藻村小组，南北走向，由大小不等的石板和卵石铺就，始建于唐代，路宽1.6米，长约2公里，自洲湖经此驿道行程约20里可达闽赣关隘牛田关再到福建光泽，为古代驿道，保存完好。

四、历史文化名城名镇

1.**洪州城**：在唐代的基础上扩展了近一倍，共设16座城门。商业更加繁荣，当时许多富商大贾在洪州城筑起了豪华的住宅，与一些有势力的地方官僚豪绅，竞为奢侈。洪州城成为东南一都会，"地大物众，而四方宾旅之有事于其土者，又不绝于道路"。北宋王安石称洪州"中户尚有千金藏，漂田种粳出穰穰。沉檀珠犀杂万商，大舟如山起牙樯。输泻交广流荆扬，轻裾利履列名倡"①，部分反映了宋代洪州城交通发达、商业繁荣、百姓富庶的情况。

2.**赣州城**：隋开皇九年（589），州府取虔化水之名称虔州。南宋绍兴二十三年（1153）虔州改称为赣州，取章贡双江合流之意。赣州堪称一个宋城博物馆，可以说宋代是赣州历史文化最为辉煌的时期，这一时期赣州的政治、经济、商业和文化达到鼎盛，被誉为全国34座名城之一。保存到现在的宋代文物还很多，比如北宋嘉祐年间（1056—1063）知州孔宗翰"伐石为址，冶铁固之"，用石料、城砖修筑的至今仍长达3664米的宋代城墙，北宋嘉祐年间（1056—1063）州守刘彝创建的至今仍在发挥巨大作用的城内排水系统福寿沟，另几任州守刘谨、洪迈、周必正先后修建的西河、东河、南河浮桥，还有慈云塔、灶儿巷、南市街等等都是宋代的文化遗迹。作为江西的南大门，自从岭南商路在唐代开通之后，其商业经济愈来愈发展。以商税为例，据《宋会要辑稿·食货商税》载，宋神宗熙宁十年（1077），虔州的商税高达51229贯，比洪州商税额48741贯还多2488贯，在江南西路诸州的商税额中名列榜首。

3.**景德镇**：《宋会要辑稿·方域十二》载："江东东路饶州浮梁县景德镇，景德元年置。"元属江浙行中书省饶州路，元贞元年（1295）浮梁升为州。据蒋祈《陶记》记载："景德陶，昔三百余座。埏埴之器，洁白不疵，故鬻于他所，皆有饶玉之称。其视真定红磁，龙泉青秘，相竞奇矣。"清乾隆四十八年《浮梁县志·述旧》摘录吴极《昌南历记》谓："宋真宗遣官制瓷，贡于京师。应宫府之需，命陶工书建年景德于器底，天下于是知有景德器矣。"清乾嘉之际的蓝浦《景德镇陶录》卷五《历代窑考》称："景德窑：宋景德年间烧造。土白壤而埴，质薄腻，色滋润。真宗

---

① 王安石：《王文公文集》卷四十二《送程公辟之豫章》。

命进御瓷器,底书'景德年制'四字,其器尤光致茂美,当时则效著行海内。于是天下咸称景德镇瓷器,而昌南之名遂微。"宋元时期,景德镇已逐渐成为全国最大的瓷业烧造中心。元政府已在景德镇设置浮梁磁局,专管官窑瓷务,烧制"贡器"。

4.永和镇:地处吉安县东南隅,濒临赣江,可以上溯赣州,下达南昌。地形上低山丘陵绵亘数十里,对面赣江东岸有瓷土产地——青原山"鸡冈岭"。明代《东昌志》(手抄本)载:"永和名东昌,地旧属泰和,宋元丰间割属庐陵,遂以泰和为西昌,永和为东昌。东昌之名,肇于此。""及宋寝盛,景德中为镇市,置监镇司,掌磁窑烟火事,辟坊巷六街三市……附而居者至数千家。"到北宋元丰年间,永和由于瓷业繁荣兴盛,"百尺层楼万余家,连廒峻宇,金凤桥地杰人稠,鸳鸯街弦歌宴舞",已是"民物繁庶,舟车辐辏"的"天下三镇"之一,成为"舟东一大都会"的瓷城了。

当时永和街市,以今之桐木桥肖家为界,当地称之为"中市",往北为"下市",往南为"上市"。六街为瓷器街、莲池街、茅草街、锡器街、鸳鸯街和迎仙街(米行街)。这六街似专指六条繁华的主要街道,其他小街小巷应不包括。明《东昌志》所载"本觉寺"、"金凤桥"、"辅顺庙"、"清都观"、"金钱池"、"读书台"、"慧灯寺"、"智度寺"等名胜古迹大都可在永和《肖氏族谱》古迹图上见到。而《肖氏族谱》古迹图共载古街道和名胜古迹65处。

5.七里镇:位于江西赣州市东南郊4公里处,濒临贡江北岸,接近章江和贡江的交汇处,昔日是通向闽、粤的交通要道。这里水陆交通便利,瓷土和燃料资源丰富。七里镇窑自晚唐创烧以来,延续至宋元,曾鼎盛一时。所烧产品,种类繁多,釉色丰富,造型秀丽,工艺高超,在省内外享有很高的声誉,是江西的五大名窑之一。

据文献记载,赣县县城曾于晋义熙七年(411)在七里镇设县达142年。唐代晚期,由于窑业的兴盛,这里成了一座以制瓷业为主的手工业集镇。宋代鼎盛时期,七里镇居民6000人左右,成为江西南部最大的集镇。成书于北宋时期的《元丰九域志》一书就有"七里"之名。到了明代,由于竹木发达,上游于都、瑞金、宁都及三南各县的木材大量水运到七里镇一带,再从七里扎成木排通过赣江运到长江中下游各大城市,七里镇便成了赣南最大的竹木集散地,一批木材富商便在这里兴起,并开始在此建造规模宏大的住宅。七里古镇民居集中在上坊、中坊、下坊三个自然村,有50栋以上,并都建在贡江沿岸。七里镇民居大部分是明清时期建造,既有赣南客家民居的特点,又吸收江浙一带民居所长,大部分为三进式,配有天井、走廊、厢房、四边采用柱板、雕花木扇隔断空间,有的有石柱、对联。七里镇还有万寿宫、仙娘古庙和池家祠等三处市级文物保护单位。

附表二：江西宋元窑址登记表(依据第三次全国文物普查资料)

序号	名称	时代	流域	地址
1	拳头山窑址	宋	抚河	抚州市崇仁县三山乡庙前村
2	小陂窑窑址	宋	抚河	抚州市金溪县对桥乡朱家村委会潭溪徐家村小组
3	蛇形山窑址	宋	抚河	抚州市金溪县对桥乡庄坊村委会连家村小组
4	鸣山窑址	宋	抚河	抚州市金溪县石门乡邹家村委会鸣山村小组
5	凤形窠窑址	元	抚河	抚州市金溪县左坊镇后龚村委会后龚村小组东南方向的凤形窠山
6	东排窑址	宋	抚河	抚州市金溪县左坊镇江坊村委会东排村小组
7	东排窑嘴山窑址	宋	抚河	抚州市金溪县左坊镇江坊村委会东排村小组
8	西排窑址	宋	抚河	抚州市金溪县左坊镇江坊村委会西排村小组
9	里窑窑址	宋	抚河	抚州市金溪县左坊镇清江村委会里窑村小组
10	乌龟墩窑址	宋	抚河	抚州市金溪县左坊镇清江村委会清江村小组乌龟墩山上
11	红岩山古窑址	宋	抚河	抚州市南城县株良镇宏富村
12	云市窑	宋	抚河	抚州市南城县株良镇云市村
13	白舍窑遗址	宋元	抚河	抚州市南丰县白舍镇白舍村的丘陵地带
14	窑里坑窑址	宋元	抚河	抚州市金溪县石门乡长兴村委会长兴老村
15	林子窠窑址	宋元	抚河	抚州市金溪县石门乡礼庄村委会礼庄村
16	汤家窑址	元明	抚河	抚州市金溪县左坊镇汤家村委会汤家村小组
1	吉州窑遗址	唐末—明中后期	赣江	吉安市吉安县永和镇永和村桐木桥自然村
2	七里镇窑遗址	唐末—明初	赣江	赣州市章贡区水东镇七里村
3	鸦雀坡窑址	唐—北宋	赣江	九江市瑞昌市桂林街道办崩岸自然村幕山跑马垅与程家河自然村杨家垅交界处
4	东山坝古窑址	唐—南宋	赣江	赣州市宁都县东山坝镇大布村委会和里村小组
5	燕山窑遗址	唐—20世纪60年代	赣江	宜春市高安市华林山镇费家村委会燕山自然村
6	上甲古窑址	五代—宋	赣江	赣州市寻乌县文峰乡上甲村圆墩背村民小组
7	临江窑遗址	五代—明	赣江	吉安市青原区天玉镇临江村簸箕岭
8	渡田坑窑址	宋	赣江	赣州市全南县金龙镇东风村老纸厂临街路口左侧50米
9	民范窑址	宋	赣江	赣州市会昌县筠门岭镇竹村麻地峒组
10	彭家窑址	宋	赣江	吉安市青原区河东街道友谊村委会
11	山堂古窑址	宋	赣江	赣州市宁都县黄陂镇山堂村委会水甲村小组
12	芳洲村古窑址	宋	赣江	吉安市峡江县戈坪乡芳洲村委
13	刘家村刘家窑址	宋	赣江	吉安市峡江县水边镇北龙村委刘家村

续表

序号	名称	时代	流域	地址
14	山口窑址	南宋	赣江	吉安市永丰县潭头乡山口村南
15	碗泥岭窑址	宋—元	赣江	宜春市丰城市石江乡钳石村乡村公路旁
16	吴家村窑址	宋元明	赣江	吉安市新干县城上乡丰乐村委吴家村
17	窑里村对门山窑址	宋元明	赣江	吉安市新干县麦斜镇麦斜村委窑里村
18	元代青白釉窑址	元	赣江	赣州市宁都县固村镇三道村委会三道村小组
19	小洋旻窑址	元	赣江	赣州市宁都县固厚乡小洋旻村委会茶山村小组
20	杨园窑址	元	赣江	宜春市高安市杨圩镇横塘村委会园艺场
1	湖田窑址	五代至明	饶河	景德镇市昌江区竟成镇湖田村
2	黄泥头窑址	五代、宋	饶河	景德镇市昌江区竟成镇黄泥头村
3	杨梅亭窑址	五代、宋	饶河	景德镇市昌江区竟成镇杨湖田行政村梅亭自然村
4	白庙下窑址	宋	饶河	景德镇市昌江区竟成镇银坑行政村白庙下自然村
5	碓家坞窑址	宋	饶河	景德镇市昌江区竟成镇银坑行政村白庙下自然村东面
6	草坦上窑址	宋	饶河	景德镇市昌江区竟成镇银坑行政村草坦上自然村
7	红庙下窑址	宋	饶河	景德镇市昌江区竟成镇银坑行政村红庙下自然村
8	小坞里窑址	宋	饶河	景德镇市昌江区竟成镇银坑行政村小坞里自然村
9	郑家坞窑址	宋	饶河	景德镇市昌江区竟成镇银坑行政村郑家坞自然村
10	八角湾窑址	宋	饶河	景德镇市昌江区竟成镇银坑行政村郑家坞自然村南面的八角湾
11	丽阳窑址	元明	饶河	景德镇市昌江区丽阳乡彭家村与丽阳村之间
12	灵珠窑址	宋	饶河	景德镇市浮梁县寿安乡灵珠村
13	宁村窑址	宋	饶河	景德镇市浮梁县寿安乡宁村
14	大屋下窑址	宋	饶河	景德镇市浮梁县寿安镇大屋下村
15	丰旺古瓷窑址	宋	饶河	景德镇市浮梁县寿安镇丰旺村
16	凉伞树下窑址	宋	饶河	景德镇市浮梁县寿安镇凉伞下村
17	柳家湾窑址	宋	饶河	景德镇市浮梁县寿安镇柳家湾村
18	南市街窑址	宋	饶河	景德镇市浮梁县寿安镇南市街村
19	月山下窑址	宋	饶河	景德镇市浮梁县寿安镇月山下村
20	朱溪窑址	宋	饶河	景德镇市浮梁县寿安镇朱溪村
21	南门坞窑址	五代—宋	饶河	景德镇市浮梁县王港乡高沙村
22	洪家坳窑址	宋元明	饶河	景德镇市浮梁县王港乡洪家坳村

续表

序号	名　称	时　代	流域	地　址
23	白虎湾窑址	五代宋	饶河	景德镇市浮梁县湘湖镇白虎湾村
24	双河口窑址	宋	饶河	景德镇市浮梁县湘湖镇进坑村
25	塘下窑址	宋	饶河	景德镇市浮梁县湘湖镇塘下村
26	汪家村窑址	宋	饶河	景德镇市浮梁县湘湖镇汪家村山后
27	焦坑坞窑址	五代—宋	饶河	景德镇市浮梁县湘湖镇湘湖街
28	湘湖街槐树下窑址	宋	饶河	景德镇市浮梁县湘湖镇湘湖街500米
29	湘湖街古窑遗址	宋	饶河	景德镇市浮梁县湘湖镇湘湖街村
30	灵安古窑址	宋	饶河	景德镇市浮梁县湘湖镇湘湖镇灵安村
31	盈田古窑址	宋	饶河	景德镇市浮梁县湘湖镇盈田村
32	花儿滩窑址	宋	饶河	景德镇市浮梁县湘湖镇盈田村
33	山脚下窑址	宋	饶河	景德镇市浮梁县湘湖镇盈田村
34	绕南窑址	宋—明清	饶河	景德镇市浮梁县瑶里镇绕南村
35	丰源窑址	宋至明	饶河	景德镇市乐平市十里岗乡丰源村"三八"水库右侧灯盏山上
36	茶园塘窑址	宋元明清	饶河	景德镇市珠山区石狮埠街道徐家街社区
37	刘家弄窑址及古作坊	宋—民国	饶河	景德镇市珠山区太白园街道小路园社区
38	御窑厂遗址	元—清	饶河	景德镇市珠山区珠山街道龙珠阁社区
1	江村窑	唐—明	信江	上饶市铅山县鹅湖镇江村村江家自然村西南1公里
2	塘顶窑址	五代—宋	信江	上饶市玉山县下镇镇塘顶村
3	横峰窑址	北宋	信江	上饶市横峰县岑阳镇城郊村上窑口自然村
4	高庄凹里窑址	宋	信江	上饶市广丰县铜钹山镇岭底村委会高庄自然村
5	高庄芦苇墩窑址	宋	信江	上饶市广丰县铜钹山镇岭底村委会高庄自然村
6	高庄窑水桶凹址	宋	信江	上饶市广丰县铜钹山镇岭底村委会高庄自然村
7	盏窑	宋	信江	上饶市铅山县汪二镇杨箭村盏窑里自然村
8	艾门窑址	宋	信江	鹰潭市贵溪市余家乡坝上村委会艾门村小组
9	徐家麻子塘窑址	宋	信江	鹰潭市月湖区童家镇大塘村委会角山徐家村
10	藕湖古窑址	元末	信江	鹰潭市月湖区童家镇土桥村委会藕湖村
11	东川古窑址	元明	信江	鹰潭市月湖区童家镇东川村委会东川村
1	程子源窑址	唐宋	修河	宜春市铜鼓县大塅镇古桥村委会程子源自然村
2	九仙窑遗址	宋	修河	宜春市奉新县澡溪乡九仙村坳头组西北100米的山坡上

续表

序号	名称	时代	流域	地址
3	白沙坪元代窑址	元	修河	宜春市靖安县中源乡脑上村白沙坪
4	丫髻山窑址	宋元	修河	宜春市靖安县中源乡三坪村以西三公里处
1	南坑古窑址	宋元	萍水	萍乡市芦溪县南坑镇窑下村
2	老窑下窑址	宋—清	萍水	萍乡市芦溪县南坑镇窑下村老窑下组
3	龙碑头窑址	宋—清	萍水	萍乡市芦溪县南坑镇窑下村龙碑头组
4	陶家里窑址	宋—清	萍水	萍乡市芦溪县南坑镇窑下村陶家里5组
5	瓦子坳窑址	宋—清	萍水	萍乡市芦溪县南坑镇兆佳村瓦子坳
	高岭瓷土矿遗址			360222-0002
	三宝蓬瓷石矿8号井			360202-0028
	灵安瓷土矿遗址			360222-0038
	塘下古匣钵土矿遗址			360222-0039
	二、三矿区釉果矿遗址			360222-0005
	三宝村双坑芭蕉坞古瓷石矿遗址			360202-0051
	三宝蓬双坑瓷石矿遗址			360202-0088
	马鞍岭露天瓷石矿遗址			360202-0087
	大洲瓷土矿遗址			360222-0054

第四章 江西古陶瓷文化线路的鼎盛

景德镇在元代以后,已成为全国的制瓷中心。1368年,朱元璋推翻蒙元王朝的统治,建立了大明王朝,中国的陶瓷历史也随着元明朝代的更替,翻开了崭新的一页。明代以来中国的封建政治权力高度集中,社会相对稳定,经济得到一定的发展,明代晚期开始出现了资本主义萌芽。明王朝延续元代官窑制度在景德镇设置了全国独一无二的御器厂,不计成本地为皇帝生产优质御用瓷器,景德镇因此在制瓷史上取得了前所未有的成就,其产品质量达到了登峰造极的程度。在官窑的影响下,景德镇的民窑也进入了最为辉煌的发展时期,不仅生产数量巨大,而且产品质量也逐步达到了与官窑并驾齐驱的地步。随着窑业技术的进步和行业内部日愈细密的分工,景德镇制瓷业在明清时期开始向专业化、规模化发展,陶瓷生产作坊逐渐向景德镇城区集中,其陶瓷生产经济形态也逐渐发生变化,城市工商业发展水平不断提高,景德镇发展成为与当时朱仙镇、佛山镇、汉口镇齐名的全国四大名镇之一。"陶舍重重倚岸开,舟帆日日蔽江来"[①],就是对明清时期景德镇陶瓷生产与陶瓷贸易盛况的写照。

与此同时,全国其他地方名窑瓷器的生产却处于历史上最为萧条的时期。宋元时代北方著名的官窑、哥窑、汝窑、定窑、钧窑、耀州窑、磁州窑以及南方的越窑等,除磁州窑在明初还在烧造外,其他窑场都在明初熄火停烧。同样,南方的龙泉窑、建窑、吉州窑、赣州窑等名窑进入明清时期也先后倒闭。到明代中后期,除了浙江省的龙泉窑还在烧造青瓷,福建省的德化窑还在烧造白瓷,南方其他瓷窑要么倒闭,要么仿烧景德镇的民窑青花瓷,已没有自己的独特产品。清代虽然广东省的石湾窑以仿钧釉的蓝色、玫瑰紫、墨彩和翠毛釉等曾一度繁荣市场,但石湾陶与景德镇瓷器质地差异较大,对景德镇窑并没有形成竞争态势;清代湖南醴陵窑在中国陶瓷界也有一席之地,创制了釉下五彩装饰,使釉下五彩陶瓷艺术发展达到高峰。

---

① [明]缪宗周:《兀然亭》,清乾隆四十八年《浮梁县志》卷七。

然而由于醴陵窑烧制的产品相对较为单一,所以仍然难与景德镇窑丰富的陶瓷产品相比,其工艺成就远不能与景德镇窑相提并论。因此,景德镇窑代表了明清整个瓷业的最高生产水平,成为了天下无与伦比的"世界瓷都",郭沫若先生称:"中华向号瓷之国,瓷业高峰是此都。"景德镇其时所烧造的瓷器通过海上丝绸之路远销世界各地。

第一节　明清时期的线路鼎盛背景

明清时期景德镇不仅仅是中国的瓷都,作为当时代表中国制瓷最高技术水平和最大手工业城市的景德镇,也是当时的世界瓷都,这一时期烧造的瓷器通过海上丝绸之路远销世界各地,已成为全球化的产品,使江西古陶瓷文化线路达到了鼎盛。

一、御窑厂的设置奠定了景德镇的瓷都地位

明清御窑厂为历代皇帝烧造瓷器,集中了当时最优秀的工匠,垄断了最好原料,不惜成本烧造宫廷用瓷,使制瓷工艺技术不断提高,从而促进了景德镇整个制瓷业的发展。

据有关文献和考古资料证实,明清御器(窑)厂从明洪武二年(1369)设置至清宣统三年(1911),随着清王朝的覆没而停烧,其为两朝烧造宫廷用瓷达500余年。近年来考古调查发现,明御厂的分布范围约5.7万平方米。根据明万历二十五年王宗沐《江西省大志·陶书》记载:御器厂中为堂,后为轩为寝,寝后高埠有亭,堂之旁厢房,堂之左为官署大门,堂之前为仪门三,有鼓楼,有东西大库房,有各式作坊23座,如大碗作、酒钟作、碟作、盘作、印作、锥龙作、画作、写字、色作、匣作等。御窑厂之西为公馆,东为九江道,有风火窑、色窑、大小爁熿窑共计20座。御窑厂内有神祠,玄帝、仙陶、五显,御厂外神祠为师主。御厂有船柴厂屋10间,水柴厂屋九间,放柴厂87间,烧窑人役歇房8间。这是关于明御器厂最翔实、最完备的记载。清代御窑厂的规模大致与明代御器厂相似。从整个御窑厂布局来看,其生产功能全面,分布合理,规模宏大。近年来考古人员在明御器厂北麓发掘出六座明初葫芦窑、陶瓷作坊、院墙遗迹,在明御器厂西侧东司岭发掘出明代宣德、正统时期的缸窑、青窑炉十余处,这些遗迹可与文献相印证。[①]

为了保证给朝廷进贡优质瓷器,御窑烧造时不惜成本。据《明实录·宪宗实录》卷二六三载:"江西浮梁县景德镇内官监造瓷器,其买办供给夫役之费,用银数两,俱出饶州、广信、抚州之民。计其所费已敌银器之价。"可知当时官窑费用由饶州、广信、抚州三府三十县田赋支

---

① 北京大学考古文博学院、江西省文物考古研究所、景德镇市陶瓷考古研究所:《江西景德镇明清御窑遗址发掘简报》,《文物》2007年5期。

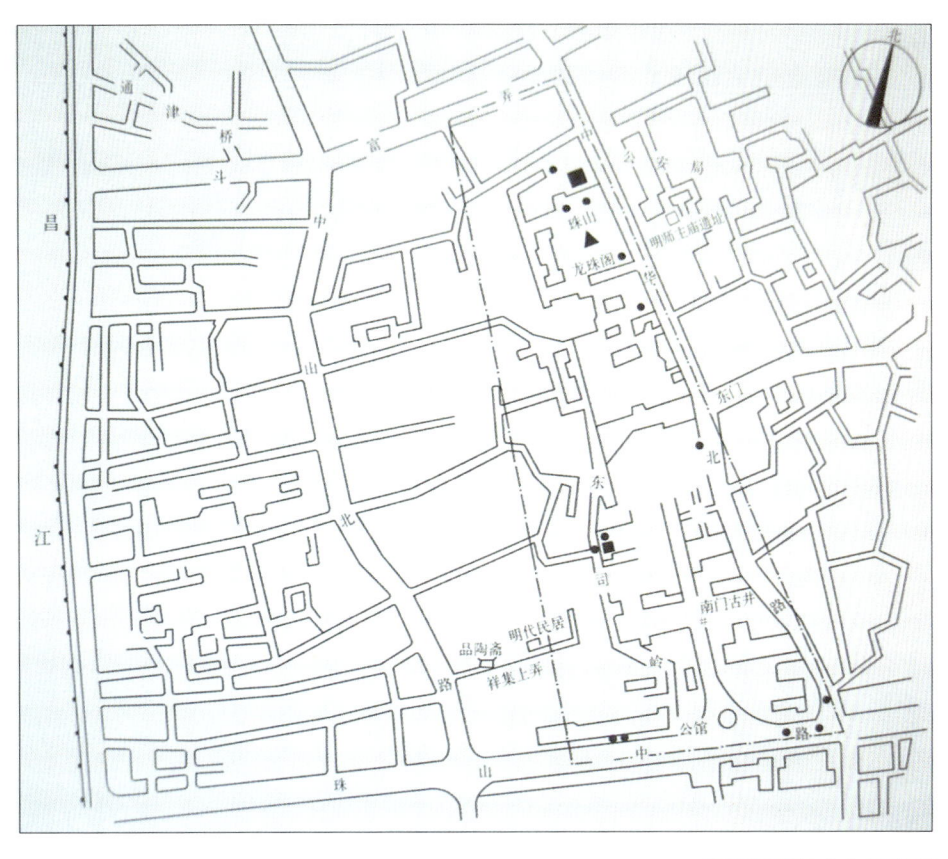

明代御窑厂分布示意图

清青花景德镇图

第四章 江西古陶瓷文化线路的鼎盛

出,耗资极为巨大。这种不惜成本地烧造方式,一方面使制品精益求精,另一方面也促进生产技术的改进和提高。

入明以后,景德镇御窑厂成为中国瓷业水平的代表,陶瓷生产在沿袭元代风格和工艺基础上,又有更多的发展和创新。无论在造型、胎釉和纹饰装饰上,都有崭新的面貌。清代康雍乾三朝堪称盛世,御窑厂烧造规模不断扩大,其时制造的产品有钦限、部限瓷器,除宫廷使用外,亦供帝王赏赐皇室贵族之用。清官窑的制造不论是产品的数量、质量还是技术工艺,都达到了登峰造极的水平。

明初葫芦窑遗址

御窑厂特殊的督陶官制度保证了陶瓷工艺水平的提高。随着明御窑厂的设立,官窑管理制度也开始确立,官窑的最高管理者——督陶官也应运而生。他们伴随着官窑的存在而始终,并对官窑的烧造产生重大影响。明代以来,随着官窑管理制度的不断完善,督陶官来景德镇督陶日益增多和频繁,并成为一种定制。据载,洪武三十五年(1402),命工部员外郎段廷珪督理窑务。有明一代,督陶官多由中官担任。明洪熙间(1425)中官少监张善"始祀佑陶之神",建师主庙于御窑厂内,宣德官窑烧造规模宏大,产品精美,成为一代名窑,这与宣德帝改由营缮所丞监陶,专督工匠烧造有关。成化时期"饶州(御窑厂)烧造御器,必命内臣监督"。嘉靖以后,督陶官一改前代督造制度,由中官和地方官轮番佐理窑务,监督烧造御器。清代鉴于明朝以中官督陶"借以上供名,分外苛索"之弊,因此选派督陶官较为慎重,史有臧窑(臧应选)、郎窑(郎廷极)、年窑(年希尧)、唐窑(唐英)之说,在官窑烧造史上留下许多著名产品,如郎窑红等,其中尤以唐窑称著。清代视明代中官督陶制度为弊政而革除,由朝廷直接派员充当督陶官。乾隆以后,以榷九江关使管理,并以饶州同知,景德镇巡检司监造督运,遂成定制。雍正时则有内务府总管年希尧督理淮安板闸关兼景德镇事务,唐英以内务府员外郎奉命驻厂协理窑务。唐英在督理景德镇官窑期间,"杜门谢交游,聚精会神,苦心戮力,与工匠同其食息者三年","向之唯诺于工匠意旨者,今可出其意旨唯诺于工匠矣"。唐英在督陶过程中,自己掌握陶冶技术,实行了比较进步的陶务政策和管理方法,所以此时官窑烧造技术有了空前提高,在官窑技术提高的带动下,刺激了景德镇整个制瓷技术的发展和城市的繁荣。

官窑工匠制度官窑的生产发挥了一定的作用。明代中前期御窑厂工匠实行轮班匠制,其人身依附关系有所减轻。明代后期御厂的匠役制由轮班匠制向雇役匠制转变。轮班匠制是御窑厂劳役制的基本形式,班匠来自"籍匠户例派",万历《江西省大志·匠役》:"上班匠,籍匠户

明初御窑厂瓷片堆积坑

明宣德斗彩鸳鸯莲池纹盘

明成化青花龙纹盘

例派,四年一班,赴南京工部,上纳班银一两八钱。遇蒙烧造,拘集各厂上工,自备工食。"班匠的人数,明万历《江西省大志》载御窑厂"官匠凡三百余名",有23作334名工匠。除班匠制度外,明正德以后还实行编役匠,这是劳役制的一种变形。所谓编役其实是正德间雇募的工匠被编强迫服役。班匠只有月银,雇募匠有雇值。清雍乾时期,御窑厂全面施行雇役经济管理形式。围绕贯彻按工给值、按价支赏的原则,其内容主要为:建立比较完整的瓷务清册制度,窑工银的专项保证,雇役匠的全面实行,次品御瓷的变卖,官搭民烧制的施行。这种不同时期实行的特殊的官窑工匠管理制度,对官窑的生产起到一定的作用。这些官匠在这种特殊的管理制度下从事烧造活动,在产品中留下了他们智慧创造的印记。

优质原料和严格拣选使官窑瓷器成为当时一流产品。明清时期的御窑厂控制了最好的制瓷原料,从文献记载来看,景德镇瓷用原料被朝廷独占并宣布为"御土"始于元,明清时期把这类瓷土作为官业——"官土"来对待,是从元代继承而来。明清时期包括青花料和釉上彩原料等原料也均由官府控制着,这为保证官窑生产高质量的瓷器创造了必要的条件。

明清官窑对其产品有严格的拣选与管理制度,明早中期官窑对落选或多余产品实行严格摧毁制。近年来考古工作者对明清御窑厂遗址进行过多次清理发掘,发现明代多处官窑瓷器集中摧毁与掩埋坑遗迹,如2002—2003年由北京大学、江西省考古研究所、景德镇陶瓷考古研究所在珠山北麓发掘的明初官窑掩埋坑遗迹等。这些坑是有意识地挖掘而掩埋捣碎的瓷器的,从这些被摧毁的出土遗物看,有的是没有瑕疵的贡余品,有些是微有瑕疵的次品。如明御厂遗址曾出土一件成化官窑青花龙纹盘,该器青花发色、器型都较好,只是龙爪画成六爪便被摧毁。这些都很精美的瓷器最后也成了被摧毁的对象,由此看来明代官窑对产品的拣选是极严格的。清代以后御窑厂对贡余品处理方式有所改变。清代雍正六年,督陶官唐英上奏折,请求皇上批准多余贡品折价变卖,皇帝批准除黄色和龙纹等瓷器外,均可变卖。这时的官窑部分产品才有可能流到民间。清代官窑对产品的拣选也是非常严格的,对次品的处理方式和明代一样,也掩埋在御窑厂内。明清官窑对其产品的严格拣选与管理制度,保证了官窑产品质量,体现了当时制瓷的最高水平。

二、明代官搭民烧制度促进了景德镇窑业的进步和繁荣

明代开始实行的官搭民烧制度,改变了御窑厂独烧御器的局面,使民窑产品能进入宫廷,这大大地促进了景德镇整个窑业的进步与繁荣。据《明实录·英宗实录》载,正统元年,浮梁民陆子顺一次向北京宫廷进贡瓷器五万余件,这揭示了正统初年官窑曾一度停烧,而民窑承担了官窑向朝廷贡瓷的任务,这是明代官搭民烧的最初形式。明嘉靖时期景德镇民窑开始出现"官搭民烧"的制度。据载,明代嘉靖以后,因厂官裁革不常,除厂内自烧官窑若干座外,余者均散搭民窑烧。当时御瓷烧造有两种:一种是钦限瓷器,一种是部限瓷器。官窑烧的是部限瓷器,民窑烧的是钦限瓷器,部限瓷器解运无常,生产出来的瓷器带有商品性质。官搭民烧不是任何窑可以搭烧,而是要经过选择,当时叫它"青窑"。据载"厂器尽搭此窑烧,民户亦有搭烧者"官搭民烧,本有赏给银两、定烧赔造等规定,在搭烧时,"其能成器者,受嘱而释之。不能成器,责以必办,不能办,则官窑高价以市之"。明代后期御窑厂工匠怠工,其劳役经济的管理落后形式,难以完成官窑烧造任务,御窑厂开始招募民窑高手,其大碗、酒钟、锥龙、画作等依赖民窑,为了完成烧造任务,"官派民烧"、"官搭民烧"由"一时之权法"成为制度。明万历《江西省大志》卷七《陶书》:"旧厂本长凡遇部限瓷器,照常烧造,不预散窑。惟钦限瓷器数多限逼,一时凑办不及,则分派散窑,择其堪用者凑解,固一时之权法也。""今遇烧造,官窑户辄布置民窑。""隆万时,厂器除厂内自烧官窑若干座外,余者已散搭民窑烧。"这种官搭民烧制度一直延续到清代。官搭民烧制度一方面对民窑进行了盘剥,另一方面又刺激了民窑的生产

康熙珐琅彩花卉纹碗

康熙珐琅彩瓶

康熙珐琅彩盘

雍正珐琅彩碗

雍正粉彩花卉纹瓶

发展和技术的进步,使民窑生产在注重产品质量的同时,千方百计提高陶瓷工艺制作技术。

清代延续官搭民烧制度,不间断地为宫廷提供产品,这给民窑生产带来活力。康、雍、乾时期,景德镇窑业"民窑二、三百区","工匠人夫不下数十余万"。景德镇瓷器生产达到了历史的高峰,进入了瓷器的黄金时代,和明代一样,代表了当时全国制瓷最高水平。瓷器产品"行于九域,施及外洋",民窑烧造的五彩、硬彩、粉彩、青花瓷、颜色釉瓷等提供给宫廷并大量外销,成为景德镇瓷业经济主要支柱。特别是这一时期烧造的青花和釉里红瓷器,高温色釉瓷器都有创新与发展。清代中后期以后,浅降彩是清中期民窑烧造的一个著名产品,该产品是以黑色釉上彩料绘制花纹,再染上淡赭和极少的水绿、草绿与淡蓝新彩,经低温烧成,使其瓷上纹饰与纸绢上浅降近似的一种瓷画制品。彩画的题材不仅有山水,还有人物、花鸟、走兽之类,这类产品是景德镇陶瓷史上的一次创新,它第一次把中国画最直接地移植到瓷器上。清代瓷器的纹饰和画风,已趋于中国画风格,瓷器上所绘山水、人物、花鸟均模仿中国画,其款识、题词、书法也有中国画风格。景德镇从此出现了一种新生的从事瓷艺的劳动力,这批陶瓷艺人改变了以往景德镇制瓷工匠的成分,将陶瓷产品推向更高的艺术水平,这类产品在整个清代的民窑生产中占据了景德镇陶瓷产品中的主要部分。而且,由于这种产品有精粗的不同,为适合宫廷和社会不同阶层的需要,产量大,市场广阔,使得在清代中后期整个社会政治暗淡、经济日渐凋敝情形下,景德镇的民窑陶瓷生产还保持着顽强的生命力。

三、发达的城市经济扩大了外销瓷的生产规模

景德镇在明代已成为江南地区最著名的手工业城市,城市商品经济非常发达。当时聚集在景德镇的商人有徽州商人、江浙商人和江右商人。城市的繁荣是建立在瓷业生产的基础之上的,景德镇不仅是周边地区农副产品的集散地,而且以"瓷业中心"这样的手工业城市而闻名于世。在晚明时期这个当时相对安定的江南小镇,在北方战乱不息,内陆市场萧条的情况下,海外贸易却发展迅速,瓷器外销为明朝带来巨大经济效益,成为中世纪中国最著名的瓷器手工业城市。从刊行于明天启七年(1627)冯梦龙写的小说《一文钱小隙造奇冤》中,可以窥见当时景况。小说描写了一个发生在晚明时期景德镇的故事,文中描写道:"话说江西饶州府浮梁县,有景德镇,是一个马头去处,镇上百姓,都以烧造磁器为业,四方商贾,都来载往苏杭各处贩卖,尽有利息,就中单表一人,叫做邱乙大是一个窑户一个做户。浑家杨氏,善能描画,乙大做就磁胚,就是浑家描画花草人物,两口俱不喫空。住在一个冷巷里,尽可度日有余。"[①]书中还描写了酒店老板、伙计、打铁匠、本镇大户等,展现出一幅繁华而广阔的城市画面,透露出一般浓厚的都市气息。书中谓邱乙大住在冷巷里,说明本镇还有热巷(繁华)之处。这

---

① 冯梦龙:《醒世恒言》,人民文学出版社 1956 年版,第 708—737 页。

与明王世懋《二酉委谭》记载的景德镇繁荣景象极为吻合:"景德镇官窑设焉,天下窑器所聚,其民繁富甲于一省,余尝以分守督运至,其地万杵之声殷地,火光烛天,夜令人不能寝,戏目之曰四时雷电镇。"它们所描写的当是晚明时期景德镇城市经济繁荣发达的真实景象。明清时期景德镇瓷业经济发达,广泛吸引了外来文化和技术,促进了与周边地区乃至世界许多地区深入交流,在很大程度上扩大了陶瓷外销与生产规模。

四、专业化、规模化的陶瓷生产使外销瓷产品日益丰富

明清时期,陶瓷行业的分工更细。从大的方面划分,有烧、作两行;从行业特性上分,有圆器、琢器、烧作、白土(瓷土)、匣钵、彩绘、瓷行等。从这些门类中又有很多专业分工,这种分工形式为景德镇所独有。圆器是专门生产日常生活用瓷,品种为碗、盘、杯、碟、盅等,其中碗为大宗,因其器型均呈圆形,工艺流程为拉坯、印坯、利坯、刹合坯、剐坯及画坯,工序基本相同,该行业是景德镇制瓷业中的主流。琢器是景德镇制瓷与圆器并列的两大行业之一,产品为瓶、缸、壶、坛、罐及异形器等,由于其产品多非辘轳车上拉坯成型,大多采用雕琢黏合而成,因而琢器业又分粉定、大件、官盖、描坛、淡描、滑石、雕削七大行业。在这七大行中,又细分出许多工种,如粗分的话,有陶泥、练泥、做坯、整坯、利坯、纳水、汤釉、补水、接耳嘴、画青花、蘸釉、剐底写款、装匣等,每一个工种都是固定的,而只有这固定的作业组合完成后,才能烧制好一件瓷器。烧作有具体分工:烧窑有把庄、佗坯、加表、收兜脚、老小伙手、打杂、推匣屑、三伏半、二伏半,满窑店工人,另有建窑、挛窑行当。匣钵、瓷商、彩绘各行都有许多工种。而制坯和烧窑的辅助行业也很多,如青花料、摸利店、坯刀店、车盘店、毛笔店、窑砖山、窑柴行、红店、洲店、细金店、颜料店、烧红炉等等。清代在明代基础上进一步发展,城区"延袤十三里许,烟火逾十万家,陶户与市肆当十有七八",清代城区内坯坊、窑坊、红店(从事釉上彩绘与经营)、民居、商铺、错落其间。这种特有的行业分工保证了行业内部的稳定,防止各行业无序竞争,同时,由于分工细化,在技能培养方面缩短了训练时间,减少了劳动力成本,有利产品竞争,使景德镇陶瓷生产有利和健康地发展。这种分工形式为景德镇所独有,使景德镇陶瓷生产走上了专业化和规模化的发展道路,为满足世界各地的不同需要,如为了满足客户对瓷器品种、器型、花纹的不同需要,做到了在生产规模和技术有保证。可见,明代以来这种行业特殊分工形式,对景德镇窑业产生深远影响,使外销瓷产品日益丰富,促进了外销瓷生产繁荣。

五、大航海时代为景德镇开辟了广阔的外销市场

大航海时代,指从15世纪到17世纪欧洲的船队出现在世界各处的海洋上,寻找着新的贸易路线和贸易伙伴,以发展欧洲新生的资本主义。欧洲人发现了许多当时在欧洲不为人知的国家与地区。欧洲涌现出了许多著名的航海家,有哥伦布、达伽马、卡布拉尔、迪亚士、德莱

昂、麦哲伦等。伴随着新航路的开辟,东西方之间的文化、贸易交流开始大量增加,殖民主义与自由贸易主义也开始出现,对世界各大洲在数百年后的发展也产生了久远的影响。

大航海时代首先表现在航海技术的进步上,航海技术的发展为瓷器运输提供了前所未有的便利。明初景德镇青花瓷在海外大量的出现,便是明初活跃的对外交流的盛况空前反映。曾跟随郑和下西洋的随行人员对此多有记载,如马欢《瀛涯胜览》、费信《星槎胜览》以及《郑和航海图》等史籍中,有较为充分的反映。当年下西洋经历亚、非大约30多个国家和地区,所到之处大都是港口,包括占城(今越南南部)、爪哇(今印度尼西亚)、暹罗(今泰国)、满剌加(今马来西亚马六甲)、苏门答剌(今印度尼西亚)、锡兰(今斯里兰卡)、柯枝(今印度科钦)、古里(今印度卡里卡特)、溜山(今马尔代夫)、祖法儿(今阿曼佐法儿)、阿丹(今也门亚丁)、榜葛拉(今孟加拉)、忽鲁谟斯(今伊朗霍尔木兹)、天方(今沙特阿拉伯麦加)、木骨都束(今索马里摩加迪沙)、卜剌哇(今索马里布腊瓦)、麻林(今肯尼亚马林迪)、比剌(今莫桑比克)以及孙剌(今莫桑比克索法拉河口)等等。[①]关于郑和船队的贸易活动,在埃及马木鲁克王朝史料中也有记载。马格里兹在他的《道程志》中记述了希吉来历835年(宣德七年)郑和第七次远航船队的数艘船到达印度海岸,其中两艘到达阿丹港时,明确有用"(载来的)陶器、丝绸、麝香等商品"进行交易的记载。

日本学者三上次男的调查研究显示,在伊朗东北部的大城市马什哈德(麦什特)的博物馆、德黑兰考古博物馆、大不里士的阿塞拜疆博物馆、阿富汗喀布尔的商店、印度孟买和海德拉巴的博物馆以及斯里兰卡科伦坡博物馆、马来西亚沙捞越古晋博物馆、印度尼西亚雅加达国立博物馆以及土耳其伊斯坦布尔托普卡普博物馆,都有约15世纪初的中国青花瓷收藏[②],这些瓷器都是明初外销瓷的遗物。

中国瓷器沿阿拉伯海西运,到达伊朗各港口和内陆地区。在北非,曾在开罗进行过调查的霍布森说:"在开罗周围到处散布着青花瓷片"。根据我国学者马文宽、孟凡人统计,在非洲约有17个国家和地区,200多个地点发现中国古陶瓷,散布的地域广阔,数量惊人,瓷器种类丰富,延续时间很长。而非洲出土中国古陶瓷各遗址中,几乎都发现有景德镇明代青花瓷。[③]

在东非,索马里、肯尼亚、坦桑尼亚等地,也都有景德镇明清时期青花瓷的发现。肯尼亚的安哥瓦纳位于塔纳河口之北,是东非最有代表性的古城遗址。遗址内有两座大清真寺,还有小清真寺和一些墓葬。1953—1954年柯克曼在这里发掘出土许多元、明时期的青瓷和明

---

① 关于郑和所到之处,参见马欢《瀛涯胜览》、费信《星槎胜览》、巩珍《西洋番国志》、《明太宗实录》、《郑和航海图》以及《明史》等史籍。

② [日]三上次男:《陶瓷之路——东西方文化接触点的探索》,文物出版社1984年版,第89、150—151、171、173、186、204、220页。

③ 马文宽、孟凡人:《中国古瓷在非洲的发现》,紫禁城出版社1987年版,第37、47页。

代青花瓷。特别是在清真寺八号柱墓附近有一件明永乐时期的青花瓷碗。他还在马林迪发现了两座15世纪时的柱墓,墓壁上镶嵌着青瓷、青白瓷和青花瓷碗,是14—16世纪的产品[①]。到了明代晚期,景德镇瓷器通过荷兰东印度公司销往日本、南亚、欧洲等广大地区,成为名副其实的全球化商品。明清时期景德镇外销瓷,已经逐步取代了中国其他窑场的传统青瓷、白瓷外销,成为中国外销瓷的主流,是世界最早的全球化商品。

第二节 明清时期江西的制瓷成就

一、明清官窑制瓷工艺的创新和发展

有明一代,官窑生产了许多精美的瓷器产品,为后世留下了无数瑰宝,在中国陶瓷史上留下浓墨重彩的篇章。如永乐青花、甜白瓷,宣德青花和铜红釉,成化的斗彩,万历的五彩等都是一代珍品。

官窑生产到了明代又进入一个新的阶段,明代以前以青瓷为主,而明代之后以青花、斗彩、五彩、白瓷为主要产品。永乐、宣德时期的青花瓷器,虽然比不上甜白、脱胎的精致,但由于苏泥渤青钴料的输入使用,使这时期的青花大放异彩,画工的艺术修养很高,利用青料的散晕,作没骨花卉的笔法,产生水墨的趣味,有的利用线条上不同浓淡,产生活泼的变化,显得生动有力,元代官窑风格的图案,加上中国绘画题材的运用和布局,是永、宣官窑的特征。成化、正德青花瓷改用平等青,色调比不上永乐、宣德青花浓郁,更无散晕水墨效果,所以另外朝着加彩或细致表现的方面发展,绘画手法力求精练,细描匀染,加上白瓷薄胎,达到精致的效果。嘉靖、万历年间青花瓷回青的使用,色彩浓艳而强烈。万历年间有名的五彩、斗彩,成为后世彩瓷发展的基础,同时又有红地黄彩、蓝地黄花、红地青花、黄地青花五彩、描红等各式彩瓷,品种十分丰富,明代开始瓷器进入了彩绘世界。

清代陶瓷产品在明代基础上有了进一步发展,产品更为丰富,尤其是色釉瓷、釉上彩瓷得到空前发展。

康熙时期出现了中国釉上彩又一个高峰,主要成就表现在康熙五彩、康熙三彩、珐琅彩。珐琅彩始于康熙中晚期,盛于雍、乾两朝,它是由铜胎珐琅移植而来,故又称"瓷胎画珐琅"。珐琅彩瓷,先在景德镇烧成瓷坯或精细白瓷,然后在清宫内务府造办处作珐琅,彩烧而成,所用彩料,雍正六年以前用进口珐琅料,雍正六年以后,宫廷自制珐琅彩料,它是在学习西方技术的基础上改进和发挥的陶瓷新产品。粉彩是康熙晚期,在五彩的基础上,受珐琅彩直接影响,利用进口的金红,创烧而成的。其特点是改变了古彩那种单线平涂的生硬色调,而可以分

---

① 参见刘岩、秦大树:《肯尼亚滨海省格迪古城遗址出土中国瓷器》,《文物》2012年第11期。

别明暗、渲染接色，使每一种颜色都有丰富的层次，显得柔和而俊雅。粉彩以雍正朝最著名，雍正粉彩不仅有白地彩绘，也有珊瑚红地、淡绿地、酱地、墨地等各色绘彩。乾隆粉彩仍有很大发展，凡胭脂红花朵大多勾茎，改变了以前简单的渲染手法，图案花纹趋于繁缛，由于粉彩多为进口原料，其所施彩也属西洋艺术特色，故乾隆时粉彩又有"洋彩"之称。清代烧造的郎窑红也名盛一时，系指清代康熙年间江西巡抚兼御窑厂督理郎廷极为主持景德镇窑务时所烧的一种铜红釉瓷器，故称郎窑。郎红当仿自宣德祭红釉，但又独具特色，其色调深艳，似初凝牛血一般鲜红，釉层清澈透亮，郎窑红对烧成气氛，温度要求很严，民谚谓："若要穷，烧郎红。"豇豆红是康熙后期出现的似豇豆颜色的铜红釉类瓷器，釉质匀净细腻，色调淡雅，含有粉质。红釉中散缀有因烧制时氧化还原不同形成天然绿色苔点。釉色有上下高低之分。上乘者，名为"大红袍"或"正红"，釉色明快鲜艳，通体一色，洁净无瑕。居中者，釉如豇豆皮，含有深浅不一的斑点，甚是柔和悦目。有的器身或口沿露出"缺陷美"的绿班苔点，今称为"美人醉"或"美人霁"。色调再浅些称为"娃娃面"或"桃花片"，虽不如深者美艳，但却有幽雅娇嫩之态。下品者，或色调更浅，或晦暗浑浊，名为"乳鼠皮"或"榆树皮"。至于器身呈灰黑不匀的"驴肝、马肺"色，与器下部虽黑釉焦泡的一类，为最次品。豇豆红无大器。常见为文房用具，如太白尊、石榴尊、菊瓣瓶、柳叶瓶、洗、印盒等，这些产品都是具有很高艺术水平的官窑产品。胭脂水，又称粉红釉，金红、洋红、胭脂红等，也是工艺价值很高的产品；胭脂水是一种紫色调的粉红色，以金为着色剂，在800~850℃的低温中烤烧而成。该色料康熙间由欧洲传入我国，并用于装饰瓷器。雍正、乾隆时广泛使用，传世品中以雍正时期最佳。胭脂水清代各个时期多有烧制，制品多为小杯、碗，或为瓶罐类的色地。珊瑚红指始于康熙盛于雍正、乾隆的一种低温的铁红釉。因其呈色红中闲黄，以吹釉法施彩，施釉薄而细匀，色调沉着含蓄，光润艳美。清代康熙朝开始，除生产一色的珊瑚红杯、碗、瓶外，还用作地色，有珊瑚五彩、珊瑚红地描金、珊瑚红地粉彩、珊瑚红地盖雪等品种。所有这些都标志着景德镇官窑产品已到了登峰造极的地步，代表当时最高制瓷水平。

明清时期在烧造工艺上也有许多创新。明代初期开始使用葫芦窑，明代宋应星《天工开物》中记载，其状似卧地葫芦而得名。景德镇珠山明御窑厂遗址北麓出土一明初葫芦窑，该窑由窑前工作面、窑门、火膛、前室、后室、护窑墙等组成，用楔形砖砌成。窑床前低向后渐高，倾斜度8~10度，整体斜长10余米，前室宽3.2~3.78米，后室宽1.8~2.5米。窑门呈八字，火膛平面呈半圆形。这种窑炉明代早期官民两窑都在使用。清代初开始使用镇式窑（蛋壳式窑），该窑以构造奇特、装烧精妙而著称。以其特定的还原气氛，使釉面白里泛青，富有玉感，可较好地烧制出青花、青釉及各种名贵色釉瓷。在还原焰中，铁元素可烧制出青绿色，铜元素则可烧成红色，镇式窑擅长烧还原焰。这种窑容积大，近250平方米，窑内长18米，最高点5.6米，最宽点4.6米，如此巨大的窑体内，装烧以适应各种温差较大、气氛各异的白瓷、青瓷、青花、高中温颜色釉瓷的烧成,实为一大创举。这种窑应吸收了北方馒头窑、景德镇葫芦窑技术特点,参照南方龙窑而演进为平焰窑,从其结构形式、砌筑技巧、保温节能、省工、省料等诸方面,都有其独特之处。18世纪以来对欧洲窑炉的发展,产生了巨大影响。镇式窑从清初开始一直沿用至今。在景德镇明代御窑厂还出现了一种瓷质套钵法,此方法是在普通匣钵内再装一瓷质钵,瓷钵内装烧瓷胚,瓷钵内装烧方法是将一瓷质垫饼放置一垫砂层上,再在瓷垫饼上放置瓷坯,尔后用盖钵盖合置于匣钵内烧造。采用该法能减少的瓷器焙烧时的落渣现象,在保证重功彩饰的青花瓷成功率起了一定作用,但同时提高了瓷器的烧造成本,据研究该类套钵只能使用一次。此方法明正德官窑仍在使用,嘉靖以后则少见有套钵装烧瓷器。这种瓷套钵装烧法在中国窑业史上也是罕见的。综合考察明清时期官窑制瓷工艺的创新和发展,其具体表现在:

1. 釉彩品种的烧造"无所不能"。

洪武时期,因天下初定,官窑刚刚恢复生产,瓷器的釉色品种还不是很多。主要沿袭景德镇元代官窑烧造的品种,以釉里红、高温红釉、枢府卵白釉瓷较为常见。其他如青花瓷、青白瓷、高温蓝釉、酱釉和黑釉瓷等也有烧造。到永宣时期,官窑生产已进入繁荣昌盛的时代,不但可以烧造出宋元时期各大名窑的瓷器釉色品种,而且在技术上更进一步,质量上更胜一筹,并且创烧了许多前所未有的新的釉色品种。如果按瓷器釉、彩方面来分类,当时烧造的品种有:

釉类。(1)高温釉:甜白、影青、天青、宝石蓝、鲜(祭)红、紫金釉及仿宋名窑的仿紫定、仿汝、仿哥、仿龙泉、仿建窑天目及茶叶末釉等;(2)低温釉:浇黄、洒蓝(雪花蓝)、孔雀绿、瓜皮绿等。

彩类:(1)高温彩:青花、釉里红、酱彩、铁红彩、青花斗釉里红、宝石蓝地白花彩;(2)高低温结合彩:青花斗彩、青花填黄、青花填矾红及青花孔雀绿彩等;(3)低温彩:单纯矾红彩、釉上绿彩及黄地填绿釉彩等;

到清代的康熙、雍正、乾隆所谓的"清三代"时期,景德镇御窑厂烧造的瓷器,在釉色方面可谓是"仿古采今,诸色兼备"。除青花、五彩等传统产品大量仿制外,还发展了瓷胎画珐琅和被后人所称的"粉彩",以及水墨彩等品种。唐英的《陶成纪事碑纪》中在介绍仿制历代古名窑的釉色和装饰工艺的同时,还指出了新创制的以下品种:法青釉(系新试配之釉,较霁青浓红深翠,无橘皮棕眼)、西洋色紫器皿、抹银器皿、彩水墨器皿、山水、人物、花卉、翎毛仿笔墨浓淡之意、浇黄五彩器皿(此种系新试所得)、洋彩器皿(新仿西洋珐琅画法,人物、山水、花卉、翎毛无不精细入神)、新制仿乌金釉,黑地白花、黑地描金二种、新制西洋乌金器皿、新制抹金器皿。

《景德镇陶录》卷五"乾隆年唐窑"条也说:"又仿肖古名窑诸器,无不媲美。仿各种名釉,

清乾隆粉彩镂空瓶　　　　　　　乾隆锦地开光花鸟图蟠耳瓶

清乾隆钧釉双耳瓶　　清乾隆粉彩花鸟连体瓶　　乾隆红地课子图碟

乾隆窑变釉瓶

明永乐白釉三足器座

明永乐白釉三壶连通器

明成化三彩鸭形香熏

明成化青釉觚

无不巧合。萃工呈能，无不盛备。又新制洋紫、法青、抹银、彩水墨、洋乌金、珐琅画法、洋彩乌金、黑地白花、黑地描金、天蓝、窑变等釉色器皿。土则白壤而埴，体则厚薄惟腻，厂窑至此集大成矣。"远至宋代各地名窑，近至明代景德镇御窑，几乎无釉不仿，瓷器釉色品种多达50多种。

由于景德镇窑什么釉色品种的瓷器都能烧造，而且烧造质量也比其他窑场的好，全国各地不少窑场纷纷败下阵来，景德镇的瓷器产品几乎独占了全国的主要市场，中国的瓷业生产也就由宋代的"百花争艳"几乎变成了景德镇"一花独放"的局面。

明成化斗彩花鸟杯 　　　　　　　　　明成化斗彩葡萄纹杯

明成化斗彩鸡缸杯

清雍正珐琅彩碗

2. 器型装饰的设计"无奇不有"。

明代初年,景德镇官窑为郑和七下西洋烧造了许多充满伊斯兰风情的瓷器,这些瓷器造型奇特,仿自14世纪伊斯兰金属器,且装饰纹样也具有伊斯兰风格。从造型看,目前常见的永乐甜白瓷有白釉荷叶盖罐、甜白釉盘口长颈瓶、白釉三壶连通器、白釉浮雕莲瓣纹束腰三足座、白釉单把罐、白釉双耳扁壶、白釉八方烛台、白釉军持、白釉鸡心扁瓶、白釉方流鸡心壶、白釉方流直颈执壶、甜白釉折肩深腹执壶、甜白釉四系矮壶、甜白釉花口洗等,堪称一代之绝品。永、宣青花瓷中也有许多伊斯兰造型的产品,有的青花纹饰则直接采用阿拉伯花纹装饰瓷器。如果观察成化官窑瓷器,其产品造型若按使用功能粗略划分,便有以下几类:(1)日常生活类。碗、盘、碟、靶盏、高足杯、小杯、茶盅、劝盘小杯及天字盖罐等。(2)文房与花园器。各式调色盒、水盂、带托花盆、长方形花盆、海棠形水仙盆、鸟食罐等。(3)陈设实用器。长颈瓶、鹤颈瓶、卷耳香炉、鬲式炉、桶形香薰、鸭形香薰等。(4)祭器类。簠式炉、觚等。可见官窑瓷器器型是十分丰富的。明清以来的官窑瓷器不仅包含上述几类造型外,且每个时代却有新的创新和改进。如有的造型仿自金银器,有的仿之漆器,可以说瓷器的造型无奇不有。

3. 瓷器质量的烧造"无所不精"。

明清时期的景德镇官窑生产不惜工本,产品精益求精,严格挑选,代表了当时中国制瓷最高水平。据《明实录》载,明成化官窑的制瓷费用,耗资极为巨大,有一件瓷器"计其所费已敌银器之价"的记载。明、清笔记有所谓"神宗御前尚食,有成杯一只,价值十万",可见其精美、珍贵程度非同一般。

官窑产品中的纹饰也是极为讲究的,这些纹样均出自宫廷画院,宣德青花有"殿中画院人遣画也"的记载,所以官窑瓷器的装饰纹样极为丰富。我们仅举成化官窑瓷器来看,常见的有云龙、夔龙、应龙、团荷、缠枝宝相、折枝菊、折枝灵芝、折技朵花、折枝葡萄、莲托杂宝、云托杂宝、流花锦、八宝供、团花鸟、果树小鸟、花草蛱蝶、松竹梅、三秋、母子鸡、高士(羲之观鹅图、携琴访友图)、婴戏纹及藏文、梵文等几十种,其中富有国画意味的高士、母子鸡、三秋纹样首次出现于成化瓷器之上。清代雍正珐琅彩,其瓷器上的装饰纹样则更是精美绝伦,据载,这些珐琅彩瓷有的是雍正皇帝亲自干下预烧造的,其纹饰异常丰富精美,有的山水纹、花鸟纹、人物纹直接取自中国画题材,由于珐琅彩颜料从国外进口,在瓷器上有丰富的表现力,因此,雍正时期的珐琅彩具有西洋画、中国画工笔重彩的效果,成为中国官窑瓷器中最具代表性的产品。明清时期的官窑产品因不是一般的商品,而其产品在烧造时又不惜工本,有专门的陶瓷官匠制造,朝廷又派遣专门的督陶官负责烧造活动,所以说明清时期的官窑瓷器几乎是无所不精。

二、明清时期民窑生产的发展与兴盛

入元以后景德镇窑业逐渐向市区集中,明代景德镇已是一个"民繁富甲于一省"、"四时雷电镇"的窑业繁盛的大都市。景德镇民窑工匠不仅有世代从事陶瓷制作的普通工匠,晚明时期也有来源于官窑工匠,这些官窑工匠也可到民窑窑场从事瓷器制作,这一方面促进了民窑生产,另一方面对民窑生产的技术进步发挥了一定的作用。明中后期开始实行的官搭民烧制度,则进一步促进了民窑的生产和发展。景德镇观音阁明代窑址发掘出土刻有"大明嘉靖年制"款白釉盘和青花五爪龙纹碗标本[1],其制品非常精彩,说明明代嘉靖民窑已开始大量为

---

[1] 北京大学考古文博学院、江西省文物考古研究所、景德镇市陶瓷考古研究所:《江西景德镇观音阁明代窑址发掘简报》,《文物》2009年12期。

清初青花人物纹碗

官窑生产产品,且产品已经是非常优秀了。

明早中期官窑对民窑产品产生了很大影响,从总体上看民窑青花纹饰是官窑纹样的简化。比如青花缠枝花卉、折枝花卉这类适合花纹,几乎是官窑青花纹样的简笔画,纹饰简洁疏朗。明代民窑青花产品大致可分三期。早、中期受官窑影响,但对官窑纹饰不是简单照临,而是简化,故行笔草率,纹饰流畅。晚期青花特别丰富,出现在官窑停烧之后,其画手可能是官窑工匠,他们脱离官窑的束缚,汲取当时社会流行的版画艺术、中国文人画的元素,其青花纹饰题材丰富,构图新颖,笔法流利、劲健,形成所谓"转变期"瓷器风格特征,其产品在构图形式上,许多辅助纹样还有官窑遗绪。明代官窑对民窑有些产品造型产生了深远影响,如成化官窑产生的所谓"宫碗"造型,对明清以来的民窑青花碗的造型都有很大影响,这种宫碗的造型甚至影响到现代,今天人们仍把这类造型的碗称为宫碗。正德官窑产生的所谓"正德碗",对明清时期和近现代碗造型及花纹同样有很大影响。宣德官窑所绘青花栀子花纹,对明、清时期的民窑青花花纹装饰一直有影响,现代青花渣胎碗上彩饰的被人们推崇为民窑"抽象的、神奇的"花纹,其来源就是宣德青花栀子花纹。与明代官窑款相对应,明代民窑也受官窑影响开始书写款识,不过民窑款识较为活泼自由,不仅有记年款,还有标明制造者的款识,如"吴文自造"、"程舍自造"等,还有斋堂款、吉祥语款、表明用途款等。民窑款识的丰富多样,展示了民窑制瓷业的蓬勃发展景象。由于官窑产品始终代表着当时社会上层主流审美观念,其产品又精益求精,因此这对民窑存在着一种潜移默化的影响。同时,官窑先进的烧造技术、成型技术、以及装饰技术也不同程度地影响民窑,使民窑工艺技术不断提高,并在此工艺技术有所改进,使民窑逐渐成为景德镇制瓷业经济主要支柱。

清代嘉庆以后官窑开始衰退,其时烧造的釉上彩已大不如前,但此时民窑出现一个崭新品种——浅绛彩瓷,使清中期暗淡的制瓷业有了一丝亮色。浅绛彩瓷是清中期景德镇民窑创烧的釉上彩一个新品种。"浅绛"原是借用中国画的概念,指以水墨勾画轮廓并略加皴擦,以淡赭、花青为主渲染而成的山水画,起源于元代,代表人物为黄公望。"浅绛彩"是专用名词,指清咸丰至民国初年流行的一种以浓淡相间的黑色釉上彩料,在白瓷胎上绘出花纹,再染以淡赭和水绿、草绿、淡蓝及紫色料,经低温650~700度烧成,其绘画效果与纸绢之浅绛画近

清浅绛彩山水纹瓷板

似,故称为"浅绛彩"。从烧制工艺角度看,浅绛彩所用彩料与粉彩大致相近,烧成温度也一致,然而它们之间仍有质的区别:(1)粉彩所用之黑料为纯度较高的钴土矿,而浅绛彩所用黑料,称之为"粉料"(即在钴土矿中加入铅粉配制而成)。由于粉料含铅,纹样画出后不用"雪白"(一种含钴料)覆盖便能烧成。故粉彩之黑深而亮,浅绛之黑浅而淡,但烧成效果似水墨浑化,别有韵味。(2)粉彩填色之前需用玻璃白打底,浅绛彩不用,而是直接将淡矾红、水绿等彩直接画上瓷胎,故粉彩有渲染而浅绛则无。(3)清代粉彩艺人由于分工细,文化程度不高,故多数只能专工一种题材。浅绛艺人则有较高的文化素养,多数兼善山水、人物或花鸟。(4)清代官窑粉彩由宫中发样,工匠照描,描完后填色,故很难表现出艺人的个性。浅绛则从图稿设计、勾画到渲染都由一人完成,能自由表达画者的风格与个性,因而粉彩为局部工人分工合作的产物,而浅绛则是文化层次较高的艺人得心应手之作,故粉彩板而浅绛活。晚清粉彩多取自前代瓷器图案,浅绛则多借宋元以来的文人画稿,故粉彩"工"而浅绛"放"。①此外,浅绛彩多借宋、元文人画稿。画上多有作者题字、题诗和署款,这在我国陶瓷史上是一种创举,浅绛彩将中国书画艺术——诗、书、画表现在瓷器上,使瓷画与传统中国画结合,创造出瓷画的全新面貌。因为它首次使中国画自宋元以来形成的传统形式表现在瓷器上,其文化气息更加浓郁,也为近、现代瓷创造了样板。

---

① 刘新园:《景德镇近代陶人录》,《瓷艺与画艺》,海洋国际出版社2003年版,第56—57页。

民国时期的新彩是由外国传入而发展起来的一种釉上彩装饰,亦称"洋彩",它是中国陶瓷艺术中的一种新的釉上彩绘艺术。新彩改变了古彩、粉彩、珐琅彩的勾线填色法,而是用笔蘸取色料在釉面上直接作画。其色彩种类丰富,品种繁多,发色稳定,呈色光亮,烧成温度高。表现技法与风格接近于水墨画,用笔、设色类似中国画的没骨画。所用颜料系人工合成,用油调者称"油彩",用水调者称"水彩"。由于新彩的多种优点,故为一般日用陶瓷普遍采用。民国新彩有两大优点,一是新彩颜色在七八百度的低温烘烧前和烘烧后,颜料呈色基本一致,这便于彩绘时即可看到烧成后的预期效果,有利于使用者把握画面效果;二是除极少数色料相互调配后烘烧时会产生化学反应外,其他大部分颜色均可自由调配。这两大优势不仅使新彩装饰便于陶瓷生产,还为促使陶瓷釉上彩绘新发展提供了必备条件。新彩因其特性的优势,使它在粉彩、古彩之后异军突起,深深扎根于景德镇,把中国陶瓷的彩绘艺术又一次推上了陶瓷艺术发展的高峰。

刘家弄窑址堆积

明清时期民窑在官窑技术的引领下,制瓷技术得到大发展,生产规模不断扩大。近几年在景德镇市区发现一些窑业堆积,从其堆积遗物来看,以明晚期至清初堆积最为丰厚。近几年景德镇市区陆续发现窑业堆积有:曾家弄元至明初遗存,十八桥(商城一带)元至明代遗存,赛跑坦(国贸广场)晚明至清代遗存,莲花山(烈士纪念塔一带)明、清遗存,花园里(原电子电器公司,现站前路)明早中期至清代遗存,刘家弄下弄晚明至清初遗存,太白园(落马桥)元至明清遗存,胜利路(新华瓷厂)晚明至清初遗存,莲社路(艺术瓷厂)晚明至清初遗存,珠山明御厂故址遗存。以上窑业堆积均在城市区内,根据采集的遗物看,有晚明青花"克拉克瓷"、"祥瑞"和"芙蓉手"瓷,有"转变期"青花瓷,其中尤以"克拉克"瓷、"转变期"青花瓷最精,制品最为规整、纹饰题材最为丰富。据考古调查发现,景德镇市区刘家下弄晚明窑址的窑业堆积物竟达几十米厚,规模非常宏大。由此可见明代时景德镇形成一个较大的瓷业城镇,清代在此基础上进一步发展,正如清代龚鉽在《景德镇陶歌》中描写道:"江南雄镇记陶阳,绝妙花瓷动四方。二十里长街半窑户,赢他随路唤都昌。"据 2002 年调查,景德镇老城区内坯坊、窑坊、红店(从事釉上彩绘与经营)、民居、商铺,错落其间,依稀可辨的明清时期坯坊建筑尚有一百余处,窑坊十多处,足见明清时期景德镇瓷业的兴盛景象。

第三节 明清线路鼎盛时期的特点

一、产区

以制瓷原料和水路条件形成的陶瓷产区，在景德镇地区表现得非常特殊，其分布的主要特点是，窑址的兴起都取决于周边的制瓷原料和水源。明初时期景德镇窑业分布，基本上保留宋元窑业分布特点，窑址就近瓷土矿，就近河流与水源，而到了明中期以后其窑业逐步向市区集中，清代以后窑业完全集中到了景德镇市区了。据今调查，景德镇制瓷原料丰富优质，景德镇周边一带瓷土矿点星罗棋布，包括邻近县在内有169处之多，其瓷石质地优异，如将经测试的三宝蓬瓷石与邻近的湖田窑影青瓷胎化学成分资料作一比较（详见下表），可以看出二者的化学组成分相近，说明该瓷石经粉碎淘洗后便可直接用于制胎。

名　　称	SiO_2	TiO_2	Al_2O_3	Fe_2O_3	CaO	MgO	K_2O	Na_2O	MnO	总数
三宝莲瓷石	71.70	–	18.10	0.70	0.55	0.09	4.10	4.77	–	100.01
宋湖田窑影青碗瓷片	74.70	0.03	18.65	0.96	1.01	0.50	2.79	1.49	0.08	100.21
宋湖田窑影青碟瓷片	76.24	0.06	17.56	0.58	1.36	0.10	2.76	1.02	0.03	99.71

宋代至明清这一地区兴起了许多制瓷土的专业作坊，我们在窑址采集到一些青白釉瓷片照子上，刻有"进坑"、"郑家泥"、"试下项记"、"记号"、"丘小六泥"等，这与蒋祈《陶记》中关于瓷土出产地点的记载相吻合，在这些靠近出产瓷土的地方分布着许多窑址，如在南河、小南河、东河流域就近瓷土矿的地方分布有一百多处窑址。

明清时期，景德镇市东北50公里鹅湖镇高岭山出产高岭土，一直到明末仍有开采，明代以后高岭山瓷土枯竭以后，又有李黄、大洲瓷矿，邻近县有星子、祁门两地，星子和祁门两地瓷土均可以水路直达景德镇。东河上游的瑶里出产釉果（瓷釉石），长明出产瓷石。距景德镇市20公里鱼山乡陈湾村附近出产瓷石，市区内的马鞍山出产一种专作匣钵用的原料，另外，在南河附近又有石灰石蕴藏，且开采方便，这些是配制瓷釉的重要原料。景德镇位于昌江中游东岸，处于东河、南河、小南河、西河的交汇之间，上述的一些制瓷原料通过这些河流可源源不断地运往景德镇，而景德镇烧造的瓷器则又是通过昌江入鄱阳湖，进长江运往国内外的，昌江河流域是景德镇窑业赖以生存和发展的重要自然条件之一。因此昌江，以及南河、小南河、东河流域也就成为明清时期江西主要的陶瓷文化线路之一。明清时期江西境内的瓷业生产除景德镇最为辉煌且有巨大成就之外，其他如乐平、安远、广昌、横峰等地，也发现了一批较大的民窑窑场，它们都是整个江西地区明清陶瓷线路鼎盛时期的重要的组成部分。

二、产 品

入元之后，景德镇工匠们把高岭土与瓷土结合，利用这种优质瓷土烧造出温润的白瓷（卵白釉）。由于元代蒙古统治者"国俗尚白"，优质白瓷正迎合了他们的审美需要，元朝破例不在京师附近设置官窑。元代工匠学习波斯陶瓷装饰技术和磁州窑工艺技术，在白釉上彩画红绿彩，明宣德时期在此基础上创烧出了斗彩，成化官窑使该技术趋于成熟。由于青花瓷、釉上红绿彩的出现，一改景德镇宋以来的单一刻花装饰，首次将陶瓷装饰与中国传统绘画结合起来，拓宽了景德镇产品的装饰空间，该技术在景德镇窑生根、开花，由此兴起一支世代专门从事彩绘的陶瓷工匠队伍。这为江西陶瓷线路的鼎盛创造了技术条件。

明代时期，景德镇窑多有创新之作。永乐官窑甜白瓷被誉为一代绝品，郑和宝船中的货物多有永乐官窑烧造的瓷器，其时烧造的一些仿14世纪伊斯兰金属器造型的产品，标志着景德镇窑成型技术的成熟并达到高超的水平。明宣德官窑有大量仿烧宋代名窑作品，如紫定，建窑黑釉，汝、官、哥器等，说明其时的景德镇窑擅长吸收外来技术，并根据自身的特点，对名窑产品进行改进和创新。明正统始烧素三彩器，明嘉靖时烧造珐华器，珐华器最早出自山西泽州、潞州，嘉靖时景德镇窑学其技术并加于改进。入清以后，景德镇窑在保持传统品种基础上，又有创新，康熙时创烧珐琅彩，其彩料从欧洲进口，色阶丰富，画面立体感强，色彩瑰丽，精美异常。清雍、乾时期，绘制愈加精巧，工艺也更趋精湛。清雍、乾时粉彩瓷独具特色，完全可达到中国画中工笔重彩的效果。康熙时首创的古（硬）彩瓷，其颜料用铜、铁、锡、钴等金属氧化物为着色剂，以铅粉与石英粉合成的硅酸铅玻璃为主要熔剂，烧后具有透明感。清初各种颜色釉如美人醉、豇豆红、珊瑚红、胭脂红等争奇斗艳。清代中后期，瓷器产品日益丰富，

康熙硬彩盘　　　　　　　　　　　康熙红釉尊

清末至国民时期的浅降彩、新彩都是一代创新品种。景德镇窑不仅瓷器品种不断创新,其烧制技术也不断改进,明初引进了北方馒头窑技术,而有马蹄窑、缸窑、色窑窑炉,创制了一种葫芦形窑,使烧制的产品质量提高,适应了明代以来青花和高温色釉瓷及白瓷的烧造要求。清初又在此基础上,创制了一种镇窑(又称蛋形窑),镇窑的构造,砌筑技术及装烧有独到之处,为景德镇窑创烧新品种提供了技术条件。

总的来看,景德镇明清以来,其制瓷技术不断传承和创新,并在此基础上集原料、成型、彩绘装饰、烧造为一体,形成一个完整的陶瓷手工产业链,并逐步形成一个体系完整、庞大的手工业城市,使景德镇窑业长久不衰。而这一时期江西乐平、安远、广昌、横峰窑场都陆续衰落停烧,景德镇遂成为江西陶瓷线路的唯一主线。

三、市场

明代以来景德镇瓷器不仅销往中东、欧洲地区,也销往亚洲的日本、朝鲜半岛、菲律宾东南亚等地区。在非洲国家,如索马里、埃塞俄比亚、肯尼亚等地区,都有景德镇瓷器发现。这种陶瓷产品源源不断,销售市场不断扩大的特点,说明江西省古陶瓷文化线路的鼎盛与景德镇对外销售路线的不断扩展密切相关。

景德镇陶瓷产品市场在宋代已流通广泛,蒋祁《陶记》中记载:"浙之东、西,器尚黄黑,出于湖田之窑者也。江、湖、川、广,器尚青白,出于镇之窑者也。碗之类,鱼水、高足;碟之发晕、海眼、雪花,此川、广、荆、湘之所利。盘之马蹄、槟榔;盂之莲花,耍角;碗、碟之绣花、银绣、蒲唇、弄弦之类,此江、浙、福建之所利,此地有择焉者。"其记载国内行销的地域范围,为江、湖、广、浙、福建以及两淮的长江流域。根据考古资料来看,明清时期其整个产品行销区域比宋元时期记载的要广大的多。明清时期景德镇陶瓷产品市场不断向外扩张,陶瓷产品在河北、山西、山东、河南、辽宁、吉林、陕西、江苏、浙江、安徽、湖南、湖北、江西、福建、广东、广西、四川、内蒙古、新疆等19个省和自治区的一百多个县市都有出土,可见景德镇瓷器受到时人青睐,流布极广。明代时期随着龙泉窑的衰落,景德镇瓷器已开始独据全国市场,它的实际流布范围远远超过宋元时期。清代以后,虽有德化、醴陵、淄博、石湾、邯郸、宜兴等陶瓷与景德镇窑竞争,但占主导领位的仍是景德镇窑。

四、线路

明清时期景德镇陶瓷产品的输出线路,水路由昌江通过鄱阳湖沟通长江,经过九江、南京到长江入海口,又由明州、泉州、广州口岸销往东南亚、西亚、欧洲与非洲的一些国家,明清时期江西陶瓷线路与中国的世界陶瓷之路链接,并成为世界陶瓷之路的重要源头。其陆路向南出省则通过逆赣江河流,过虔州(今赣州),陆路转运,翻越大庾岭梅关,转珠江,过韶关,至广州出海。向东南走,从景德镇出发,经昌江入鄱阳湖,再溯信江而上至铅山河口镇,经陆路进入闽江,顺江而下出闽江口入东海。可以与福建沿海福州、厦门、漳州、泉州等对外贸易港口的海上瓷器之路相衔接。又一条陆路线路是明初景德镇东河流域窑场产品,经过瑶里山区至皖南,产品向安徽周边地区扩散。另一条水路线路向北走,从鄱阳湖出湖口进入长江,溯江而上,可以到达湖南、湖北、四川等地。明清时期景德镇以陶瓷产品为载体,通过陆路、水路与中国广大地区连接起来,与世界许多地区连接起来,编织成了一条联系广泛、影响深远的陶瓷文化线路。

第四节　明清时期线路的地位与影响

　　景德镇制瓷技术对外交流在元代已露端倪,明永乐时期景德镇官窑仿14世纪伊斯兰金属造型的瓷器,显然是直接受伊斯兰文化影响的产物。清康熙时期烧制的珐琅彩瓷,它的彩料原由西方引进;乾隆时珐琅彩完全仿西洋画意,是景德镇制瓷学习外来技术的成果。元以后中国瓷器对外交流主要是青花瓷,15世纪朝鲜青花瓷显然受景德镇青花瓷影响,甚至其装饰纹样也颇为相似。安南(越南)15世纪亦有青花瓷的造烧,其瓷器的造型和纹饰与景德镇窑相似。日本16至17世纪烧造的青花瓷,均有景德镇窑风格。在西亚和埃及,14、15世纪也有仿景德镇青花瓷产品,景德镇青花对16世纪波斯、叙利亚制瓷也产生过影响。明清时期景德镇产品已成为全球化产品,这些文化、技术上交流和影响都是通过海上丝绸之路实现的。

　　景德镇精湛的制造技术对世界陶瓷有着深刻的影响。其独特的艺术魅力影响到输入地人群的价值取向、宗教信仰、审美情趣。这是世界陶瓷历史上绝无仅有的。它的制造技术最早传到朝鲜,后者甚至模仿景德镇御窑,也设置了李朝官窑。同时其技术传到越南、泰国等国,东至日本,西至波斯,再经西亚、东非,传入欧洲。明代正德年间(1506—1521),日本人伊势松板五郎在景德镇居住了五年,学习制作青花瓷,归国后在有田设窑烧制陶瓷。17世纪荷兰代尔夫特模仿景德镇克拉克青花瓷,生产出代尔夫特篮,使之代尔夫特成为欧洲的"瓷都"。法国传教士昂特雷科莱(殷弘绪)于1712年来到景德镇传教,将制瓷的重要原料"高岭土"介绍给西方,开创了欧洲陶瓷新时代。近代欧洲瓷器是在景德镇瓷器的直接影响下逐渐发展变化的。早期德国、英国、奥地利、意大利等国瓷器的装饰风格都具有中国的艺术风格,制作工艺几乎与中国相同,有的还在瓷器上描绘中国的风景画。17、18世纪,景德镇瓷器装饰艺术曾风靡法国的上层社会。在法国风行纤巧华美装饰风格的所谓"罗可可"运动,就是受中国瓷器装饰的影响。18世纪中叶法国人成功烧造出真正的硬质瓷器,随后英国、瑞典、荷兰都模仿中国制瓷技法,开辟了欧洲制瓷历史的新纪元。景德镇制瓷技术对世界的影响,是其他任何窑场所无法比拟的。所有这些都是海上丝绸之路的影响下产生的。

明清时期虽出现过海事活动时出时禁,但大部分时期对外输出却是非常活跃的。明洪武时虽一度实行海禁,但洪武后期有瓷器赠予占城、暹罗、真腊的记载。1996年珠山明御器厂故址出土大量大碗、盘,与现今收藏在伊朗和土耳其的瓷器相同。永乐时,郑和七次下西洋的宝船中的瓷器,大多为景德镇官窑烧制。明中期,我国民间海外贸易非常发达,瓷器输出的地域非常大。正德至嘉靖年间,葡萄牙人成为西方在远东的主要势力,中国瓷器通过葡萄人输入欧洲市场,随后荷兰东印度公司开始行销中国瓷器,因此,景德镇民窑在明嘉万和明末时期烧造了大量适应欧洲市场的外销瓷,如2007年观音阁窑址考古发掘出大量"转变期"瓷器,就是这一时期外销瓷的实物见证。清代民窑瓷器对外输出特别活跃,甚至出现了专为欧洲人家族使用的"纹章"瓷,为英国皇室、欧洲的王公贵族定做瓷器,外销瓷品种和销售范围不断扩大。因此,明清时期景德镇已成为当时中国海上丝绸之路最重要的源头之一。

总体上看,明清时期景德镇窑外销瓷的生产,依据消费对象,可以分为四类:一是宫廷的御器,二是朝廷对"入贡"国家的"赏赐"瓷器,三是销往周边国家包括西亚的普通外销瓷,四是明代正德以后由于欧洲列强的到来,销往欧洲的瓷器。这四大类外销瓷,由于消费对象的不同,存在较大的区别。明初的外销瓷一般器型硕大、造型特异,仿自14世纪伊斯兰金属器,具有伊斯兰风格,而在纹饰装饰上有元青花的风格。永、宣时期有的外销瓷主要是朝廷对"入贡"国家和地区的"赏赐"而烧造的瓷器,如永宣时期烧造的僧帽壶,便是朝廷"赏赐"给西藏喇嘛的官窑瓷器,该器造型似僧人的帽子,器型规整,精巧。成化时期官窑烧造的青花鹤颈瓶,其造型仿自12世纪高丽青瓷,这是成化帝"赏赐"给朝鲜李朝的瓷器。明代初期烧造的外

明宣德青花外销瓷

明永乐青花外销瓷

明永乐白釉烛台和宣德青花烛台

明永乐白釉僧帽壶　　明宣德青花僧帽壶　　明成化青花鹤颈瓶

销瓷,其造型多仿自伊斯兰金属器,如其中仿伊斯兰金属器造型的执壶、烛台、钵等,造型极为生动、规整。而明中期以后,海上走私贸易猖獗,尤其是晚明以后荷兰东印度公司的崛起,其外销瓷的造型和花纹多为迎合欧洲人的审美需要而制造,瓷器产品有中西文化艺术交融结合的特点,成为这一时期外销瓷的主要特征。

明代正统至嘉靖间,朝廷一度海禁,但我国沿海地区的走私贸易却非常活跃,这时我国海外民间贸易发达,景德镇瓷器大量输出,当时输出的主要方式是以走私贸易为主,这可以从近年来在澳门西南的上川岛出土大量明中期的景德镇瓷器可得到印证。隆庆元年(1567),明廷开放海禁,"准贩东西二洋",宣布位于东南沿海的福建月港对外开放,准许该港对东西洋进行贸易。这里成为中国民间商船请引、集中、盘验放行的唯一合法航点。月港对外贸易口岸的确定,以及随后1602年荷兰东印度公司成立,推动了中国货的大量外销和舶来品进入国内,大量的白银开始流入中国,中国的瓷器、茶叶、丝绸大量出口。景德镇瓷器这时成为明廷换取白银的重要物资,是当时月港对外输出的大宗商品,据载"瓷器自饶州来,福建乡人自福州贩而之安海,或福州转入月港,由月港而入安平。近来月港窑仿饶州而为之,稍相似而不及雅"①。景德镇在这一社会背景下,生产了大量外销瓷,以满足明廷需要。据晚明人王士性《广志绎》载,"浮梁景德镇雄村十里,皆火山发焰……徧国中以至海外夷方,凡舟车所到,无非饶器也"②,由此可以看到当时景德镇瓷器生产及外销是极为兴盛的。从近年来有关的沉船资料和相关文献来看,似也反映了这一情况。如纪年沉船:1613年"白狮号"(Witee Leeuw)沉船,1615年"班达"(Banda)号沉船,1630年"圣·康卡罗"(San Concalo)号沉船,1641年"康塞普森"(Conception)号沉船等,③均发现有大量外销瓷及克拉克瓷。1635年7月3日巴达维亚行政长官写给大员东印度公司主管的信中谓"瓷器的市场已经形成,特别是那些大中型盘、瓶和壶。在荷兰和法国,对它们的热爱与日俱增。这里记录的是1634年7月抵达的一批瓷器,包括219077件不同类别的器物,此外还有52个桶和编织篮里背着75件塞有填充物的瓷壶"④。据《荷兰印度公司与瓷器》的记载可知,当时运往荷兰的瓷器数量巨大,欧洲大陆大量流行景德镇瓷器。这时景德镇的瓷器不仅销往欧洲,而且也畅销亚洲、非洲各国,尤其是对日本更是长期没有中断过。明代后期,瓷器不仅从海路输出,也有从陆路输出的,据明《万历野获编》记载,走的就是古丝绸之路。

清代早期外销瓷生产更加活跃,这时出现了为欧洲贵族生产的家族用纹章瓷,并以订单的形式向民窑购买瓷器产品。景德镇瓷器在欧洲不仅日用瓷受到广大顾客的喜爱,而且在上

---

① 冯先铭:《中国陶瓷文献集释》引明《安平志》卷四物类志,手抄本,(台北)艺术家出版社2000年版。
② [明]王士性:《广志绎》,中华书局1981年版,第83页。
③ 莫拉·瑞纳尔迪(Maura Rinaldl):《克拉克瓷器的历史分期》,《南方文物》2005年第3期。
④ 维亚勒:《东印度公司1634—1661年中国与日本瓷器贸易档案》,《亚洲艺术》1992年第3期。

明青花开光水禽纹盘

明青花葡萄牙徽章纹盘

层贵族中大量流行,且其精美的瓷器成了他们夸耀财富的手段。清初瓷器的输出主要是通过朝廷对各国外交使节"赐赠"和民间对外贸易。清康熙二十三年(1684)开放海禁,"许江南、浙江、福建、广东沿海民人用五百石以上船只出洋贸易",民间贸易空前活跃,据荷兰东印度公司巴达维亚记载,该处一地每年运往欧洲的瓷器竟达 300 万件之多。晚清民窑甚至为英国女王生产瓷器。民窑产品开始大量模仿官窑瓷器的造型、花纹、釉色,清中后期民窑生产规模远远超过官窑,其产品质量也不逊于官窑,使得外销瓷产品日益丰富精良,外销瓷生产成为景德镇瓷业的主要支撑。

第五节　明清时期线路上的物质遗产

明清时期江西陶瓷文化线路达到了鼎盛,时至今日为我们留下一批丰厚的物质遗产,它主要包括以下几方面。

一、古窑址

1. 景德镇东河流域古瓷窑址。东河位于景德镇市东部,发源于皖赣边界分水岭内缘。东河流域分布在山区,主河道长 67 公里,河道水面宽 25~30 米,有小支流 26 条,流域面积 591

平方公里。东流水流清澈，长年不断，穿行于青山田畴之间，是自然生态条件极佳的河流。东河流域植被茂密，是窑业薪材最丰富的地区。根据考古调查，这里的主要窑业遗存如下：

瑶里窑址。位于景德镇市东南70公里瑶里乡瑶里村。清蓝浦《景德镇陶录》谓："瓷土自来以麻仓为著，俗呼麻村窑里，又呼洞里，属邑东乡，明末土竭，后复出。"麻仓窑，原属浮梁县锦绣乡新正都，即今瑶里乡，这里高山峻岭，林木茂密，山中蕴藏丰富的制瓷原料——瓷石。西南与著名的高岭矿区相距约10公里，昌江的源头之一——瑶河（又称番源水，即东河上流）贯流该域，水流湍急，终年不息，具有制瓷理想的地理与自然条件。在很长一个历史时期内，这里先后设置过众多的窑场，至今遗留下大量的窑业遗存。其分布特点是：遗存大多背山近水，遗物单纯，大多数仅是一个时期的堆积物，其产品的造型及装饰都较简单。据初步调查，该窑址遗物堆积主要集中在7处，采集的瓷片为青花圈足撇口碗、白瓷圈足折腰盘等残器。从该窑址的装烧工艺和器物特征来看，其烧造年代为明代早中期，据明嘉靖《江西通志》载："瓷器，浮梁出，景德镇最佳，湖田市次之，麻仓洞为下。"该窑址对研究景德镇东河流域和景德镇明代早中期制瓷生产技术，以及高岭土的运用史，均有重要价值。

内瑶窑址。位于瑶里村东北约1.5公里内瑶村，这里背山依水，村前临瑶河，附近有汪玉岭、舒家山坳头、方家养山三处古窑业遗存。四处堆积的遗物基本一致，属同一时期的窑业遗存。从采集的瓷片标本观察，产品主要为青花碗与白瓷碗、盘。从其装烧形式和器物特征判断，该窑址烧造年代在明代中期，是明代中期烧造民间日用粗瓷的窑场。

饶南窑址。位于景德镇市东北55公里瑶里乡饶南村附近，其遗物堆积有三处。其产品胎质粗糙，料色不佳，据堆积情况和器物特征与窑具分析，其底层的遗物具有元代特征，窑具亦为景德镇宋后期至元中期窑址中所见。上层器物和窑具与瑶里窑址中的相似。该窑址始烧年代为南宋后期，终烧年代不晚于明代中期。该窑址是景德镇市东河流域烧造时间最早的一个窑址，对研究景德镇东河流域古代瓷业生产状况具有重要价值。

长明窑址。位于瑶里村西北约6公里长明村。窑业遗存有两处，其中较大的一处在村内长明小学校内，面积达5000平方米，因建房部分遗存破坏；另一处在村西江家下，遗存东则靠近小溪，遗物倚山坡堆积，面积约800平方米。两处遗存中出土的瓷片种类一致，应为同一时期的产品。从器物的特征来看，具有明早、中期的特点，该窑址装烧工艺有涩圈迭烧或一器一匣仰烧。据此判断，该窑址的烧造年代在明代早、中期，以后停烧。它是东河流域生产民间日用瓷质量较好的一个窑场。

南泊窑址。位于景德镇市东北约50公里鹅湖乡南泊村。西南与著名高岭矿区相距仅6公里，东北毗邻瑶里村，北临东河不远。其遗存分布在村东、村北四处。该窑址装烧工艺只有涩圈迭烧一种形式，几个遗存中出土器物特征和质地基本相近，可以确认烧造于同一时期，时间不长。将东河流域之瑶里、饶南等窑址的装烧工艺和器物与之比较，南泊窑的烧造年代同它们的晚期相似。由此可推知该窑址烧造年代在明代中叶这一时期,以后废止停烧。该窑址是明代生产民间日用瓷规模较大的窑场之一。

景德镇东河流域窑场,从装烧形式与产品特征分析,其始烧年代不会早于南宋后期。从整个东河流域窑场的堆积看,产品样式较为单一,装饰较简单,器型种类不多,质地较粗糙。品种以碗盘为大宗,次为高足杯、灯盏(碟)等,刻印花纹饰常见缠枝菊、折枝牡丹,青花纹饰虽较简单,但笔法娴熟,酣畅淋漓,青花料大多呈色灰淡。从产品情况看,当属日用粗瓷。东河流域的窑场主要烧造于元末明初,明中期均停烧了。宋元以来景德镇周边一些窑场逐渐停烧了,而该地距镇60公里的深山老林却兴起许多窑场,可能有以下原因:(1)元末明初动荡,这里相对平静。(2)该地原料取之方便,文献记载:"陶土出新正都麻仓山,曰千户坑、曰龙坑坞、曰高路陂、曰低路陂四处为官土……又新正都长岭出黄釉,曰义坑,出浇白器釉。"考新正都麻仓山即瑶里一带,这里一直是元明清景德镇制瓷胎釉原料的主要产地之一,由于制瓷原料丰富,加之周围烧瓷用的窑柴用之不竭,在这里烧瓷,产品成本自然低廉。(3)交通要地,产品销售便利。瑶里是古代赣东北通往皖南的咽喉之地,至今在村口还保留有一块清乾隆间立的"徽州大路转变"大石板路牌。由于是交通要道,来往商旅频繁,产品随着来往的商旅顺利带到远方销售,加之瑶里地处穷乡僻壤,产品多为日用粗瓷,是一种廉价大路货,所以远销的可能性不大,可能是就近皖南要道销往周边地区,而随着这一地区市场的饱和,该地窑场也就随之衰落了。

2. 景德镇西河口窑址。位于景德镇市区西北昌江西岸的西河入河(昌江)口,遗物堆积在西河口岸南,面积约10000平方米,从采集的瓷片看,均为清代中叶民窑青花碗、盘残片,纹饰有梅纹、莲瓣纹、龟背锦开光、缠枝花卉、折枝花卉等。其遗存现在景德镇人民公园内,目前保存较为完好,它是景德镇唯一保存较好的清代窑业遗存,对研究景德镇清代制瓷业情况有重要价值。

3. 景德镇珠山御窑厂遗址。位于景德镇市区珠山路之珠山南侧(今市政府所在地)。珠山原为城区中心,据《浮梁县志》载:"珠山,在景德之中独起一峰,高数十仞,绵亘数里,峰峦遥列,俯视四境。相传秦时番君登此,谓立马山。至唐因地绕五龙,为珠山。元末于光据之为行台。号蟠龙山,明称蠹山。后为御器厂镇山。"新中国成立后随着城市的建设和改造,珠山几乎被夷平,唯龙珠阁旧址仍保留约十米高的台地。

御器厂始设于明洪武二年(1369),规模宏大,自明洪武二年至清宣统三年(1911),延续烧造500余年。清末御器厂撤销,袁世凯称帝,改设为"陶务监督署",并烧造过一批瓷器。袁氏称帝幻灭,该署撤销。同时,在御厂之西北侧设"江西瓷业公司"。随后为军警屯驻,厂舍建筑任其断瓦颓垣,至新中国成立时,唯龙珠阁尚存。御器厂是明清两代专造宫廷用瓷的皇家瓷厂,是我国烧造时间最长、规模最大、工艺最为精湛的官窑。初期有窑20座,宣德年间增至

58座,陶工除临时强迫招来有特殊技能的"雇役"和由府县派来的辅助工外,常年维持300多名"官匠"。御器厂平时由州县官员管理,每逢大量烧造时,朝廷便派宦官来"督陶"。清初一改明代派征夫役的封建性劳役剥削方式,采用以金钱雇佣劳动力的方式,提高了陶工的积极性和技术的发挥。督陶官亦一改明代由中官担任的制度,因而清代个别督陶官对制瓷技术的发展起过一定作用,文献记载的藏应选之"藏窑"、朗廷极之"郎窑"、年希尧之"年窑"、唐英之"唐窑"等,曾在瓷器制作上取得巨大成就,制作了大量高质量的皇家用瓷。景德镇的优质瓷土和最好的青料,一度都被御器厂垄断。从明至清500余年的时间里,御窑厂烧制了无以计数的精美瓷器,为"天下窑器之所聚"。根据近年考古调查,御窑厂遗址面积约5万平方米,其地下埋藏着丰富的遗迹遗物。从1980年至今,为配合基建,考古工作者进行了数次清理发掘,出土大量明清时期官窑遗迹遗物。现为全国文物保护单位,国家文物遗址考古公园。

4. 景德镇董家坞窑址。位于景德镇市区北四图里。该窑址分布范围由董家坞起到朱家坞止,面积数万平方米,1982年以来由于在遗存上建房和铺路,堆积层遭到严重破坏。从采集的瓷片来看,均为青花瓷,产品有碗、盘、碟等。瓷胎为白色,胎骨薄而坚致,釉色莹白透青,青花色料素雅清新,整个器物从造型与装饰来看,都于朴实中见清丽。该窑址的产品具有明代中后期和清初的特征,当兴烧于明代中叶,终烧于清初。该窑址的产品与湖田窑同时期的产品相比,具有明显的进步。说明随着城市经济的发展,市区窑场的制瓷技术居于领先地位,并逐步取代了景德镇乡村分散的窑场。它是景德镇明代民窑一个具有代表性的窑址之一,对研究景德镇城市发展史、经济史,以及明、清两代的制瓷技术具有重要价值。

5. 景德镇观音阁窑址。位于景德镇市北郊3公里处,遗存分布于昌江东岸,北至观音阁寺以南,南至董家坞以北,东至秧田坞以西数十万平方米范围内。20世纪80年代初期,景德镇考古工作者在进行文物普查时发现该处窑址。2007年对该遗址进行了考古发掘,选择三个地点分A、B、C三个发掘区布方,A区位于观音阁村南昌江东岸,B区位于观音阁村北昌江东岸,C区位于观音阁村东南自来水厂东山坡。从三区发掘出土瓷片来看,有青花瓷、白釉瓷、蓝釉瓷、紫金釉瓷和釉上彩瓷等种类。其中以青花瓷为主,该类瓷器又以碗类为大宗,次为杯、盘之属,主要为日用生活用瓷。这类瓷器装饰题材丰富,有人物纹、花卉纹、动物纹、山水纹等。碗心有"大明成化年制""大明正德年制""雨香斋""白玉斋""博古斋"等文字。款识有"大明宣德年制""大明嘉靖年制""大明万历年制""万福攸同""上品佳器""玉堂佳器""富贵佳器""福""正"等。另有"壬子年造""癸丑年造""甲寅年造""万历卅六年置"等纪年款,以及"蓝氏自造"款,尤为珍贵。从出土瓷器标本胎釉、纹饰来看,有适应内销的日用粗瓷,有制作较为精细的"转变期"瓷器,还有少量的外销瓷中所谓"克扣克瓷"和"芙蓉手"之类。出土的一些装烧遗物,如各式匣钵、垫饼等,对研究这一时期的装烧工艺提供了重要实物资料。

根据发掘情况,可以推断观音阁窑场属晚明时期外销瓷及所谓"克拉克"瓷的产地之一。

出土有白釉刻"嘉靖年制"款白釉盘和青花五爪龙纹碗残片，印证相关文献，可知该地可能是明嘉靖时期景德镇所谓"官搭民烧"的民窑优秀窑场之一。出土的制瓷作坊遗迹和制瓷工具等对研究景德镇明代制瓷经济形态和陶瓷作坊内部的具体分工形式，以及17世纪景德镇"转变期"瓷器及外销瓷的烧造情况提供了科学资料，填补了这一研究领域的空白。

6. 景德镇刘家弄窑址。位于景德镇市区内西南，南临浙江路，北临玉路弄，西临沿江东路，面积约7600平方米，遗存堆积厚约十余米，主要是窑业垃圾，如匣钵残片、各式瓷质垫饼、窑渣、窑砖等。从遗物标本来看，年代多为晚明至民国时期的遗物，出土瓷片均为日用粗瓷，大多为青花瓷，纹饰较简单，有花卉、花鸟、山水、人物纹，器型多为碗、盘、杯等。从遗物堆积情形看，可能是从周围窑场倾倒的窑炉垃圾形成的，匣钵、垫饼较多，瓷片较碎。该遗存的整个堆积规模较大，是研究市区内窑业情况的重要遗存。

7. 景德镇丽阳古窑址。位于景德镇市西南21公里，遗址分布在丽阳乡彭家村和丽阳村之间的瓷器山西礁白山南坡。该处瓷窑遗址的范围较大，烧造时间从五代到明代，是景德镇市区以外一处相对集中的瓷器生产地。该窑址2004年进行了初步发掘，出土了元代晚期的龙窑窑炉和明代早期的葫芦形窑炉各一座，以及元代与明早中期遗物。明代早期葫芦窑位于彭家村瓷器山西坡，长10.9米，窑室最大宽度3,4米，窑门、火膛、窑床保存较完好。葫芦形窑炉是明代景德镇地区流行的烧造瓷器的窑炉，其图像既见载于《天工开物》，在景德镇明代御窑厂遗址和湖田明代窑址也发现有实例。该窑炉的发现填补了景德镇御窑厂遗址发现的明初（洪武、永乐时期）葫芦形窑和湖田窑遗址发现的明代中期（弘治时期）葫芦形窑之间的空白，从葫芦形窑自身形制展示的变化过程，也印证了《天工开物》对葫芦形窑窑炉形制的记载，其史料价值尤为重要。同时，元代末年的龙窑和明代早期的葫芦形窑炉遗迹同见于一个窑场，其本身就揭示了景德镇地区元代晚期到明代早期的窑炉由龙窑到葫芦窑的变化过程。

出土瓷器有明代青花、仿龙泉釉、仿哥釉、黑釉、白釉瓷器等。器型有碗、盘、高足碗、高足杯、罐、执壶、炉、盏等。明代早期民窑仿哥窑和仿龙泉釉瓷器是以往不为人所知的，这次发现丰富了学界对明代早期景德镇地区民间窑场生产色釉瓷器品种的认识。这次发掘所得资料对研究传世和出土的同时期青瓷、青花、仿龙泉釉和仿哥釉瓷器的产地均具有标尺意义。

8. 乐平华家窑。乐平地处赣北，全境多山，北部与景德镇毗邻，境内盛产高岭土、瓷石、釉果、耐火土、坡塘青料等制瓷原料。入明以来，在景德镇制瓷业的影响下，乐平开始设窑烧瓷。窑场多集中在县城东郊的华家和西南郊一带。经1963年和1972年两次调查，发现有华家、匣厂和张家桥等三处规模较大的窑场。

华家窑场。位于乐平东郊约4公里的接渡乡华家村。乐安江水自东而西流经过侧，窑场即分布在东安江北岸的冲积平原上。华家古称永靖镇，旧名上窑、下窑村，有"日食千头猪、万担粮"的传说，用以形容当年瓷业的盛况。窑场分布在东安江北岸约2公里的条形地带。在上窑、下窑村的后侧,现尚存大窑包堆积5座,地表散见瓷片亦多。窑包堆积中发现有圆形窑炉遗迹。产品为青花瓷,器形有碗、盘、碟、盏等一类器,其中以碗为多,其次有盘、碟、盏等,胎质有粗、细两种。粗胎者厚重,釉汁呈蓝灰色,光洁度差,青花呈色较灰淡。细胎者质白而薄,釉色晶莹,青花色调清新明晰。碗均全器满釉,仅圈足露胎。足外壁一面轻度削修。从瓷器造型与纹饰分析,该窑当属明代窑场。

匣厂窑场。位于城东郊约4公里的蔬菜乡匣厂村。村后岗峦起伏,乐安江自东向西流经村前,窑址分布在乐安江南岸的杨家村与匣厂村之间,与华家窑隔江相望,地称"匣厂",即当年烧瓷时制匣钵的地方。从各类采集瓷片观察,该窑系明代窑址。窑具有匣钵和垫饼,与华家窑场不同,垫饼为瓷质,扁薄圈形。产品均为青花瓷,器形有碗、盘、盏等,以碗为主。胎质可分为粗细两种,与华家窑相同。

张家桥窑场。位于乐平县城西南2公里的张家桥村侧,该地西、北石山耸立,乐安江从西侧流过,窑址分布在近山面水的冲积平原上。张家桥古称"嘉兴镇",旧名"窑上村"。窑包散见于近江约500米的条形地段内。由于烧造时间短,规模小,堆积物极少。从碎片观察,当为明代窑场。产品以青花瓷为主,也有青釉器。器形有碗、盘、盏、高足杯等,以碗为主。青花瓷胎质有粗细之分。造型与华家、匣厂窑相同。青釉器以碗和高足杯为多。胎质较粗,釉色青黄。窑具有匣钵和垫饼,与华家、匣厂窑同类窑具相同。

从实地调查资料分析,三窑产品造型、釉色几近相同。但华家窑遗存特多,张窑遗存极少,匣厂窑则多匣钵少瓷片,说明三家瓷窑中,是以华家窑为中心。从底款"大明年造"以及"万福攸同"、"富贵佳器"、"长命富贵"、"福"、"寿"等吉祥款分析,均系明代民间窑场常见的一些题款。其中张家桥窑场所产青釉高足杯,匣厂窑青花兰草纹盏,与嘉靖早期横峰窑产品风格趋于一致。据此推断,上述三处青花窑场,应是明代嘉靖时期的民间窑场。属江西饶河流域青花窑址的代表性窑场

9. 安远镇岗窑。安远青花窑位于镇岗乡半天塘的后陵地带。东至县城、西至鹤子圩、北至信丰隘高圩等地均为20公里,南至镇岗圩15公里。半天塘一带多为深山密林,有丰富的瓷土、釉料和燃料。发现于1982年,1983年6月进行过复查。

窑场均依山而建,分布在半天塘范围内的碗窑下、杨梅溪、晒禾坪、架子背等地。从附近部分窑包堆积的断面看,窑炉均为龙窑形制。窑体呈斜坡形,窑头号砌有一道横隔墙,墙壁有火眼,宽1.58米,长1.70米。火膛后部窑床砌成阶梯形,每阶之间均砌有隔墙,隔墙壁下端有高16厘米、宽10厘米、厚17厘米的火孔。在火孔70厘米以上开始用楔形砖券顶。窑炉的右壁砌设窑门,门上方有圆形火眼,用以观察火候。采集的标本有窑具和瓷器等。窑具多为垫饼和支座,未见匣钵。支座有喇叭形和圆柱形两种。

半天塘四处窑场所产瓷器,主要有碗、钵、盘、碟等一类器。形制、釉色和纹饰多相近似。

杨梅溪窑场所出圆形圈足砚,周边塑有水槽一道。纹饰有青花水草纹和螺旋圆涡云气纹。所出碗、杯、盘,造型丰满庄重。碗、杯可分为敞口、侈口两种。盘盏均敞口,圆饼形底足。纹饰多为青花水草纹或螺旋形云气纹,风格简朴。碗窑下产品多深腹瘦长,形体厚重。碗为侈口,折腰,大圆足。胎质坚厚。釉呈青褐或淡青色,多见泪痕,釉不及底。盘均为敞口,浅腹,圈足。钵有敞口或敛口之分。壶为直口,短颈,宽肩,直斜腹,肩高有流和系钮。流与系之间绘对称青花菊花纹,腹部书有"福"、"寿"字并绘以荷花相间。碗、盘内外壁多绘青花草、缠枝水草、菊花瓣或缠枝菊、梅花、螺旋云气、如意云、蔓草和鱼纹等,也有水草和游鱼组合纹。还有太极纹与八卦纹等。从上述各类器的形制与纹饰特征分析,安远四处青花窑场年代相近,均属明代民间窑场,是赣江上游青花窑址的代表性窑场。

10. 广昌中寺窑。广昌青花窑位于县境南部的高虎脑乡的中寺村河沿岸,北起赤水镇合港口,南至抚河发源地的驿前镇双港口,长约20公里。保存较好的有16座窑包。窑具与瓷片遍及地表。发现于1983年,1985年进行过复查。从有的窑包堆积的断面看,中寺村的窑炉结构均为阶级式龙窑,窑身长约14~16米不等。器物有碗、罐、壶、灯及印模等。其中以碗为多。

双港口窑场。北距县城51公里。采集标本有碗、杯等一类器。杯敞口,弧腹。多饰云肩纹和山字形纹。碗撇口,腹下部胎壁厚重。内底留有垫饼叠烧痕迹。内外壁多见青料缠枝菊花,弦纹和"寿"、"台"文字款。有的内底饰五朵菊花,作梅花形排列。青花色泽浓厚。

合港窑场。北距县城31公里。包括有赤水镇之合港,高虎脑乡之界吉湾、鞍山坝、沙罗平、洪水坑、招禾排等地窑包堆积。采集标本有碗、罐、壶、灯等一类器。

从出土资料分析,广昌窑主要烧造民间用瓷,粗细兼有。其中细者为陈设瓷,粗者为日用瓷。各类器形风格与纹样特征具有元末遗风。青花瓷多具明代特征。其中有一部分为清代至民国纪年民用瓷壶。据此推断,广昌窑始烧于元末,盛于明、清,至民国终烧。是江西抚河流域发展起来的外销瓷窑场。

11. 横峰熊岭窑。明代横峰窑址位于县城郊四面环山的熊岭,窑包堆积分布在自北向南绵延长约3公里的条形地带。其中以上窑口、下窑口和窑湾三处为中心。发现于1965年4月间。下窑口窑场紧靠城区,山势绵亘约1公里,旧日城墙即建造于此地。古城墙内外,窑具和瓷片堆积如山。下窑口之东约1公里处为上窑口窑场。上窑口以东约1公里处为窑湾窑场。

上述三地窑场,所烧制的产品风格均属同一类型、同一时代。从釉色来看,全为青釉器,产品以厚胎、质较粗器为多,少数为胎质细薄,釉汁晶润者。根据文献已有记载。《兴安县志·原序》载:"县距府治西八十里,初名横峰镇,浙民以陶为业故名,窑设丫岩巡司领之,明正德六年裁巡司,八年设管窑通判,嘉靖三十九年割上饶西北、弋划东北置县,隶江西布政司。"据此可见,横峰是因窑业兴旺而设镇置县的。横峰窑业是元末间创烧,明初继之,鼎盛于成化弘治间。根据调查资料分析,厚胎厚边碗、高足厚边盏、菱葵口盘、碟等具有明显元瓷作风,当属元末烧造。从"广信余吉"款识推断,应属明代之器。"广信府"唐宋称信州,元称信州路,明洪武二年改为广信府,《广信府志》所载,横峰置县时间为明嘉靖三十九年,四十年知县陈庆云主持筑城。据此看来该窑废弃于嘉靖四十年之前。与出土实物资料大致吻合:横峰窑的烧造历史,创烧于元末,盛烧于明代早期,终烧于嘉靖晚期,它是江西信江流域的有代表性窑场。

二、古驿道、码头

1. 饶徽古驿道。 位于浮梁县瑶里镇瑶里村北,南北走向,由大小不等的石板和卵石铺就,始建于明代,路宽1.8米,现今保存长约300米,自浮梁瑶里经此驿道行程约2公里可达古徽州所辖婺源境内,这里为古代饶州至徽州必经的古代驿道,现瑶里这段保存完好,在村东北路口竖立有一块约2米高青石板,上楷书"徽州拐弯",现保存完好。

2. 三间庙码头。 三间庙码头位于江西省景德镇市昌江区竟成镇三间庙村东侧三间庙正街——清代街道的东端,临昌江西岸,东岸是里市渡码头。码头由长条花岗岩砌就成人车双道,人行道为台阶,车行道为坡道。根据相关资料和条石磨损程度推测,约建于明代早中期,以后不断修缮。据《浮梁县志》载,清代康熙间有四艘主船往返于里市渡与三间庙间。20世纪30年代最繁忙时有13艘义船往返。直到新中国成立初,由于公路交通已达九江、鄱阳、都昌等地,三间庙的石码头才从繁华喧闹中逐渐冷落至今。三间庙码头东与里市渡码头相望,西接三间庙古街。

3. 东埠码头。 位于景德镇市东北50公里鹅湖镇高岭山下东埠村,临东河东岸。码头由长条花岗岩砌就成人车双道,人行道为台阶。根据相关资料推测,约建于明代早期,以后不断修缮。东埠码头主要为高岭土水运至景德镇中转地,元、明时期高岭土在东埠码头上船,由东河至昌江到景德镇。该码头至今保存完好。

三、会馆

会馆的创建宗旨是"结乡谊,联感情,设宴会,坚固团体也"。景德镇会馆,据考察最早产生于明代后期,其具体功能有处理同乡同族子间事务、祭祀、相互联络、调解纠纷、制定章程、办学等。会馆是景德镇商品经济发达、城市繁荣的标志之一。

景德镇会馆多为周边地区,即省、州府、县等地同乡的会馆。如省级有福建会馆、湖北会馆、湖南会馆、广东会馆、山西会馆;州府级有徽州会馆、南昌会馆、吉安会馆、饶州会馆;县级有都昌会馆、湖口会馆等。据调查统计,晚清至民国时期景德镇有大小规模不同的会馆近40个。有些会馆在景德镇地区出现显得非常特殊,如福建会馆。福建会馆又称天后宫,是供奉海神妈祖的庙宇,一般建于东南沿海有妈祖信仰的地区,在北方某些港口城市如天津、青岛等地有分布,而内陆地区十分少见,只有景德镇、九江两地才有天后宫。景德镇天后宫位于市区中华南路,建于清康熙年间,,历史上的天后宫规模宏大,装饰华美,占地面积 1700 多平方米。清康熙时期来华的法国传教士殷弘绪写给奥日神父的信中,曾记载有天后宫(福建会馆)。天后宫作为东南沿海航海文化的物质载体,在内陆城市景德镇出现,从一侧面印证了景德镇是海上丝绸之路的主要起点之一。

四、历史文化名城名镇名村

1. **景德镇**。位于江西东北部与安徽交界处,素有瓷都之称,与河南珠仙镇、湖北汉口、广东佛山并称为"四大名镇"。宋以前称新平镇,因在昌江之南岸,又称昌南镇,另有"陶阳"之称。据清篮浦《景德镇陶录》记载:"景德镇属浮梁之兴西乡,去城二十五里,在昌江之南,故称昌南镇。其自观音阁江南雄镇坊至小港嘴,前、后街,计十三里,故又有'陶阳十三里'之称。水土宜陶,陈以来土人多业此。"明清以来景德镇是世界上最大的一个陶瓷手工业城市,今仍保留着明清时期的大量古民居、窑房、陶瓷作坊、商铺、码头等建筑。

2. **丽阳古城**。位于景德镇市西南 21 公里丽阳乡昌江之畔,据《浮梁县志》载,"入鄱阳界者为鄱江,在浮梁者为昌江",该地即为鄱江口,河道直通鄱阳湖。丽阳古称利阳,这里曾是古历陵县治所在地,据清同治《饶州府志》载,元朝末年朱元璋大将于光在此修筑军事城堡,经考古调查证实,该座城堡依山势环布于元明瓷窑遗址所在的瓷器山和碓臼山周围。丽阳古瓷窑遗址的兴烧与这里的人文历史和地理环境密切相关。该处瓷窑遗址的范围较大,生产时间从五代到明代,是景德镇市区以外一处相对集中的瓷器生产地。窑业以元至明初时期最为兴盛,考古发现有元代龙窑,明代葫芦窑,该地的城堡遗存,明代石板桥保存完好。

3. **三间庙村**。位于江西省景德镇市昌江区竟成镇昌江西岸。三间庙村是明清时期景德镇近郊最大的商贸产品交易集市点。该村内较大的商业街,街道东西贯穿全村,东临昌江,傍水运码头,西接皖赣古道,地理位置扼守交通要冲,为往来必经之地。全街长 231 米,宽 4.5 米,最宽处达 5 米。街面中央由麻石条顺街道走向铺垫而成,为车行道,至今已碾印下两道数厘米深的车辙印。车行道的两侧,采用青石板铺垫,少数地方还嵌砌有卵石图案。车行道凸起,其两侧地面呈弧形递减,形成街两侧排水道。临街建筑,绝大部分为清代中、晚期的商铺,主要是油盐店、米店、酱货店、磨坊、油榨、杂货店和南货店(类同现代的副食品商店),夹杂有饮食店、客栈,还有一些药店、瓷器店、布店和红店(经营成瓷加工业)。这些店铺中,有些是景德镇大店的分号或者是景德镇小店的总号,证实这里的商业经营与景德镇的商业经营有着不可分割的内在联系。三间庙清代街道两侧的商铺建筑,内地坪一般均高于街面一至两步台阶,既可避免街面流水的侵浸,又可使往来行人便于明察店内经营内容。店铺均为两层结构。面阔为单间、双间或三间不一。底层店面内空高阔。单间或双间面阔的小店,楼层较矮。少数双间或三间面阔的店铺,临街面外挑 0.5～0.6 米,形成楼部檐廊,配备有护栏,外壁配备隔扇式门窗，其型制在浮梁县极为少见，却完全类似历史上景德镇镇区内的商铺建筑。可见该地受景德镇的影响极大。街道的东端，青石渡口码头与景德镇北端里市渡码头隔河相望。东街口设有砖体拱门，上书"三闾古栅"，商配备有木质栅门，用于日启夜闭。三闾庙栅门建于清光绪三十四年（1908）六月，为窑砖砌拱券门，券门上镶嵌一长方形青石匾额，上有横排题刻空心"三闾古栅"四个大字和竖排"光绪三十四年六月合街同立"十二字。门后有青石凿制的门扣，用于插入门扛固定大门，现保存完好。

4. **瑶里古村**。位于景德镇市东南70公里浮梁县瑶里镇。这里高山峻岭，林木茂密，昌江的源头之一——瑶河（又称番源水，即东河上流）贯流该村，水流湍急，终年不息。这一带山中蕴藏丰富的制瓷原料——瓷石、釉果，西南与著名的高岭矿区相距约10公里，具有制瓷理想的地理与自然条件。元明时期该村不远处先后设置过众多的窑场，至今遗留下大量的窑业遗存。明清时期这里出产制瓷原料，烧造瓷器，又是古代饶徽必经要道，故该村商贸一度较为兴旺，现村中保存有大量明清时期的民居，还有清代祠堂、商店等，是景德镇地区保存较好的明清时期古村落之一。

第五章 古陶瓷文化线路 连通世界的江西

古代江西瓷器尤其是明清景德镇瓷器,深受中国人民和世界各国人民喜爱,顺着国内商路销售到大江南北、长城内外;通过陆上丝绸之路和海上瓷器之路销往世界五大洲,受到各国人民广泛欢迎。从宋代开始,江西吉州窑、景德镇窑瓷器外销到亚洲和非洲的许多国家,明代郑和七下西洋和新航路开辟之后,景德镇瓷器输出范围从亚洲扩大到欧洲、美洲,不断输往世界各国,形成了一个世界性的中国瓷器销售网络。葡萄牙人以澳门为中心,通过数条国际航线将中国瓷器转运至欧亚各地,中国瓷器对外贸易形成了以澳门为中心向全球扩散的海上陶瓷之路国际贸易循环网,欧美各国兴起一股强劲的"中国风",视中国瓷器为珍宝,各国东印度公司商船纷纷满载白银前来中国贩运瓷器以满足当地旺盛的社会需求,从而使得欧洲成为景德镇瓷器的最大海外市场。江西瓷器还作为文化使者,加深了中国与世界各国之间的文化交往,瓷器外销的蓬勃发展增进了中外文化交流,促进了中西文化的融合及世界文明的进程。因此,明清景德镇瓷器具有真正的世界意义。

第一节 运输线路

江西瓷器外销,在宋元时期有吉州窑、七里镇窑和以景德镇窑为代表的众多青白瓷窑系和黑釉窑系;明清时期主要是景德镇瓷器外销。外销线路除了传统的陆上丝绸之路之外,还有海上瓷器之路。

一、外销线路

江西古代陶瓷以赣江、鄱阳湖水系为枢纽,运出江西,与国内各地商路相衔接,融入全国商路。景德镇瓷器外销大致有向东入浙江线路、向东南入福建线路、向南入广东线路和向北

景德镇瓷器运销沿海各港口线路示意图

入长江与全国各大水系联网四条线路。

第一条线路向东走,从景德镇出发,经昌江、鄱阳湖、信江,在玉山冰溪镇上岸,由陆路到浙江衢州,入富春江顺流而下直达宁波港。这条线路既可以辐射浙江各地,又可以与浙江宁波对外贸易港口的海上瓷器之路相衔接,融入全球陶瓷贸易网络。

第二条线路向东南走,从景德镇出发,经昌江、鄱阳湖、信江,在铅山河口镇上岸,经陆路到福建建阳,入闽江顺流而下出闽江口入东海。这条线路既可以辐射福建各地,又可以与福建沿海福州、泉州、厦门、漳州等对外贸易港口的海上瓷器之路相衔接,融入全球陶瓷贸易网络。

第三条线路向南走,经昌江、鄱阳湖、赣江,在

铅山河口清代福建会馆

梅关古驿道

大余南安码头上岸,翻越梅关后到广东南雄,入北江水系顺流而下直达佛山。这条线路既可以辐射广东各地,又可以与广州对外贸易港口的海上瓷器之路相衔接,融入全球陶瓷贸易网络。这既是汉代以来至京广铁路开通以前沟通中国南北的交通要道,也是景德镇瓷器最为常见的国内水陆联运路线。这一线路运输瓷器的记录广泛见于中外史籍中,有的甚至以绘图方式,反映当时梅关一带苦力挑运瓷器从江西进入广东的情况。

第四条线路向北走,从鄱阳湖出湖口进入长江,顺江而下,可以到达安徽、江苏、上海等地,向东可以到达扬州、南京、上海等港口,与海上丝绸之路相接,有一段时间,欧洲人称中国瓷器为南京货。在镇江京口进入京杭大运河,在黄河段,溯河而上经洛阳、西安与陆上丝绸之路相接;向北可以进入山西,从大同北上与草原皮毛之路相接,融入全球陶瓷贸易网络。①

1. 陆上丝绸之路。

西汉时期,张骞通西域,沟通了中国与中亚地区的陆上交通,因中国以输出丝绸为主,后来人们称之为丝绸之路,我国古代对外经济文化交流活动长期经由这条道路沟通。丝绸之路

---

① 彭明瀚:《郑和下西洋·新航路开辟·明清景德镇瓷器外销欧美》,《南方文物》2011年第3期。

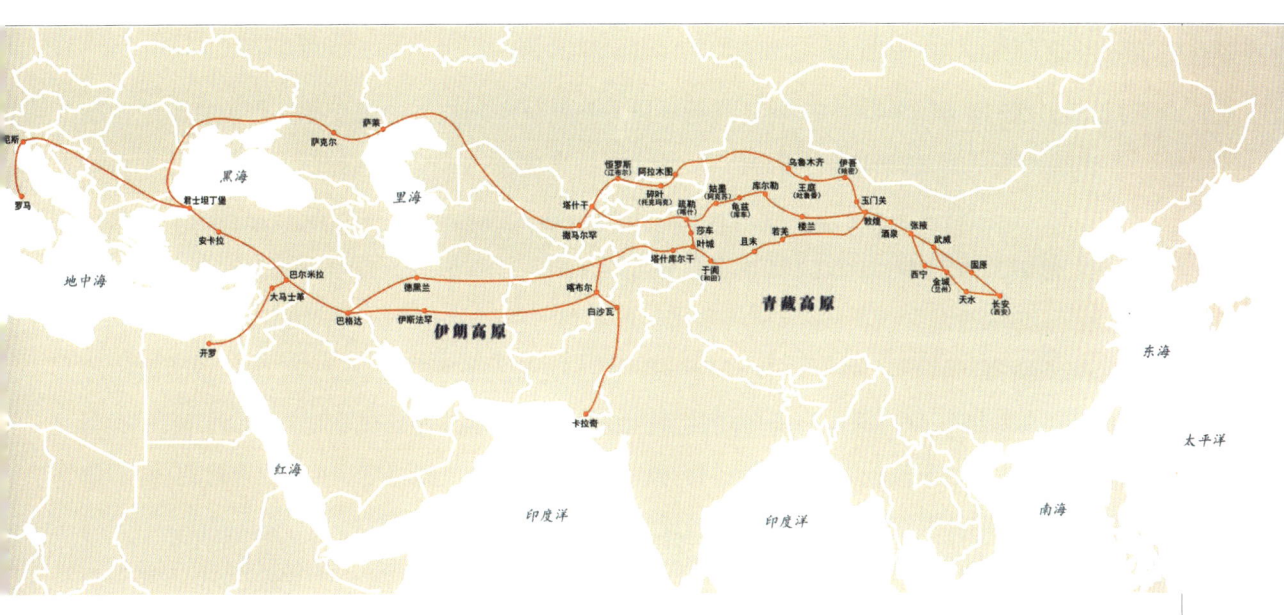

陆上丝绸之路干线示意图

于 1877 由德国探险家和地理学家巴龙·费迪南·冯·李希霍芬命名,他在名著《中国》一书中首次提出 Seidenstrassen,他对"丝绸之路"的经典定义是:从公元前 114 年到公元 127 年间,连接中国与河中(中亚阿姆河与锡尔河之间)以及中国与印度,以丝绸贸易为媒介的西域交通路线。这个名称很快得到东西方众多学者的赞同。1910 年德国赫尔曼在《中国和叙利亚之间的丝绸古道》一书中提出,我们把这个名称的含义延伸到通往遥远西方的叙利亚的道路上。这样就把丝绸之路放在中国与地中海文明之间交往的基点上,丝绸之路便是古代中国经印度、中亚、西亚连接北非和欧洲,以丝绸贸易为主要媒介的文化交流之路。这是一个富有诗意的名字,容易使人们联想到永不停息的驼队驮着五颜六色的丝绸缓慢地穿越雪山环绕的沙漠、穿过绿洲城镇的画面。

丝绸之路从西安出发,向西过兰州后出嘉峪关,经河西走廊到达敦煌,分南北两条路线,北线沿着天山南麓、塔克拉玛干沙漠北缘经绿洲城市哈密、吐鲁番、库尔勒、库车和阿克苏到达喀什;南线经绿洲城市若羌、且末、尼雅、和田和莎车到达喀什。从喀什出发,经过帕米尔高原北部到达撒马尔罕和布哈拉,或者从帕米尔高原南部到达巴尔赫、马里。以马里为起点,又有多条路线,即经巴格达到大马士革或安提阿或伊斯坦布尔通向地中海,还可到达黑海沿岸的特拉布松市。在绿洲城市和地中海城市之间,丝绸之路在草原沙漠的边缘延伸,跨越极其险恶的地域,塔克拉玛干沙漠、罗布泊和戈壁滩被大山环绕,北面是库鲁克塔格山和冰雪覆盖的天山,南面是阿尔金山和昆仑山,西面是帕米尔高原、兴都库什山和喀喇昆仑山,这些大山是丝绸之路上的天然屏障。

在两汉时期,这条通往西方的商路异常活跃,促进了东西方之间的经济文化交流。魏晋南北朝时期，西域各国与中原地区割据政权之间的政府间往来，由于战乱影响基本上中断了。唐朝大统一后，政治稳定，国力强盛，社会经济高度发达。与此同时，西方也出现了东罗马帝国，尤其是大食灭波斯后的阿拉伯帝国，在倭马亚王朝时期，是据有地跨亚、欧、非三大洲的强大帝国。他们都十分重视对外陆上交通的开拓，尤其想加强与东方强大的唐帝国在政治、经济、文化各方面的联系。丝绸之路把位居东西方的两个强大帝国联系起来，将陆上丝绸之路推向全盛。然而好景不长，751年唐朝军队与大食在怛罗斯交战失利，唐朝在西域的威信急剧下降，不久，国内又爆发安史之乱，吐蕃乘机北上，侵占河西陇右地区，回鹘南下，控制阿尔泰山一带，唐朝从此失去对西域的有效管理，陆上丝绸之路再度中断。两宋时期，西部被西夏、契丹等政权控制，陆上丝绸之路因此道路梗绝，往来不通。

在成吉思汗及其子孙的带领下，蒙古人横扫欧亚大陆，吞并40多个国家，征服720多个民族，在征服的疆域内建立了元政权和窝阔台汗国、察合台汗国、钦察汗国、伊儿汗国四大汗国，全盛时期控制面积超过3500万平方公里，从朝鲜到巴尔干，从西伯利亚到印度平原，建立了有史以来幅员最辽阔的庞大帝国，把整条丝绸之路纳入帝国的控制范围内。蒙古人以游牧的军队和开放的意识打破了距离和国界、封闭的城墙和堡垒，强调交通开放、商业自由、知识共享，在帝国的驿道上每三五十公里不等的地方修建了驿站，有足够的向导驻扎在那里，令丝绸之路得以畅通无阻，全世界的商人不受阻碍地来往于朝鲜、大都、撒马尔罕、巴格达、克里米亚、威尼斯、巴黎、朝鲜之间，蒙古草原的骏马、毛皮，中国的瓷器、丝绸和火药，波斯的宝石与地毯在广阔的地域流通，有力地促进了欧亚大陆的经济发展。

在元代，自大都西行经今河北宣化，抵大同，向西过宁夏银川，到甘肃张掖；向南过山西太原、临汾达陕西西安；自和宁西行或西南行分别到哈密、霍城。以上诸路与丝绸之路衔接，总汇于喀什，西行至撒马尔罕、塔什干、江布尔以及巴里黑（今阿富汗瓦齐拉巴德），再沿锡尔河、阿姆河向西北到钦察汗国都城金萨莱（今阿斯特拉罕）。从撒马尔罕、瓦齐拉巴德南行达波斯故都亦思法罕（今伊朗伊斯法罕）、阿拉伯故都八吉打（今伊拉克的巴格达）和叙利亚大马士革，东行到阿富汗喀布尔，巴基斯坦的白沙瓦和印度德里。由亦思法罕西北行经哈马丹、苏丹尼耶、大不里士，北去君士坦丁堡、若法（今土耳其的乌尔法）、埃及的亚历山大，沙特阿拉伯的麦加①。裴哥罗提于1335—1343年间所写的《各国法》一书中提到从顿河河口的港口塔纳出发经过中亚大草原有一条商路通往中国：这条路线根据走过的商人报告，无论白天或黑夜都十分安全……你可能认为从塔纳到萨莱这段路不如其他路段那样安全，可是即使在这段路上，如果你们一行大约有60人同伴的话，你就可以好像在自己家里一样安全。从热那亚或威尼斯想去契丹的人，都应该携带亚麻织品，如果他到乌尔根奇，他可以很好地卖掉它们。在乌

---

① 中国硅酸盐学会编：《中国陶瓷史》，文物出版社1985年版。

清代从北京出发去莫斯科的驼队

尔根奇,他应该买进银制的索姆尼,然后带着它继续赶路……商人们无论带什么银器到契丹,契丹主都要取走收入他的国库,换给他们纸币……你可以用这种纸币随便选购丝绸或你想买的其他商品,该国所有的人都必须接受这种纸币。①

明代通往中亚的丝绸之路基本中断,但由陆路运载瓷器销往国外也时有发生,明代笔记小说《万历野获编》中有生动记述:"余于京师,见北馆伴口夫装车,其高至三丈余,皆鞑靼、女真诸部及天方诸国贡夷归装所载,他物不论,即以瓷器一项,多至数十车。余初怪其轻脆,何以陆行万里?即细叩之,则初买时,每一器内纳沙土及豆麦少许,叠数十个,辄牢缚成一片,置之湿地,频洒以水。久之,则豆麦生芽,缠绕胶固,试投之牢确之地,不损破者,始以登车,临装驾时,又从车上掷下数番,其坚韧如故者,始载以往,其价比常加十倍。"②上述记载为我们提供了中国瓷器陆运外销的资料,也为我们解决和回答了古代瓷器何以能陆行万里远销他国的疑问。1404年,英国驻撒马尔罕领事克拉维约看到一支800匹骆驼的商队从中国到达撒马尔罕,带来丝绸、宝石、麝香、大黄,还有从住在西伯利亚东部的部落来的使者带来了猎鹰、黑貂和貂皮献给帖木儿,以及俄罗斯商人带来的亚麻织品和毛皮,表明撒马尔罕在帖木儿时期是四通八达的道路网络中心。从北京到撒马尔罕要走6个多月,其中2个月经过空旷的草

---

① [英]赫德逊著,李申等译:《欧洲与中国》,中华书局2004年版,第115页。
② [明]万德符:《万历野获编》卷三十《夷人市瓷器》,中华书局1959年版。

原。这条商路与另一条通往西方的商路相连,即德意志汉萨同盟通过诺夫哥罗德而活动的路线①。同一时期,中外文人对丝绸之路的记述大体相近,折射出昔日丝绸之路的繁荣景象。

到20世纪30年代,穿越沙漠的这些路线仍然清晰可辨。传教士盖群英和冯贵石描写了人们在丝绸之路上一次日出之时的启程:冉冉升起的太阳把光线撒在西藏"阿尔卑斯山"呈扇形隆起的冰山山脊上,给冰雪覆盖的山坡披上了一层粉红色的面纱,但辽阔的山脉依然处在死灰一样颜色的控制之下,这是黑暗对正在到来的光明的最后的顽抗。晨星仍依稀可见,脚下的大地上是灰色的黎明,但阳光很快就胜利了。山脚下延伸着古老的商路,它们既宽又有很深的压痕,这显然是经由无数商队的车辆那钉着钉子的锋利车轮碾压而形成的。车辙分分合合,就像江面上形成的涡流一样。在这条路上,无数行人走了几千年,形成了一条永不止息的生命之流,因为它是亚洲伟大的高速公路,它连接起了远东和遥远的欧洲大陆。②

丝绸之路虽然以丝绸贸易为开端,后来突破经济范畴,发展到政治、外交、宗教、文化、艺术等方面,在历史上发挥了极大作用。首先,陆上丝绸之路开辟后,为了确保丝路畅通,驻军屯田,置驿通邮,使中央政府的势力及于西北边陲,扩大了祖国版图,巩固了国家统一,对发展中原汉族与西北各兄弟民族之间在政治、经济、文化、宗教等各方面的友好关系以及为共同建立统一的多民族的中华民族大家庭,都做出了重要贡献。其次,陆上丝绸之路是古代沟通亚、欧、非三大洲和东西方交通的大动脉,它不仅把世界上最大的文明古国,如东方的中国和西方的罗马联结在一起,而且把中国、印度、古巴比伦和古埃及四大古文明发源地连接起来,形成一个洲际交通网络,方便东西方各族人民的经济往来和文化交流。陆上丝绸之路还是中国儒家文化与佛教、伊斯兰教和基督教三大宗教交流的桥梁,外来宗教通过这条道路西来,中国儒家文化以丝绸、瓷器等商品为载体西传。我国著名学者陈炎先生说:丝绸之路不仅是传播丝绸等商品的贸易交换之路,传播各族人民灿烂文化和宗教信仰的文化交流之路,传播各族人民情谊的友好往来之路,也是互相传播发明创造、生产知识、科学技术的造福人类之路。这是我们祖国对世界文明的一大贡献。③

2. 海上瓷器之路。

陆上丝绸之路虽然在沟通中外往来方面发挥了巨大作用,但陆上运输工具主要依靠马匹、骆驼之类兽力牵引,运输能力有限,运输量小,成本高,消耗大,自身存在诸多致命弱点,海运恰好可以克服。从汉末至唐统一的四个世纪中,中国南方对西方诸国的陆路交通因南北分割受阻,不得不主要依靠海路与海外诸番联系。这种客观需要促进了航海技术的发展,进

---

① [英]赫德逊著,李申等译:《欧洲与中国》,中华书局2004年版,第124页。
② [英]吴芳思著,赵学工译:《丝绸之路2000年》,山东画报出版社2008年版,第2—3页。
③ 陈炎:《丝绸之路的兴衰及其从陆路转向海路的原因》,《海上丝绸之路与中外文化交流》,北京大学出版社2002年版,第14—26页。

而提高了海上航行的安全性。中国与罗马帝国一直保持着海上联系,罗马帝国在当时的汉文史料中被称为大秦。三国时期吴黄武五年(226)大秦国商人秦论到交趾后与交趾太守的使者一同到孙权朝廷。唐代,随着造船技术、航海技术的不断提高,开辟了"海夷道",我国瓷器通过这条海上瓷器之路输往亚非各国。唐代海上瓷器之路,从广州出发往越南、马来半岛、苏门答腊等地以至印度、斯里兰卡和印度西岸,到达忽鲁谟斯的乌剌,此为东路,航期约90天。从乌剌出发,再航行48天,到达东非坦桑尼亚达累斯拉姆,此为西路。这条航路,把东亚、东南亚、南亚、波斯湾以及东非等地联系起来,开始了洲际间航行。它是当时世界上航线最长、航区最广、规模最大的航线。因为唐宋以来的海上丝绸之路贩运的商品中,瓷器既是海外市场的热销商品,又是最合适的压舱物,每船必定装载一定数量,因此,唐宋以来的海上丝绸之路可以称之为瓷器之路,正如三上次男先生所云:在中世纪时代,东西方两个世界之间,联结着一根坚强有力的陶瓷纽带,它同时又是东西方文化交流的桥梁。对于这条连接东西方的海上航路,姑且称它为陶瓷之路。

"南海一号"沉船出水宋景德镇窑青白瓷盖钵

两宋时期,坚持开放政策,随着社会经济的发展和造船、航海技术的进步,罗盘针也用于航海,使得远洋航运技术显著提高,在唐代南海航路基础上,以东南沿海为起点的海上瓷器之路继续向西、向南延伸,其活动范围大为拓展,特别是与非洲各国有了新的交往,我国与海外各国的经济贸易文化交流更为频繁。两宋时期,政府设"互市舶法",大力发展海外贸易,鼓励私商自由出海贸易,海商只要向政府设立的市舶司提出申请后就可以自行出海,瓷器是当时的主要外销商品。赵汝适《诸蕃志》是当时记载中国瓷器外销最为详尽的文献,当时交通海外的56个国家中有17个番国的贸易商品为瓷器。1987年以来在"南海一号"和西沙华光礁一带宋元南海航路上开展的水下考古工作,出水了一大批景德镇瓷器,实物与文献记载正好相印证。[1]

元政府为了解决财政问题,鼓励对外贸易。元朝南海航线基本上和两宋时期相似,有所发展,从波斯湾的忽里谟斯向西北航行到巴士拉,向南航行至法祖儿,再向西进入亚丁湾,经西岸麦加继续向西北行可至开罗,由法祖儿向南经亚丁湾口至东非摩加迪沙、层摇罗。元代

---

[1] 孙健:《南海沉船与宋代瓷器外销》,《中国文化遗产》2007年第4期。

泉州出土宋代蕃客墓碑

前期成书的《大德南海志》，记录了与广州通商的海外国家143个，远比南宋多。元政府不仅对络绎不绝的大食海商予以优惠的经济利益，而且对促进双边贸易有突出贡献的大食商人，还授予官职。泉州的大食富商蒲寿庚一家，数代寓居中国，其父蒲开宗从广州移居泉州，寿晟、寿庚兄弟分别被任命为泉州提举市舶使、梅州知州，其子蒲师文任宣慰使左副元帅，仍兼福建道市舶提举、海外诸藩宣慰使；父子擅市舶之利30年，富冠一时；其孙蒲居仁为福建等处转运使；其婿拥有海舶80艘，往来中国与阿拉伯地区之间，运销中国丝绸、瓷器。

明政府为了推动和发展与亚、非各国之间的政治、经济、文化交往，实现"万国来朝"的政治抱负，明永乐三年至宣德八年（1405—1433）29年间，派遣郑和率领由200艘宝船、27000多人组成的船队七次下西洋。郑和组建了当时世界上最庞大、最先进的远洋船队，在十月至次年二月的冬季，从国内起航，乘东北季风扬帆沿海岸南行；五至八月的夏季，乘西南季风举帆沿海岸北航回国。郑和七下西洋，船队到过印度支那半岛、马来群岛、印度半岛、阿拉伯半岛和东非沿岸，远达波斯湾，行程10余万里，足迹遍及东南亚、西亚和东非的满剌加（今马六甲）、天方（今沙特阿拉伯麦加）和慢八撒（今肯尼亚蒙巴萨）等37个国家和地区，在满剌加、古里和忽鲁谟斯建立三个海外基地，出色地完成了任务。郑和的船队开辟了我国历代海上瓷器之路中航程最长的远洋航路，活动范围非常辽阔，从中国南海之滨，经南海入印度洋，延伸至西亚、东非的广大地区，其西北方向的航路直通波斯湾、阿拉伯海和红海，西南方向的航路，沿东非海岸越过赤道，到达今莫桑比克索法拉港，使中国与亚非各国之间的贸易空前繁荣。郑和船队规模大，人数多，培养了一批又一批掌握和熟悉航海技术的专业人员，在与所经国家贸易的过程中，又使相当数量的随员了解和熟悉了国外市场。因此可以说，在郑和七下西洋的刺激下，中国成为

郑和宝船1号模型

新航路开辟以前世界上最大的海上贸易强国。

郑和远航结束后,在巨大的海外需求和巨额利益的驱使下,中国民间商队穿梭在过去由阿拉伯人主宰的海上瓷器之路上,民间贸易发达,瓷器输出随之扩大。当时私人海上贸易范围很大,海商的足迹遍布东西二洋,东起日本,中经菲律宾群岛和印度半岛,到阿拉伯半岛、非洲东海岸,都有中国海商出没。隆庆元年(1567),明政府取消海禁,促进了海上贸易的发展。繁荣的海外贸易,推动了包括景德镇制瓷业在内的中国手工业飞速发展,瓷器贸易大幅增长,输出范围更广,囊括亚非,甚至远达欧美,形成了一个世界性的中国瓷器市场。

新航路开辟后,葡萄牙人以澳门为转运港口,通过数条国际航线将中国瓷器转运至欧亚各地,中国瓷器对外贸易形成了以广州为中心、以澳门为转运港口向全球扩散的海上瓷器之路国际贸易循环网。主要由三条航线组成:(1)广州—澳门—印度果阿—欧洲航线。这条航线可分为两段,澳门至印度果阿段航线途经马六甲、古里、科钦、果阿等地,是中国与东南洋、印度洋一直有往来的"西洋航路",而由果阿经好望角至欧洲的航路则是新航路开辟的直接产物。澳门—果阿—里斯本航线是其中最主要的一段,通过这条航线,大量瓷器源源不断地运往里斯本,再从这里分销到欧洲各地。1990—1992年,越南头顿省沿海发掘的康熙年间中国沉船,出水景德镇瓷器6万件(套)。1998—1999年,越南金瓯省沿海发掘的雍正年间中国沉船,出水中国景德镇瓷器约5万件[①],该船出水地点正好位于中国瓷器西运欧洲的航线上,以实物证明这条航线的存在。(2)第二条为广州—澳门—日本长崎航线。在中日贸易航线上,1550—1638年约90年中,葡萄牙船队共航行四五十次,每次起码有五六艘船一起航行。(3)第三条为广州—澳门—马尼拉—美洲、拉丁美洲—欧洲航线,这条航线可分为两段,中国沿海港口直航菲律宾群岛各港口,是明代中国人新开辟的中菲航线,1571年西班牙占领菲律宾后,开辟了一条由马尼拉横渡太平洋通往墨西哥阿卡普尔科、再延伸到欧洲的航线。马尼拉大帆船,一般从墨西哥阿卡普尔科进港,运销包括今美国南部、墨西哥、巴西、秘鲁在内的新西班牙地区。需要继续运往欧洲的货物,则经过一段陆路运输,再从墨西哥湾韦拉克鲁斯港转运到西班牙本土。在这条航线上,中国至菲律宾段多数为中国人往来贸易;菲律宾至欧洲段航行的是西班牙大帆船,故人们称此种贸易为大帆船贸易。在1575—1815年约240年间,西班牙殖民政府每年都派遣1~4艘大帆船,来往于墨西哥与马尼拉之间。

新航路开辟以后,欧洲各国东印度公司的商船一般于每年冬季从欧洲起航,乘着季风沿着非洲西海岸向南航行,绕过好望角后再向东航行,大约于第二年农历十月以前抵达中国广州,停泊在黄埔古港。在广州期间,欧洲商人可以进驻洋行附近的夷馆,那里有营业区、货栈

---

① 广西壮族自治区博物馆等:《海上丝绸之路遗珍——越南出水陶瓷》,科学出版社2009年版,第18—19页。

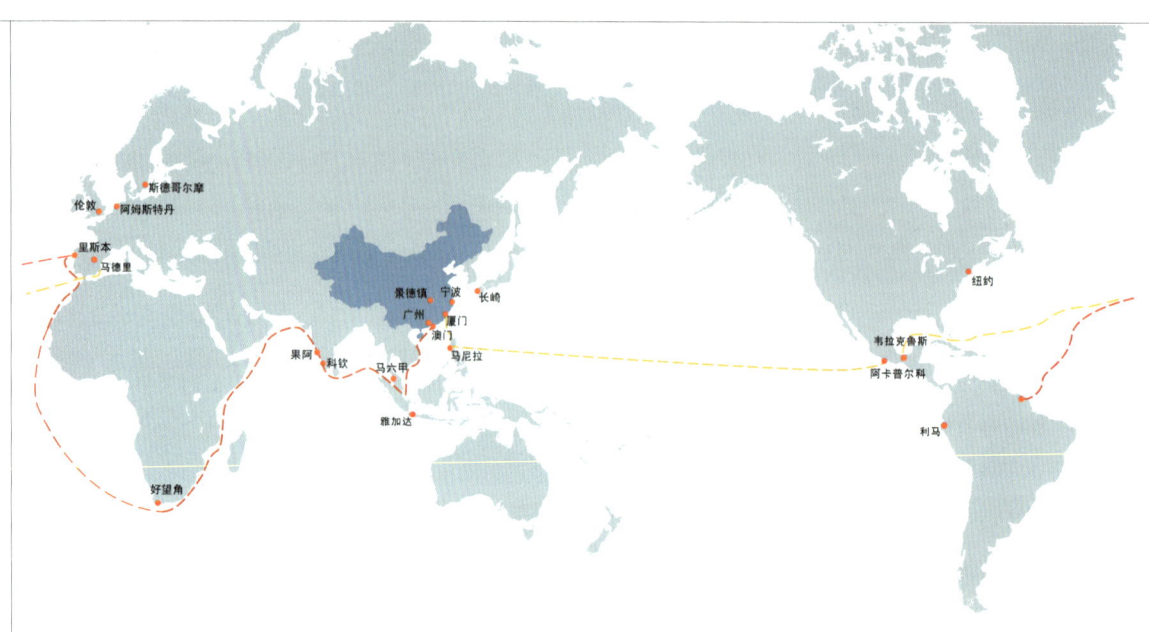

明清时期景德镇瓷器外销线路示意图

区和生活区,等待十三行商人为其销售所带货物,并配齐将要运回欧洲的中国货,第三年东北季风季节结束以前,从广州起航,7、8月间抵达欧洲,整个航程约耗时一年半,航行60000多公里。

二、外销港口

宋元以来,中国对外贸易的港口几经变化,江西瓷器外销的主要港口有广州、泉州和宁波,广州是通向西洋的最大港口,泉州是与东南亚,尤其是菲律宾之间贸易的港口,宁波主要是从事与朝鲜、日本、琉球之间的贸易港口。

1. 广州。

唐开元二年(714)在广州设"岭南市舶司",这是唐代国内唯一的市舶司。《新唐书·地理志》录贾耽《广州通海夷道》记载了广州与海外各国的航程,即从广州、屯门山西行,经海南岛东岸,过西沙,穿越马六甲,越过印度洋至阿拉伯世界,表明大唐帝国通西洋的海路畅通。我国的商船也远航到马来半岛、阿曼湾和波斯湾一带。两宋时期,政府重视海外贸易,广州、杭州、明州成为当时中国瓷器出口的主要港口。元代广州也是一重要外贸港口,"此处(即广州)市如刺桐,瓷业甚盛。海口为阿比哈叶河(生命水)入海之处。兴克兰城(即今广州)世界大城中之一也。市场优美,为世界大城所不能及。其间最大者莫过于陶瓷场。由此,商人转运瓷器以中国各省及印度、夜门(今也门)"①。

明朝前期,实行海禁政策,严禁中国百姓从事海外贸易,当时唯一的合法方式是"朝贡贸

---

① 《古代中国与非洲之交通》,《中西交流史料汇编》第三册,中华书局1977年版,第186页。

清代广州十三行（水彩画）

清代广州十三行瓷器装运（水彩画）

易"，宁波通日本，泉州通琉球，广州通占城、暹罗、西洋诸国。嘉靖元年（1522），宁波发生争贡之役，明政府撤销了浙江、福建二市舶司，独存广东市舶司一口对外贸易，从此形成了广东在对外贸易上一地独大的局面。万历年间，受明政府委托，广东三十六行代替市舶司，主持对外贸易事务，从此开始了广东官商垄断中国对外贸易的历史。万历六年（1578）以后，广州举办春夏两季"交易会"，每次交易2~4个月，春季在1月举办，主要展销销往西洋地区的商品；夏季在6月举办，主要展销销往东洋的商品。清政府废除海禁后不久，实行广州一口通商，允许外国人在广州开设贸易机构，英国、法国分别于1685年、1698年在广州设立商馆。随后，荷兰、丹麦、瑞典等国家于雍正年间纷纷在广州设立商馆。广州以环中国海第一港市的地位长期垄断西、南洋与亚欧航路，直至鸦片战争后的五口通商。各国商馆均设在广州西城外郊区的河边，紧邻十三行，以便双方商贸活动顺利展开。众多外国商馆的设立，为中国瓷器外销提供了便利条件。考虑到广州口岸在明清时期绝大多数时段是唯一的对外贸易港口，自然是景德镇瓷器外销最为重要的黄金口岸。

2. 泉州。

宋元时期泉州港在唐、五代的基础上，又有进一步发展，成为当时我国第一大港，甚至成为世界最大良港之一。据《高丽史》记载，由泉州开往高丽的商船，有19次之多，超过同期的明州港。宋元祐二年（1087），在泉州置福建路市舶司，与两浙路市舶司和广南东路市舶司并称三路市舶司。南宋初，泉州有了迅速发展，到宝庆元年（1225）来泉州贸易的国家有50多个，一跃成为全国第一贸易大港。元代泉州港进入极盛时期，发展成为世界最大的海港。马可·波罗、伊本·白图泰、汪大渊的起航地或到达地都是泉州。马可·波罗看到的泉州是"应知刺桐即是此城，印度一切船舶运载香料及其他一切贵重货物咸莅此港"①。摩洛哥大旅行家伊本·白图泰赞叹说"该城的港口是世界大港之一，甚至是最大的港口。我看到港内有大幢克约百艘，小船多得无数"②。元代后期江西人汪大渊随商船到过99个国家和地区，回国后根据游

泉州出土元代进贡宝货碑

---

① [意]马可·波罗著，冯承钧译：《马可·波罗行纪》，江苏文艺出版社2008年版，第327页。
② [摩]伊本·白图泰著，马金鹏译：《伊本·白图泰游记》，宁夏人民出版社1985年版，第545页。

历著有《岛夷志略》,书中提到的国家和地区有200多个,元代通过泉州与我国进行海外贸易的国家和地区就有99个,瓷器输出的番国有44处,除东洋的琉球、三屿、蒲哩噜外,都是从南海到印度洋沿岸的西、南洋航路地区,输出这些地区的瓷器品种有"瓷器"5处、"青瓷"(包括"处州瓷")20处、"青白瓷"3处、"青白花瓷"16处,主要是江西、福建窑厂的产品,尤其是青白花瓷,即青花瓷,是江西景德镇的产品,销售地区遍及东、西洋各国,主要有占城、爪哇、天竺等16国。

福建泉州市舶司在明代仅负责对琉球贸易,由于港口条件不利,琉球贡使因图方便,改由福州,故在明中叶市舶司也随之移入福州。朝贡贸易衰落后,中国沿海走私贸易兴起,尤其是新航路开辟后,漳州月港因走私贸易活跃而兴盛起来,成为福建对外贸易的中心,葡萄牙、西班牙、日本等国商船纷至沓来,嘉靖二十年(1541)仅葡萄牙商人居于漳州的就达500多人。隆庆以后,海禁开放,海外贸易更加发达。隆庆二年(1568)福建重设市舶时,先设于漳州诏安县梅岭,隆庆六年(1572)移至月港。至万历年间,月港已成为闽南一大都会,海外贸易中心之一,一年得税二万余两,海舶遍及东西洋各国,因地近吕宋,是太平洋上瓷器之路的重要起始港。

3. 宁波

宁波是中国瓷器向东运销日本、朝鲜的重要港口,承担东海航路进出口贸易的门户。"始倭之通中国也,实自辽东,由六朝及今,乃从南道。"①所谓南道,就是指从宁波港出发,向东航行,横渡东海,沿琉球群岛迂回前进,然后达日本各地。北宋端拱二年(989)在杭州市舶司下辖明州市舶务,至元十四年(1277)设庆元市舶司,至元三十年(1293)裁撤杭州市舶司并入庆元市舶司,使宁波港在宋元时期有了空前的发展,成为"南通闽广,东接日本,北距高丽,商舶往来,物华丰溢"②的海外贸易大港和东南地区唯一设立市舶机构的对外贸易港口。由于它的地理位置优越,自中日间南路东海航线开辟以来,这里便是通往日本最便捷的

韩国新安元代沉船出水
景德镇青白瓷戟耳瓶

---

① [明]章潢:《图书编》卷五《日本国》。
② [元]王元恭:至正《四明续志》卷一《土风》。

港口。特别是熙宁七年(1074),北方登州港被封后,往来于高丽的海船改由明州进出。元丰三年(1080)规定凡去日本、高丽的海船均在明州办理出洋手续。到政和四年(1114)又严禁番舶和中国海船进入密州港,所有去日本、高丽的海船皆由明州放洋,明州成为东海航路上来往日本、高丽的唯一进出港。明代因倭患实行海禁后,私商为抗拒海禁,宁波东南约50公里外舟山群岛中六横岛与佛渡岛之间的双屿成为江浙沿海走私通番的据点,通西南洋、接日本,从事走私贸易。嘉靖五年(1526),邓獠招引葡萄牙人来双屿交易,葡萄牙人开始入侵双屿港,建立走私据点。葡萄牙人在六横岛上建立馆舍上千所,天主教堂两所,还有医院、市政厅等;设立一套市政机构,全岛仅有3000人,葡萄牙人就有1200人。嘉靖二十四年(1545),王直又勾引日本浪人来双屿进行走私贸易。嘉靖二十七年(1548),官兵用木石筑塞了南北水口,彻底平毁了这个走私港。康熙二十三年(1684)开海禁设四口通商后,宁波海外贸易迅速恢复,商船达于东海、南海各国,港市再度繁荣。从宁波港出发,沿中国近海航行至山东,横过渤海,到达朝鲜西海岸各港口,再沿朝鲜西海岸南行,则可达日本九州,在九州博多古港出土许多中国古陶瓷,证明这条航路的确存在。

第二节　外销国家与地区

我国大规模瓷器输出,主要是通过正常的民间贸易来进行。世界各国通过不同渠道购买中国瓷器,景德镇瓷器大量外销国家主要有:亚洲的日本、越南、泰国、新加坡、菲律宾、马来西亚、印度尼西亚、印度、斯里兰卡、阿富汗、伊朗、土耳其、阿曼;非洲的埃及、肯尼亚、索马里、坦桑尼亚、莫桑比克、津巴布韦、圣赫勒拿;欧洲的葡萄牙、西班牙、荷兰、英国、法国、德国、瑞典、丹麦、比利时和俄国;美洲的美国、加拿大、墨西哥和巴西等等。

一、东亚、东南亚与南亚

中国与周边各国人民之间在经济、文化方面的交往源远流长,江西瓷器在周边国家颇受欢迎,成为各国人民喜见乐用的日用器皿和珍贵礼品。这一时期,景德镇瓷器外销周边各国主要有政府主导的官方朝贡贸易、民间外贸和西方各国东印度公司贩运三种方式。

明代前期,我国是最大的海上贸易强国,当时贸易的性质是以皇帝为中心的官方贸易,主要目的是在政治上耀兵异域,怀柔远人,以羁縻海外诸国,强化宗主国地位。海外各国与明朝的贸易是朝贡贸易,定期入贡,如琉球两年一贡,安南、占城、高丽三年一贡,日本十年一贡。贸易地点限定在宁波、广州、泉州等几个港口。这种建立在宗藩从属关系上的朝贡制度,对于发展中国与周边国家之间在政治、经济和文化上的友好关系,对于维系中国在该地区影响力曾经起过一定积极作用。16世纪以后,随着南洋诸岛国纷纷沦为西方各国殖民地,原来

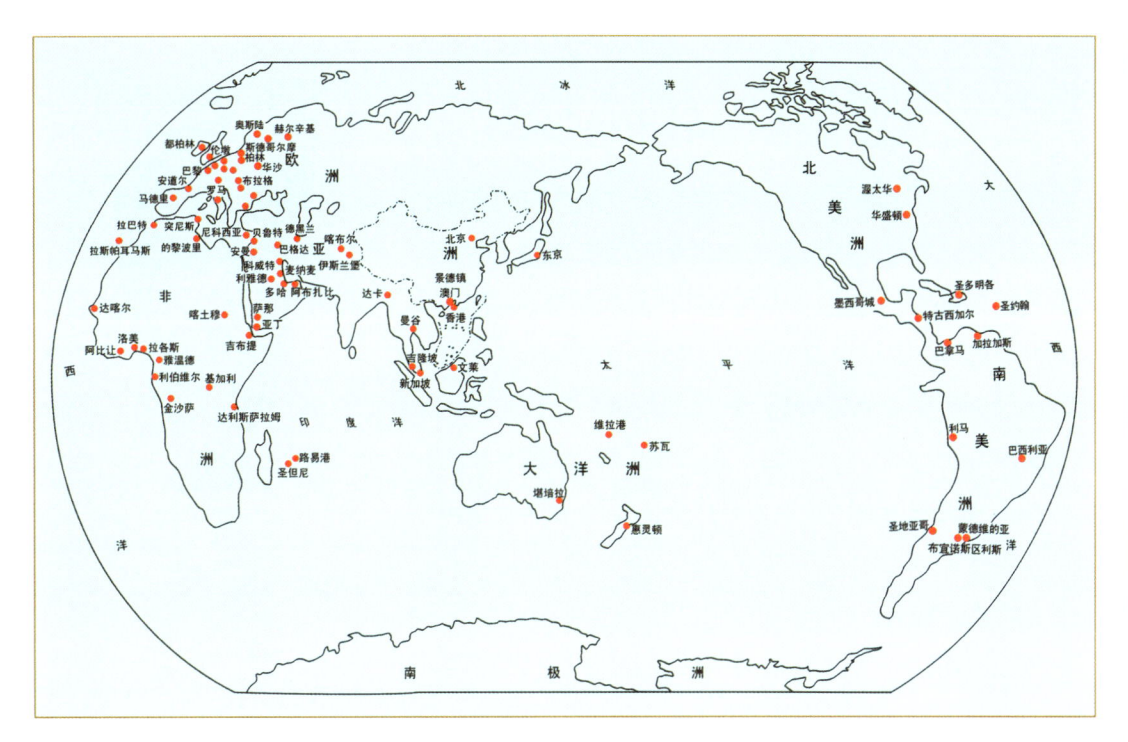

景德镇瓷器行销世界示意图

即使是表面上的宗藩从属关系也难以维持。正德、隆庆年间开放东西二洋法令的颁布,标志着传统的朝贡贸易制度向新型的民间海外贸易方式转变。海禁开放后,民间海外贸易迅速复兴,闽、粤商人每年有数千艘木帆船航行到东南亚各主要港口,还穿梭大小岛屿间进行岛际贸易,江西瓷器是必不可少的货物。

据日本学者松浦章先生研究,两宋时期,日本社会经济发展水平落后于中国,978—1254年 277 年间,宋朝商船赴日本贸易者共 105 艘,多的时候,每年有 4、5 艘,平均 2.6 年一艘。[1] 明清时期,日本所需基本上都来自中国。从 1555 年开始,葡萄牙人以澳门为基地,垄断澳门至长崎的航线,至 1636 年日本禁止与葡萄牙、西班牙通商之前,通过这条航线给日本运去了各种急需商品,当然其中也包括日本人喜欢的中国瓷器。[2] 1624 年,荷兰人窃取台湾后,以此为据点大量向日本运销景德镇瓷器。

越南是中国通往东南亚和南亚各国的出海口和重要海港,郑和七次出海远航,每次皆由此道,随船商品有瓷器、丝绸、茶叶、铁器、麝香、金属货币等等。越南人民上至王公贵族,下至平民百姓都喜爱中国瓷器,明清时期,中国瓷器大量输入越南。明初一度厉行海禁,朝贡贸易

---

[1] [日]松浦章著,郑洁西等译:《明清时期东亚海域的文化交流》,江苏人民出版社 2009 年版,第 1—30 页。

[2] 刘洋:《明代青花瓷外销分期研究》,《明史研究论丛》第七辑,紫禁城出版社 2007 年版。

几乎成为中越两国经济交流的唯一渠道,也是当时江西瓷器外销的主要方式,所以越南多次请求纳贡,中国明政府又因其纳贡太频繁,命其三年一贡。

明代开辟了一条由福建、广东沿海直航吕宋的新航线,取代宋元以来经占城绕道加里曼丹岛北端的文莱至吕宋的旧航路,大大缩短了中国至菲律宾的航程。明朝开放海禁以后,以福建漳、泉私商为主体的中国东南沿海海商纷纷前往菲律宾贸易。西班牙人占领菲律宾后,积极招徕、鼓励中国海商赴吕宋贸易。据研究,每年来到菲律宾的中国商人约有1000人,而西班牙商人也依靠这些中国商人来保持双方的贸易。1570—1760年190年间,到达马尼拉的中国商船共计3097艘。①

宋元时期,印度次大陆沿海的南毗、故临、注辇、胡茶辣和鹏茄罗等西天诸国与中国有着广泛往来,中国商人前往大食贸易,需要在故临转换小船,大食商人前往中国贸易,同样需要在故临转换大船,因而这里成了中国与大食之间贸易往来的中转站。在印度果阿,"有一条街都是这些印度异教徒,他们出售从中国运来的名贵瓷器"②。14世纪后期德里的图格鲁克苏丹晚餐或宴客时使用瓷器,1960年印度德里塔格拉克宫遗址出土元代青花瓷67件,青瓷5件,为盘、碗一类日用品,多数在底部刻有"王室的厨房"、"王室厨房的财产"铭款,据研究,它们是苏丹菲鲁兹在位后期倾向于正统伊斯兰教派,将厨房用具中有动物、花卉图案的瓷器打碎后形成的堆积。③

越南头顿沉船出水清代前期景德镇青花开光人物纹把杯

二、西亚、北非

西亚北非以至欧洲南部某些地区,是伊斯兰文化区。在中国元、明、清时期,这一地区主要有伊儿汗王国、蒙古帖木儿王朝、萨菲王朝和塞尔柱王朝、奥斯曼土耳其帝国。

中国瓷器很早就经陆上丝绸之路和海上瓷器之路传入阿拉伯世界,并中转到欧洲和非洲。阿拉伯人非常喜欢中国瓷器,他们视瓷器为珍品,称瓷器为"绥尼",意即"中国的",中国瓷器用作陈设器、餐具,还广泛用于宫殿、寺院、厅堂等建筑装饰。④从中亚土库曼斯坦共和国

---

① 喻常森:《明清时期中国与西属菲律宾的贸易》,《中国社会经济史研究》2000年第1期。
② 刘洋:《明代青花瓷外销分期研究》,《明史研究论丛》第七辑,紫禁城出版社2007年版。
③ [英]S.斯马特、叶倩:《德里塔格拉克宫所藏十四世纪中国瓷器》,《上海文博》2009年第1期。
④ 何芳川主编:《中外文化交流史》,国际文化出版公司2008年版,第580页。

通向伊朗北部的道路,经过马鲁和阿什哈巴德以后,进入伊朗北部的戈尔甘,由此往西,穿过伸展在厄尔布尔山脉北侧和里海之间的富庶的马赞德兰,然后到达高加索地方以及伊朗西北部的草原和山地,由此可以前往高加索和黑海地区,或安纳托利亚和底格里斯河上游。阿塞拜疆共和国卡巴顿、阿兰等地也出土了精美的中国陶瓷。[1]

奥斯曼帝国时期,对中国瓷器尤其偏好,对蓝白相间的中国青花瓷情有独钟。历代苏丹对中国瓷器特别喜爱。明代与奥斯曼帝国有着密切的往来,仅在嘉靖一朝,奥斯曼帝国曾6次派遣贡使来华。[2]奥斯曼帝国全盛时期,控制了今欧、亚、非三洲的埃及、土耳其、叙利亚、也门、希腊、罗马尼亚、保加利亚等近40个国家和地区的土地;控制了地中海东部和红海、波斯湾的制海权,掌握了该地区海陆贸易的主导权,中国瓷器和丝绸大量被运销这里。土耳其托普卡皇宫博物馆就收藏了大量中国瓷器,尤其是精美的元代和明初青花瓷,土耳其人对此深以为豪。

中国瓷器沿地中海西岸向北非分布,直至摩洛哥。从10世纪前后起,由印度方面溯红海向埃及行驶的船只,其目的地都是苏丹境内的阿伊扎布港。阿伊扎布港在1058—1368年间,是中国瓷器运销阿拉伯世界的重要转运港口,从该港出发的船只,其航向

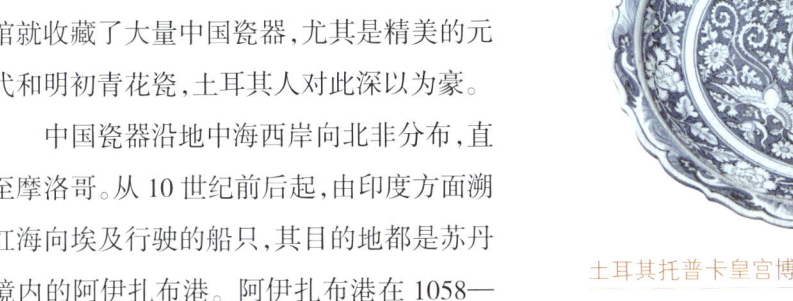

伊朗藏元青花凤凰瑞兽穿花纹四系扁方壶

土耳其托普卡皇宫博物馆藏元青花花鸟纹盘

---

[1] [日]三上次男著,胡德芬译:《陶瓷之路——东西方文明接触点的探索》,天津人民出版社1983年版,第173页。

[2] 马文宽:《中国瓷器与土耳其陶器的相互影响》,《故宫博物院院刊》2004年第5期。

一半去遥远的印度西南的马拉巴尔海岸,另一半则往西北岸的格贾拉特,根据也门的犹太商人的记录,从印度运往阿伊扎布的商品,首先是中国陶瓷。中国瓷器从阿伊扎布港卸货后,由骆驼商队经陆路向西走10天左右,到达埃及尼罗河岸城市库斯和阿斯旺,一部分沿河而下,运抵尼罗河口,一部分溯河而上,运抵埃塞俄比亚。①中国瓷器输入埃及,在阿拔斯王朝时期从波斯湾转运,到法提玛王朝时期,则直航红海,有的从阿伊扎布港转运,有的通过连接尼罗河的运河直接运到福斯塔特。大约从13世纪起,中国瓷器运到红海泽拉港附近的萨阿德丁岛,埃及商人由此再运到埃塞俄比亚和索马里,尤其是郑和船队在1413—1433年间4次到达东非,开辟了从印度南部的小葛兰或锡兰的别罗里横渡印度洋到达东非的新航路,与当地10多个国家建立了友好关系,因而瓷器在东非分布更广,数量大、品种多。明清时期,中国瓷器由非洲东岸向西、向南、向内陆扩展,津巴布韦、莫桑比克、坦桑尼亚、肯尼亚、刚果、马达加斯加、南非等地均有中国瓷器出土。②

三、欧洲

在新航路开辟之前,欧洲和东方之间有奥斯曼帝国、伊朗萨法维王朝和印度莫卧儿王朝3个强大的伊斯兰国家,阻隔了两地的陆上交通。欧洲人被美丽的中国瓷器所折服,被穿着漂亮丝绸服装的中国贵族所吸引,被东方奢华逸乐的生活所激动,激励着一批批勇士去海上探险。葡萄牙是第一个直接成批从中国贩运瓷器到欧洲的国家,但将其推向高潮的则是以荷兰东印度公司为代表的各国东印度公司。从葡萄牙人来华开始,3个世纪内约有3亿件中国瓷器在欧洲登岸。300年间,每年中国瓷器外销欧亚合计多达100万件,多数产自景德镇。虽然广东、福建沿海数百座窑也烧制了相当数额,供应韩国、日本和东南亚等地,但地位远不及景德镇。③

中国瓷器是葡萄牙东方贸易的重要商品,葡萄牙人称这条商路为瓷器之路或香料之路、丝绸之路。1498年葡萄牙人达·伽马率领船队绕过非洲南端好望角,到达印度卡里库特港,返航时带回了大量东方货物,其中就包括瓷器,达·伽马送给唐·曼努埃尔国王的13件瓷器,立即引起里斯本宫廷的兴趣。④葡萄牙人于1553年开始租借澳门,1557年获准在澳门上岸筑屋,随着明政府对外贸易政策的调整,澳门成为欧洲在中国建立的第一个贸易据点,同时也是欧洲各国进入中国的门户与跳板。葡萄牙人控制的中国贸易,包括从澳门经印度果阿到

---

① [日]三上次男著,胡德芬译:《陶瓷之路——东西方文明接触点的探索》,天津人民出版社1983年版,第31页。
② 马文宽、孟凡人:《中国古瓷在非洲的发现》,紫禁城出版社1987年版,第30—54页。
③ [美]罗伯特·芬雷,郑明萱译:《青花的故事》,(台北)猫头鹰出版社2011年版,第40页。
④ 翁舒韵:《明清广东瓷器外销研究(1511—1842)》,暨南大学硕士论文,2002年。

达欧洲的航线，也包括从澳门到日本、东南亚，以及从澳门经菲律宾马尼拉到达西属墨西哥的其他航线，从此，澳门成了中国通往世界各国的海运中心。① 从在澳门建立贸易据点到17世纪前期，葡萄牙人垄断对东方的贸易，欧洲人来华，必须获得葡萄牙国王批准，搭乘葡萄牙商船从里斯本起航，里斯本成为欧洲最大的商业中心，中国瓷器通过里斯本转销欧洲各地。1522年，葡萄牙国王宣布从印度返程的商船可装运占总船货1/3的瓷器，里斯本因此很快取代意大利威尼斯，成为欧洲的瓷器贸易中心，涌现出一批中国瓷器专卖店。1580年，里斯本仅"商人新街"上便有6家中国瓷器店。②

澳门出土明代克拉克碗

在当时，丝绸贸易的利润约150%，瓷器贸易的利润约100%~200%，丰厚的利润驱使欧洲其他国家相继加入东方贸易，引发了对葡萄牙垄断权的挑战和竞争。1588年英国击败西班牙的无敌舰队，标志着葡萄牙、西班牙垄断世界贸易的格局开始动摇，英国和荷兰乘机绕道好望角，打破葡萄牙、西班牙对亚洲贸易的垄断。英国、荷兰等8个国家相继成立由政府授权与东

荷兰东印度公司订烧清乾隆青花葛雷文家族纹章盘

方进行贸易的东印度公司，其中以荷兰和英国东印度公司业绩最为突出，荷兰东印度公司兴盛于17世纪，英国东印度公司称雄于18世纪。从17世纪起，瓷器成为各国东印度公司商船在中国采购的大宗商品，欧洲因此成为景德镇瓷器的最大市场。

1602年，荷兰成立东印度公司，从事东方贸易。在中荷瓷器贸易中，由荷兰东印度公司董事会或各商会根据存货情况、荷兰瓷器商的订单以及荷兰或欧洲市场的供需状况决定订购瓷器的品种与数量，然后指示公司驻巴达维亚行政当局及属下商务大班具体执行。在1729年直接派船到广州与中国通商之前100多年中，荷兰人除占领台湾的一段时间外，大多数时间是以巴达维亚为基地，收购中国瓷器，再运销东南亚、南亚和欧洲。1602—1795年

---

① 陈炎：《澳门港在近代海上丝绸之路中的特殊地位和影响》，《海上丝绸之路与中外文化交流》，北京大学出版社2002年版，第179—204页。
② 金国平、吴志良：《流散于葡萄牙的中国明清瓷器》，《故宫博物院院刊》2006年第3期。

194年间,荷兰东印度公司共有3356艘商船从亚洲返回欧洲,如果以每艘船装载20万件瓷器计算,那么该公司贩运瓷器数量在6700万件以上。按通常的比例,除去约1/4的日本瓷、北部湾瓷等,中国瓷器应不少于4500万件。[1]荷兰由于远洋航船多,贩运规模大,加之国际商港数量多,遂成为中国瓷器销往欧洲腹地的转运中心,阿姆斯特丹、米德尔堡、鹿特丹、代尔夫特、霍恩、恩克霍伊曾等许多荷兰城市都拍卖过景德镇瓷器。

清后期广彩英国东印度公司纹章纪念盘

1708年,英国组建"英国商人对东印度贸易联合公司",是真正为英国打开中国贸易大门的东印度公司。1715年,英国东印度公司在广州常驻商馆,正式从事与中国的直接贸易,每年派船到中国贸易。据初步统计,1720—1770年50年间有2500万~3000万件瓷器输入英国,成为中、英瓷器贸易的黄金时期。[2]18世纪中后期,随着英国工业革命的完成,国力昌盛,来华贸易的英国商船数量超过其他各国的总和,中欧贸易进入英国人的时代,亚洲贸易中心也从巴达维亚转移到加尔各答,英国取代荷兰,成为主导欧洲经营中国瓷器的国家。到1790年,驶入广州的商船为56艘,其中英国有46艘,占82%。英国东印度公司的船队成为世界上规模最大、货运量最大的远洋商船队。同时,在广州的对外贸易业务中,各国的商人们也都统一使用英语。[3]中国瓷器被大量运到英国,再从英国转运到爱尔兰、德国、意大利、法国和英属北美东海岸殖民地和加勒比海地区,甚至出口到荷兰。

四、美洲

哥伦布发现美洲后,拉美各国先后沦为葡萄牙、西班牙的殖民地。中国瓷器也随着欧洲殖民者传播到拉美,最初是葡萄牙、西班牙商人,后来是荷兰、英国商人贩运中国瓷器转销拉美各地。

1522年,麦哲伦在西班牙政府支持下完成环球航行。1565年西班牙远征军占领菲律宾宿务岛,建立殖民据点,同年,开辟了从菲律宾经太平洋到达墨西哥阿卡普尔科港的太平洋

---

[1] 孙锦泉:《华瓷运销欧洲的途径、方式及其特征》,《四川大学学报》(哲学社会科学版)1997年第2期。
[2] 林琳:《17—18世纪荷兰东印度公司瓷器贸易研究》,浙江师范大学硕士论文,2007年。
[3] 万钧:《东印度公司与明清瓷器外销》,《故宫博物院院刊》2009年第4期。

航线。1571年西班牙占领马尼拉，确立了在菲律宾贸易的垄断地位。与此同时，西班牙人在美洲攫取了从墨西哥到南美洲的广大地区，建立起地跨南北美洲并远到亚洲的海外殖民帝国。西班牙人以马尼拉港为贸易中心，同中国进行间接贸易，即由葡萄牙或中国商人把中国瓷器及其他商品运到马尼拉，西班牙人再将它们装上驶向西属墨西哥、大西洋到达本土。至此，葡萄牙和西班牙两国在亚洲大致以菲律宾为分界线，对世界进行第一次大划分，各自向东、西进行殖民扩张，

福建泉州出土的明代西班牙银币

开辟了与中国的贸易航道，即"澳门—果阿—里斯本—巴西"和"塞维利亚—阿卡普尔科—马尼拉"。16世纪初，西班牙拥有商船约1000艘，几乎垄断了美洲、欧洲、北非和远东的贸易，获得了巨大的利润。加的斯、巴伦西亚、塞维利亚等沿海城市，成为对外贸易的重要商埠。马尼拉港1571年开放，每年有三四十艘中国大帆船来到那里，出售瓷器。西班牙的商舶再把购买来的中国瓷器转运，横渡太平洋，到达墨西哥的阿卡普尔科。从此，中国瓷器源源不断地从马尼拉运往西属墨西哥、秘鲁，行销于美洲各地以及欧洲，西班牙成为当时中国瓷器的重要贩卖者、消费者，西班牙国王菲力普二世拥有的中国瓷器量位居中国之外的世界第一，共3000件。[①]

阿卡普尔科原本是墨西哥一个偏僻小镇，随着太平洋瓷器之路的开辟，逐渐繁荣起来。每当马尼拉大帆船到港时，拉美各地的商人蜂拥而至，墨西哥商人把中国瓷器装上骡队运往首都墨西哥城，二地之间距离约600公里，当地人称之为"瓷器之路"。秘鲁商人除运往利马外，还运销智利、阿根廷、巴拉圭和大西洋沿岸其他地区。秘鲁利马瑞马山顶遗址、加马那街、波利维尔街、路斯维尔特街等地均出土过明清时期的中国瓷器。

早在殖民地时期，北美就开始进口中国瓷器。美国独立后，迅速组建东印度公司从事直接对华贸易。中美瓷器贸易虽然比欧洲各国晚，但进口量迅速超过其他欧洲国家。据不完全统计，1784—1846年间，约有1080艘美国船到中国贸易。[②]中国瓷器成为美国进口的主要中

[①] [美]罗伯特·芬雷著，郑明萱译：《青花的故事》，(台北)猫头鹰出版社2011年版，第18页。
[②] 袁钟仁：《广州和美国的早期贸易》，《岭南文史》1999年第1期。

纽约大都会博物馆展出的清代景德镇瓷器

国商品，源源不断被运到美国，当时经营中国瓷器进口的主要港口有塞勒姆、波士顿、巴尔的摩、纽约和费城，纽约是美国销售中国瓷器的集散中心。纽约苏瑞记公司是经营景德镇瓷器的最大商行，每年销售额约 10 万元。伍秉鉴和鑫行、亚兴官等深受美国商人信赖。①

总之，明清时期中国瓷器深受世界各国人民喜爱："华瓷冠绝全球，而华人初不知其可宝，殆真所谓圣不自圣，民无能名者也。列强交通，东西角胜，而吾华独占最优之名誉。于是欧美斐澳，恐后争先，一金之值，腾涌千百。茗瓯酒盏，叹为不世之珍，尺瓶寸盂，视为无上之品。且又为之辨别妍媸，区分色目，探赜索隐，造精诣微，豇红苹绿，则析及豪芒，御窑客货，则严其等第。"

第三节　外销瓷品种

江西瓷器外销，主要是指景德镇窑瓷器的外销。外销瓷的品种，有明显的地区差异，大致可以分为东亚与东南亚、西亚与北非和欧洲与美洲三大区域。不同时期外销的瓷器也不同，比如，明末清初一段时期，外销瓷以所谓"克拉克"样式为主，清初有一个时期，模仿日本伊万里样式，后来又有五彩瓷、粉彩瓷、广彩瓷等。古代江西外销瓷器以造型与装饰来区分，大致可以分为三类：第一，中国风格，即造型和装饰均无外来影响，与中国市场的产品无异；第二，

---

① 《清朝续文献通考》卷三十九《景瓷销售》。

混合式,即中国传统造型配国外装饰或国外造型配中国传统装饰;第三,外国样式,造型与装饰均来自国外,专为国外市场生产的瓷器。

一、中国风格

东亚与东南亚地区各国,是中国的友好邻国,中国是地区大国,政治、经济、文化发展水平最高,中国的政治制度成为各国学习的典范,中国时兴什么,各国马上仿效,因而这一地区的外销瓷品种与同时期中国国内所销售的品种基本相同,只有朝鲜较早从中国学习了制瓷技术,并达到了较高水平,基本不需要从中国进口瓷器,在明清时期,朝鲜甚至在向中国朝贡时,信心十足地把自己生产的瓷器作为贡品。

国外收藏的中国瓷器造型比较丰富,中国传统式样有各式瓶、壶、罐、碗、盘、杯等,象首军持、提梁壶、葫芦瓶、筒瓶、罐、炉、笔筒等也是明代晚期至清初常见的器形。外销瓷中以康熙时期的器形最为丰富,常见的有棒槌瓶、凤尾樽、锥把瓶、方瓶、梅瓶、葫芦瓶、将军罐、莲子罐、平顶盖罐、鼓式狮钮盖罐、花觚、盖缸、双耳盖缸、花口碗等,乾隆时期有茶壶、绣墩、成套餐具、带盖六方瓶、将军罐、盘、碗、人物雕塑和洋狗等。在贸易的早期,欧洲人还提供不出自己所需的瓷器样品,所以,1624 年荷兰东印度公司曾向中国商人索取各种式样的瓷器样品,为了方便外商选货,广州方面特制了一批样盘,盘的边框四等份,每 1/4 的地方各施以不同的彩饰、花纹,以供外商选择。1637 年荷兰东印度公司董事会指示巴达维亚的代理:"根据上一批瓷器的销售结果,我们发现不论销路或评价,绘有荷兰人物的都不及中国画风的作品。所以你应该写信给大湾,叫他们未来发货一律只限中国风装饰的瓷器,除非另有明确指示。"①

清前期青花人物纹觚

二、混合式

明清外销瓷中有不少器形在中国传统式样的基础上,加入西方所喜爱的因素,创烧出具有新意的造型。比如,将军罐、瓶、莲子罐等器形明显比传统式样高;瓶口有多种变化,有渣斗

---

① [美]罗伯特·芬雷著,郑明萱译:《青花的故事》,(台北)猫头鹰出版社 2011 年版,第 50 页。

式口、杯口；还有加双耳的，双耳杯、双耳盖杯、双耳盖缸、双耳盖碗；加双柄的有双柄盖瓶；还有把器形加以装饰和改造的，把瓶、樽等改作水器、灯具或在口、流、柄等部位加饰金属柄、盖、链子等饰件。这些瓷器虽然是为国外市场专门制作，但基本上是中国传统样式，或虽然器物造型有欧洲特点，但装饰题材仍然为中国风格的花鸟、人物和山水等，因而具有鲜明的中国情调，此类产品占多数，成套器具往往绘有相同的纹样。有时，在同一器物上也出现东西方两种不同文化艺术的混合现象。比如有的瓷盘，中部主题图案为西洋社会生活场面，边框则衬以中国式图案；有的瓷器上的航海图，描绘了大航海时代中国和欧洲两种不同式样的大型远洋船舶风帆竞张、桅樯高扬的远航场面。十三行题材也是外销瓷中一个很有特色的品种，珠江外围的长洲岛和十三行对来华贸易的西方商人来说有着特殊意义，所以许多人在离开中国时，都会特别设计定制或者购买此类瓷器作为纪念品或礼品，绘有十三行的街道、厂房、仓库等建筑，一般在前面画有岸边和栏杆，并竖立各国国旗，前景则是珠江和江面上的船只，这类产品在1765—1795年间特别流行，常见器型有大碗和大盘。

清代中期广彩海舶纹碗

在这类瓷器中，5件一组的花瓶组合极为有意思，包括3个盖罐和2个花觚，一般是放在西方家庭壁炉上方。盖罐原形是中国的将军罐，但和花觚组合在一起，会觉得上面的盖子太大，为了相互协调，就进行适当改造，把盖子做小一点，相应地把颈部拉长，花觚的流畅线条和盖罐起伏变化的流线相互呼应，这样组合在一起外形就很美，有青花、五彩、粉彩数种，一时间成为欧洲室内装饰的时尚。

三、外国样式

外销瓷中有一类瓷器，其装饰纹样按照销售国家的需要而特别设计。比如在新航路开辟以前，中国瓷器的销售市场主要在亚洲，东亚、东南亚受中国文化影响深，基本上是中国内地风格的产品；而南亚和西亚，尤其是伊斯兰地区，青花瓷常以阿拉伯式的图案、风格化的枝叶、阿拉伯文《古兰经》短语和波斯铭文装饰。1516年，葡萄牙人到达中国以后，景德镇制作的青花瓷器开始出现葡萄牙铭文；17世纪，荷兰铭文又因中荷通商出现在当时的外销瓷器上，此后，法文、德文、英文等西方文字也相继出现。这些都是按照欧洲商人的要求、适合欧洲消费者需要特别绘制，大部分是严格依照顾客所提供的版画及图样来绘制，通常称为"订烧瓷"。

在 17 世纪前后,外销瓷中有一类是专门针对日本市场的订烧瓷,被日本人称为"古染付"和"祥瑞瓷",都是与日本茶道有关的瓷器,带有鲜明的日本审美趣味,深受日本茶人喜爱。这些器物,大多数是按日本风格设计,形式多样,装饰采用不对称法或块面分割法构图,往往图案与背景之间对比鲜明,与中国人的审美观有明显的差别。清代越南对中国瓷器从明代的简单购买发展到定向订烧,一般由国王提出意向,然后由内造所下属的画匠局按要求绘出定制瓷器的草图、诗文交国王御定后,再由外交使团或商人送往中国订烧,景德镇按订单要求烧成后由外交使团或商人带回越南。①

欧洲各国东印度公司为了开发中国瓷器贸易的潜力,使之更适合欧洲市场的需要,逐步把中国瓷器的基本式样和装饰花纹改造成西方式样。为了让景德镇制造出符合自己要求的器物,欧洲商人往往提供彩色画稿或模型,模型有陶瓷器、玻璃器、银器、锡器及木器等。还有些是在景德镇烧好素瓷胎后运到广州再加彩即所谓广彩,或运到欧洲后再加彩,总之是根据欧洲市场的需求来设计、制作。在欧洲市场需求的推动下,中国逐渐产生了专为欧洲市场生产的洋器工业。②荷兰是第一个主动设计、开发中国瓷器的国家。经过荷兰人重新设计、改造后的中国瓷器,尤其是瓷器作为餐具的优点渐渐为欧洲人所了解、所接受,成为最受欢迎的餐具,走进欧洲民众的日常生活,从而把中国瓷器在欧洲的影响从上层社会扩展到社会各个阶层,激起了广泛的需求。

在当时,订烧瓷的运作程序,一般是欧洲商人每年8、9月到达广州后,把商品模本、画稿与定金一并交给中国十三行的买办,通过买办把订单送到景德镇,第二

清前期伊万里样式把杯

明代景德镇青花水族纹提梁水罐

---

① 蒋国学、杨文辉:《越南在中国定制的瓷器与中越文化交流》,《云南师范大学学报》2008年第1期。
② 彭明瀚:《荷兰东印度公司与明清景德镇瓷器外销欧洲》,《南方文物》2013年第1期。

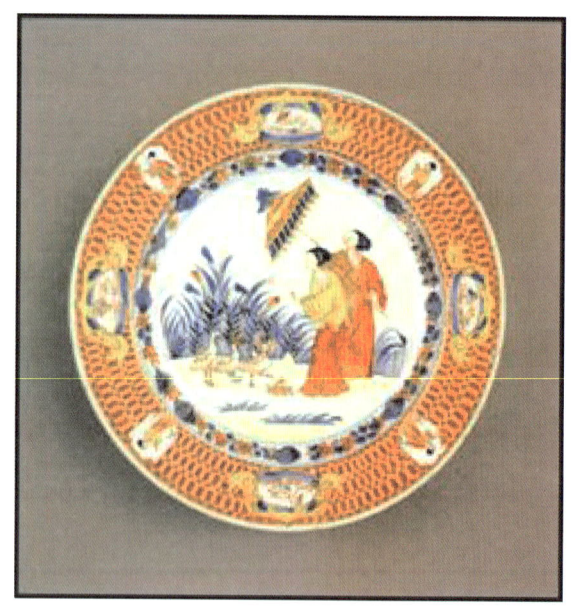

普龙克为荷兰东印度公司设计的粉彩持伞仕女图盘
图纸与成品,图纸 1734 年左右被发往中国

年再从买办处取回上一个贸易季的订烧瓷。①因此在定购货物到收到货物之间有两年半时间的空当。②由于订烧瓷成本较高,占用资金多,时间长,手续复杂,商业风险大,不可能成为当时外销瓷的主流产品,大多数订烧瓷是用作私人交易,有些则是被商人及船员们作为纪念品或礼物。订烧瓷的装饰题材有西洋人物、城市港口、贵族生活、希腊罗马神话、圣经故事、德国式纹样以及标示家族的徽章等,也有欧洲设计师特别设计的式样,比如荷兰东印度公司曾在1734年聘请阿姆斯特丹著名画家科尼利厄斯·普龙克设计了持伞仕女、三博士、四博士、花亭人物等5款图样,这些水彩及铅笔素描设计图稿收藏在荷兰国家博

英国东印度公司广州理事会主席彼特·戈弗雷家族青花纹章盘

---

① 乔克:《简介》,香港艺术馆编《中国外销瓷——布鲁塞尔皇家艺术历史博物馆藏品展》,香港市政局1989年版,第36—41页。
② [荷]费莫·西蒙·伽士特拉著,倪文君译:《荷兰东印度公司》,东方出版中心2011年版,第183页。

物馆。①

在16—18世纪欧美各国的订烧瓷中有一类被人们称为纹章瓷的瓷器比较特别，在器物的显眼部位绘有欧美一些国家的贵族、显赫家族、都市、公司、军团、团体等特有的标志。纹章瓷始于16世纪，盛行于18世纪，在欧洲十分流行，特别是西班牙、葡萄牙、荷兰、法国、英国等国。②由于英国东印度公司的船长一般是贵族，大多数人会顺便订制自己家族的纹章瓷，有的人还帮亲戚朋友订制，所以英国东印度公司的船长及其亲戚和公司相关成员的家庭纹章瓷在全部纹章瓷中占有相当比重。早期的纹章瓷多用青花，纹章画在器物中央，图案很大；晚期多用五彩和粉彩，图案缩小，常置于器物边缘。18世纪中期，纹章瓷形成了巴洛克式、罗可可式和新古典主义式等几种不同的风格，巴洛克式追求奢华的外表，讲究对称，在当时颇受欢迎；罗可可式图案不对称，风格淡雅、洗练、形式活泼；新古典主义式构图简单，图案对称，常为铲形或椭圆形，1780—1800年间风行一时。③

第四节　欧洲的"中国风"

自中古时代以来，在欧洲人心目中，中国出尘脱俗，是一个神秘而富有宝藏的国度，一个田园牧歌的所在，一个奢华逸乐的欢乐场，生命在这个没有宗教信仰，弥漫着永恒、寻欢作乐气氛的天堂中流逝。16世纪以来，来华传教士向欧洲传去一批又一批有关中国的报道，引起人们对东方的好奇心，当地王公显贵对中国瓷器如痴如醉，为神秘的中国文化所吸引、所感染，毫不夸张地说，中国瓷器极大地影响了欧洲人的生活，人们为能拥有一件中国瓷器而倍感骄傲和荣幸，乃至18世纪在欧洲形成了一股强烈的"中国风"。这股热潮，17世纪中期兴起，18世纪中期达到高潮，其余韵延续到19世纪初，前后长达两个世纪。在欧洲历史上，从来没有一种外来文化能像"中国风"那样持续时间长、流行强度大、涉及范围广。当时处于变革中的欧洲人对中国瓷器和丝绸产生了好奇心理、猎奇行为，力图通过各种途径了解东方神秘国度，并从狂热地追逐来自中国的商品发展到对中国风格、情趣的赞赏和模仿，即从中国时尚过渡到中国思潮。对中国物品的追求、对中国的赞美与向往、对中国文化的理想化描述，成为欧洲中国风的主要特征。18世纪是欧洲最倾慕中国的时代，从宫廷到山村，人们自觉或不自觉地成为中国风的赞助人、消费者和评价者。从建筑、室内装潢、家具、壁毯、纺织品到银制品，几乎无一例外。从法国、荷兰、德国、英国、意大利到俄罗斯、波兰，中国风波及欧洲主要国家。

---

① 余春明：《中国名片——明清外销瓷探源与收藏》，三联书店2011年版，第81页。
② 李知宴主编：《中国陶瓷艺术》，外文出版社2010年版，第588页。
③ 董健丽：《十八世纪销往欧洲的中国瓷器》，《紫禁城》1996年第4期。

一、"中国风"与日常生活

欧洲人因为喜爱中国瓷器，通过瓷器上的图案所产生的中国意象来模仿中国人的生活，使用中国瓷器，喝中国茶，穿中式服装，坐中国轿子，建造中式园林，装饰中国房间，乃至修建中国宫。欧洲上流社会的中国风大致表现在：收藏中国工艺品，修建中国式的宫殿和园林，模仿中国人的衣着和习惯。最受上流社会欢迎的当然是精致、小巧的中国瓷器，既可以作为艺术品收藏，用来点缀豪华的官邸或住宅；也可以作为礼物相互馈赠，在取悦对方的同时，显示自己的身份和高雅情趣。中国瓷器是每一个有身份的家庭必备的陈设，如果主人用中国瓷器餐具招待客人，就能得到客人更多的尊敬。中国瓷器被视为珍品，许多人用贵金属为中国瓷器镶边，这样既可以使之更显珍贵，又可以防止因磕碰而损坏。唯其珍贵，瓷器竟然被某些人神化成具有检验所盛食物是否有毒的功能。

18世纪欧洲流行的中国风装饰画

13世纪末，在中国游历了十几年的威尼斯商人马可·波罗回到欧洲，从中国带回了一些瓷器，这也是欧洲人直接从中国获得瓷器的最早记录。马可·波罗对中国瓷器的生动描述使

明代青花碗，运抵欧洲后镶嵌镀金银座

德国德累斯顿博物馆藏青花龙纹将军罐

欧洲人了解到中国是瓷器的故乡，最美丽的瓷器出自中国。在新航路开辟以前，中国瓷器销往欧洲的贸易被阿拉伯商人垄断，欧洲只能以转口贸易方式从西亚和埃及市场零星获得中国瓷器。公元1500年之前，欧洲人普遍使用锡釉陶器，很少有人能见到中国瓷器，视中国瓷器为珍宝，法国戏剧作家路易·塞巴斯蒂安·梅尔西埃曾写道："中国瓷器之豪华，该是多么悲惨的豪华啊！猫用一只爪造成的价值损失，比20阿邦土地遭灾的损失更大。"①有些瓷器被陈设在金质、银质器座上，为人们珍爱、收藏，价比黄金，被称为"白色的金子"。公元1500年以后，中国瓷器批量运抵西方，揭开了欧洲人趋之若鹜向中国看齐的序幕。长达两个多世纪期间，他们纷纷放弃自己的各式锡釉陶，转而努力模仿中国人的时尚。对中国瓷器的追逐，代表首次步入世界舞台的西方向这个世上最古老帝国的文化展现的第一波最高敬意。②中国瓷器进入欧洲后相当长一段时间内只有王公显贵才有能力消费。从葡萄牙王到俄罗斯沙皇，欧洲各国君主纷纷爱上中国瓷器，瓷器成为各国王室相互仿效、彼此较劲的身价通货，中国瓷器以直接或间接的方式进入几乎所有欧洲国家的王宫以及贵族的厅堂。③最为人津津乐道的故事是，1717年，酷爱中国瓷器的萨克森选帝侯奥古斯都二世，为了得到当时收藏在柏林夏洛滕堡宫和奥拉宁宫中的151件、值27000塔里尔的中国康熙时期青花龙纹将军罐，因国库空

---

① [法]伯德莱著，耿升译：《清宫洋画家》，山东画报出版社2002年版，第132页。
② [美]罗伯特·芬雷著，郑明萱译：《青花的故事》，(台北)猫头鹰出版社2011年版，第364页。
③ [美]罗伯特·芬雷著，郑明萱译：《青花的故事》，(台北)猫头鹰出版社2011年版，第337页。

虚,竟然用600名全副武装的萨克森近卫骑兵与普鲁士国王腓特烈·威廉一世交换,因此这批身价百倍的瓷器被称为近卫花瓶或龙骑兵花瓶,这批瓷器中的绝大部分至今仍收藏在德国德累斯顿的茨温格宫中。这股风气向下蔓延,及于贵族、乡绅乃至市民。17世纪末18世纪初,中国瓷质餐具盛行,是当时富裕家庭餐桌上必备家饰,正如哲学家格芮姆所说:"有一个时期,每家的桌上,都陈列着中国物品,我们许多器具的样式、许多东西,都是以中国趣味为标准,没有了这些东西来装饰就感觉社会地位被降低了。"①当时欧洲人对中国瓷器的推崇达到了神化和迷信的程度,传说在人们死后,如果用瓷器陪葬在死者左手的手指附近,就能唤起死者的灵魂,附着在死者的身体上。因此,在西班牙,国王和王后举行葬礼时,都要用最美丽的中国瓷器以及金首饰陪葬。②

  法国在17—18世纪的中国热中,扮演着非同寻常的角色。当时法国处于路易十四、路易十五、路易十六统治时期,文化艺术达到辉煌的高峰,路易十四成立法兰西学院,创办法兰西皇家绘画与雕刻学院,开设戈贝林皇家制作中心,集中国家力量发展文化艺术,凡尔赛宫成为法国的政治与文化中心,同时也基本上左右了欧洲的艺术风格和时尚趣味,各国的上流社会向法国时尚看齐。法国对中国文化具有强烈的兴趣,派出大批传教士到中国,要求传教士在传教的同时,考察中国政治、经济和科学、艺术。随着有关中国的信息源源不断地传入法国,欧洲汉学中心也从罗马教廷转移到法国宫廷。法国社会从宫廷到市民对中国瓷器的喜爱、对中国文化的迷恋,为欧洲其他国家宫廷所仿效。因此,中国风在很大程度上是以法国为中心,再向欧洲其他国家辐射的。路易十四于1670—1671年间在凡尔赛为他的情妇蒙特庞夫人修建的特里亚农宫,仿照荷兰人纽霍夫《荷兰东印度公司使华记》所附南京报恩寺塔素描图设计,报恩寺塔被他们叫作"瓷宫",仿照报恩寺塔建成的特里亚农宫自然也被称作"瓷宫"。这是一组单层建筑,共有一大四小五组房屋,坐落在花园中。特里亚农宫的中国特色主要体现在内部装饰,屋檐下挂着青白二色的兽形饰物,外墙贴瓷砖,正门前的七级台阶把人们引入前厅,客厅的墙上贴白色大理石,饰以蓝色花纹,地面和墙裙均贴瓷片;建筑师还大量使用假大理石和珐琅,使之具有瓷片效果。室内陈设也力求体现中国风格,陈设中式家具,还把桌椅漆成青白二色,借以体现中国青花瓷的韵味。③特里亚农宫建成后,欧洲各国达官贵人趋之若鹜,纷纷仿建,著名的有汉普顿宫、奥兰治宫、夏洛滕堡宫、德勒兹登瓷宫和卡尔顿宫、布赖顿宫等等。荷兰玛丽公主在阿姆斯特丹郊外的宅邸设立了一间瓷器室,聘请法国胡格诺新教派的建筑设计师马若,为她布置位于海牙的宫廷。马若引入新流行风尚,将大量瓷器摆在壁炉架上、搁板上、橱柜内、镜子前。据狄福所记,玛丽女王在汉普顿宫首次向英国人展示

---

① 阎宗临:《中西交通史》,广西师范大学出版社2007年版,第50页。
② 朱培初:《明清陶瓷和世界文化的交流》,轻工业出版社1984年版,第45页。
③ 许明龙:《欧洲十八世纪中国热》,外语教学与研究出版社2007年版,第94页。

了将瓷器堆在柜顶、堆在文具盒、堆在壁炉台每个空间,一直堆到天花板,甚至专为瓷器设立层架,安放在需要的位置,直到花费过大到伤神伤财,甚至危及家庭、产业的程度。① 威廉三世出身的奥兰治王室,是荷兰共和国的伟大贵胄世家,又是荷属东印度公司的投资股东,自然在全欧推广瓷器上不遗余力。威廉三世的姑母亨利埃特嫁给普鲁士勃兰登堡大选帝侯腓特烈·威廉,这位姑父夫人兴建奥兰治堡宫专为收藏瓷器,并声称亨利埃特一门心思都在她这批收藏。威廉三世另一位姑母艾格尼丝嫁给拿骚—迪茨伯爵威廉·腓特烈,1683年也为她的瓷器盖了一个奥兰治宫。1702年普鲁士的腓特烈·威廉一世,在柏林附近的夏洛滕堡宫制作了一个镜柜,收藏他的400件中国瓷。俄罗斯沙皇彼得大帝造访荷兰,也受此风影响,回国后在彼得堡附近的孟席尔宫中专辟一间瓷器室。1753年一位到访萨克森德勒兹登瓷宫的英国人记述:"建筑风格也因全以瓷器装饰而命名……有许多瓷制的动物像,如狗、狼、熊、豹、猴和松鼠等等,有些甚至和实际尺寸一般大,还有大象、犀牛,身量如同大狗;又有各式各样的鸟禽,包括公鸡、母鸡、火鸡、孔雀、鹰隼、鹦鹉、异国珍禽……二楼有两座大理石壁炉,各以将近40件大型瓷像为摆饰,造型有鸟兽,也有瓶、罐,最高超过20英尺,硕大无朋却栩栩如生,不但无与伦比且令人叹为观止。"② 即使是在新古典主义崛起的19世纪初期,英国王储威尔士王子仍出人意料地兴建了

西班牙马德里阿兰霍埃斯宫瓷器室一角

德国柏林夏洛滕堡宫瓷宫一角

---

① [美]罗伯特·芬雷著,郑明萱译:《青花的故事》,(台北)猫头鹰出版社2011年版,第338页。
② [美]罗伯特·芬雷著,郑明萱译:《青花的故事》,(台北)猫头鹰出版社2011年版,第87页。

丘园花园一景

卡尔顿宫、布赖宫，发挥他超常的想象力，大量采用中国风的室内陈设与装饰，极力营造异国情调，以标榜自己的中国风情趣；尤其值得一提的是，他还特意从中国定制了6件高275厘米、满绘中国风景的青花五彩瓷塔，六面七级，分别摆放在白金汉宫和布赖顿宫中。

欧洲建筑艺术历史悠久，但是到了17世纪，刻板的古典主义风格已令人感到厌倦，恰在此时传来了精巧雅致的中国园林艺术，欧洲人顿觉耳目一新，接着便起而仿效。为奋力捕捉那个牧歌般帝国的美好精髓，欧洲各地精英建造宝塔和曲径蜿蜒的中式花园。中国建筑使英、法等国进入了所谓"园林时代"。大多数仿效中国园林的设计师对于他们力图引进的工作只是一知半解，他们对中国艺术只知其形式而不知其精神，只知其装潢细节而不知其含意深远的手法；只知其异国情调的结构而不知其蕴含的生命气韵。纽霍夫1656年随同使团来到中国，归国后依据此次中国之行所见所闻写成《荷兰东印度公司使华记》一书。1665年以来，该书先后出版了荷兰文版、法文版、德文版、拉丁文和英文版，在欧洲产生了巨大影响。书中附有他在中国所绘速写150幅，直观地记录了作者所见中国现状，诸如山川河流和民情风俗等，极受欢迎。他所画的南京报恩寺塔，成为欧洲人熟知的典型中国建筑，他所画的北京皇家花园则成了中国式园林的典范，一再被18世纪欧洲艺术家用作中国场面的背景，其余画幅也经常被翻印在有关中国的著作中，为欧洲艺术家提供了丰富的资料。[①]在欧洲推广中式花园过程中，首推英国人钱伯斯。他曾在意大利学习过建筑学，两次作为瑞典东印度公司雇员来到中国，在广州逗留数月间，充分发挥自己绘画方面的特长，画了许多中国建筑和园林，回国后于1757年出版《中国建筑、家具和服饰设计》，为没有到过中国的欧洲人了解中国建筑发挥了很大作用。1762年，钱伯斯在伦敦近郊为肯特公爵建成一座中国式园林"丘园"，园中

---

① 许明龙：《欧洲十八世纪中国热》，外语教学与研究出版社2007年版，第80页。

比利时的中国亭

设计了中国式的假山、瀑布、小桥、流水，还建了一座九层砖塔，高163英尺，每层都有一个中国式挑檐。这座花园体现了罗可可风格的主要特征，为其他欧洲国家提供了样板，法国人称之为"中英合璧式"花园。后来法国和荷兰建造的同类园林，大多以此为蓝本。1773年，普鲁士国王腓特烈·威廉二世在波茨坦近郊修建"中国村"时，曾借鉴钱伯斯的作品。①当时人们只能参考中国瓷器、漆器等工艺品上的图案，靠丰富的想象力来设计中国园林，往往只是在欧式花园中，点缀宝塔、拱桥而已。在推崇中式园林方面最具讽刺意味的是英国海军军官乔治·安逊爵士，他在欧洲的中国热正浓的时候来到中国，因与中国人在沿海多次发生冲突，心中不快，回国后于1742年出版《环球航行记》，对中国多有诋毁之辞；同时他又在自己的花园中建了一个漂亮的中国风建筑，即斯坦福郡的中国夏屋，室内装饰也是罗可可风格，因为安逊到过中国，这座建筑被认为比英国人的模仿之作更接近中国风格，成为人们模仿的典范。然而，欧洲人并没有学到中国园林艺术的真谛，他们从中得到的启示仅仅是摈弃法国古典主义的勇气，其主要表现便是以不对称代替对称，以曲线取代直线，以凌乱对抗规整。因而欧洲人的所谓中国式园林中，往往长着栎树、山毛榉、月桂树，而不是松、柏、榆，显得不伦不类。当然，有能力仿造中式园林的欧洲人也仅限于上层人物，他们在自己的城堡、离宫或别墅中，从屋顶到地面，都在模仿中国建筑风格，铺中国地毯，贴中国壁纸，甚至挂中国画，陈设中式家具，摆放中国工艺品。②即使造不起中国宫的人，为了赶时髦，也得在花园中点缀中国亭、中国桥或中国塔。耐人寻味的是，比利时利澳波德二世于1903年聘请法国著名建筑专家亚历山大·马赛在布鲁塞尔督建了一座中国亭，欧式建筑结构配以中国风木构外壳、屋顶、

---

① 许明龙：《欧洲十八世纪中国热》，外语教学与研究出版社2007年版，第96—97页。
② 许明龙：《欧洲十八世纪中国热》，外语教学与研究出版社2007年版，第97页。

1742年布歇为法国博韦织毯厂设计的中国风挂毯

装饰构件,采用18世纪流行的室内装饰风格,代表了当时新式汉学与18世纪中国情趣的融合[1],可以称得上18世纪欧洲中国风结束后的绝唱,并作为展示东方文物的博物馆保存至今。

  法国博韦织毯厂曾经生产过两套以中国皇帝为主题的大型系列壁毯。第一套壁毯制作于18世纪20—30年代,第二套制作于18世纪40—50年代,作者是18世纪法国著名罗可可画家布歇。第一套壁毯共10幅组画,分别为皇帝的接见、皇帝出行、天文学家、校勘、摘凤梨、打猎归来、皇帝登舟、皇后登舟等,展现了一系列宏伟的皇室生活场面:威严的皇帝乘坐豪华的车舆行进,侍卫打着绣有龙纹的旗帜;皇帝与天文学家商讨天象;皇帝与台阶下的哲学家交谈;皇帝登龙舟出行,与坐在岸边的皇后告别,以及在皇家花园中采摘凤梨等等。从这些壁毯的内容看,虽然画中人物穿着东方服装,活动在东方的背景中,但反映的却是18世纪初法国贵族的生活理想和价值观,他们赞叹东方君主的仪式排场,欣赏他们豪华的生活方式、壮丽无比的宫殿和无与伦比的权势。

  目前欧洲保存的最出色的中国外销艺术品是明清瓷器,无论是17世纪的青花,还是18世纪的五彩与粉彩,中国外销瓷输入的数量之巨,在欧洲社会的流行之广,产生的影响之大,

---

[1] 柯馨德:《布鲁塞尔中国亭及其珍藏》,香港艺术馆编:《中国外销瓷——布鲁塞尔皇家艺术历史博物馆藏品展》,香港市政局1989年版,第22—27页。

意大利梅迪奇窑青花花卉纹软瓷盘 　　　　　17 世纪荷兰代尔夫特窑仿克拉克软瓷盘

18 世纪前期德国迈森窑赫罗　　　　　　　奥地利维也纳窑杜帕
尔特设计的釉上彩满大人纹盘　　　　　　基工房釉上彩花鸟纹盘

19 世纪英国斯塔福特窑
青花花卉纹软瓷瓶

是迄今为止任何一种外国产品都无法比拟的,以至于欧洲人一提到中国艺术,往往想到的是中国青花瓷与彩瓷。中国瓷器受到高度评价,同时也卖得高价,迫使欧洲王侯、陶匠、科学家和炼金术士纷纷起而抄袭效法。欧洲人在狂热地搜求中国瓷器的同时,对中国瓷器的生产工艺更是心驰神往,在景德镇外销瓷的刺激下,燃起了研制瓷器的兴趣。从16世纪起,他们就一心想烧制出真正的硬质瓷,尤其是16世纪后期,在巨大的经济利益驱使下,欧洲各国纷纷开始仿制景德镇瓷器,很多人宣称烧制出接近中国瓷器的产品,其实仍然是低温锡釉陶或软质瓷,不能与中国的高温硬质瓷相媲美。当然,模仿景德镇青花瓷风格的青花陶是17世纪欧洲最为流行的餐具。欧洲中国风设计对中国外销瓷器的借鉴主要体现在造型与装饰纹样上。中国瓷器的纹样,如龙、凤、麒麟、虎、鹿、蝴蝶、蝙蝠等动物纹样,梅兰竹菊、荷花池塘、岁寒三友、牡丹芭蕉等植物纹样,山水园林、风俗故事、仕女婴戏甚至刀马人物等风景人物纹样,以及程式化的云纹、水波纹等,纷纷出现在代尔夫特釉陶等欧洲的中国风产品上。除纹样外,中国风设计还借鉴了中国外销艺术品的造型,例如盖罐、长颈瓶、葫芦瓶、壶、杯等样式,被欧洲各地的釉陶和瓷器厂所模仿。1709年德国人柏特格率先试制成功欧洲历史上第一件真正意义上的硬质瓷器,他所创建的迈森瓷厂拥有很多卓越的匠师,烧造出了大量精美的产品。此后,欧洲各地瓷厂相继建立,其中最著名的包括奥地利皇家维也纳、法国塞夫勒、意大利卡波迪蒙和英国韦奇伍德、德比、伍斯特和切尔西等。

二、"中国风"与思想文化

在帆船时代,欧亚之间的海上航行艰难而又危险,经长途海运抵达欧洲的中国商品自然身价百倍,能够尽情享受中国商品、领略东方情调的人,当然只能是王公贵族、达官显要。他们既有钱,又有闲情逸致,追逐异国情调的劲头无与伦比,除了穿用丝绸,大量使用和收藏瓷器外,还争相建造中国式宫殿和园林,布置所谓的"中国房间",看"中国戏",开"中国舞会"。在18世纪一个相当长的时期内,欧洲人关心发生在中国的事,追逐来自中国的物品,进而发展到关注中国的历史文化、政治制度,并试图加以模仿。

传教士是欧洲中国热的第一推手,引发了欧洲学者对中国的兴趣和关注。18世纪以前,普通欧洲人对中国缺乏真切了解,当他们接触到来自中国的信息时,往往情不自禁地流露出惊奇和欣喜。传教士有关中国的著述,不但在欧洲各国受到一般民众的普遍欢迎,部分地满足了他们对于异国情调的好奇心和了解外部世界的求知欲,而且引起了知识界对中国和东方的关注。1588年西班牙奥斯定会修道士、军人、探险家门多萨根据罗马教皇要求写成《大中华帝国史》,第一次从自然环境、历史文化、风俗礼仪、宗教信仰、政治经济等方面系统、全面、清晰地向欧洲人介绍中国,把中国描绘成一个空前强盛的大国,引起了欧洲人的强烈兴趣,以拉丁文、英文、法文、荷兰文等7种当时欧洲主要语言广为发行,7年之内竟印行了46

使用中国茶具、喝中国茶,成为18世纪欧洲的生活时尚

次,从一个侧面折射出当时欧洲人急切了解中国的渴望。人文主义代表作家蒙田读过《大中华帝国史》后发出赞叹:"在这个很少与我们交往、对我们并不了解的王国里,它的政府体制和艺术在一些杰出的领域内超越了我们,它的历史告诉我们,世界之大、之丰富是我们的祖辈和我们自己所无法深刻理解的。皇帝派往各地巡视的大臣处罚营私舞弊的官吏,也有权奖掖有功之士。"①西班牙多明我会传教士闵明我在中国传教12年,1674年回国后写成《中华帝国纵览》,对中国称赞有加,甚至把中国称作伊甸园,建议欧洲各国政府仿效中国,减轻田赋,造福农民。该书内容丰富翔实,莱布尼茨、傅尔蒙、伏尔泰等著名思想家都在各自的著作中提及此书,认为此书对了解中国大有裨益。②这些有关中国的著作,对推进中国文化西渐,开创中西文化交流产生了很大影响。杜赫德《中华帝国全志》是当时欧洲人的中国知识总汇,分4卷,总计超过3000页,包括地理、历史、政治、宗教、经济、民俗、特产、教育、文学等等。不同身份、不同观点的人都可以从中找到所需资料,受到启发。启蒙思想家从此书得到的启示是一个良好的社会无须以基督教作为基石;哲学家发现中国人伦理道德的根基是经验而不是教条;主张开明专制的人从中看到了贤明的君主和近乎完善的监察制度;重农主义者从中找到了以农立国的例证;对异国情调怀有好奇心的人可以从中得知中国人的身材、长相、衣着、婚丧嫁娶、算命问卦;旅游爱好者则可以跟随神甫们从宁波走到北京,从北京走到山西绛州,从绛州走到南京,或从北京走到广州,还可以扈从康熙皇帝巡视辽东……沿途观赏北方的山,南方的水,大运河上的贡船,洞庭湖上的渔舟,随

---

① 许明龙:《欧洲十八世纪中国热》,外语教学与研究出版社2007年版,第62页。
② 许明龙:《欧洲十八世纪中国热》,外语教学与研究出版社2007年版,第69—70页。

布歇 1742 年绘中国风油画

处可见的城楼、牌坊和佛塔;文学爱好者不但会发现诗歌在中国文学中的重要地位,而且还能通过《赵氏孤儿》窥见中国戏剧之一斑。《中华帝国全志》问世后被译成多种文字,在欧洲广泛传播,受到普遍欢迎,成为 18 世纪欧洲最重要的关于中国的百科全书式著作。① 如果说《马可·波罗游记》在中西文化交流史上第一次"潜入欧洲人心目中,创造了亚洲",那么传教士的这些著作,则以热情的笔调为欧洲塑造了一个"理想的中国",成为 18 世纪欧洲中国热的主要材料源头。当时法国的知识界、文化界正是通过这些著作开始认识中国,拓展自己的东方文化视野,并且开始带着同样的理想主义调子公开谈论中国。启蒙运动领袖以此来构筑自己的理性王国,作为批判封建主义的思想武器;哲学家则从中提炼有益的思想滋养,以建立新的思维模式;文学家借此寻求新的素材,创造新的人物……于是,规模空前的中国热在法国形成,并迅速蔓延至欧洲各国。

传教士对欧洲学者的中国研究给予了热情支持和帮助。传教士向国内寄信写报告,讲述

---

① 许明龙:《欧洲十八世纪中国热》,外语教学与研究出版社 2007 年版,第 75—76 页。

他们的中国见闻,法国耶稣会士的著作数量可观,1687—1773 年,耶稣会士总共出版了 252 种与中国有关的著作。从 1702 年开始,耶稣会把来自中国的报告汇编成《耶稣会士书简集》,每年一册,它与《中华帝国全志》一起,成为 18 世纪欧洲的中国百科全书。耶稣会士的中国报告与耶稣会士以拉丁文翻译的儒家经典,陆续在法国出版,共同建立了一个以自然律、世俗价值,以及君父大家长式仁政治理的中国形象。① 杜赫德是《中华帝国全志》的英文译者,他在 1738 年"序言"中推举中国君主为英王乔治二世的榜样:中国皇帝增税,只为裨益众人,他取一切投诉,解济所有怨情,不容许任何人欺压百姓,追求所有裨益众人之事。他鼓励生产、贸易,决不违背民之所欲。他请臣下审视他的行为,纠正他的错误……他是以这盏辉煌明灯,中国历史将其君主照亮在我等眼前。也是以这盏明灯,吾国众岛居民对自己设想陛下您未来之政。② 传教士的著作大多以纪实为主,一般是作者在中国的所见所闻,尽管每个人的视角不尽相同,好恶有异,但从总体上看,这些资料基本上是有关中国的第一手资料。可以毫不夸张地说,传教士的著作是欧洲 18 世纪研究中国最重要的资料。

生活在欧洲的大多数非教会学者对中国的关注和研究,从欧洲出发最后又回归欧洲,也就是说,他们带着欧洲的问题研究中国,又把研究的结果在改变欧洲的实践中付诸实施。大多数欧洲学者只能通过出版物分享传教士提供的有关中国的信息。当然个别学者有机会与

用中国瓷餐具,成为 17 世纪以来欧洲的生活时尚

---

① 许明龙:《欧洲十八世纪中国热》,外语教学与研究出版社 2007 年版,第 73—75 页。
② [美]罗伯特·芬雷著,郑明萱译:《青花的故事》,(台北)猫头鹰出版社 2011 年版,第 341 页。

瑞典皇宫，紧跟当时风行的罗可可装饰风潮

传教士面谈或书信往来，比如法国思想家伏尔泰、历史学家弗雷莱、科学家德梅朗和德国哲学家莱布尼茨等。莱布尼茨与闵明我、白晋、刘应、洪若翰等传教士有往来，第一次与闵明我见面时，就向闵明我提出了30个有关中国的问题，包括天文地理、农业、手工业等，闵明我回答了其中大部分问题。莱布尼茨是那个时代德国醉心于中国文化的最著名的代表性人物，他认真阅读并研究在华传教士发回欧洲的报告，并把其中一部分编辑成《中国近事》出版。同时，他还与在华传教士频繁通信，询问并探讨他感兴趣的问题，通过在华传教士了解中国并积累了有关中国的丰富资料。正是有了这些传教士的深入研究和认真写作，欧洲人才能从他们笔下获得大量有关中国的知识。在相当长一段时间内，传教士的著述是欧洲人研究中国唯一可靠的资料和依据。

　　商人把中国瓷器运到欧洲，传教士、外交使节以溢美之词向欧洲介绍中国，知识分子心仪中国文化，加上民众对中国瓷器的狂热，共同酝酿和激发欧洲对中国的强烈兴趣，终于引发了一场波及欧洲主要国家的中国热。这股热潮兴起于17世纪中期，与当时欧洲艺术领域的巴洛克风格正好重叠。在法国，以法兰西学院和皇家绘画与雕刻学院为中心，以普桑和勒布伦为代表，发展出一种官方的巴洛克样式，其特点是宏大、辉煌、壮丽，表现在绘画和雕塑上，也表现在建筑、室内装潢、家具、陶瓷等装饰艺术上，并影响到欧洲其他国家。巴洛克艺术虽然源自古典风格，但它华丽的装饰、昂贵的材质、奢华的氛围，与当时人们对中国的想象基本合拍。中国景德镇外销彩瓷上莹亮的釉色和雅致的装饰，比大理石光洁的中国漆家具，奢华的中国锦缎和刺绣上色彩的丰富变化，甚至外销艺术品昂贵的价格，有关东方旅行神奇而又冒险的经历，都契合时代精神。

  17世纪晚期到18世纪中期，中国的哲学、政治制度、艺术、建筑与景观设计，对欧洲造成强大冲击，紧紧抓住欧洲精英的想象。由于欧洲进口了中国的瓷器、漆器、色丝、屏风和扇子，中国的装饰设计原理和远东独特的艺术想象力也为欧洲，尤其是为法国所熟悉。中国的建筑风格和园林艺术对欧洲的影响，除了体现在几座塔、几个亭子、几座似是而非的中国式园林建筑以外，更主要的是在某种程度上改变了欧洲人的审美情趣，产生了所谓的罗可可风格。罗可可是指17、18世纪风行于法、德等国的一种艺术风格，它打破了文艺复兴时期形成的规律，采用一种活泼欢快、自由奔放的手法和来自东方艺术的非对称的设计，挣脱透视法的传统束缚，线条讲究流畅自然，着色则改用灰色的调子，并且让不同颜色和缓过渡，避免突变，追求淡雅纤巧、奇幻飘逸的格调。①罗可可设计家们从中国物品中撷取了投合他们趣味的东西，创造了一个自己幻想中的中国，一个全属臆造的出产丝、瓷和漆的仙境。正是在罗可可时代室内装饰中，从远东传入的瓷器、漆器和丝织品才真正进入家庭，家家都有中国房间，其中一切物品都是中国的，如果没有真的，就用仿制品。欧洲最初生产的硬质瓷器在迈森，罗可可风格为瓷器着了迷，墙壁和天花板都用瓷器镶嵌，甚至桌、椅也都是用瓷做的。瓷器特性的大量应用赋予罗可可室内装饰以一种新的特征，并对整体形式和色彩的意识产生强烈影响。

  罗可可装饰风格以复杂和繁富为最佳，喜欢用中国的自由曲线，用浓郁装饰起来的曲线运动突破直线，或者用中国方格那样不规则的韵律的直线构图，它避免了一切粗犷而呆板的外形，爱好轻巧和跳跃的形式，力求把所有直角都改为曲线，避免呆板或夸张；它重视表面效果的光泽，清新明亮但不强烈，绘图的色彩精美而雅致，使想象力充分驰骋，它完全适合表现路易十五时代法国贵族生活的精神。具有象征意义的是，18世纪的第一个元旦，法国宫廷采用了中国人的节日庆祝形式。②1715年路易十四逝世时，罗可可风格已发育成熟，这种优雅而轻快的新风格取代壮丽与宏伟，以路易十五的宫廷为中心，曾在一段时间内支配了大多数欧洲人的情趣。中国艺术在欧洲的影响成为一股潮流，骤然涌来，洪流所至足以使罗可可风格这艘狂幻的巨船直入欧洲情趣的内港。它反映的是18世纪人们对中国的想象，折射的却是法国上流社会醉生梦死的逸乐生活。中国风影响了罗可可风格的形成，并且在两位欧洲一流画家华图和珂曾斯的作品中可以为人感知。同时，有关中国制度的文字记述和中国经典作品的翻译，对法国启蒙运动的思想家也有影响，其中尤其是魁奈。③

---

① 许明龙：《欧洲十八世纪中国热》，外语教学与研究出版社2007年版，第98页。
② [英]赫德逊著，李申等译：《欧洲与中国》，中华书局2004年版，第222—228页。
③ [英]赫德逊著，李申等译：《欧洲与中国》，中华书局2004年版，第15页。

乔凡尼·贝里尼《诸神之宴》

利其温说,瓷器被认为是来自中国的礼品,中国风格自然被视为是模范。威尼斯画家乔凡尼·贝里尼绘制并经提香润色的名作《诸神之宴》,描绘了古罗马诗人奥维德所述的一则传说场景,只见希腊众神纵情酒色,一只半人半羊的酒神侍从头顶扶着青花盘,身旁侍女胸前手捧青花大碗,目光诱人地凝视着他。海神侧身靠近繁殖母神,伸手抚摸她的大腿,近旁青花盆摆满水果,这是瓷器首度在西方艺术中亮相①。18世纪丰富多彩的中国艺术展现在欧洲人眼前,每个艺术家都在选择适合自己的东西,梅索涅选择了中国装饰品的怪诞和富于幻想的特点,华图则构造了适合他的感伤而又戏剧性的罗可可观念的背景,而科曾斯则从宋代以来的单色山水的伟大传统中获得灵感。②

欧洲上流社会中的"中国热"虽然以追逐异国情调、享用舶来品为主流,却也有一些帝王将相有感于中国的悠久历史和灿烂文化,产生了深入了解和认识中国甚至向中国学习的愿望。闵明我在他的《中国历史、政治及宗教风俗概观》中,特别推崇中国皇帝于春分时节在农坛前举行的春耕仪式。如此以身作则,令伏尔泰不觉问道,我们欧洲的君主,听到这样例子,该怎么做,歆羡和脸红,更重要的是效法。于是法兰西和奥地利的君王,也尽责地在开春第一日行礼如仪。③葡萄牙、西班牙从东方输入的商品深受法国人喜欢,刺激了他们的东方趣味,

---

① [美]罗伯特·芬雷著,郑明萱译:《青花的故事》,(台北)猫头鹰出版社2011年版,第307页。
② [英]赫德逊著,李申等译:《欧洲与中国》,中华书局2004年版,第234页。
③ [美]罗伯特·芬雷著,郑明萱译:《青花的故事》,(台北)猫头鹰出版社2011年版,第342页。

激发了法国国王打通中法关系的愿望,1663年在路易十四的赞助下,法国建立了一个专门的神修院,招募教士。1685年洪若翰、白晋、张诚、刘应、李明和塔夏尔等6名荣获"国王数学家"头衔的知识渊博、训练有素的耶稣会士受路易十四派遣,从法国布勒斯特港出发,前往中国。他们每个人都接受了国王的特别使命,肩负着传教与研究两大任务,要定期向法国科学院通报自己观察、研究中国的心得。正如他们出发前路易十四的大臣戈尔贝召见洪若翰时所说:"我的神父,那些科学不值得你去承受远涉重洋之苦,不值得你去违背自己的意愿,远离您的祖国和朋友。但是,我也希望你在他们布讲福音不很忙的时候,能在当地以一个观察员的身份,去考察那些完美的艺术和科学,而这一点,正是我们所缺乏的。"[1]洪若翰抵达宁波,便确定了五位法国耶稣会士的科研任务:中国的天文史和地理史,中国历史和语言文字,中国动植物和医药,中国手工艺和机械,中国现状、治安、政制、习俗、矿产等。

由于中国对公众具有很大吸引力,一些以中国为题材的喜剧或闹剧就应运而生,出现在欧洲各国舞台上。1731年法国神父马若瑟节译、1735年发表的法文本《赵氏孤儿》,为醉心东方文明的西方作家提供了新的文化取向,激起了他们新的灵感和新的审美情趣。伏尔泰据此创作出《中国孤儿》,搬上法国舞台,引起轰动,波及其他欧洲国家。德国文学家歌德根据西传的中国文学作品写成了颇有中国情调的组诗《中德四季晨昏杂咏》,诗中有绿草如茵,有百花吐芳,有月夜清幽,更有美酒春光,诗人用这些常常出现在中国诗歌中的物象表达出自己对古老东方的向往之心,当然他的中国情趣同样表现在歌德故居北京厅中的中国青花瓷、中式家具,表现在他设计的魏玛公园中的凉亭、拱桥。

欧洲的思想家在认真分析有关中国的记述,对中国文化和欧洲传统思想进行比较研究,从中汲取有益成分,用以充实他们的传统思想,从而推动了欧洲思想的发展。启蒙思想家伏尔泰在《风俗论》和《哲学辞典》中充分肯定中国历史,景仰中国圣人孔子,高度赞扬中国历代帝王和开明的君主制度。他是18世纪了解中国最多和谈论中国最多的欧洲思想家,据统计,他论及中国的著作将近80种,信件200余封。他在1768年曾说:"中国过去完全不为我们所知,后来在我们眼里长期受到歪曲,如今我们对于中国的了解胜过欧洲的某些省份……"总之,在他眼里,中国是世界上治理得最好的国家,中国是世界上最智慧的民族。[2]

哲学家莱布尼茨一生关注和研究中国,是较早研究中国的非教会学者,也是名气最大的一位,他对中国的仰慕和崇敬主要表现在《论中国人的自然神学》和200多封有关中国的通信。莱布尼茨获得中国信息的主渠道是有关中国的著述,他往来于维也纳、汉堡、慕尼黑、柏林等地,在这些城市的图书馆里他几乎读了当时能够读到的所有关于中国的著作,诸如施皮

---

[1] 许明龙:《欧洲十八世纪中国热》,外语教学与研究出版社2007年版,第32页。
[2] 许明龙:《欧洲十八世纪中国热》,外语教学与研究出版社2007年版,第161—166页。

策尔《中国文献评注》、基尔歇的《中国图说》、柏应理的《中国贤哲孔子》、白晋的《中国皇帝的历史画像》、李明的《中国现状新志》等等。他对于中国的称赞极为广泛,政治、历史、哲学、道德、科学等等,在谈到中国哲学时写道:"我们这些后来者,刚刚脱离野蛮状态就想谴责一种古老的学说,理由只是因为这种学说似乎和我们普通的经院哲学概念不相符合,这真是狂妄至极!"他认为,中国人具有很高的道德水准,年轻人尊敬和服从师长,平辈之间相互尊重,彼此承担义务。在莱布尼茨眼里,中国君主康熙是世界君主的典范,中国是世界上最优秀的民族之一。他既是一个研究中国的学者,又是一个积极从事中国与欧洲文化交流的社会活动家,不单从一个国家或地区着眼,而是从全世界的高度来审视和思考欧洲与中国的交流,他对中国的称赞大多是与欧洲相比较而言的,因而更具说服力。①

农学派首领魁奈,身为法国宫廷御医,在中国风盛行期间,有机会在宫廷里接触中国艺术品,感染弥漫在王公贵族中追求中国情趣的气氛,由此激发了他对中国的倾慕。1756年他向国王路易十五建议,模仿中国皇帝亲自扶犁"籍田",此事说明魁奈心中早就以中国为仿效的榜样。他于1767年在《公民日志》发表《中国专制主义》,集中而系统地表述了他对中国的看法。他利用耶稣会士提供的材料,以真诚赞誉的口气对中国做了全方位介绍,诸如历史、地理、社会状况等。他说中国是世界上最美丽、最繁荣、人口最多的国家;中国幅员辽阔,最小的省份也抵得上欧洲一个国家。他还引用李明《中国现状新志》中的描述,夸赞中国的城市既多又大,远远超过法国。他赞颂中国历代帝王尽心竭力于促进国家的繁荣,政府以为民造福为宗旨;民众对自己的君主心悦诚服,因而君主和民众之间形成了稳固的关系。他称赞中国充分利用江河湖泊,既发挥其灌溉效益,又获得交通上的便利。他赞扬中国政府任命史官记录皇帝的言行,编写各个朝代的历史,中国的史书具有很高的真实性。魁奈用许多篇幅讲述中国的教育制度,称教育人民是官吏的主要职责之一,他们定期训示百姓,教导百姓父慈子孝,服从官府,维护社会的安宁与和谐;皇帝经常召集王公贵族和高级官员,告诫他们恪尽职守,清正廉明,重视农耕,以身作则地遵守法律。魁奈对中国政治制度的颂扬达到了前所未有的程度,他认为:幅员辽阔的中华帝国的政治制度和道德制度建立在科学和自然法基础之上,这种制度是对自然法的发扬。②

莱布尼茨和伏尔泰以及与他们同时代的思想家,对于中国的研究,大多具有全面和宏观的特点,历史、宗教、哲学和政治往往是他们关注的重点。莱布尼茨主要是从东西文化交汇与融合的角度来审视中国,致力于通过多种渠道促进欧洲与中国的交流,使得双方都能从中获益;伏尔泰则是在创建新社会制度的过程中,惊奇地发现了中国这个实例,并将它作为锐利

---

① 许明龙:《欧洲十八世纪中国热》,外语教学与研究出版社2007年版,第154—160页。
② 许明龙:《欧洲十八世纪中国热》,外语教学与研究出版社2007年版,第167—172页。

的武器投向旧制度和旧势力。魁奈从抽象而笼统的赞美进入到比较具体的推崇,在他们看来,中国不再是一个可望而不可即的仰慕对象,而是一个可以亦步亦趋地模仿的典范,他们对中国的关注不满足于一般性的常识,而是希望获得具体的乃至量化的资料。

总之,"中国热"在欧洲各国的表现不尽相同,时间上有早有晚,程度上有强有弱,表现形式也各具特色。葡萄牙在相当长的时间内控制了天主教对华传教事业,可是,"中国热"却始终不曾在葡萄牙出现;意大利籍传教士利玛窦、艾儒略、卫匡国、闵明我、郎世宁等人是17、18世纪中西文化交流史上的重要人物,然而,中国在意大利引起的反响也不强烈;荷兰人取代葡萄牙人主导了17世纪的中欧交往,各国都从荷兰获得来自中国的商品和信息,但荷兰并未出现"中国热";英国人取代荷兰人主导了18世纪的中欧交往,英国的舆论主流对中国的评价始终偏低,但是英国人对中国园林艺术却情有独钟,并以这种热情极大地影响了其他欧洲国家;德国没有组建东印度公司与中国直接贸易,全民性的"中国热"在德国几乎从未出现,但德国科学家率先在欧洲研制出了中国式硬质瓷,思想界对中国的研究早于其他欧洲国家,成果也最显著。"中国热"在法国的形成虽然比较晚,但是其广度和深度都远远超过其他欧洲国家;耶稣会士寄回欧洲的文字材料,为公众提供了大量有关中国的信息,加深了公众对中国的了解和认识,极大地激发了法国人对中国的向往。法国是欧洲"中国热"当之无愧的中心,有关中国的信息法国最多,中国情趣在法国最风行,关于中国的争论在法国最激烈,在大多数中国研究领域里法国走在最前面,中国的影响在法国最大、最持久,参与的阶层和影响面广泛,自觉借鉴意识浓,探讨问题层次深,引发的争论激烈,中国热以法国宫廷为中心向外蔓延,向欧洲其他国家辐射。盛行于上层社会的中国风,是一种时尚,一种缺乏思想内涵的社会现象,除了说明这些上层人物穷奢极欲、心灵空虚,以所谓的东方或中国情调来显示自己的财富或附庸风雅之外,并不能证明他们对中国有多少真正了解和认识。毕竟中国文化对欧洲人来说,是一种迥然不同的文化,分属不同的文明和文化传统,二者之间的差异是绝对的。中国风对欧洲产生过很大影响,但欧洲艺术风格的演进有自身的发展规律。从17世纪的巴洛克风格到18世纪早、中期的罗可可和18世纪末的新古典主义风格,中国风在不同阶段表现出不同的特点。总体来说,中国风始终是一种欧洲风格,中国风已经成为欧洲17—18世纪文化遗产的一部分,与那个时代出现过的许多激动人心的事物一样,永存于历史的记忆之中。

第六章 江西古陶瓷文化线路的窑业记忆

记忆是什么？记忆就是一部活生生的历史，而对历史的界定，主流观点认为是指记录下来的或未记录下来的对人类往昔经验的记忆。记忆对于人类的生存与发展具有无可比拟的作用，记忆是人类生存发展的必需，只有记忆，人们才能在以往反映的基础上进行当前的反映，从而保证了对外界的反映更全面、更深入，保证了人们心理活动的前后统一和连续不断，进而形成一个发展的过程。心理学大师卡尔·荣格说："人类的所有思想不过是人类的集体回忆而已，人类历史也是如此。"既如此，中国作为瓷器的故乡，无论是记录抑或未记录的那些时代流传的制瓷经验，便萦绕在人类的大脑中，成为挥之不去、抹之有痕的永久记忆。

第一节　陶瓷生产源远流长

一、赣鄱大地不息的窑火

翻开中国陶瓷史，陶瓷生产的成就宛若天上的繁星撒落在中国这片古老的大地上，随着时光的推移，它们时而分散，时而汇聚，时而暗淡，时而明亮，唯独在赣鄱大地上，陶瓷文化的成就却能贯穿始终，并最终成为陶瓷生产的集大成者，形成了自己独有的陶瓷历史文化脉络。纵观江西陶瓷历史的发展与演变，在远古时期万年仙人洞、靖安南河流域、新余拾年山、修水山背、广丰社山头、樟树筑卫城与吴城、鹰潭角山窑址的制陶技术的基础上，奠定了汉唐时期丰城洪州窑、余干黄金埠窑、乐平南窑的青瓷烧造成就。在随后的制瓷过程中，经过不断的传承和发展，宋代景德镇窑逐渐成为南方青白瓷窑系的中心，吉州窑亦被誉为最富民间艺术魅力的窑场。元代浮梁瓷局在景德镇设立，伴随着官窑产品的问世，其迈向全国制瓷业的中心势头便无法遏制了。明清延续元代的官窑制度设有御器厂，至此，江西以景德镇为龙头的瓷业生产得以突飞猛进的发展，制瓷工艺登峰造极，多种类型的产品遍及大江南北，行销亚、非、欧、美洲。细数这些分布在不同地方、不同时期的古文化遗址和窑场,它们犹如镶嵌在江西这片红土地上的颗颗璀璨明珠,串成一条条反映古代瓷业生产的辉煌线路,在深邃的夜空中闪闪发光。

二、陶瓷生产的传承与创新

江西陶瓷发展之所以能够连绵不断,得益于陶瓷技艺的传承和创新。从万年仙人洞烧造的世界最早的陶器开始,商周时期又成功地创烧了原始青瓷,洪州窑继承了原始青瓷生产的技艺,经过长期的摸索和实践,在东汉烧造出了成熟的青釉瓷器,它使用的匣钵装烧、火照掌控窑温、单体模具戳印装饰、褐色点彩装饰、芒口瓷与玲珑瓷的烧造工艺与技法,为后代窑业生产积累了宝贵的经验借鉴。宋代是中国制瓷工艺百花争艳的时期,景德镇由于其水土宜瓷的优越自然地理环境,加之窑工们勇于探索,在瓷质原料、调釉技术、烧造技术、装饰技术上都有新的发现和创新,取得了惊人的进步,生产出了酷似玉器的青白瓷,一跃而成为宋代青白瓷窑系的代表性窑场,为景德镇成为全国的制瓷中心奠定了坚实的基础。同时期,江西另一著名窑场——吉州窑,在继承的基础上也有了发展和创新,独创了黑釉瓷的剪纸贴花、木叶纹、玳瑁釉、鹧鸪斑花釉等装饰工艺,大大丰富了烧瓷品种,将单色釉瓷发展到彩瓷装饰阶段,特别是它的釉下彩绘瓷工艺,为元代景德镇瓷工们成功烧造清新淡雅的青花瓷做好了技术上的准备。明代曹昭《格古要论》、吉安知府吴炳《游记》、清代蓝浦《景德镇陶录》等,都透露了这样一个信息,那就是宋末元初确实有不少吉州窑工匠来到景德镇谋生,故有"先有永和镇,后有景德镇"的说法。据《景德镇陶瓷录》记载,景德镇自元朝以来所创的青花瓷,就是从吉州窑彩绘中脱颖而出的。由此可知吉州窑的工匠们为景德镇陶瓷生产是做出了卓越贡献的。自元至明清时期,景德镇无论是官窑还是民窑,都进入了辉煌的时代,瓷器的釉彩品种、装饰设计、烧造质量、销售市场都达到了前所未有的高度,成为瓷业生产领域中的世界明珠,正如郭沫若先生在1965年一首诗中所写的那样:"中华向号瓷之国,瓷业高峰是此都。"

三、陶瓷技艺"血脉相传"

瓷业生产自宋代起就有了极为细致的分工,"利坯、釉坯之有其法,印花、画花、雕花之有其技,秩然规则,各不相紊"。明代《天工开物》记载的制瓷技艺"共计一坯之力,过手七十二,方克成器"。清代,据《景德镇陶录》叙述,仅制坯业就有淘泥、拉坯、印坯、镟坯、画坯、舂灰、合釉、上釉等分工,各道工序环环相扣,全为手工制作。此外,明代开始对制瓷业的各道工序进行分类组合,建立比较完备的行业生产体系和管理机构,如原料业的"白土行",燃料业的"窑柴行",成型业的圆、琢两器作坊,烧窑业的"挛窑店"和"满窑店",彩瓷业的"红店"和"洲店",包装业的"菱草行"以及运输业的"船帮"等等。

千余年来,在陶瓷生产的各行各业中,都有身怀绝技的能工巧匠,他们的技能多半以血缘关系为基础进行传承,但一般"传内不传外"、"传子不传女"。历代窑工们所掌握的制瓷技艺基本都是通过口传心授、世代相传的方式获得并加以传承的,并在不断的创新中使传承的知识有所增益。这种增益的知识在生产过程中得到传播和认同,从而最终得以进入集体的"再创造"过程,其结果就是将历代的瓷业生产推向一个又一个的高峰。据《景德镇陶录》记载:"吉州窑昔有五窑,五窑中惟舒姓烧者颇佳,舒翁工为玩具,翁之女舒娇尤善陶。"从中,我们可窥见当时能工巧匠在技能传承方面的一般规律。

历代窑场都经历了兴起、发展、鼎盛再到衰落这么一个过程,这种过程是呈螺旋形循环上演的,它们在形成上或免不了消失的命运,但其精髓却能得以保留,所蕴含的习俗文化、艺术形式、手工技艺等都能得到不断的传承和发展,并汇聚在一起逐渐形成一种相对稳定的文化传统或文化模式。如今,保存在各处的历代窑业遗存,从隋唐时期的洪州窑到宋元时期的吉州窑,再到明清时期的达到顶峰的景德镇御窑,都可堪称是一部部无字史书,它们既是我国陶瓷手工业生产成就的缩影,同时也是展示陶瓷历史文化传统的重要扮演者。其中站在瓷业高峰的景德镇,无疑担当了这场历史大剧的压轴主角,它汇各地技艺之精华,并最终形成了独树一帜的手工制瓷生产体系,其成就之高、影响之大、技艺之精湛、品种之齐全是任何时代、任何其他窑场都难以企及的,它是我国陶瓷手工业生产集历代名窑之大成者,它创造了中国陶瓷史上最辉煌、最灿烂的一段历史。

第二节　陶瓷文化之魂——瓷业习俗

在漫长的陶瓷生产历史长河中,陶瓷习俗逐渐成为形影相随的伴生物,并以其丰富的内涵、厚重的底蕴成为我国陶瓷历史文化的精髓和杰出代表。当我们漫步在历史遗留下来的窑场废墟时,尽管它现在已是乡间田野或市井街头,但都能时刻感受到历代相传的瓷业习俗已融入人们的日常生活中,其强大的生命力,即使是在城市化的进程中,也留下了其特殊而独有的烙印。

江西的瓷业习俗始于唐、五代,到宋代瓷业生产发展到"村村窑火,户户陶埏"的规模时,相关习俗便有了较大的发展。自元代发明了二元配方法,创制出精美优雅的青花瓷后,更是极大地促进了制瓷业的发展,进一步丰富了瓷业习俗。明以后,由于皇室在江西景德镇珠山设立御窑厂,加之海外市场的进一步扩大,刺激了制瓷业的蓬勃发展,几乎所有散落在乡村的小窑作坊都集中到城区,形成了众多的手工业工场,吸纳了大量的从业人员,"窑户与铺户当十之七八,土著十之二三",景德镇从一个山城小镇一跃成为"五方杂处"、"十八省码头"的陶瓷大都会,为江西瓷业习俗文化的最终形成奠定了基础。清王朝袭明代旧制,在景德镇珠山设厂造瓷,并确立"官搭民烧"的管理制度,使"景德镇……熙熙乎称盛观矣"。同乡会、行帮应运而生,各地会馆迅速发展,各种行规也日益增多,一些祭祀活动(俗称"做会")盛行,产生了中秋节烧"太平窑'的习俗等等,至此以景德镇为代表的瓷业习俗文化体系基本形成。民国时期,瓷业习俗文化的突出表现是客籍瓷商队伍的不断壮大及瓷行、瓷庄和瓷号的大量涌现,各商帮都有自己的瓷行、瓷庄或瓷号,他们沟通了瓷器生产地与销售地的联系,也操纵了瓷器的运销,随之而来的各地风俗习惯也给原有的瓷业习俗增添了新的内涵。"工匠来八方,器成天下走",在千余年的瓷业生产实践中,经外来文化与土著文化的互相碰撞,彼此渗透,逐渐融合为极具地方特色的瓷业习俗。

时至今日,以景德镇为代表陶瓷习俗文化已成为江西乃至全国陶瓷历史文化的核心,其历史之悠久,形式之多样,文化之深邃,特色之鲜明,是我国其他产瓷区无法企及的,它既是传统文化的典型代表,更是我国非物质文化遗产宝库中的一朵绚丽的奇葩。

一、公祭"瓷业三圣"

自2007年开始,每年10月景德镇都要举办一场独具特色的盛大活动,以展示景德镇作为瓷业之都的千年陶瓷民俗风情,褒扬和传承景德镇历代陶瓷工匠孜孜不懈的创新和追求精神以及对世界文化发展所做的杰出贡献,这就是景德镇国际陶瓷博览会期间的一项重要仪式——公祭"瓷业三圣"。"瓷业三圣",一个是被誉为"陶神"的宁封子,一个是号称"瓷业祖师"的赵慨,另一个是在瓷业中被称奉为"风火仙师"的童宾。景德镇千年窑火不熄,饮水思源,正是陶瓷先圣们给了这座城市荣誉与灵魂,同时也是陶瓷先圣们流传下来千年受用的技艺,让景德镇人以陶瓷为

"瓷业三圣"公祭仪式(一)

"瓷业三圣"公祭仪式(二)

生,因陶瓷而荣耀,因此千百年来,这三位陶瓷先圣一直受到瓷都后人的敬仰和纪念。

2012年10月19日的公祭仪式活动在保留以往民俗表演传统节目的基础上,增加了圣火采集传递活动。圣火采集地选择在瓷都延续600多年的中国古代著名窑口——"湖田窑"遗址上,一名身着清代窑工装束的老窑工下到湖田古窑遗址上采集了圣火火种,市领导亲自点燃火炬,交给火炬手,圣火传递的火炬由8只瓷质火炬组成,火炬手由1名主火炬手、2名副手、50名护卫手组成圣火传递方阵。当圣火传递队伍到达御窑厂门口时,身着盛装的祭祀队伍锣鼓开道,在幡旗的引导下分两列进入御窑厂佑陶灵祠广场,他们化装成督陶官、县令及若干绅士、窑公,分班而立。现场主祭接过从湖田窑遗址采集来的圣火,点燃祭坛火盆。在祭祀仪式上,身着盛装的祭祀队伍,举旗执像,手捧贡品,分两列浩浩荡荡由正门大路进入,登至神坛,绕坛而下,分班而立,位于祭祀嘉宾队伍两侧。市领导敬献花篮,嘉宾代表敬献花篮,主祭、副主祭、陪祭依序上香献爵祭酒,市领导恭诵祭文,全体人员行三鞠躬礼。祭祀仪式表现了千年瓷都的深厚文化底蕴。民俗表演气势恢宏,锣鼓声震,长号齐鸣,古乐声起,旗手擎旗列队表演,分两边站立;督陶官唐英、浮梁县令及若干绅士陪祭人员登场,依序上香祭拜,督陶官唐英恭诵祭文,副祭朝拜四方;众窑工敬香朝拜;众窑工跳祭神舞,祈求上苍神灵保佑,跳火神舞,祈求火神庇护瓷和窑;男女欢快舞蹈,同贺瓷业兴旺。鼓乐声渐弱,鞭炮声起,督陶官唐英宣告祭祀结束。祭祀礼毕,主祭将陶瓷圣火传递给景德镇市著名运动员、奥运冠军吴静钰和镇窑把庄师傅,前往古窑民俗博览区,举行宋代龙窑复活点火仪式。

"瓷业三圣"公祭仪式,是景德镇传承陶瓷先圣技艺,表达后人敬仰怀念之情的盛大典礼,不仅增强了景德镇人乃至全体中国人对陶瓷文明的认同感和自豪感,同时也是普及陶瓷文化、光大陶瓷文明的有效途径,为世人了解景德镇陶瓷习俗文化、了解中国陶瓷文明打开了一扇重要的窗口。

"瓷业三圣"像(从左至右:宁封子、赵慨、童宾)

二、独具特色的行业崇拜

在传承至今的陶瓷习俗中,瓷业工人的行业崇拜十分突出,主要有以高岭瓷土神为代表的自然崇拜,以陶神宁封子、师主赵慨为代表的师祖崇拜,以童宾、熊知四、郑子木为代表的英雄崇拜。各行帮定期或不定期举办极具地方特色的行业崇拜祭祀活动即"做会"，如"暖窑神"、"开禁迎神"和"拜知四神"等。活动的主要内容是唱戏、酬神和会餐，场面宏大，热闹非凡。特别是20年一遇的"开禁迎神"活动，既庄重又热闹，邻近各县的农民、商人和工人的家属都赶来观光，一时人山人海，街道挤得水泄不通，成为当时瓷业工人们的盛典。

"水土宜陶"是瓷业生产发展壮大的基础，这在清代蓝浦所著的《景德镇陶录》中早有记载。瓷土是制瓷最基本的原料，在长期的制瓷劳动中，瓷工们逐步掌握了各种制瓷原料的特性及其配制，特别是掌握了对高岭土的运用，但这些凭靠的都是经验，找矿、选矿、配制还远未达到依靠科

清代陶工的祀神仪式

学手段的水平，因此人们只有企求大自然的恩赐，加以神化并崇拜。在景德镇东面45公里的高岭村水口亭边原有座小庙，传说这座庙内的神主就是"瓷土神"。当地人传说，很久以前，有一位老人在高岭村，"点化"了一村民夫妇，像"糯米粉"一样的土不能吃，却能烧造出好瓷器，于是人们知道了高岭土的用途，从此后这个老人成了人们供奉的庙里的土地公公，即瓷土神。对瓷土神的崇拜表现了瓷工们对自然资源的向往和追求。

在中国的传统行业中，凡事都讲究"名门正统""名正言顺"，陶瓷业也不例外，由此"陶神"和"瓷业祖师"便应运而生了。

"陶神"又叫宁封子，传说为黄帝的陶正——负责陶器生产的官吏。他路见孩童路旁玩泥巴捏成各种器皿，引发奇想，便想以泥制器。他在回家的路上，与美女仙娥无意相撞，看到了她手中拿着一个泥捏之船，便要细看。仙娥误以为宁封子心存歹意，便扭头就走。宁封子不由自主地随仙娥来到其家，向制作木船的工匠——仙娥之父请教做船的知识，把自己想做出供人们使用的器皿的想法告诉了他们。仙娥之父很赞同宁封子的想法，提出了很好的建议。仙娥也消除了对宁封子的误会，并积极提出了用火焙炼的建议。宁封子受益匪浅，回家后使用黏土制作了许多器皿，用火焙炼。心生爱意的仙娥见宁封子忙得顾不上做饭，便送水送饭，给他帮忙。少昊夫妻得知宁封子烧制器皿的事后，也来帮忙，并讲述了自己冶铜的心得。宁封子终于制成了第一批陶器，黄帝与属下百官都来致贺，同时提出了许多好的改进意见。宁封子

几经磨炼，终于制成了精美的陶器,为百姓解决了盛物的器皿,于是宁封子制陶之术,很快便盛行于中华各地。后来,在一次制陶出陶时,窑顶突然塌了,巨大的火苗冲天而起,眼看要发生重大的事故了,宁封子为抢救所制陶器,便奋不顾身地跳入了窑中,仙娥也毫不犹豫地跟随其后,这时奇迹突然出现,窑火被立即封住,一窑精美的陶器全都保住了。宁封子与仙娥二人骑着火龙升上天空,在天上向制陶的窑工们笑着招着手……这就是中华远古第一位发明冶陶的人——宁封子!当然也包括宁封子的恋人——仙娥!后来,窑主和窑工们为了祈福禳灾,求行业兴旺,便修建了窑神庙,将其奉为窑神而供奉,庙侧又建有四圣祠,供奉四位辅神:山神、地神和牛马二王。

"瓷业祖师",名叫赵慨,字叔明。据说他生于西晋,东晋时官至五品。先后在福建、浙江、江西任职。因他为人刚直不阿,疾恶如仇,为奸佞所不容,遂退隐于景德镇。他熟知越窑青瓷的烧造技术,便把它应用于当地的陶瓷生产上,对景德镇陶瓷的发展起了重要的作用,后世瓷工敬重他,建庙供奉,尊为师主,以神事之。据明时邑人詹珊的《师主庙碑记》记载:明仁宗洪熙元年(1425),少监张善到景德镇督陶,在御器厂的东侧建立师主庙,祀奉赵慨为佑陶之神。相传赵慨技法奇巧,又乐于助人,故赞他"道通仙秘,法济生灵"。成化间(1465—1487),太监邓原在镇时,因为镇上居民多数从事陶瓷生产,都信奉师主,便把庙迁到东门外街上东北约一百步的地方,便于大家祭祀。后在1485—1519年,经过陈、康、严、钱等大姓多次倡修竣工。自明代以来,庙中香火不断,凡属陶瓷行业举行游神赛会酬神庆功活动时,都要供奉赵慨的神位,过去师主庙内,中间供奉着赵慨的坐像,两旁分列着陶瓷制作行业的六个师傅神位。有打杂师、做坯师、印坯师、剃坯师、挖坯师、杀合坯师,基本上把坯坊的工种都包括了进去,体现了后世工人对先师

蓝浦

"陶神"宁封子

"瓷业祖师"赵慨

们的景仰。

历朝历代,瓷业工人在师法先人、启迪后生的过程中,为江西的瓷业发展付出了艰辛的劳动,产生了一批敢为大众利益牺牲自己的精神领袖,涌现了许多可歌可泣的英雄业绩。在时代需要英雄的历史背景下,"风火仙师"童宾诞生了。

童宾(1567—1599),字定新,明代浮梁里村人。幼年读书,秉性刚直,因父母早丧,遂投师学艺,执役窑业。万历二十七年(1599),太监潘相任江西矿使兼理景德镇窑务,督造大器青龙缸,久不成功。潘相便对窑户进行"例外苛索",派役于民,并对瓷工进行鞭笞乃至捕杀。瓷工衣食不得温饱,还要受到迫害,处境十分凄惨。童宾目睹同役瓷工的苦况,非常愤慨,竟以自己身体为炼瓷的窑柴,纵身火内,以示抗议。据说次日开窑一看,所烧炼的龙缸果然成功了。这种缸直径三尺,高二尺多,外围环绕着青龙,下面有潮水纹。能烧成这样大的龙缸,在当时确实是烧制瓷器的一大奇迹。童宾投窑焚身后,余骸葬在凤凰山。童宾之死,激起了工匠们的义愤,全镇起来暴动,焚烧税署和官窑厂房,潘相只身逃走。事后,封建官府为了缓和人心,在瓷工和镇民的强烈要求下,不得不为因大众利益而牺牲自己生命的童宾立祠在御器厂的东侧,并号之为"风火仙",祠名"佑陶灵祠",至今尚保留有瓷制的"佑陶灵祠"匾额。祠内供奉的是童宾坐像,即风火仙师像,两边是窑厂烧窑工人神像,有把桩、托坯、架表、收兜脚、打杂、小手、二手、三手等各脚师祖。清代唐英督陶时,曾令人将明代落选的损器、已脱底的一口青龙缸,从僧明寺抬到火神祠,筑台高置,并写有《火神传》《龙缸记》。另一位督陶官年希尧也写有《重修风火神庙碑记》。这些关于童宾事迹的记载,至今仍存于地方文献中,窑业工人常以其激励自己忠于职守,这正说明童宾"其志气之凛冽在一成,而精神所注贯在百世"。

类似童宾这种敢于为窑工们的利益而牺牲自我的窑工,还有妇孺皆知的熊知四和郑子木两人,他们一个是坯房工,一个是包扎瓷器的茭草工。熊知四率领瓷工为改善生活待遇罢工,后被官府捉入衙狱,威逼利诱,勒令复工,知四坚强不屈,惨遭杀害。知四之死,更激起了瓷工愤怒,他们群起抗争,最后赢得了胜利,每个瓷工每月增加十二两(合今秤七两五钱)猪肉。知四为争取瓷工的福利而牺牲了生命,瓷工们为了纪念他,便把争来的福利定名为"知四肉",并把他的牌位供进了师主庙,永远受到人们的敬仰。郑子木所在的茭草行业劳动强度非常大,所以茭草工有一个例规就是吃白米饭,每逢阴历初一和十五每人有一斤猪肉。清嘉庆年间,这条例规被破坏了,不但肉取消了,而且米也改成了糙米,郑子木于是率领大家罢工,老板勾结官府把郑子木抓进了衙门,对他严刑拷打,但他仍然对公堂外的瓷工们大叫要坚持到底,最后罢工胜利了,但郑子木却牺牲了,从此茭草行业约定俗成,瓷工们在干活时都系上白围裙,以表示对郑子木的追思和怀念。

三、行帮、行会和行话

行帮组织的形成从某种意义上来说也是一个行业成熟的标志。资料显示,瓷业行帮初创于明代,兴盛于清代,结束于新中国成立前。它发挥着限制恶性竞争、规定生产或经营范围、解决业主困难和保护同行利益的功能,其办事场所和活动中心一般在"会馆"(或称"书院"、"公所")。各行帮都有其共同信仰的神祇,定期或不定期进行"做会"活动(即祭神活动),"童社所"每20年都要举办一次迎奉本行师祖"风火仙师"童宾的"陶人盛典"。以景德镇为例,瓷业行帮比较复杂,常交织着地域与行业的双重关系,从地域上分,有徽(州)帮、都(昌)帮和杂帮(除以上两帮外的其他区域的行帮)。都帮人多势众,是一个较有影响的大帮,清代郑廷桂在《陶阳竹枝词》中有一首诗反映这种情况:"蚁蛭峰窠巷曲斜,坯工日夜画青花。而今尽是都鄱籍,本地窑帮有几家。"在另一首诗里,更是这样来描述都帮的:"江南雄镇记陶阳,绝妙花瓷动四方。廿里长街尽窑户,赢他随路呼都昌。"从行业上分,则有商帮、手工业主帮和工人行帮(苦力帮)。行业行帮和地域行帮相应交织,如徽帮主要是商帮,都帮主要是苦力帮,这些行帮纷纷设立会馆,或者公所,或者书院,名称尽管不同,其职能都是一样的。如徽帮有徽州会馆,福建有福建会馆,在上述各种形式的大行帮旗下又林立着近百个各行各业的小帮派。

先说商帮,民国时有26个商帮,新中国成立前

明代瓷行旧址(今汪家坦2号)

丰城会馆(今程家巷)

发展为33帮,它们为景德镇瓷器"行于九域,施及外洋"做出了重要贡献。"九域瓷商上镇来,牙行花色照单开;要知至宝通洋外,国使安南答贡回"、"陶舍重重倚岸开,舟帆日日蔽江来",在某种程度上是商帮众多的一个形象反映。

再说行帮,由于景德镇瓷业"过手七十二,方克成器",工艺程序繁多,导致形成了众多的行业,有"8业36行"之说。这8业36行大致是:(1)烧窑业,包括窑厂、满窑、砌窑(挛窑与补窑)三行;(2)制瓷业,包括脱胎、二白釉、四大器、四小器、冬小器、饭闭、灰渣器、古器、七五寸、满尺、描金等十一行;(3)彩瓷业,包括画四大器、画脱胎、画灰器、画描饭闭等四行;(4)匣钵业,有砖山、大器匣、小器匣三行;(5)包装搬运业,包括茭草、着色、打络子、削杀利篾、打货篮、挑瓷把庄、下驳、挑窑柴、搬运九行;(6)下脚修补业,包括彩红、洲店二行;(7)瓷业工具业,包括模型和坯刀二行;(8)为瓷业服务业,包括轿行与马行二业。

按照以上8业36行分类,有多少行,基本上分成多少行帮。如窑帮,便有"陶成"、"陶庆"两帮之分。陶成是指柴窑帮,陶庆是指槎窑帮。在清代郑廷桂《陶阳竹枝词》中便有反映:"青窑烧出好龙缸,夸示同行新老帮;陶庆陶成齐上会,酬神包日唱单腔。"如装小器的工人便有"五府十八帮"之说,五府指抚州府、南昌府、饶州府、九江府和南康府,十八帮是指这个行业划分的组,共18组,按初一至十八轮流依次排序,初一的为初一帮,初十的为初十帮。

由于制瓷业分工细致,因此各行业中使用的行话俗语十分丰富。在瓷器的原料、颜料、墨型上就有近百种称谓,在坯房(手工作坊)、红店(画瓷器的作坊)、窑场、瓷行(销售店号)等行业中,有关工具、工序、技术、行规、计量单位以及人际关系的行话俗语更是数不胜数。特别值得一提的是,在谈到传统制瓷行业特有的习俗俚语中,我们都绕不开其特有的计量单位"件"。它作为陶瓷经济的一个基本概念,其含义不是我们通常所理解的数量概念,其核心是琢器类规格的计量单位,就是这样一个内涵被外界很难弄明白的概念,为什么能被从事瓷业生产和销售人员所认同并且沿用至今,这充分说明了在使用过程中有其科学和合理的方面。我们知道瓷业产品琢器种类繁多,器型复杂,每个品种又由口径、底径、腹径、外高、内深、重量、容量等要素组成。要想以一个要素来说明它的规格是不全面的,所以把这些要素综合起来,组成统一的计量规格就显得非常重要,因此"件"作为通用的计量单位就应运而生了。经考查,瓶类一般以高为第一要素,缸类产品主要是以口径为第一要素,然后考虑与之协调的口径、高等数据,兼顾造型所需要的线形变化。瓶类的"件"与高度呈对应的递增关系,从单件、双件、5、10、100以至千件、万件,其中有些"件"并没有制订严格的规格标准,主要靠传统经验,如90、110、180……件,这些大于或小于规格标准型号就被归入相近的规格之内,并冠以大小说明之。如大100件、小100件、大折半(150件)、小折半(小50件)之类。1.48~1.50米高叫千件,2米高叫万件。缸类的"件"与口径呈对应的递增关系,如:口径8英寸的莲子鱼缸为80件,口径10英寸的莲子鱼缸为100件,口径各增2英寸,递增基数为20件。为了能更直观地表达瓶类器物"件"与高的关系,我们以景德镇为例来分析一下 1975 年发布的瓷器规格标准:高 10.0 英寸的宝字瓶为 50 件、高 12.0 英寸的宝字瓶为 80 件、高 14.0 英寸的宝字瓶为 100 件、高 18.0 英寸的宝字瓶为 150 件、高 20.0 英寸的宝字瓶为 200 件、高 24.0 英寸的宝字瓶为 300 件。上述规格中如果加上传统的 250 件和 120 件,那么,"件"的对应高度则是以 2 英寸递增的。在明确了"件"这个基本概念后,我们也就自然不难理解它所隐含的成瓷的难易程度,件数愈大,技艺要求愈高,所耗费的社会必要劳动时间也愈多;件数愈大,愈难烧成,大件瓷器不仅占窑位大,而且容易出现"乔扁损挫之患"。在接下来的生产和销售中,商品瓷成本核算和价格的拟订就可以按件来计算了,它大大地简便了生产定额的制定,由于这种计量方法有其合理性、科学性,因此自它产生之日起便得到了推广和沿用,在传统瓷业经济活动中起到无可替代的作用。

四、行规与习俗

制瓷业的行规习俗有着悠久的历史,既细致又严格,具有自己鲜明而独特的个性,是人们生产行为和社会行为的准则和道德规范。大体说来行规习俗分三种,一是文字约定,二是口头约定,三是约定俗成。

重要节日莫过于中秋节前夕的"太平节"。每当农历八月十五日夜晚,皎洁的月亮挂在天上,空旷的河岸到处闪烁着火花,这就是瓷业生产活动中的传统风俗——烧"太平窑"。"太平窑"是一种类似圆筒的象征窑,它用一只只烧瓷器时用作垫底的圆瓷渣饼搭成,这种窑大的

传统风俗——烧"太平窑"

一丈多高，小的也有三尺左右。相传太平天国期间，太平军曾几次到过景德镇。清兵的头目为了死守景德镇，堵住江西通往安徽的通道，下令将镇上所有的烟囱和瓷窑拆掉，以便用它的砖头筑起一座座工事，抵抗太平军的攻打。当辅王杨辅清率领的太平军逼近景德镇时，清军知大势已去，只好撤退逃命。逃走前，将瓷窑烟囱，予以破坏、炸毁。当太平军开进景德镇后，下令打开官府的粮仓和金库，并要富户拿出钱粮，然后将米和钱分发给穷苦百姓。中秋节到了，大家准备与太平军一起欢庆，但此时的景德镇已是一片萧条景象。一位老窑工说：到处都是渣饼，何不用这些渣饼垒成窑的样子，内用松柴燃烧，用窑火来庆祝。于是当晚，只见各处火光闪闪，火焰冲天，大家欢乐到深夜。后来人们为纪念这一盛况，也寄托自己的向往，就语义双关地把它叫做"太平窑"。这期间，大家还举行"拖缸"的游戏，据传这游戏源自元代，当时官府每十户派一头人统治，老百姓受尽欺压、侮辱，相约中秋这天起事，中秋晚上老百姓一齐行动，将头人拖下河边杀死，从此这一活动就用拖缸这一形式代替，世代相传下来，反映了窑工们反抗压迫、追求平等的精神。

在春节、元宵时，还有"厂前闹元宵"、"家家户户过大年"的各类风俗。清代在御窑厂的头门外有一片开阔地，当地人称为"厂前"，春节元宵时这里有各种杂耍和生意摊子，五花八门布满场地，大人、小孩及乡下人熙熙攘攘十分热闹，形成了当地一道独特的景观；农历腊月廿四一过，每天都有迎年的，由于景德镇的窑工来自四面八方，节日风情各有特色，如南昌在腊月廿五日过小年，都昌一部分余姓和邵姓在廿八日过豆腐年，还有的在野外砌大灶，蹲着吃大锅菜过年，各类风俗凑合在一起，形成了景德镇腊月新年的一大景观。

在流传下来的各种习俗中，拜神活动自然是少不了的，影响较大的有五月三十日集众"做会"，焚香拜奉关帝；八月"做会"迎奉许真君；农历八月三十日信奉九皇的行帮及居民开斋、吃素，轮流叩拜九皇宫；从事瓷业生产的女工及居民大都信奉观音菩萨，互相结合组成

瓷业习俗——拜神活动

技艺传承

"姊妹会",每年二月十九日观音生日,六月十九日得道日,九月十九日升天"做会"。

　　制瓷业中有种类繁多的行规习俗。有收徒弟的"开禁"仪式;升到把桩师傅的有"长做"仪式;七月"变工节"有各种工人辞退、由做头师傅或老板请喝"定事茶"、吃"蒸肉饭";每年上半年和下半年由窑户请"摸利酒",客人是摸利店、刀子店、坯房做头师傅、烧窑把桩师傅、装小器做头师傅各一人,窑户上手管事先生相陪,刀子店老板坐首席,这叫"三十六行,铁匠坐上";从农历二月初二日龙抬头开始,由木龙会牵头,各行帮陆续"做会"至端阳节前后止,"做会"时演习救火,过后聚餐或发放莲碗面和包子票给出龙人员(救火员),如发生了火灾,就要请道士打太平火簾,火灾后酬神的场面十分热闹,结束的一天由道士领队到各家"清宅"驱邪,费用由当地店铺分派负担;农历十月廿六日坯房工人和老板结算一年生产账,清点架上的坯(结架),称为"人工节",十一、十二月以后生产的坯,年终歇手结账,叫"找账"。为了鼓励工人们的积极性,坯房老板们知道光采用强硬手段是不行的,平时还得小恩小惠或付给适当报酬以笼络人心,久而久之也就慢慢形成了行内规矩。例如:圆器业规定腊月初八工人不再做坯叫"歇手",如果生意好,可延长几天,但最多不超过五天,叫"扯尾巴",每天每个工人另补贴四两猪肉钱和"耳朵"(佐料);坯房在中秋节休息一天,老板按八至十人一桌供应猪肉四斤和瓜子、鲜蛋、黄花、木耳、溧粉、粉丝、咸鱼、芋头、青菜十样菜肴,另加四十个铜钱作酒钱,每人一只生糖酥,一只扁麻酥;端阳节这天,坯房老板供给工人每人两只粽子,两个咸蛋,八至十二人一桌的十碗头"黄瓜酒"席;各坯房的瓷坯送窑里集中,待配满一窑后才能烧炼,待到烧时坯上渣子灰尘必须吹掉,否则烧好后有疤迹这种吹灰工作由装坯工负责,老板要付钱,称谓"吹灰肉";农历十一月坯房老板除要给每人的"冬至酒钱"外,并停工一天,不停工则加四两猪肉钱,叫"买冬至";腊月十三日后,坯房老板要提早开工的叫"春窑",全部应在二月十五日结账作一结束,另应付给每个工人双份起手钱,叫"小酒钱",饭食由老板派人送至坯房;腊月廿四日一过有的坯胎未烧完,生意不好,烧窑户就到各做窑户组织剩余的坯凑成一窑烧炼叫"撞火窑",成本消耗一窑一清,工人要增加补贴,叫"包子钱";农历二月十五日坯房开工叫"花朝起手",老板要办"起手酒"付给每个工人三十二个铜圆,又叫"起手钱",这天做坯师傅按例规只做四扳坯……

无论是文字记载还是口口相传,千百年来流传下来的瓷业行规延续至今,有的逐渐成为一种习俗,有的演变为重要节日,有的成为迎接重要贵宾的一种礼仪,它们共同构成了多姿多彩瓷业文化的重要内涵。也许,我们所叙述的可能只是瓷业行规习俗中的冰山一角,但在国家日益重视非物质文化遗产传承的今天,我们有信心、有能力从民间收集、整理更多更好的资料,不断丰富和完善瓷业文化的内容,让江西陶瓷文化这颗陶瓷明珠闪耀着更加绚丽的光芒。

第三节　陶瓷艺术的多元发展

陶瓷历史是人类文明史的重要组成部分,它伴随着科技的进步和人类审美水准的提高而不断发展和丰富,所以陶瓷工艺是科技中有艺术、艺术中有科技。

陶瓷产生之初,首先考虑的是满足人类自身实用功能的需要,工匠们通过造型和装饰又寄托着原始的朴素美,这是陶瓷民间艺术的源泉所在。后来由于皇家对实用又美观的瓷器钟爱备至,自宋以来逐步形成了官窑体系,独具中国特色的宫廷陶瓷艺术由此诞生。由于两类艺术的消费群体不同,故在艺术风格上大相径庭,在原料的利用上也有天壤之别。清末民初,由于文人骚客也对陶瓷艺术情有独钟,浅绛彩的运用,把中国画风逐渐糅入陶瓷绘画的创造中,加之珠山八友对文人趣味的推扬,陶瓷艺术更主动地走向世界艺坛,形成了另具特色的陶瓷文人艺术,虽然这种艺术在陶瓷艺术的历史长河中并未占据主流,但由于格调高雅,书卷气浓,消费欣赏群体又具有一定的社会影响力,因此它的出现在陶瓷艺术中亦占有重要的地位。

一、民间艺术

陶瓷艺术发展之初,本属民间艺术,它根植民间的土壤,来自民间,用于民间,有着深厚的群众基础。民间艺术的产生可以追溯到史前的传说时代,它具有原发性,保留了大量的原始文化的观念和符号,它的创作和使用主体都是下层民众,因此器物从造型到装饰,既没有重大的历史题材,也没有现实中的重大内容,它往往反映着人们淳朴的、善良的、理想的、吉祥的愿望,流露着纯真的乡土感情和对人生、大自然的深刻涓涓思念。民间艺术具体表现为:形式大方、朴素,不加修饰,不求形似,只求意到;用笔弄刀,运用自如,活泼、粗犷、洒脱、自然天成;形象处理,高度简练、概括、夸张、稚拙之美、妙趣横生、耐人寻味。现代抽象艺术发源于

青花奔马纹 　　　　　　　　　　　　青花卷云兰草纹

青花缠枝莲纹碗（明正统—天顺） 　　老翁撑伞纹

青花婴戏牧童骑牛纹 　　　　　　　　青花婴戏纹

青花婴戏纹 　　　　　　　　　　　　青花婴戏纹

麒麟望月纹 　　　　　　"福"字吉祥款 　　　　　　"福"字吉祥款

樵夫背柴纹 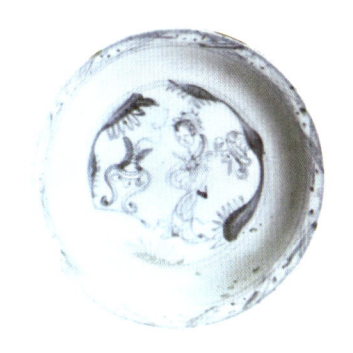　　　　　　青花仕女纹

鱼纹 　　　　　　　　　青花走兽纹

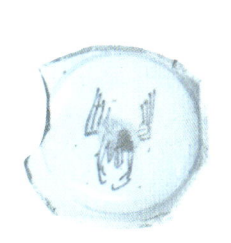

螃蟹纹 　　　　　　　　青花人物纹

青花山水纹　　　　　　　　　　　　　　青花花鸟纹

哪里？民间陶艺应属其中之一，因为距今七八千年前的彩陶纹样就是抽象的典型。民间陶艺的选材，往往不求高品格，只求价廉物美，因材施艺，化腐朽为神奇。对于艺术创造来说，材质没有绝对的好坏之分，加工细致、纯度很高的材质，固然有它用武之地，而粗加工、纯度较低的材质，更能体现粗犷、朴素、原始的材质本身的美，因为这种材质一经火焰烧成后，化学反应复杂，表面肌里效果丰富，从而使纯真的感情、自由的艺术风格，得到更好的体现。

　　早在商代中期，中国就出现了瓷器，因为其无论在胎体还是在釉层烧制工艺上都尚显粗糙，烧制温度也较低，表现出原始性和过渡性，所以一般称其为原始瓷。

　　东汉中晚期的青釉瓷器，主要器类大多仿青铜器而作，主要器形有尊、豆、壶、盂、罐、鼎、瓮、杯等，纹饰比较单一，大多是简单重复一种纹理，很少有表现具体画面的。

　　三国两晋南北朝时期，是青瓷发展的阶段，这一时期的瓷器在很大程度上受佛教文化的影响，莲瓣纹盛行，同时还有许多雕塑瓷的出现，反映了当时人们的建筑形态和真实生活场景，可见当时在制瓷上不仅需要更精巧的技艺，而且人们由于受到佛教的影响，在精神层面的要求也加强了。

　　隋唐五代时期，制瓷业得到了充分的发展，形成了"南青北白"的制瓷格局，除上述两大品种之外，还有黑釉瓷、黄釉瓷、彩绘瓷等各色品种。器物表面的装饰开始常见花鸟、水草、人物等，文字也开始作为一种装饰性的图案出现在器物上。

　　到了宋代，制瓷业更为兴盛，窑址林立，遍布全国，出现了龙泉窑、建窑、青白瓷窑、越窑、耀州窑、磁州窑、定窑、钧窑等八大窑系，钧、汝、官、哥、定五大名窑。官窑亦正式出现，彩绘瓷开始兴盛。这一时期瓷器在胎质、釉料、制作技术等方面基本达到了完全成熟的程度，由此给工匠们在装饰上腾出了更多想象的空间。器物刻花装饰非常讲究，构图对称，布局圆满，常见的题材有花卉、云彩、婴戏等。总体说来，器物无论是在造型上还是在装饰上都越来越精致，越来越有观赏价值。

元明清三代,随着青花瓷烧造技术的完全成熟,民窑匠人通过从日常生活中汲取养料,题材装饰日益变得丰富多彩,除我们常见的花果图案,吉祥纹样外,还有许多戏曲人物、民间传说,麒麟异兽,此外还包括了宗教题材。各种艺术形式融合到一起,真正做到了雅俗共赏,形成了格调奔放、典雅敦厚的民间艺术特色。

纵观历朝历代,伴随着陶瓷制造而产生的装饰艺术,自它诞生之日起,喜庆、幸福的祥瑞题材便贯穿陶瓷民间艺术文化特征的始终,它主要围绕着"福、禄、寿、喜、和合、吉祥如意"等内容而展开。例如,我们常见的龙,象征王、权威与吉祥;百鸟之王——凤凰,象征大富大贵、大吉大利,凤凰相偕喻爱情;白鹤喻清高、纯洁、长寿;百花之王——牡丹,象征富贵繁荣;芙蓉喻征雍容华贵;松象征长寿、气节;天竹喻天祝,寓意天祝平安、天祝升平;桃子常称寿桃,象征长寿;鹿与禄同音;鲤与礼同音,鱼与裕谐音,寓意腾达、富裕。另外,还有一整套具有象征意义的纹样体系。如婴儿抱莲花喻莲生贵子、小儿放爆竹喻竹报平安、小儿骑白象执如意喻吉祥如意、梅花和喜鹊喻喜上眉梢、小儿骑麒麟喻麒麟送子、莲花和鱼喻连年有余、五小儿喻五子登科、天宫和蝙蝠喻天官赐福、五蝙蝠围寿字喻五福捧寿、一群蝙蝠和堆桃喻多福多寿、凤凰和太阳喻丹凤朝阳、龙和凤喻龙凤呈祥等。

二、宫廷艺术

宫廷艺术之所以能达到精美绝伦的高度,一则是这类产品要严格按照封建朝廷的意愿和需求而生产,并为上层统治者服务,二则是它的创作者往往是宫廷征召的民间艺人,而使用者则是帝王和统治阶层。从作者与使用者的关系上看,一个是创作者,一个是享受者,这使宫廷艺术不可避免地成为雇佣性的艺术。宫廷从民间招募工匠艺人的历史相当悠久,从西周的"工奴"和春秋"百工"再到后来的宫廷画工、画院待诏等制度都是如此。这种雇佣关系在大型石窟和陵墓艺术、宫殿、庙宇营造或服务于统治者的供奉之作中表现得更为明显。按样作画,民间艺人们不能超越统治者的规范,制作上必须合乎宫廷的礼法规矩,因此宫廷艺术更多的是奉命行事。尽管宫廷艺术的创作者主要是受雇的民间艺术家,但创作出来的作品体现的多是统治者的审美趣味和意志,因此逐步形成了追求崇高威严或精致工巧、重品位儒雅的艺术特点。

自宋设立官窑以来,历经元明清,三代皇家都有专门的瓷器生产管理衙署。景德镇自从有了御窑厂的建立,从原料的选择、加工到造型设计,都选最佳,其制作之精工,画工之细微,烧炼之讲究,都是前所未有的。另一方面,画工由原来的自由选择题材内容,自成画风,到完全听从督陶官的指挥,并为宫廷意趣和画风所左右,宫廷艺术因此得以产生和形成。由于皇家对珍宝的探索与追寻是没有止境也是不惜成本的,所以宫廷艺术便成为陶瓷艺术发展的最主要的推动力,进而把中国陶艺推向了顶峰。景德镇御窑厂承担了绝大多数御瓷制作,宫廷中用来制作所使用的瓷胎亦来自御厂。御厂管理由宫廷派出督陶官员担任,严格地按照皇家礼制完成,精益求精。御瓷纹样全部由宫廷书画家提供样本,样本发至御厂,由御厂书法匠师负责一丝不苟全盘照描,从笔迹来看,其变化甚少,当为专职临摹家。其中珐琅彩瓷就是由帝王亲自督制,制作尤其考究,宫廷书画家也只是少数几个人才能参与珐琅彩瓷制作,制度之严可见一斑。

《明史》记载:"烧造御用瓷器,最多且久,费不赀。"御窑厂所用的工匠技艺熟练而高超,并且"凡烧造供用器皿等物,须要定夺样制,计算人工物料"。因此,御窑厂的制作不惜耗时费力,均非常精致。同时,各朝所烧瓷器,又深深地留下了当朝皇帝的好恶烙印。

明代早期,从文献记载看,宣德皇帝(1426—1435)不仅在军政方面有卓越的才干,而且还有许多雅好,比如"留神词翰"、"尤工绘事"、"好促织之系"等等。对宣德帝的前两种爱好,人们深信不疑,因为有文献记载而流传至今。而对后一种嗜好,由于无文献记载,则有不同的看法,历史真相到底如何,考古发掘资料为我们揭开了谜底?景德镇陶瓷考古研究所分别于1982年在珠山路铺设地下管道、1993年在中华路平地盖房时,发现有青釉、青花蟋蟀罐20余件,同时发现的还有置于蟋蟀罐中的"过笼",即文献中所说的大名鼎鼎的"宣德串"。蟋蟀罐圈足与盖的内底都有"大明宣德年制"单行青花楷书款,罐底款竖排,盖内底款横排。在一个带盖的器皿上书写两个年款者,在出土文物中仅见青花笔盒一例,显然因为它是宣德帝看重的文具。而蟋蟀罐也用双款,说明市井小民的玩物在宣德年间已跻身皇家文房清玩的行

景德镇中华路出土的明宣德蟋蟀罐

成化黄地绿龙纹碗（口径 17.2 厘米）

永乐红釉小碗（口径约 10 厘米）

永乐青花海浪白龙纹撇足梅瓶（高 40 厘米，底径 18.6 厘米）

永乐红釉刻云龙纹梅瓶（高约 40 厘米）

永乐青花海浪仙山双耳三足炉（高 60 厘米，腹径 48.4 厘米）

列，这显然是明宣宗既擅翰墨，又酷好蟋蟀的明证。当时的御器厂在这些蕞尔小物上肯花费如此多的功夫，显然是为了投合皇帝的促织之好。虽然这些史实出于为长者避讳的角度没有在《大明实录》等官书中出现，但明人的野史笔记（明陆容《菽园杂记》与朝鲜《李朝世宗实录》）却透露了相关的信息，宣德皇帝死后，朝政由崇尚儒家思想的其母太皇太后张氏与元老重臣杨士奇、杨荣、杨溥执掌，当年就发布了如下命令："将宫中一切玩好之物，不急之物悉皆罢去，革中官不差。"由此，宣德窑蟋蟀罐便在紫禁城无地容身了，清宫藏瓷中不见该类遗物也就不奇怪了。

明代中期，成化瓷器被历代藏家誉为瓷器之冠。成化皇帝在位共23年，最令人捉摸不透的，就是他竟喜欢一个比自己大17岁的宫女，而且终其一生都没有改变。这位宫女就是万贵妃。为了讨万贵妃的欢喜，成化皇帝令景德镇烧造了许多小巧的瓷器。如可以在手中把玩的豆彩鸡缸杯，还有用于喝酒的豆彩小酒杯。这些器物都是成化皇帝与万贵妃爱情的见证。在这些器物的底部，都有双蓝方框的底款，内书"大明成化年制"。这些字是成化皇帝亲手所书，与他朝款识绝无类似。经过上海硅酸盐研究所的化学成分分析表明，在成化的青料中仍然含有进口青料，只是掺加了一些国产青料混合而成，这就是成化特有的"平等青"。这样做并不是因为没有进口青料，而是皇帝为了适应万贵妃的喜好所特制。

明代晚期的正德、嘉靖、万历三朝帝王均有鲜明的个人宗教信仰，而其信仰又都有意识地映射在同期的官窑瓷器上，例如正德皇帝信奉回教，遂诞生了极有特色的正德阿拉伯文瓷器；嘉靖皇帝迷恋道教而制作了大量道教题材嘉靖官窑瓷器；万历皇帝崇奉佛教和道教而导致万历官窑瓷器宗教题材的流行等等。透过这些富有特色的官窑瓷器，人们可以窥测400多年前明代诸位帝王丰富多彩的宗教信仰世界。

清代康雍乾三朝的瓷器制工精美，风格清新夺目，被陶瓷收藏界美誉为"清三代"瓷器。由于御用瓷器非常讲究式样，因而景德镇官窑烧造的大部分瓷器均由承办皇宫御用器物的内务府造办处出样。这些瓷样都是根据皇帝的旨意由宫廷画师绘制的，叫"画样"，有的还做成形象逼真的木样、漆样。官窑接到宫里送来的图样后，严格依照式样烧制。有时内务府直接将清宫旧藏瓷器发往景德镇，叫官窑仿照已有成品式样烧造。另外，景德镇瓷匠有时也会设计出新的花色品种进呈皇帝。

清朝皇帝对官窑瓷器十分重视，其中尤以雍正朝最甚。雍正不仅陶醉于瓷器艺术，并且爱屋及乌，常常直接指导和修改瓷器画样，甚至对瓷器作品的包装、装潢、用料、式样都有很具体的指示。在反映雍正、乾隆宫廷生活的《清档》、故宫档案中，我们经常可以看到相关的记载？其一：雍正对一件双喜耳瓷瓶的评价，"此瓶颜色釉水虽好，还称不得上好。尔传与年希尧再烧造时，比此颜色釉水做得精细些，款式亦更改些。再，造办处亦照此颜色釉水合配着看"。其二：雍正九年八月十九日"奉上谕，着有釉、无釉、无釉白瓷上画久安长治、芦雁等花样，烧珐琅"。雍正注重陶瓷艺术美学元素的引入,如他对瓷器作品多有赞美:"今日进的白瓷胎画珐琅青山水酒圆一对,俱做得甚好。"其三:"雍正九年四月十七日内务府总管海望持白瓷碗二件,奉旨将此碗多半面画绿竹,少半面着戴临撰字言诗题写地章,或本色全绿竹,淡红或白色酌量配合烧造。"其四:雍正十年(1732)五月二十四日传旨:"藤萝花,再画珐琅器皿时,不必画此花样。"其五:雍正十年十一月二十七日传旨:"青山水茶园、酒园俱好,再画些。"其六:雍正本人并不喜欢宝月瓶,于是在雍正十一年六月十五日下令:"嗣后宝月瓶不必烧造";他不爱墨菊花与藤萝花,就提出"藤萝花,再画珐琅器皿时不必画此花样"、"墨菊花嗣后少画些"。其七:雍正十三年(1735)正月初十日传旨:"此瓶上龙身画的罢了,但龙须太短,足下花纹与蕉叶亦画的糊涂,嗣后再往清楚里画。"其八:(故宫档案记载)"乾隆三年六月二十五日,太监高玉交瓷器一白七十四件。传旨:交于烧造瓷器处唐英……再五彩珐琅五寸瓷碟一件,五彩珐琅暗八仙瓷碗一件,收小些,亦烧造。钦此。"《乾隆记事文档》称乾隆格外关注"宣窑观音青花瓶",曾传旨观音瓶的造型"脖子粗些,要撇口",等等。这时期,有一个为我国陶瓷生产做出过重要贡献的人物不得不提,那就是唐英。雍正六年,唐英由负责管理造办处的内务府员外郎改任景德镇御窑厂窑务督理年希尧的助理,实际上是驻厂的具体负责人。从乾隆二年至乾隆二十三年,他一直担任御窑厂窑务督理,直至临终,把毕生精力都贡献给了制瓷艺术。另外,唐英本人还是画家、诗人和戏剧家,艺术修养很高,他设计的瓷器件件精美雅致,当然,这些瓷器也是为揣摩和迎合皇帝的爱好而设计的。在他的督导下,景德镇御窑取得了辉煌的成就。因此,雍正、乾隆时期的景德镇御窑又被后人称为"唐窑"。

三、文人艺术

陶瓷绘画艺术源远流长,从三国时期开创瓷器釉下彩绘艺术开始,一直到唐代诗文在长沙窑瓷器上大量出现,文人艺术情怀开始在瓷器上得以体现。宋代以前,由于我国生产的瓷器一直是以单色釉为主,釉下彩绘材料技术一直无法突破,因此,瓷器的釉下彩绘并没有真正进入到文人的艺术视野。自元代成功创烧青花瓷以来,历经明清两代,釉下青花的分水画法逐步完善到与传统墨彩一样能分五色,即头浓、正浓、二浓、正淡、影淡,与传统五分墨色的

焦、浓、重、淡、清形成对应。并且每种青花分色又可以表现干与湿的变化,与在宣纸上、绢上作画有异曲同工之妙,达到了中国画用墨的精妙之处,釉下彩绘开始为文人所注目。

清末民初,一者是浅绛彩对文人画的吸收,二者是珠山八友将文人画推广至陶瓷艺术中,及至近年,随着陶瓷艺术更主动地走向世界艺坛,文人艺术讲究意境、含蓄、诗画、金石相配,格调高雅,书卷气浓的风格,在特定的历史与文化环境中,逐步滋生、发展、成熟和变异,在不断的变革中积淀了独有的文化内涵和审美特质,成为活跃在中国陶瓷艺术发展舞台上的清新种类。

晚清咸丰、同治、光绪三代(1851—1908),以程门、金品卿、王少维为代表的皖南新安派画家,就近加入景德镇瓷艺界,把文人画的艺术特色、表现技法及其审美旨趣带进瓷上彩绘。文人画家为了便于适合自己在瓷上绘画,简化了粉彩的工艺技法,创立了类似于浅绛山水画的瓷上浅绛彩,由于浅绛彩彩绘工艺的简便性,也招致了一些上海名画家参与瓷上彩绘。如其时的上海名家张熊、吴待秋、王震等,均画过浅绛彩器。浅绛彩瓷画一经面世,诗书画印齐备,用笔、构图、赋彩十分讲究,一如绢纸画;画科齐全,山水、人物、花鸟草虫各有大家,甚至形成了瓷画创作的流派,受到了文人士大夫的热烈追捧。光绪三年(1877),刚刚赴任饶州知府的王凤池在金品卿绘制的《茂林修竹》瓷板上欣喜若狂地题道:"此黟山品卿居士以珠山瓷笺写寄吾宗……觉笔墨间亦含惠风和畅之致。……余见而动幽情,书此订再畅叙。""瓷笺"二字用得极为精当,表达了文人士

程门

程门作品《云山飞瀑》

王琦

王琦作品《桃园结义》

大夫对浅绛彩瓷画的高度认同。由于文人画家的身份和社会地位是传统的陶瓷艺人不可同日而语的,他们主动参与到陶瓷艺术的创作上来,并且在商业上获得了较大的成功,这不仅有助于提高陶瓷艺术的文化品位,而且还使得这一新的瓷艺流派,对当时的景德镇瓷艺界产生了极为深远的影响。

珠山八友在中国陶瓷艺坛活跃了近百年,在艺术成就上不仅全面地继承了浅绛彩文人瓷艺家的艺术追求的审美旨趣,并且通过粉彩这一艺术形式加以弘扬和发展,他们的出现标志着民间优秀陶瓷艺术家的异军突起。这一时期,文人瓷画家队伍不断扩大,文人瓷艺也由涓涓细流汇入大河,文人瓷艺的自觉意识亦告形成,其重要标志是王琦借研讨画艺,切磋诗文的共同兴趣和追求,建立起来的月圆会,并担任起倡导文人瓷艺运动的重任。文人瓷运动一改由明清承继下来的"赏以形似、并宗格法,善于纤细刻画,渐失天工清新"宫廷官窑风格,反其道而行之,以画工瓷为佼夭,与官窑瓷分庭抗礼,结果影响日增。

王琦等人在奠定文人瓷艺理论的体系和规模后,又在此基础上不断加以丰富和完善,终于自成系统。在艺术功能上,强调"怡悦情性","吟咏性情","适性"与"自娱";在艺术本体论上,重视表现主体世界的意气,强调属于艺术规律的妙理,提倡"奥理冥造";在创作方法论上,反对就瓷论瓷,提倡借鉴诗歌与书法的表现形式,诗画本一律,书画本来同,十分讲究诗的寓兴和书法的抒写,主张艺术意象形成的胸有成竹,在风格上反对俗气、习气,标榜士气;在修养论上,排斥有艺而无文、得技而忘道,力倡画者之灵性。这既是文人瓷艺实际总结,又推动了文人瓷艺之自立于众工之外,在他们的传世作品中,王琦创造的浅绛彩瓷画,彰显了瓷画艺术新面貌,开创了用大写意的手法在瓷器上画人物的先河;从王大凡的作品上,可以看到他独自发明的不用玻璃白打底,直接将彩料涂到瓷胎上的落地彩手法;从汪野亭的作品上,可以看到他用中国画的泼墨法在瓷器上绘山水,取得墨分五色的中国画效果,给瓷器的山水作品注入了生机;刘雨岑发明了水点桃花的绝活,为毛泽东专用瓷(即视为稀世珍宝的主席瓷)提供了样本。

新中国成立以来,文人瓷艺家跨越横亘在自己面前的浅绛彩瓷艺和珠山八友这两座艺术高峰,跟上社会的演进与文化新潮的呼唤,各显神通。从全局而言,这一时期的文人瓷艺选材更偏重山水与花鸟,创作更趋于表现,画理画法的探讨更具有总结性。但若具体而论,此期的文人瓷实际已一分为二。一派可称为古典倾向,特点是集古大成而自出机杼。这派代表性瓷艺家有王锡良、李菊生等。后来这派更讲究个性化的"胎息气味",注意整体布局的"龙脉开合起伏之妙",透露于画面的书卷气和风格上的端庄杂流丽,刚健合婀娜等。另一派可为个性之风格,特点是借古而开今,独行特立,肇始于现代学院派陶瓷艺术家。主要作写意花鸟,亦涉及山水,画面奇倔。这派代表性瓷艺家有秦锡麟、李林洪、宁钢等。代表性的作品有《悠悠古情》《蝶恋花》《嬉鹿》等。抒情言志、独抒个性成为此派不同于古典派别的重要特征,把大写意瓷艺推向了更接近现代意识的新境地,对现代独创性陶瓷艺术创作产生较大影响。

陶瓷艺术的文人趣味是在长期历史发展中形成并演进的,在继承中追求变化,在因袭中有变革。它源于中国传统哲学与文学,植根于民族审美心理,又与文人这一作为社会精英特殊阶层的生活方式及文化心理紧密相关,所以自然在演变中淀积了一以贯之的传统。探讨它在陶瓷艺术中的应用,将在精神自由的主体性、立品高超的文化性、致广精致的审美性、艺术思维方式的执中性等方面给予我们无穷的启示。

第四节　陶瓷生产的手工技艺

江西制瓷业的辉煌,特别是景德镇瓷业高峰的出现,是与我们的祖先在长期制瓷过程中形成了一套严谨的传统手工制瓷工艺密不可分的。传统手工制瓷技艺具有一个庞大、完整、繁富、精细的技艺体系,主要包含了原材料加工配制、瓷器成型、柴窑烧成、陶瓷装饰、窑炉作坊营造、辅助行业等几大方面。如果将这些技艺细化到具体的流程,则有20道之多。今天,在景德镇在古窑瓷厂内就保留了数座传统手工制瓷作坊,几可再现传统手工制瓷的整个过程,令人流连忘返。

一、传统制瓷工艺的变革与发展

传统手工制瓷技艺自古文献就有记载,有宋元之际的蒋祈《陶记》,明代宋应星《天工开物》,清代朱琰《陶说》、蓝浦《景德镇陶录》、唐英《陶冶图说》等,他们或图录或文字,对制瓷工艺流程作了详细的记载,具体如下:采石制泥—淘练泥土—炼灰配釉—制造匣钵—圆器修模—拉坯成型—印坯整型—利坯修面—晾坯补水—画坯装饰—内外施釉—挖足剐底—写印底款—补施底釉—装坯入匣—成坯入窑—烧坯开窑—束草装桶—釉上加彩—烤花工艺。

所有的流程在制瓷过程中均有严格的标准和要求,稍有差池,都有造成前功尽废的可能,有时为了达到官府对瓷器的苛刻的要求,窑工们耗尽心血,甚至为此付出了生命的代价。那些世代相传的窑工们在为后人带来千姿百态陶瓷精品的同时,也带来了一些美丽而又略显悲壮的传说。下面就让我们介绍几例窑工们在瓷业生产中的传说,从这些传说中我们可以深刻体会到窑工们付出的心血与汗水。

关于高岭土有个传说,富颇具传奇色彩。很久以前,高岭村住着一户姓何的穷汉,生活得十分艰苦,只得靠瓜、薯、菜充饥度日。何氏夫妻虽穷,但愿意帮助邻近穷苦乡亲。一个冬天的早晨,何老汉在屋檐下发现一个躺着几乎被冻僵的老头,夫妻二人细心地照料他。老人苏醒过来后,想要吃东西。何老汉又去借了米来,熬好了热腾的稀粥给老人喝,老人感动地对老何夫妻说:"你们俩确是名不虚传的好人啊!"便从衣袋里取出一粒洁白晶莹的小石块递给老汉,说道:"这粒小石块送给你们,可将它种在村后的高岭山上。过了七七四十九天,那里会长出挖不尽的白玉土,是制瓷的上等原料。你们可以挖起来,运到景德镇去卖钱。"说完就不见人影了。老何夫妻果真到高岭山挖了深坑将小石块种下去,过了49天,他们又来到高岭山挥锄一挖,只见原来是黄色的泥土,变成了白嫩的玉色土。夫妻俩通知穷乡亲们一同去挖玉土,运到景德镇,果然卖到好价钱,大家都有了收入。从此,这一带的穷乡亲们都改行挖卖玉土了,日子也比以前好过起来。景德镇自从采用高岭土配制瓷器以后,出产的瓷器洁白无瑕,更为精美。1712年,法国的传教士昂特柯莱曾向国外介绍过高岭的瓷土,于是高岭土便在全世界闻名了。

瓷器中的釉里红,是釉下的珍贵颜色。这种颜色亮堂润泽,看上去就像宝石镶嵌在瓷器里一样,这样珍贵的颜色是怎样制烧出来的呢?据传,元朝景德镇有个叫赵子聪的陶瓷工人,对烧瓷有一手独到的本事,加上肯用心思搞发明创造,全坯房的窑工都称他叫"赵全能"。那时候瓷器上的花纹都是用手工刻上去的,又慢又费工夫。赵全能立志要在瓷器上像绘画一样,用毛笔描花纹,但没找到一种适合画瓷的颜料。开始时,窑户老板愿意出钱资助,后来看见没有成效,便拒绝提供资助了。赵全能于是借钱买试验画瓷的颜料,租用窑位烧瓷器,转眼一年,就欠下三百贯铜钱的债务。负债累累的赵全能眼睁睁地看着自己的女儿被强卖给王大

瓷石开采	泥料淘洗
圆器拉坯	晾坯晒坯
青花绘制	蘸釉荡釉
成坯装匣	投柴烧炼

器行中外

红店彩绘

明炉暗炉

户做童养媳而无计可施,孝顺的女儿临走时,把两枚舍不得花掉的铜钱留给了父亲。后来,窑户老板看到实在无利可图,便派人转告赵全能只能在窑里再试烧一次了。赵全能知道试验再不成功就没有机会了,当他弯腰把手伸进匣钵,把瓷坯放好时,女儿留给他的两枚铜钱不小心从上衣口袋掉进了匣钵,落在瓷坯上。为了不碰坏瓷坯,他也只好让这两枚铜钱留在那里了。开窑时,窑工们将赵全能试烧的那叠匣钵捧出来,打开匣钵盖,瓷器上面一点儿图案颜色都没有,就在绝望时,赵全能发现在一个瓷碗上有两个圆圆的红颜色,这下心里明白了:铜可以用做画瓷的颜料。回到家中,把仅剩的一把铜锁磨成了粉末,又掺入一些药料,调成糨糊,用毛笔在瓷坯上细心地绘画起来。第二天,他拿着已经画好的瓷坯,以终身帮工的条件得到了窑户老板再让他试烧最后一次的机会。这次试烧终于成功了,透明的釉下图案花纹红光闪闪。釉里红的成功结束了靠刻花来装饰瓷器的历史,它与这时期发明的青花釉料,相互衬托,相互比美,难怪当时人们称赞说:"青花瓷能入瓷骨,釉里红更入釉骨。"

　　祭红釉通红漂亮,如何把它烧成,也有个传奇的故事。据说大明永乐年间,在景德镇迎祥弄里,住着一位姓冯名旺的手艺人,专做瓶尊之类的琢器。由于中年得子,在给儿子做"三朝"时,找来了一套祖传的红铜祭器以表虔诚,可惜祭器残缺不全,于是请来小铜匠进行修理,小铜匠在制作瓷坯的坯房修祭器时锉出的铜粉撒了一地,也飘进了旁边一个没加盖的釉桶里。

新年过后,当第一批瓷器烧出来时,冯旺定睛一看,只见一道红光扑面而来,六根天球瓶,根根通红通红。冯旺烧出红釉瓷的消息传到了御窑厂,督造御窑厂的肖大监指挥衙役拿走了宝瓶。为了再烧出红釉瓷,冯旺又按照上次的分量又调好了一盆釉,荡了十个胆瓶,包了最好的窑位。开窑那天,打开匣钵一看,匣钵里的瓷器全是灰里灰塌的釉色,不堪入目,接着反复试了多次都失败了。就在这时,朝廷又偏偏要冯旺按样再烧各式红器30件,以作宗庙祭祀之用,限四个月内交清,冯旺为了一家大小的性命,只有每天在坯房里反复配制釉料,可是连试了三次釉,红釉瓷器还是烧不出来。眼看朝廷限定的时间快到了,冯旺的心情非常着急,在准备配釉时,又发现筛釉的铜筛子破了没法用,只好又请上次给他修补铜祭器的小铜匠来补铜筛子,顺便还将家里旧的铜门锁,破铜壶铜盆一起搬进坯房修理了一下。小铜匠还是像上次一样坐在釉桶旁边干起了修理活。筛子修好后,冯旺继续配釉,然后将做好的几件瓷器荡了釉,不抱任何希望地拿出烧了。可是谁也没有想到,这次开窑又奇迹般地烧出了红釉瓷器,而且比上次显色更美。就在冯旺高兴之余,连烧几次又失败了,半点红味都没有。眼看上交红瓷的期限已到,冯旺坐在坯房里苦苦思索,想到两次红釉瓷器的烧成都和小铜匠在釉桶边做事有关,忍不住围着釉桶转起圈来,突然发现釉桶旁上有闪闪发光的东西,他用手指一抹,原来是铜粉!对,一定是铜粉撒进了釉里的缘故。于是,他连夜调好了一盆釉,撒上适当的铜粉,制了几个"照子"。第二天一大早,讨了好窑位,开窑那天,取出"照子"一看,果然红

永乐青花釉里红梅瓶

成化祭红地白龙纹碗(口径 20.7 厘米)

永乐红釉梅瓶(高约 40 厘米)

光耀眼,只是釉色还不够纯,经过几次改换釉药分量,红釉瓷器终于烧成功了,从此红釉瓷器源源上供朝廷,专做宗庙祭器,所以大家都称这种瓷器叫"祭红"。

民国年间,景德镇有一个叫曾生的瓷雕能手。一坨泥巴到了他手里,一会儿工夫,就可以拿出来一件雕塑作品。他雕的蟋蟀栩栩如生,透过翅膀可以看见脊背上的纹路;他雕的天女散花,不仅天女美丽动人,花朵就像真的一样,姿态各异,仿佛还能闻到香味呢。大家都十分尊敬地把曾生称为当代"神雕"。有一年冬天,曾生因气管炎发作躺在床上养病,屠县长却带着两个马弁到他家里,不管他的身体是否有病,连拖带拉把他带到县长公馆的后院,强迫他雕个雪罗汉,曾生心里这个恨啊……后来,随着天气转暖,曾生的气管炎病也渐渐好转,他又开始捧起泥巴精雕细刻起来。这时候,屠县长又找到曾生要给自己雕一尊座像,没想到曾生竟然一口答应了。按照屠县长规定的期限,曾生把像雕好了,就在屠县长兴冲冲地来到曾生的坯房取雕像时,发现这尊座像,脑袋像个猪头,脸上尽是横肉,龇牙咧嘴的要多难看有多难看,简直气坏了,连忙命令马弁将这座雕像打碎。几个马弁围住瓷像,棍如雨下,但这座瓷像竟铁铸一般结实,就是不碎。屠县长急了,亲自上前抡起文明棍就打下去,只见雕像纹丝不动,县长自己却抱头痛叫,倒在地下直滚。一个马弁从地上拾起文明棍,朝着瓷雕像连连打去,县长又在地上连连打滚。原来文明棍打在雕像头上,却痛在屠县长的身上。

另外,还流传着许多关于各类窑变传说。由于瓷器烧成全靠经验对火候的掌握,因此在实际操作过程中难免有意外发生的可能,对于这种现象,当时的窑工受知识限制,自然无法作出科学的解释,因此各种传说便顺应而生了。《玉杂俎》卷十二谢本:"景德镇所造,常有窑变之。不依造式,忽为变成,或现鱼形,或浮果影。传闻初开窑时,必用童男童女各一人,活取其血祭之。故精气所结,凝为怪尔。近来禁不用人祭,故无复窑变。一云:恐禁中得之,不时宣索,人多碎之。"据现有资料,有据可查的有窑变观音、窑变龙船、窑变异畜等,所有这一切,都只不过是因为窑内温度、气氛的变化对瓷器胎体、釉色的影响而已,绝不是什么所谓灵异事件。

随着时代的变迁,受现代化浪潮和外来文化的冲击,昔日的手工制瓷工艺也逐渐被自动化机械取代,不少传统制瓷工艺和陶瓷习俗文化逐渐从人们的生活和记忆中淡出,许多珍稀罕见的传统制瓷技艺因后继乏人而濒临失传。如何重新唤醒在赣鄱大地上曾经风光无限的传统手工制瓷技艺,"传承"、"变革"与"创新"就成了传统手工制瓷技艺可持续发展的主旋律。

洪州窑作为唐代名窑,它的制瓷技艺,历经几千年时光沉淀,在丰城这片土地上从来没有真正熄灭过。位于洪州窑址范围内的铁路镇碗泥岭陂上村,仍然保留着有着千年悠久历史的传统手工艺,它就是"碗泥岭古法制陶"。曾几何时,碗泥岭制陶技艺曾经广有分布,鼎盛时期的20世纪八九十年代,铁路墟、艾湖墟、碗泥岭墟、廖桥、楼下等十几个地方分布有30余座规模大小不一的陶器烧制场。随着时间推移与市场冲击、生产成本上涨、工艺手工原始等诸多原因,大部分陶器作坊逐渐衰落直至关闭,唯独碗泥岭陂上村手工陶器作坊坚强地存活至今,所生产的日用陶器,品种繁多、质地坚硬、器形优美、古朴醇厚,是唐代洪州窑制陶工艺的现实翻版。在制陶作坊里,我们现在还可以看到工人们正在和陶土、制陶坯,光着膀子的工人用担子将毛坯挑到龙窑内。正是这些普通的农村制陶人,成了这所手工制陶作坊的顶梁柱,他们为洪州窑制陶技艺的传承默默地奉献着自己。

吉州窑是我国古代江南地区一座举世闻名的综合性民间窑场,所生产的瓷器制瓷技艺高超,精美丰富,具有浓厚的地方风格和民族艺术色彩。世界各地的很多博物馆和收藏家都藏有吉州窑的名贵产品。1975年,在东京博物馆举办日本出土的中国陶瓷展览,吉州窑的兔毫斑、鹧鸪斑和玳瑁斑被视为传世珍品,日本国珍藏的剪纸贴花盏被誉为国宝。1976年,在韩国新安海域发现一艘开往朝鲜、日本的中国元代沉船,从沉船中打捞出1.5万余件中国的古陶瓷,不少属吉州窑烧制。韩国中央博物馆陈列的42件吉州窑瓷器被视为稀世珍品,英国博物馆所藏的吉州窑产凤首白瓷瓶堪称瓷中尤物,木叶天目盏则被列为国宝。为恢复吉州窑传统的制瓷技艺,一批有志之士几十年在这里坚守、钻研和传承,他们有一个共同的名字——吉州窑陶瓷制作技艺传承人。经过他们的努力,吉州窑木叶纹黑釉瓷、剪纸贴花、黑釉窑变晶等综合制瓷技艺等先后恢复,同时经过开拓创新,在传承了吉州窑古老工艺的基础上又创烧了窑变七彩金、曜变蓝金、古铜金、孔雀翎、麻雀羽、豹纹、蛇皮纹、龟背纹、异形花纹等多种仿生窑变釉色器,为吉州窑素有"独树一帜"的美誉注入了新的内涵。

景德镇从清朝末期御窑厂解散后,为振兴国瓷,有识之士于1902年创办了江西瓷业公司,所生产的瓷器尤为精良,有"当代官窑"之美称。许多国内绘瓷高手,除珠山八友之外,还有擅长粉彩雪景的何许人(1882—1940)、擅长粉彩花鸟的余翰青(1902—1987)、擅长粉彩人物山水的涂菊亭(?—1900)都为其工作过,制作出大量精美的瓷器,代表了当时景德镇的最高水平。其间,作为近现代瓷业改革的先驱人物杜重远(1898—1943)、张浩(1876—?),对景德镇瓷业的发展意义深远。他们早年留学日本攻读窑业、陶瓷专业,杜重远通过深入调查景德镇瓷业生产的状况,写出了《景德镇瓷业调查记》的报告和系列文章,提出了许多有益于振兴瓷业的见解。张浩通过办学堂、设试验厂进行工艺革新,获得了一定的进展,为景德镇由手工向机械,由柴窑向煤窑的发展起到了启蒙作用,同时还培养了一批技术骨干,其贡献是有目共睹的。民国时期景德镇陶瓷业除了制瓷技术和艺术的变化之外还表现在陶瓷教育的变革,即由传统的父传子、徒承师的方式转向通过开放式的学校教育来传授技艺。这种陶瓷技艺传承的彻底改革是民国制瓷业再现辉煌的主要因素之一,对景德镇制瓷业的发展有一定的现实意义。

新中国成立以来,景德镇十大瓷厂的组建,教育、研究体系的建立和完备,使景德镇的瓷业生产进入到一个全新的发展时期,景德镇成为全国的主要产瓷区和陶瓷出口基地。近20

年来,大批中外艺术家涌入景德镇,他们或在中华陶艺村、明清园、三宝陶艺村等地聚集而形成创作群体,或与各个美术院校、艺术研究所、画院的本土艺术家"以艺会友",成为特聘画师,有的干脆自立门户建立艺术工作室或开办创作基地。据不完全统计,目前有27个国家和地区的陶艺家在景德镇建立了近百个陶艺工作室,国内艺术家建立的陶艺工作室近千个,景德镇悄然再现"工匠来八方,器成天下走"这一盛世瓷都景象。

景德镇自古以来就是一座没有围墙、包容性很强的城市,因它不是政治、经济、文化中心,而是单一的瓷业生产性城市,从元代以后,景德镇就成为一个海纳百川,集天下名匠于一炉的"风火雷电镇"。对于景德镇瓷业的现在,我们希望看到的是以陶瓷文化创意和科技创新为基础,以高技术陶瓷为支柱,以高档日用陶瓷和陈设艺术瓷为主体,以建筑卫生陶瓷为辅助的陶瓷产业新格局;对于景德镇瓷业的未来,我们希望看到的是"古代的遗存与现代瓷都完美结合的典范"。

二、"泥做火烧,关键在窑"

江西各大窑场的挛窑技术以景德镇窑场最具代表性,窑工们在长期的挛窑实践中逐步完成了由龙窑到阶级窑再到葫芦窑的演变,最后在综合上述窑炉的优点,并参考北方馒头窑的长处发明了在构造、砌筑技术、装烧工艺等方面都十分合理的"镇窑",它经过元明两代葫芦窑的发展和演变,于明末清初形成,并逐步定型,成为我国陶瓷史上最优秀的窑炉,它是近300年来景德镇传统窑型中的代表。景德镇传统瓷窑营造技艺为国家级非物质文化遗产,制砖、砌结和挛窑泥的技艺都是其中重要的组成部分。

砌窑(结窑)、补窑(修窑)也被称为"挛窑",其技艺属瓷业中极为重要的专业技术。唐英《陶政示谕稿·自序》中专门记有景德镇世袭魏氏砌窑一事。清龚鉽《陶歌·二十二》曰:"魏氏家传大结窑,曾经苦役应前朝。可知事业辛勤得,一样儿孙胜珥貂。"《陶歌》原注是:土著魏姓自元明来,世为结窑,实有师法,不同泥水。清嘉庆年间的《景德镇陶录》中说:"结砌窑巢,昔不可考。自元明以来,镇土著魏姓世其业。各窑小损坏,只需补修,今都邑人得其法,遂分业补窑一行。然魏族实有师法薪传,余尝见其排砌砖也,一手挨排粘砌,每粘一砖,只试三下即紧粘不动。其排泥也,双手合舀一拱泥,向排砌一层砖中间分之,则泥自结砖两路流至脚,砌砖者,又一一执砖排粘,其制泥稠如糖浆,亦不同泥水工所用者。"砌窑技艺,元代、明代都是本地人魏姓世袭专技,清嘉庆时,魏姓砌窑技艺停绝,其技艺由都昌余坊村人学得,并派生补窑技艺。已故余顺亮老师傅,生于1895年,原籍都昌县西乡花门楼,回忆说:"挛窑业最早是本地魏姓做,都是挛槎窑。都昌人开初只会补窑,就是补窑也是都昌人摸索着干的。魏姓由于过于保守技术秘密,最后,只剩下两个老师傅和两个徒弟,徒弟还没有学会技术,师傅都死了,技术就失传了。后来都昌人就试着干起挛窑来了。"由于砌窑、修窑、槎窑、抹泥的技艺关键独

葫芦形窑炉　　　　　　　　　　　　　　　　　　　蛋形窑窑堂

特，窑户老板往往对这些店家和技师非常尊敬、不敢怠慢。挛窑技艺是瓷业生产中最赚钱的环节。每挛一次窑，可得40块银圆。即使有的窑一年不挛窑，每烧一次也得给挛窑店两担大米，作为挛窑技师的生活费。挛窑工一年可得100担稻谷的收入，除农历正月到三月较忙外，其余时间挛窑工较轻闲，所以景德镇有句民谚，"命要好，余坊佬（挛窑的余姓师傅）"。砌窑或修窑一般需要五天，挛窑师傅负责打窑基、结窑螃、封窑篷等几项主要技术性强的工作，结窑囱和其余工作则由窑户的拖坯工、架表工和4名徒工、二夫半等劳力来完成。民国时，景德镇两家挛窑店，一家在彭家上弄，一家在龙缸弄，均为都昌人余姓专此技艺和经营。修窑（挛窑）店收徒有传男不传女的规矩，只有他们的子侄，才可学艺，其他人概不许可，人手实在缺少的情况下，才带同村一两人来。这一专业从制泥、抹排泥、排砌砖都有它的独特之处。每家各有工人10余个，他们独特的规矩，即老板由技术工推选，轮流担任，一年一换。砌筑槎窑抹泥是专业性极强的技艺，技工人手很少，民国时期由李姓操持其技，独家经营。今天，在景德镇老窑工中，硕果仅存的挛窑老师傅也只有两人，一个是71岁的余云山师傅，另一个是68岁的余和柱师傅。

窑砖是用来砌筑或修补窑炉的主要材料，一般长、宽、厚的规格为$24 \times 9 \times 3.5$（厘米）。另有特殊规格的条子砖和烟囱砖等。制砖的原料为黏性好、耐火度高的山土,经过踩练、成型、晾晒、烧炼等工序,最后制成窑砖。过去,砖坯一般装进瓷窑烧成"响砖",现在使用专门的圆窑包烧制。窑炉使用一段时间后需进行修补或拆倒重新砌筑,所以景德镇有大量拆窑时留下的窑砖头。经过高温煅烧,夹带着火红色和黑釉色的窑砖头被人们广泛地用来砌墙、铺路,使瓷都呈现出一种独有的风貌。

挛窑使用特制的挛窑泥,取自田泥,即水田表层下的泥土,因其没有沙石杂质,具有黏性且耐高温。田泥运到窑场后需晒干,便于炼制泥料前用水能迅速地将泥块化开。用水搅拌的田泥经过踩练后成为泥浆状的挛窑泥。

从 2009 年 10 月在景德镇古窑民俗博览区成功举行了清代镇窑复烧后,2010 年至 2012 年,又连续对明代葫芦窑、元代馒头窑和宋代龙窑进行挛窑和复烧。系列窑炉的复烧,不仅展示了挛窑师傅们的高超技艺,还为老艺人技艺的传承提供了平台,同时也让国家级非物质文化遗产开始走上了一条在复烧中进行保护的"活态传承"道路,对于景德镇乃至全国的陶瓷发展来说,意义都十分重大。

三、功能齐全的制瓷作坊

我们所说的作坊,俗称坯房。它是重要的瓷器成型生产场所,坯的原料制备、成型和釉下装饰等制瓷的大部分工序在此完成。明清时期坯房(即作坊)均采用分工复杂细致的流水式作业。做坯、印坯、利坯、剐坯、杀合坯、选坯、装坯、挑担等制瓷工序均在此发生。明宋应星在《天工开物》中言:"共计一坯工力,过手七十二,方克成器。"这种作坊经长期演进并沿袭至

清代窑房

清代制坯作坊外景　　　　　　　　　　　清代制坯作坊内景

今，现已成为罕见的古代陶瓷工业建筑的典范，是我国宝贵的物质文化遗产，也是江西古陶瓷文化线路的重要组成部分。

作坊形态是由正间（成型制作）、廒间（原料仓库）和泥房（泥料陈腐和踩练）三座单体建筑组合而成的庭院式建筑，占地约600平方米。其中正间为成型操作之处，多取坐北朝南向，分3至4间，每间面阔8至10尺，进深约20尺，檐高约9尺，其间数按生产产品和规模而定。正间对面为廒间，正间与廒间二者相互平行，南北呼应。廒间是原料储存、加工粉碎的辅助用房，取坐南朝北向，间数与正间大体相等，但开间与进深小。泥房处正间西侧，向南伸展而与廒间相接，是泥料陈腐和精制之处。作坊中部为矩形庭院，各间均向内院敞开，四周砌围护墙，构成一个封闭式的三合院或四合院形式。正间是作坊的主体部分，其坐北面南的朝向是根据制瓷工艺的要求和当地的气候条件而选定的。陶瓷行业的特殊性和工艺的繁杂性决定了作坊建筑布局特点必须是庭院式，既便于生产场所的集中管理，又可为自然干燥创造良好的日照条件，加之淘洗的全过程均在内院露天作业，因而庭院式建筑又可有助于防止风沙尘土掺入，以保持较洁净的环境，同时，由于建筑结构及工艺摆布都比较紧凑，因而也便于从廒间取用原料到内院淘洗和把精泥送入泥房以及正间晒坯等。借助于庭院建筑，有利于从踩料精制到坯体成型、干燥、釉下彩绘和施釉的整个操作过程构成一个回形工艺流程，使工序间距缩至最小,自然地形成南来北往、东成西就之便,从而可达到降低劳动强度、缩短运输距离、提高工效的目的。作坊建筑结构,系采用我国传统的建筑技法,即在建筑最下层以砖石为基础,中间为木结构的屋身,上面施以悬山屋顶。而木结构则采用穿斗式的木构架,再以联系杆并联两组木构架形成空间(称为"间")。这种技法在汉代便已成熟,具有构造简单、用材较省、建造方便的特点。作坊四周护墙用窑砖头砌成,并在墙面上刷以白石灰,以增强其抗蚀性和室内光线,同时也显得朴素大方。作坊正门呈八字形展开,上端以山花墙收头,砌成鸥尾含珠。屋脊的中央,常以砖瓦构成各种象形图案以作点缀,表示吉祥如意,这些装饰性的点缀,体现了较浓郁的民间建筑的艺术风格。

作坊建筑空间特点是功能布置与制瓷工序紧密相连。廒间在作坊东南部,靠近东门,原料运进和取出都很方便,可减少搬运距离,对工业卫生也有好处。内院又叫晒场,是作坊内自然干燥的场地。为使内院少受建筑物遮挡以求尽可能长的日照时间,正间与廒间之间不仅应保持一定的距离,且处于南侧的廒间应较为低矮。内院南北日照间距一般相当于正间进深,这样一年四季整个内院都可满足日照时间的要求。内院同时又是整个作坊的采光通风的重要手段,晒架塘和泥料淘洗均设在内院,故要求宽敞。在内院与坡阶的临近地段挖设有晒架塘,是制瓷作坊的必要设施,也是景德镇制瓷作坊地功能布置上的一个绝妙之处。晒架塘由晒坯架与水塘两部分组成,水塘即与坡阶相平行的长方形蓄水池,设于地下,常年贮水,晒坯架设于水塘之上,供晒坯之用。晒坯架与水塘二者一上一下,同设一地,不仅仅是为了减少占地面积和取得布置上的巧妙,更具其独特的行业性意义。景德镇是一个温湿多雨的地区,水塘以天然水为源,供淘洗原料之用。在晒坯架下面靠近水塘处搁列淘泥桶与搁泥桶,为陶工

古代制瓷作坊素描

就塘取水提供了方便。塘内水分蒸发速度随气温变化，在夏季烈日的情况下，蒸发速度较快，向上蒸发的水分对坯体的过分干燥也可以起到一定的调节作用。泥房处于正间西端向南伸至墙的位置，连接正间揉泥、做坯工位，不仅可以最短距离将泥料传给揉泥和做坯，而且还可避免日晒，不会在炎热的夏天使泥料水分蒸发速度过快。泥房地面一般低于地坪30至40厘米，以利于保持一定的湿度。为保持泥房地面平整、光净、清洁而不吸水，地面铺一层青石板以接收地下自然潮气和阴凉气温，便于保持泥料的湿润程度，从而有利于泥料陈腐和翻打踩练作业。泥房的东西两侧砌似腰墙作围护，既利于工业卫生，又可在其上晒大件坯。泥房紧连晒场和做坯工位，就近取放甚为方便，也可减轻劳动强度。正间是作坊主体部分，承担揉泥、做坯、印坯、利坯、施釉和剐坯以至刻花或下釉彩绘等全部工艺流程。传统的陶瓷制作分工细致，各司其能，在作坊内构成了多功能、多工种密集的集合体。各功能、工种之间都有一定数量的待加工坯件周转，坯体传递量较大，因而人们利用木构架上的联系杆构成坯架。这些坯架以所处位置不同而各有不同称谓，以适应和区别转换存放的需要。如在进深口部的坯架称为口架，又因处于屋檐处，故也称檐架，在进深中部的坯架称为倒架，进深底部的坯架称平架，内院的坯架称晒架。这些坯架既可满足坯体转换传递要求，还可借助自然通风晾干坯体，以弥补雨天不能晒坯的不足。同时，为保持坯体在特定的湿式状态下作业，在临近印坯和利坯工位处设有存坯间，以作储备湿坯之用。在正间内，自西而东依工序安排工位，工匠操作时的面向是根据工匠操作时的特点而定的。由于光线自东而来，工匠又多有右手持工具的习惯，故为顺光需要，多数是坐西面东。正间的采光还取决于屋檐的高低。屋檐偏低，则采光通风不良；屋檐偏高，则不仅会有直射眩光，而且雨天易飘雨，影响内部操作。因此，屋檐高度宜适中。正间屋檐下，有一条贯通作坊东西门、相当于正间全长的走廊，是作坊内来往的主要过道，俗称坡阶，是作坊建筑的主轴。由于坡阶高出地面，相应缩短了檐架与地面的距离，使在檐架作取放坯体的操作十分方便，特别是工匠从檐架取坯到晒架以及从晒架返置檐架均无须动步，晒收十分便利，从而取得了距离最短、速度最快、劳动强度最低的效果。

　　制坯作坊还有居住功能。明清以来，坯房工人大多是只身从景德镇周边农村来镇谋生，坯坊烘房上面就是他们的住所。夏天时，作坊旁的空地上几块料板一拼，就是凉床。民谣有"杉木料板七尺长，日里托坯夜当床"。民国时期向焯《景德镇陶业纪事》中载"陶工便工于斯，食于斯，寝于斯"。1905年，一个英国人在他的景德镇游记写道："大部分窑工只在夏季有短期的工作……他们只是在这个季节来此，不携带家属，生活在一排营房样的棚子里。"

　　在景德镇的弄街小巷，我们依然可以看到此类建筑苍老的背影。在一栋连着一栋建于民国时期后经改造的坯房、窑房里，偶尔能看到留守的老人们静静地坐在竹椅中，或喝茶，或看报，或赏花，或注视着某个角落里撒欢的小狗……眼前的情景，仿佛又让我们回到了遥远的过去。

第五节　典藏古籍中的陶瓷记忆

从世界范围来说,德国社会主义理论家、作家及哲学家恩格斯(1820—1895)在《家庭、私有制和国家起源》,美国民族学家、原始社会史学家摩尔根(1818—1881)在《古代社会》的著述中,对人类社会的发展及陶器的起源的社会背景均作过精辟的论述,从而成为我们研究陶器起源的经典之说。翻开我国浩瀚的文献材料,即使是正史,自成书于开元二十六年(738)的《大唐六典》首开记载陶瓷信息(瓷石之器是作为州县所出的贡赋而载入史册)的先河以来,随后在《新唐书》《宋史》《元史》《明史》中,有关陶瓷内容便贯列其中,成为我们研究朝廷用瓷典制的珍贵文献资料。而有关陶瓷著述的笔记、类书、地方志和诗文等更不在少数。许多文人学士从审美的观点出发,针对陶瓷的釉色、造型、清脆悦耳的叩击声,创造了不少的诗赋篇章;那些在历史上足迹踏遍祖国山山水水的地理学家们则为我们揭示一个陶瓷文明古国诞生所独有自然、人文环境;随着大航海时代来临,不少走向世界的航海家们,在他们的旅行日志中,也为中国陶瓷文明如何走向世界留下了浓墨重彩;术有专攻的陶瓷制作及鉴赏的行业饱学之士所留下的鸿篇专著,更为我国辉煌的陶瓷文明留下了宝贵的遗产记忆。

一、文人墨客的吟瓷之作

自唐宋以来,我国陶瓷技艺的发展呈现百花齐放的局面,陶瓷生产在为人们提供简单的饮食器皿同时,还承载着满足皇家、士大夫们审美需求的重任,陶瓷文化作为社会文化元素的重要组成部分,已经渗透到了社会的各个层面,并逐渐成为文人墨客们吟诗作画的重要题材。他们在相关诗文中,均对当时精湛的陶瓷技艺发出了由衷的赞美和感叹,其内容涵盖了制瓷业的方方面面,为我们了解古代陶瓷文明提供了极具艺术特点的参考资料。

1.宋代。

陈蹇叔诗云:"鹧鸪碗面云萦字,兔毫瓯心雪作泓。"

僧惠洪:"点茶三昧须饶汝,鹧鸪斑中吸春露。"

蔡襄《试茶》:"兔毫紫瓯新,蟹眼清泉煮。雪冻作成花,云闲未垂缕。愿尔池中波,去作人间雨。"

苏轼《送南屏谦师》:"道人晓出南屏山,来试点茶三昧手。勿惊午盏兔毛斑,打出春瓮鹅儿酒。"《游惠山》:"明窗倾紫盏,色味两奇绝。"

苏辙《次韵李公择以惠答章子厚新茶》:"蟹眼煎成声未老,兔毛倾看色尤宜。"

梅尧臣:"兔毛紫盏自相称,清泉不必求虾蟆。"

陆游《入梅》:"墨试小螺看斗砚,茶分细乳玩毫杯。"《烹茶》:"兔瓯试玉尘,香色两超胜。"

《村舍杂书》:"雪落红丝硙,香动银毫瓯。"

杨万里《以六一泉煮双井茶》:"鹰爪新茶蟹眼汤,松风鸣雪兔毫霜。"

黄庭坚《信中远来相访且至今岁新茗》:"松风转蟹眼,乳花明兔毛。"《西江月·茶》:"兔褐金丝宝碗,松风蟹眼新汤。"《满庭芳·茶》:"纤纤捧,研膏溅乳,金缕鹧鸪斑。"《一斛珠》:"紫玉瓯圆,浅浪泛春雪。"

葛长庚《水调歌头·咏茶》:"放下兔毫瓯子,滋味舌头回。"

欧阳修《次韵再作》:"泛之白花如粉乳,乍见紫面生光华。"

范仲淹《和章岷从事斗茶歌》:"紫玉瓯心雪涛起。"

彭汝砺《送许屯田诗》:"浮梁巧烧瓷,颜色比琼玖。因官射利疾,从喜君独不。父老争叹息,从事古未有。"

2.明代。

缪宗周《咏景德镇兀然亭》:"陶舍重重倚岸开,舟帆日日蔽江来。工人莫献天机巧,此器能输郡国材。"

李日华《赠昊十九》:"为觅丹砂到市廛,松声云影自壶天;凭君点出琉霞盏,去泛兰亭九曲泉。"

樊玉衡《赠昊十九》:"宣窑薄甚永窑厚,天下知名昊十九;更有小诗清动人,匡庐山下重回首。"

3.清代。

乾隆《白玉金边素瓷胎》:"白玉金边素瓷胎,雕龙描凤巧安排。玲珑剔透万般好,静中见动青山来。"《题宣德宝石红釉碗》:"雨过脚云梦尾垂,夕阳孤鹜照飞时。泥澄铁镞丹砂染,此碗陶成色肖之。"《咏宣窑霁红瓶》:"晕如雨后霁霞红,出火还加微炙工。世上朱砂非所拟,西方宝石致难同。插花应使花羞色,比画翻嗤更是空。"

郑凤仪《浮梁竹枝词》:"碓厂和云春绿野,贾船带雨泊乌篷。夜阑惊起还乡梦,窑火通明两岸红。"

沈嘉徵《窑民行》:"景德产佳瓷,产瓷不产手;工匠来八方,器成天下走。陶业活多人,业不与时偶;富户利生财,穷工身糊口。食指万家烟,中外贾客数;坯房蚁蛭多,陶火烛牛斗。都会罕比雄,浮色抵一拇。"

凌汝锦《昌江杂咏》:"重重水碓夹江开,未雨殷传数里雷。春得泥稠米更凿,祈船未到镇船回。""百种佳瓷不胜挑,霁红霁翠比琼瑶;故家盆盎无奇品,不羡哥窑与定窑。"

朱琰《追赠昊十九》:"丹泉兄弟知名久,甄土新栽总后尘。独有琉盏在江上,壶中高隐得诗人。"

许谨斋《戏紫蘅中丞》:"宣成陶器夸前朝,收藏价比璆琳高。元精融冶三百载,迩来杰出推郎窑。郎窑本以中丞名,中丞嗜古衡览精。网罗法物供品藻,三千年内纷纵横。范金合土陶最古,虞夏商周谁复数。约略官均定汝柴,零落人间搜出土。中丞嗜古得遗意,政治余闲呈艺可。雨过天青红琢玉,贡之廊庙光鸿钧。"

唐英《重临镇厂感赋志事》:"重来古镇匪夷想,粤海浑如觉梦乡。山面水心无改换,人情物态有存亡。依然商贾千方集,仍见陶烟五色长。童叟道旁争识认,须眉虽老未颓唐。"《丁卯仲冬返浔阳,留别珠山陶署》:"廿载须眉江上翁,渔滨栖息故乡同。马鞍山碧里村雨,鸭尾船轻昌水风。傀儡丰神箫鼓外,报酬事业权陶中。霜清时节浔阳道,枫意如春万树红。"

郑廷桂《陶阳竹枝词》:"蚁蛭蜂巢巷曲斜,坯工日夜画青花。而今尽是都鄱籍,本地窑帮有几家。""坯房挑得白釉去,匣厂装将黄土来。上下纷争中渡口,柴船才拢槎船开。""码头柴槎各分堆,伙计收筹记数来。窑位客行催要紧,先后三日一回开。""巧样瓷名尚脱胎,金边细彩暗炉开。寿溪不是侬家卖,昨日新窑试照来。""青窑烧出好龙缸,夸示同行新老帮。陶庆陶成齐上会,酬神包日唱单腔。""九域瓷商上镇来,牙行花色照单开。要知至宝通洋外,国使安南答贡回。""轻灵手巧补油灰,估得明堆又暗堆。好约提篮小伙伴,黄家洲上走洲来。""鹅颈滩头水一湾,驳船禾秆积如山。瓷件茭成船载去,愿郎迟去莫迟还。""五月节迎师主会,六月还拜风火仙。龙缸曾读唐公记,成器成人总靠天。"

龚鉽《陶歌》:"江南雄镇记陶阳,绝妙花瓷动四方。廿里长街半窑户,赢他随路唤都昌。""武德年称假玉瓷,即今真玉未为奇。寻常工作经千指,物力艰难那得知。""方方窖子滤澄泥,古语儿童莫坏坏。炼到极稠挼极熟,一归模范即佳瓷。""几家圆器上车盘,到手坯成宛转看。坯墁循环随两指,都留长柄不雕镘。""出手坯成板上铺,新坯未削等泥涂。钧陶自古宗良匠,怪得呈材要楷模。""坯乾不裂更须车,刀销圆光不少差。此是修身正心事,一毫欠阙损光华。""画坯上釉蘸兼吹,一体匀圆糁絮宜。只有青花先画料,出新花样总逢时。""青花浓淡出好端,画上磁坯画面宽。识得卫风歌尚絅,乃知罩釉里同看。""白釉青花一火成,花从釉里吐分明。可参造物先天妙,无极由来太极生。""看他吹釉似吹箫,小管蒙纱蘸不浇。坯上周遮无渗漏,此中元气要人调。""青料惟夸韭菜边,成窑描写淡弥鲜。正嘉偏尚浓花色,最好穿珠八宝莲。""如椽大笔用羊豪,颠旭能书莫漫操。看他含釉如含墨,一样临池起雪涛。""官古人家釉果多,含成胎质镜相磨。非如饭器酥研甲,果釉多将灰水和。""浇釉看来似易皱,一般团转总均匀。倘留棕眼兼鱼子,却使微瘢玷美人。""滩过鹅颈是官庄,沿岸人家不种桑。手搏砂泥烧匣钵,笑他盘子满桑郎。""匣钵由来格不同,一般层叠着砂工。更多平匣排清器,遥望馒头正出笼。""匣钵烧皱破不妨,倩他薄篾尽箍藏。一经红火同镔铁,格物谁能理工详。""魏氏家传大结窑,曾经苦役应前朝。可知事业辛勤得,一样儿孙胜珥貂。""满窑昼夜火冲天,火眼金睛看碧烟。生熟总将时候审,此中丹诀要亲传。""窑火如龙水似云,火头全仗水头分。羡他妙手频挥拨,气满红炉萃晓氛。""开封火窨尚炎炎,抢掇红窑手似钳。莫笑近前热炙手,霁威不似相公严。"

"窑边排橙检茅瓷,器正声清出匣时。最喜官商成一片,未夸出钵与催诗。""白胎烧就彩虹来,五色成窑画作开。各样霁花与人物,龙眠从此向瓶垒。""明炉重为彩红加,釉料全凭火色华。我爱鸡缸比鸡子,珍珠无类玉无瑕。""大器难成比践形,自非折挫总伶俜。要知先立功夫在,不止炉中火候青。""龙缸有供自前朝,风火名仙为殉窑。博得一身烟共碧,至今有气总凌霄。""市上今传釉里红,唐窑独著百年中。暗然淡简温而理,都识先生尚古风。""雕作从来枉作劳,更嗤桃核刻牛毛。圣朝器服惟坚朴,又使矜奇到若曹。""釉如密水亦如浆,船载人挑上釉行。记得盖冈元献宅,十分龙脉九分伤。""年年七月中元节,几处坯房议事来。每到停工总生事,好官调护要重开。""王家洲上多茅器,买卖偏多倔强人。比拟携篮走洲客,只能消假不消真。""昨日曾经试照回,窑中生熟费疑猜。凭他一片零坯块,验得圆融百垅来。""坯工多事问坯头,首领稽查口类周。三月有钱称发市,年终栈满惰工愁。""云门院里读残碑,静夜闲庭品素瓷。记得新平行部日,鲁公诗酒建中时。""坯工并日作营生,午饭应迟到二更。三五成群抨肉饭,怪他夜市禁非情。"

查俭堂《年窑墨注歌》:"国朝陶瓷美无匹,尔来年窑称第一。不让汝定官歌均,何况永乐之坯宣德质?"

佚名《民谣》:"坯房佬,坯房佬,捣泥做坯双手搅,弯腰驼背受压榨,死了不如一棵草。""装坯开了禁,乡下得了信,丢掉田不作,漏夜赶上镇;三吊二百钱,买根压肩棍。"

二、旅行家们的陶瓷见闻

这里所说的旅行家,主要是指那些以考察山川地势、地质风貌为己任的地理学家,为探索世界文明而远涉重洋的航海家,他们属于职业旅行家,在完成自己梦想的同时,也为世人了解自己所处的自然环境增添了知识,展现了不同文明相互碰撞和交流的美丽画卷。

北宋《萍洲可谈》,为北宋地理学家朱彧所著,是记述有关典章制度、风土民俗及海上交通贸易等的笔记体著作。书中写道:那些停泊在广州的外国商船,"海舶大者数百人,小者百余人,以巨商为纲首。舶船深阔各数十丈,商人分占贮货,人得数尺许,下以贮货,夜卧其上。货多陶器,大小相套,无小隙地"。

南宋《诸蕃志》,为泉州市舶司提举赵汝适于宝庆元年(1225)所著。《诸蕃志》分上下卷,卷上志国,卷下志物。《诸蕃志》涉及158个国家和地区,赵汝适本人并未亲自访问过,而向来中国的商人多方询问,"列其国名,道其风土,与夫道里之联属,山泽之畜产,译以华言,删其污漆,存其事实,名曰《诸蕃志》",是当时记载中国瓷器外销最为详尽的文献。南宋时期交通海外的56个国家中有17个番国与东南海商"博易用瓷器"、"商人以白瓷器、青瓷器等博易"、"青白瓷器交易",最近的是菲律宾群岛上的麻逸、三屿、蒲哩噜和中南半岛的占城、真腊,最远的有东非的层拔。"舶船深阔各数十丈,商人分占贮货,人得数尺许,下以贮物,夜卧其上。货多瓷器,大小相套,无少隙地。"《诸蕃志》的一些条目来自《岭外代答》(1178)。《文献通考》《宋史》《密斋笔记》等书都引用《诸蕃志》。

元代《岛夷志略》,为航海家、旅行家汪大渊所著,书中记载元代通过泉州与我国进行海外贸易的国家和地区就有99个之多,瓷器输出的番国有44处,除东洋的琉球、三屿、蒲哩噜外,都是从南海到印度洋沿岸的西、南洋航路地区。

《马可·波罗行纪》,为13世纪意大利的世界著名的旅行家和商人马可·波罗所著。他看到的泉州是"应知刺桐即是此城,印度一切船舶运载香料及其他一切贵重货物咸莅此港"。马可·波罗在游记里也介绍了瓷的产地与制法,回国时带走了许多中国的瓷器,激起了欧洲人对东方瓷器的热烈向往。

明代《广志绎》,为晚明人文地理学家王士性所著。书中载:"浮梁景德镇雄村十里,皆火山发焰……遍国中以至海外夷方,凡舟车所到,无非饶器也。"在曾跟随郑和下西洋的随行人员马欢《瀛涯胜览》、费信《星槎胜览》以及《郑和航海图》等史籍中,有较为充分反映明初活跃的对外交往和反映景德镇青花瓷在海外大量出现的记录。英国史学家C.R.博克舍编注的《十六世纪中国南部行纪》,载有葡萄牙传教士克鲁士曾在嘉靖三十五年(1556)访问广州,他在《中国志》里记述了当时广州市场出售瓷器的情景:"……瓷器有极粗的,也有极细的;有的瓷器公开售卖是非法的,因为只许官员使用,那是红色和绿色的、涂金的及黄色的。这类瓷器仅少量偷偷地出售……商人的大街是最主要的大街,两侧都有带顶的通道。尽管这样,瓷器的最大市场仍在城门,每个商人都在他的店门挂一块牌子写明他店内出售的货物。"

三、史志中的相关记载

由于陶瓷生产与百姓生活息息相关,有的甚至是本地区重要的财税来源,因此凡陶瓷生产的重要窑场,其所涉资源、规模、品种、销售情况等,一般在以地区为主,综合记录当地自然和社会方面有关历史与现状的地志或地方志中均有所记载。而在以帝王本纪为纲的纪传体的正史中,有关陶瓷生产的内容一般鲜有记载,自元代朝廷设立专门掌烧瓷器的部门——浮梁瓷局以来,明清又承袭旧制,瓷器的生产受到皇帝重视,样制由内府定夺,陶瓷生产才受到史家的关注,并在正史中屡有详尽记载。史志中的这些记载,为我们了解历代陶瓷生产地点、规模、税收、用工、管理制度等提供了重要史料。

宋代庐陵人欧阳铁在《庐陵县志》的著述中引《青原杂记》云:"永和镇舒翁、舒娇,其器重仙佛,盛于干道间,余见有元祐、崇宁者。"

明代《安平志》(手抄本)卷四《物类志》,载"瓷器自饶州来,福建乡人自福州贩而之安海,或福州转入月港,由月港而入安平。近来月港窑仿饶州而为之,稍相似而不及雅";《东昌志》(手抄本)载"永和名东昌,地旧属泰和,宋元丰间割属庐陵,遂以泰和为西昌,永和为东昌。东昌之名,肇于此","至五代时,民聚其地,耕且陶焉,由是井落圩市、祠庙寺观始创。周显德初,谓之高唐张临江里磁窑团,有团军主之。及宋寖盛,景德中为镇市,置监镇司,掌磁窑烟火事,辟坊巷六街三市……附而居者至数千家"。元丰年间,永和由于瓷业繁荣兴盛,"百尺层楼万余家,连廒峻宇,金凤桥地杰人稠,鸳鸯街弦歌宴舞",已是"民物繁庶,舟车辐辏"的"天下三镇"之一,成为"舟东一大都会"的瓷城了。

清代乾隆四十八年《浮梁县志·述旧》摘录吴极《昌南历记》谓:"宋真宗遣官制瓷,贡于京师。应宫府之需,命陶工书建年景德于器底,天下于是知有景德器矣。"乾隆四十八年《浮梁县志》卷一《风俗》引南宋汪肩吾《昌江风土记》说:浮梁之民,"富则为商,巧则为工。……士与工商,皆出四方以就利。……其货之大者,摘叶为茗,伐楮为纸,坯土为器,自行就荆湖吴越间,为国家利。其余纺织布帛,负贩往来,盖其小者耳"。卷五《陶政》载,顺治十一年开始延续明官窑制度在景德镇珠山设置御窑厂烧造瓷器,"厂跨珠山,周围约三里许"。同治《建昌府志》卷八《善士》载北宋文学家曾巩之叔、南丰人曾叔卿,亦曾数往饶州景德镇贩运陶瓷,销往淮北。同治《南丰县志》载:"白舍,宋时置官监造瓷窑,窑数处,望之如山。"

《旧唐书》卷一〇五《韦坚传》载:唐玄宗天宝二年(743),陕郡太守、水陆转运使韦坚,引浐水到长安"望春楼"下,凿为"广运潭",玄宗到望春楼诏群臣一起观新潭,韦坚以新船数百艘置于潭侧,扁榜郡名,各陈郡中珍货于船背,其中"豫章郡船,即名瓷酒器、茶釜、茶铛、茶碗",玄宗随后将其"赐贵戚朝官"。

《宋史》卷三二八《蔡抗传》载:嘉祐八年(1063)江西提刑蔡梃、广东转运使蔡抗,两兄弟借职责之便携手共事,"商度工用,陶土为甓,各甓其境",使大庾岭两面均"成车马之途"。他们又"课民植松夹道,以休行者"。《宋史·食货志》《宋会要辑稿·蕃夷》载:中国瓷器外销目标市场有南海、印度洋沿岸地区10多个国家,"大食、古暹、阇婆、占城、勃泥、麻逸、三佛齐、宾同胧、沙里亭、丹流眉等并通贸易,以金银、缗钱、铅、锡、杂色帛、精粗瓷器,市易香药、犀、象、珊瑚、珠琲、镔铁、玳瑁、玛瑙、车渠、水精、番布、苏木等物"。

《元史》卷十《世祖纪》载,至元十五年(1278)忽必烈为了扬威德于海外、招徕海商,任命唆都、浦寿庚为福建行省左丞,并下诏:"诸藩国列居东南岛屿者,皆有慕义之心,可因蕃船诸人宣布朕意。诚能来朝,朕将宠礼之。其往来互市,各从所欲。"《元史》卷八十八载:"浮梁瓷局,秩至九品,至元十五年成立,掌烧造瓷器,并漆造马尾棕藤笠帽等事,大使、副使各一员。""凡朝廷烧制瓷器,必由内府定夺样制。"

《明史》记载:洪武十六年曾赠予占城、暹罗和真腊瓷器。《大明会典》载:"明承元制,凡朝廷烧制瓷器,必由内府定夺样制。"《明实录·宪宗实录》载:"江西浮梁县景德镇内官监造瓷器,其买办供给夫役之费,用银数两,俱出饶州、广信、抚州之民。计其所费已敌银器之价。"《明英宗实录》载:正统元年,浮梁民陆子顺一次向北京宫廷进贡瓷器五万余件。

《清史稿·艺术四》卷五〇五载:"唐英,字俊公,汉军旗人。官内务府员外郎,直养心殿……英继其(年希尧)后,任事最久,讲求陶法,于泥土、釉坯胎、火具有心得,躬自指挥。又能恤工慎帑,撰《陶成纪事碑》。"

四、陶瓷技艺的专门论著

既然陶瓷生产成为人们生活中的重要组成部分,且日益为皇家所重视,因此无论是民间的艺人还是朝廷专职的督陶官员,他们为了达到确保技术传承、提升产品质量目的,不乏对陶瓷生产过程中的原料选择、工艺流程、贸易情况等问题进行专门的研究和著述,他们或以地方志形式,或以笔记体形式,或以百科全书形式,或以专著类形式流传后世,成为研究中国陶瓷文明的重要典籍。

《陶记》,蒋祈著。作者十分熟悉陶瓷发展及经营、制造和销售情况,全书共1080字,始载于《康熙浮梁县志》,但未署作者朝代,《乾隆浮梁县志》也录其书,定为元人著作。此书较详细地记述了元代景德镇瓷器的生产组织形式,陶工分工情况,原材料的等级、来源,器物的名称种类和式样,釉色的种类,瓷窑的形式、名目,瓷器的烧制程序、火候,瓷器的销售情况和地区,以及封建王朝和官吏豪绅剥削陶工的情况,并对当时陶瓷业不振的情况,作了深入细致的探讨和分析。它是中国最早一部系统研究景德镇地区陶瓷业史的珍贵资料,也是研究中国造瓷科学技术的重要文献。

《格古要论》,明代曹昭著。成书于明朝洪武二十年。全书共3卷13论。上卷为古铜器、古画、古墨迹、古碑法帖4论;中卷为古琴、古砚、珍奇(包括玉器、玛瑙、珍珠、犀角、象牙等)、金铁4论;下卷为古窑器、古漆器、锦绮、异木、异石5论。天顺三年(1459),王佐增补为13卷,题为《新增格古要论》。万历年间胡文焕所刻《格致丛书》中,另有五卷本《格古要论》。《格古要论》是明代存世最早的一部论述文物概述、名玩优劣、作伪手法和真伪鉴别的文物鉴赏专著。

《江西省大志》,明代王宗沐著。共七卷,刻于嘉靖三十五年(1566),万历二十五年(1597)陆万垓增修的《江西省大志·陶书》有23000多字。卷七为陶书,有9000多字,分建置、砂土、人夫、设官、回青、窑制、供亿、匠役、柴料、颜色、解运、御供及料价等13节。其中"回青"一节介绍产地、等地、炼料方法,以及与石青料三种配合比例,记载颇详;"御供"一节详列嘉靖八年以后历年供御瓷器数量及器物名称,对于研究嘉靖一朝官窑瓷器的分期很有参考价值,为研究明代景德镇御窑厂提供了珍贵资料。

《菽园杂记》,明嘉靖年陆容著。该书对明代朝野故实叙述颇详,而且较少抄袭旧文,论史事、叙掌故、谈韵书、说文字,皆大多为自己的见解,被他同时代的王鏊称为明朝记事书第一。其中所记的明代典制、故事,多为《明史》所未详。书中最为宝贵的是还记载了许多明中叶手工业生产和民情风俗等方面材料,如卷十四记有龙泉制烧瓷的原料韶粉的情况,记述龙泉瓷产地有刘田、金村、白雁、梧桐、安仁、安福、绿绕等处,但后六处在精细与规整方面都不如刘田。又记龙泉瓷釉料都取诸山中,烧木叶成灰后与细白石末合为釉;或拉坯或模印成型,干后施釉,装入筒形匣钵内装窑;烧柴一日夜,到火红无烟时以泥封闭火门,火灭后开窑;以绿豆色莹润无疵者为上品,生菜色次之,上品价高都销往外地。所记颇详尽,烧瓷主要过程无一遗漏,对于研究与了解龙泉窑烧瓷工艺有重要参考价值。

《天工开物》,明代科学家宋应星编著,初刊于1637年(明崇祯十年),该书以叙述技术和操作方法为主,图文并茂。书中有一卷是专门叙述制造技术的,题目为"陶埏"。计有瓦、砖、罂、瓮、白瓷(附青瓷)、窑变、回青等5篇。书中较全面叙述了制瓷工艺的全部过程,"共计一坯,工力过手七十二,方克成器"。叙述的层次是:先原料、次人工,最后是功用。特别是对每一项操作,记载得都很详细、很具体,条条都是亲自"见闻","通篇未曾引用一书",这是前人未曾有过的。该书是世界上第一部关于农业和手工业生产的综合性著作,被欧洲学者称为"17世纪的工艺百科全书"。

《南窑笔记》,作者佚名。全书共35条。书当刊刻于清乾隆初期。28条谈景德镇明清两代制瓷情况。清代部分所谈内容涉及雍正、乾隆两期,对景德镇仿宋窑、龙泉、钧及明代各窑所用原料,记载颇为详尽;对瓷土、釉料、窑等条亦记之颇详,是研究清代景德镇瓷器工艺史的重要资料。

《浮梁县志》,清乾隆程廷济著。共20卷。卷五《陶政》,专书景德镇烧瓷事宜,前半卷多引自王宗沐《江西省大志》,陶用回青、官窑、陶匠、色料、陶成供御等节内容与上书大体相同;后半卷辑录元蒋祈《陶纪略》及唐英《陶成纪事碑》《陶政示谕稿自序》等有关景德镇的烧瓷记录;卷尾为《陶冶图》二十幅,各附图说,对于了解景德镇宋元以来瓷器生产过程有重要参考价值。

《陶冶图说》,也称《陶冶图编次》或《陶冶图记》。清乾隆时期,宫廷画师孙祜、周鲲、丁观鹏,以自己熟悉的山水为背景,配以景德镇一带的窑舍和劳作的工匠,绘制"陶冶图"20幅,记录了清乾隆官窑制瓷的详尽工艺。乾隆八年(1743)闰四月,朝廷造办处将此图交给唐英,命其按制瓷顺序编排,并为每张图画内容撰写说明。当年五月唐英即以左图右文的形式编成《院本陶冶图册》(即著名的《陶冶图说》)凡20则,图为《采石制泥》《淘练泥土》《炼灰配釉》《制造匣钵》《圆器修模》《圆器拉坯》《琢器造坯》等,较全面、系统地总结了景德镇制瓷工艺,其按成型方法介绍的景德镇瓷器分类——圆器和琢器。该书稿图文并茂,详尽地展示了制瓷工艺过程,被后世誉为"集厂窑之大成"。它是中国古文献中第一本完整记录景德镇制瓷工艺的专著,是研究中国特别是清代官窑陶瓷科技工艺的重要文献,是中国陶瓷史上一部划时代的陶瓷工艺学著作。

《陶成纪事碑》，清代唐英编纂的陶瓷工艺学著作。书中全面精确地记载了历代名窑名品釉色，装饰及工艺，所述 57 种陶瓷品类，堪称"有陶以来，未有今日之美备"者。同时还详尽记述了雍正时期官窑生产的概况，有关烧造经费、工匠待遇、包装解京等，其中说到"仿古采今，宜于大小盘、杯、盅等，岁例贡御者五十七种"。这其中有创新仿古品种，有依据宫中旧藏照样仿烧，有的是采集窑址标本加以研制烧成，有的则根据文献记载反复试验烧制，有的则是督陶官在烧制御器的过程中创新的品种。这是一部清初御窑烧制的瓷器品种最完备的记录，是反映当时制瓷工艺水平的重要陶瓷文献，是清初以后官窑生产的重要的参考资料。

《陶人心语》，清代唐英著。该书论述了"陶人之天地"，"陶人之岁序"；有创新成功的欢乐，也有失败的苦恼，有生产技术的叙述，还有对"物料、火候、生尅变化"规律的熟悉和掌握。真正是陶人语陶，字里行间充满了"陶人本色"。这就是唐英及其陶冶论著的精辟所在。

《陶说》，清代朱琰著。初刻于乾隆三十九年（1774），称鲍廷博本。以后曾多次重刻，传本较多。《陶说》以叙述景德镇窑为重点，全书共分 6 卷。卷一《说今》，详尽地叙述了清代前期景德镇窑瓷器的面貌及种类；卷二《说古》，记述了宋代、明代的著名瓷窑以及清代珐琅等窑的情况，并说明景德镇窑均能对其进行仿造；卷三《说明》，作者依据文献，对明代各时期的瓷窑分别予以论述；卷四至卷六均为《说器》，论述了唐代以后历代的各类瓷器作品。该书按陶瓷器出现的顺序作历史性介绍，叙述了明、清两代饶州窑和其他代表性官窑的瓷器及制造技术，是我国第一部有关陶瓷器的专著，对研究中国陶瓷工艺的发展，具有重要的参考价值。

《景德镇陶录》，清代景德镇人氏蓝浦原著。6 卷，后经弟子郑廷桂增补为 8 卷，另加入卷首《陶冶图说》和卷尾《陶录余论》共 10 卷，嘉庆二十年（1815 年）由异经堂刻印刷出版（四册一函）。书中有陶冶图说、清御窑厂、陶务、景德镇历代窑考、仿古及杂论等内容。陶务详记了景德镇的十七工与十八作；仿古详列了各种釉色的配方及彩色料，对瓷土、釉料、青料的出产地与精粗记录颇为详尽；历代窑考简单介绍景德镇唐宋至明清各期的瓷窑；杂论汇辑了唐宋以来有关景德镇的文献记载。此书对于古今官民名窑、制作工艺、分工状况、瓷业民俗以及陶瓷贸易等无不备述，具有鲜明的地方特色，对于研究景德镇陶瓷的发展，尤其是明清时期官民瓷业的生产技术成就和生产方式，具有极为重要的参考价值。

《陶雅》，原名《古瓷汇考》，寂园叟著。分上下两卷，共 889 条。刊于清末宣统二年（1910）。一物一条，文字简练，以谈清代瓷器为主，涉及器物名称、釉色、款识、特征等各个方面，对研究清瓷有一定参考价值，并便于初学者获得鉴定要领。

《饮流斋说瓷》，许之衡著，成书于 20 世纪 20 年代。分上下两卷，共 10 节。上卷为概说、说窑、胎釉、彩色、花绘；下卷为款识、瓶罐、杯盘、杂具、疵伪。作者运用比较科学的分类、排比方法，博览约取，叙述有条。书中收集了大量古陶瓷的学名和俗称，为后人保留下众多的历史名词与古董术语，至今仍为中外博物馆及文物界相沿使用。此书眉目清楚，便于检索，文字简练,是在总结前人知识与个人见闻的基础上而形成的一部研究中国陶瓷史的专著。

曾经在不同时代显赫一时的著名窑场,在历史的长河中均相继湮没,但通过窑工们一代又一代的薪火相传,每次湮没却又能重新获得新生,并且还能在一次又一次的新生中不断升华,仿佛是生命的涅槃,直至辉煌的顶端。进入21世纪以来,人类对文化遗产表现出了更多的反思与自觉,2003年11月,联合国教科文组织通过了《保护非物质文化遗产公约》,"人们的目光由物质性的、有形的、静态的遗产,延伸到非物质性的、无形的、动态的、记忆的遗产,显示出当代人对历史文明整体的认识向前迈了巨大的一步"。随着世界趋同可能性的明确,人们就会要求差异化——民族要个性化,个人也要个性化,因此,手工的、民族的、传统的东西,一定有存在的价值,而且它的价值一定会被认知。

历史已经证明,技艺是靠承载来记忆的。陶瓷生产作为我国一项传统的手工项目,它的价值不在产品的本身,而是它所承载的民族记忆。如何让民族的记忆得以延续,政府应及时果断地依法采取政策性保护措施。根据"政府主导、社会参与、明确职责、形成合力"的工作原则,政府有责任全面参与"非遗"保护的各个环节,直接构建"非遗"保护体系。这种体系一旦建立和完善,陶瓷生产的手工技艺作为"非遗"的一个重要部分,其传承发展的情境也将发生巨大的变化。在政策的呵护下,我们可以对业已失传的技艺在以资料性保护的基础上予以展示和弘扬,以文化记忆的方式起到认知和教育的作用;我们也可以对仍保留至今的技艺,采取有力措施拓宽其传承发展之路,重新焕发其内在的生命力,使之在市场经济条件下能正常和健康地成长。

结 语

闪耀着人类文明智慧之光的江西古陶瓷文化线路

一

　　文明是人类所创造的全部物质和精神成果，从这个意义上说，文明史也是世界通史。文明史不同于世界史，就在于它所研究的单位是各个文明，是在历史长河中各文明的流动、发展、变化。世界诸重大事件和全人类的共同需要把亚洲文化同欧洲文化及南北美洲的文化连在一起，首次形成了一个世界文明（富兰克林·德拉诺·罗斯福语）。

　　综观世界文明发展史，世界上诸民族或者为时间、事件所分隔，或者为高山、大海所分隔，但世界史必须将所有民族的历史集合为一体，将他们统一成一个协调匀称的整体，并将他们谱写成一首壮丽的诗。

　　人类的历史证明，一个社会集团，其文化的进步往往取决于它是否有机会吸取邻近社会集团的经验。一个社会集团所有的种种发现可以传给其他社会集团；彼此之间的交流愈多样化，相互学习的机会也愈多。换言之，如果其他地理因素相同，那么，人类取得进步的关键就在于各民族之间的可接近性和相互影响。

　　跨文化领域的贸易与交往在人类历史上扮演着一个关键性的角色，抛开军事征服不可估量但略显消极的影响不说，它可能是引起历史变迁的最为重要的外部因素。相应地，外界刺激也成了艺术、科学以及技术领域变化发展的最为重要的单一来源。也许可以肯定地说，任何一个人类群体都无法独立创造其文化及科技遗产。

　　在古代历史上中外经济文化交流，主要是通过四条渠道进行的：

　　第一条渠道是贸易，这又包括官方贸易和民间贸易两种形式。著名的丝绸之路以民间贸易为主。第二条渠道是官方派遣使节、留学生等。第三条渠道是通过宗教教徒来实现的。第四条渠道是战争,战争在客观上也曾为中外交流创造了条件。当然,第四条渠道不是我们所提倡的。在世界历史的发展过程中,各个国家、各个民族都创造出了具有自己特色的经济和文化。各个国家、各个民族在发展过程中,都或多或少要受到外来影响,同时在一定程度上又对外界发生影响。

中国古代在整个上古、中古的形成和上升时期,经济文化发展一直走在世界各国的前列,中国的四大发明对全世界经济文化的发展都起了十分重要的作用,中国的政治制度和文化艺术对亚洲各国,尤其是对朝鲜、日本等国产生过巨大的影响,值得我们引以为自豪。当然我们也应该看到世界各国对中国也产生了一定的影响。例如,中国种植的玉米、马铃薯、西红柿、烟叶、向日葵,最早是由美洲印第安人培育出来的。另外,像中国的佛教文化和佛教艺术受印度影响的痕迹非常明显,著名的云冈石窟和敦煌莫高窟等就有所反映。所以说,世界文明史,是在各国人民共同学习、互相促进中不断演化、完善的。中华民族是个开放的民族,在漫长的岁月里,中华民族在创造璀璨文化的同时,一直没有中断与周边国家及至周边以外距离遥远的国家的文化交流,数千年的中西文化交流,其总趋势是交相辉映,互相促进,共同提高。正如中国国家主席习近平强调:中华文明经历了 5000 多年历史变迁,但始终一脉相承,积淀着中华民族最深层次的精神追求,代表着中华民族独特的精神标识,为中华民族生生不息、发展壮大提供了丰厚滋养。中华文明是在中国大地上产生的文明,也是同其他文明不断交融互鉴而形成的文明。

欧亚大陆绵延数万公里,2000 多年前,世界文明史在这里改写,一条从繁华的长安城通往西方的丝绸之路让人类物质世界在贸易的征途中获得了无限的追求和满足。沧海桑田,人类历史的发展终于在几千年后,大陆文明被海洋文明所取代,谁拥有海洋,谁就拥有了掌握财富的命脉,从 17 世纪的"日不落帝国",到 21 世纪中国的崛起,无一不在证明着,凭借优越的地理位置、丰富的劳动力资源将是寻求经济辉煌的必经通道。

今天,我们重走江西古陶瓷文化线路,重新诠释江西古陶瓷文化线路在世界文明发展史的地位和影响,既是试图从全球背景看中国大历史,审视世界文明中的中华文明,又是以理性解读新历史,以历史印证大智慧。

二

在人类早期文化发展史中,作为人类社会的重大发明,并推动文化巨大进步的,乃是以陶器的发明和出现为其重要标志的。江西万年仙人洞遗址的研究证明,东亚的采集狩猎者一万年前在他们开始有了定居生活和开始种植植物之前就已经使用了陶器,陶器是在末次冰盛期由采集狩猎者所制造,可能被用做炊煮器。说明陶器在农业出现以前一万年甚至更早就被制造和使用了。仙人洞的陶器制作年代为距今两万年，当时正处于末次冰期的顶峰。仙人洞陶器表面火烧的痕迹还有烟炱显示这些陶器很可能被用来炊煮。陶器的制作使得人类饮食的历史发生了根本性的变化，陶器的出现使得人类生存和社会行为发生了重要转变，陶器的使用使人类可以从富含淀粉的食物和肉类食物中获取更多的能量。仙人洞以及早期陶器的出现在东亚人类适应环境变化过程中起了重要作用，由此人类逐步走向定居并开始了全新世早期野生稻的栽培。

瓷器是火和土的艺术，是科学与艺术的综合产物。瓷器的发明意味着人类对水、火、土真正意义的征服，是中华民族的一项伟大发明，是中国古代文明的象征，是中国人民对世界文明的卓越贡献。它比"四大发明"更具影响力，中华民族发展史中的一个重要组成部分是瓷器发展史。中国瓷器从它产生之日起便以独特的魅力改变、影响着世界的物质文明和精神文明。中国成功破译了制造瓷器的秘密，是世界最早生产瓷器的国家，是瓷器的故乡，早在东汉晚期甚至更早就已经开始制造和使用成熟青瓷。中国比欧洲制造成熟瓷器的时间整整早了1000多年，欧洲人在18世纪仍然在苦苦寻觅瓷器制造的秘密，诚如简迪维斯在《欧洲瓷器史》所言："几乎整个18世纪，真正瓷器制作工序仍然是一个严守的秘密。"17世纪，中国瓷器在欧洲价重黄金。欧洲的皇室和贵族把是否拥有中国瓷器看作是关系到他们声望的问题，法国、英国、西班牙、德国等纷纷建起中国瓷宫，以相互竞荣争奇。萨克森王国的奥古斯都二世狂热地收藏东方瓷器，专门建立茨温格宫作为奥古斯都宫廷建筑的核心，宫廷里摆满了20个房间的瓷器，至1720年，他的藏品已多达57000件。法王路易十四夫妇十分喜爱中国瓷器，不惜重金派人前来定制自己的瓷像和瓷灯笼，并把它们视为旷世奇珍。到了18世纪，中国瓷器已遍销全世界，深入到每个普通的英国家庭。英国学者柯玫瑰在《中国清代瓷器》一书中说，"中国在印刷、制瓷与运输等方面，领先于世界，那时，西方民族降服于中国傲慢的裙裾之下。"瓷器的发明促进了当时中国与外界的经济、文化交流。在英文中，瓷器（china）与中国（China）同为一词。

江西古陶瓷从万年陶器发展到千年瓷都，从东亚大陆走向世界，这一中国陶瓷发展史上独一无二的历史地位，其久远性、传承性、创新性、独特性和国际性在世界文明发展史上具有其无法替代的地位和影响。

（一）赣鄱陶瓷的久远性

江西地区的陶瓷烧造历史悠久，源远流长，是世界上最早烧造陶器的地区之一。万年仙人洞和吊桶环出土的两万年前的"中华第一陶"，既是我国最早的陶器，也是迄今为止世界上最早的陶器。

经过史前时期近15500年的发展，江西先民通过对陶土的不断认识和对窑炉技术的不断改进,在距今4500年左右的新石器时代晚期发明了印纹硬陶,在距今4000年左右的夏商时期发明了原始瓷,在距今2000年左右的东汉晚期发明了瓷器,之后在窑炉技术的改进和对瓷土不断认识的基础上,在中华文明延续不断发展的基础上,在不同的历史时期,江西陶瓷连绵不断的窑火烧造出引领时代风尚和独具艺术魅力的陶瓷产品。红红的窑火映照着中华文明发展的历史进程,也映照着江西先民对中国陶瓷发展史和世界文明发展所做出的巨大的贡献。真可谓"万年窑火盖世无双"。

(二)赣鄱陶瓷的传承性

纵观江西地区的陶瓷烧造史,脉络清晰,因袭相沿,承前启后,一脉相承,连续不断,万年窑火,千古瓷都。官窑、民窑兼具,全面开花。从新石器时代早期一直延续到晚清,上下贯通,时代相沿;景德镇窑火持续千年,尤其是元代开始在此设立官窑后,成为中国古代的制瓷中心,将陶瓷艺术推向一个不可逾越的高峰,"中华向号瓷之国,瓷业高峰是此都"。相比较全国其他古代重要产瓷区,如陕西的宋金名窑耀州窑,山西的宋代霍州窑,河北地区从唐代邢窑到宋代定窑、宋元名窑磁州窑,河南地区唐代巩县窑、唐代相州窑、宋代官窑、元明时期钧窑,安徽的寿州窑,江苏的宜兴窑,湖南的唐代岳州窑、唐代长沙窑,浙江地区东汉时期越窑、唐宋时期的婺州窑和瓯窑、宋代官窑、元明时期的龙泉窑,广东地区宋代西村窑、宋代潮州窑、明代石湾窑,福建地区宋元同安窑和磁灶窑、明清代德化窑等,这些地区要么只有一两个名窑,要么流行短,要么整体连续性差,有的即使有好几处名窑,其窑业技术传承上整体上是分段的、割裂的。它们烧造瓷器的连续性、传承性,都不足以与江西地区媲美。这种具有万年历史、千年传承的地区,江西是唯一的。而且每一时期都有具有时代特点的代表性典型窑址,每一时期的窑址都能成区、成片、成规模。

丰城洪州窑是东汉晚期至五代时期重要的青瓷窑址,在长期的发展过程中,工艺成就不断创新,有多项工艺技术在制瓷手工业中是最早开始使用的,走在同时期窑址的前列。东晋时期在全国率先使用焙烧时能随时测验瓷坯生熟的火照,与江苏宜兴涧众窑发现的唐代火照相比,将中国烧造瓷器使用火照的历史大大提前。东晋晚期南朝早期发明使用匣钵和匣钵装烧工艺,并一直运用到唐代中期。相比较湖南湘阴岳州窑于南朝梁陈之际、安徽淮南寿州窑始于唐代中期、浙江越窑于晚唐时期使用匣钵装烧工艺,洪州窑是迄今为止发现采用匣钵装烧工艺最早的瓷窑。南朝成功烧造出芒口瓷、隋代制造出玲珑瓷,隋代采用单体模具戳印,规模化大量生产,是目前国内最早使用单体戳印技法的窑场。这些制瓷技术在中国陶瓷烧造史上都是重大突破,处于全国同期窑址的领先地位。

乐平南窑生产期长,窑业生产旺盛,是江西地区少见保存完好的一处独具风格、特色鲜明的唐代青瓷窑址,丰富了景德镇地区青瓷窑址的内涵,完善了江西甚至中国陶瓷史。值得关注的是出土的青釉和褐釉瓷腰鼓彰显唐代赣地中西文化交流的史实。

南丰白舍窑是宋元时期江西地区以烧青白瓷为主的综合性窑场，是能够与景德镇争夺瓷器市场的著名窑场之一。部分青白釉碗、盘、碟口沿装饰一圈酱褐釉，犹如给瓷器镶装一圈金属边，具有仿金银器中金扣、银扣、铜扣的效果，为其他青白瓷窑所不见。

赣州七里镇窑始烧于唐末五代，盛烧于两宋，终烧于元代，是江西省境内宋代四大窑场之一。青白釉瓷器可与景德镇窑同类产品相媲美，仿漆器赭黑色釉为该窑独具风格产品。柳斗纹点釉鼓钉罐，为七里镇窑独有，宋元时期除在国内销售，还远销到了日本和韩国一带。

吉安吉州窑历史悠久，特色鲜明，工艺精湛，内涵丰富，底蕴深厚，影响深远。宋元以黑釉瓷和彩绘瓷最负盛名，既是我国极负盛世誉、具有特色的民间综合性瓷窑，又是我国古代黑釉瓷生产中心之一，其独树一帜的黑釉瓷在当时与后世均有重大影响，尤其是剪纸贴花和木叶贴花技艺举世无双。吉州窑在青白瓷、黑釉瓷盛烧时期突破了历史局限，将单色釉瓷发展到彩瓷装饰阶段，极大地丰富和繁荣了我国瓷器的装饰技法，为元代景德镇瓷工们成功烧造清新淡雅的青花瓷做好了技术上的准备，是景德镇瓷艺的重要源头，对景德镇陶瓷装饰发展的推动影响是很大的。

湖田窑是五代至明代后期我国著名的窑场，延烧历史长达700余年，是景德镇延续烧造时间最长，现今保存状况最好，文化内涵极为丰富的大型窑场，是研究景德镇制瓷技术与艺术在10—14世纪发展和演变历史的最好的窑场，奠定了景德镇明清御窑和世界瓷都坚实的物质和技术基础，是研究景德镇城市发展史和瓷都形成史绝佳的实物资料，对研究中国古代官窑制度史和御用瓷器发展史同样具有特别重要的历史价值。以湖田窑为代表的景德镇窑在元代引进高岭土制瓷，发明二元配方，为烧造大型器物和高温釉瓷提供了技术条件。这一发明，把我国制瓷工艺水平提高到前所未有的高度。以湖田窑为代表的景德镇窑在元代发明创烧的青花瓷、釉里红以及高温蓝釉和红釉瓷器，改变了唐宋以来我国瓷器非青即白的单色釉瓷器占主流的格局，将中国瓷业带入五彩缤纷的新时代。高温色釉瓷的烧造技术对明清以后瓷器的生产影响深远。湖田窑引进并创新了覆烧技术，烧造出了价廉物美的瓷器。覆烧技术的运用不仅影响了历史上各窑口的装烧工艺，而且对现代制瓷业也具有非常重要的借鉴意义。

景德镇御窑厂是中国陶瓷史累世积淀的精华，是明清中央政府在景德镇设立的专门生产御用瓷器的官府窑场，是我国烧制瓷器时间最长、规模最大、品类最多、工艺最精的官办窑厂。作为明清两代御用瓷器的专职制造场所，代表了明清时期中国乃至世界瓷器生产的最高水平。御窑厂的建置使景德镇成为14—19世纪全世界的制瓷手工业的中心。中国是古代世界陶瓷手工业最为发达的国度，而景德镇御窑厂又是中国陶瓷业最高成就的代表，对全世界陶瓷业的发展做出了不可磨灭的贡献，在世界范围内都具有不可替代的历史、科学和艺术价值。

(三)赣鄱陶瓷的创新性

"科学技术是第一生产力。"纵观中国与世界的文明史,我们不难发现,在这中间科学技术无论是作为重要的内容还是媒介、手段,都对人类社会文明的进程起到了不可忽视的作用。中国古代印刷术的产生和发展对世界和人类的进步所起到的促进作用是毋庸置疑的。马克思在《机器、自然力和科学的应用》中说:"火药、罗盘、印刷术——这是预兆资产阶级社会到来的三项伟大发明。火药把骑士阶层炸得粉碎,罗盘打开了世界市场并建立了殖民地,而印刷术却变成新教工具,并且一般地说变成科学复兴手段,变成创造精神发展的必要前提的最强大的动力。"

江西陶瓷具有长达万年连续不断的历史,是世界上独一无二的。它的发展过程蕴藏着十分丰富的科学技术和艺术内涵,从陶器诞生的那一天起,它就是技术和艺术相结合的宁馨儿。作为中国陶瓷发展典范意义和代表的江西陶瓷在世界文明发展史上无疑是十分重要和具有里程碑式的历史意义。其创新性突出表现在以下几方面:

第一,首创世界最早的陶器。

以江西万年仙人洞和吊桶环出土的距今约两万年的陶片,是目前世界上发现最早的陶器。

"水火既济而土合",自从人类掌握了火,水火土即成为人类加以利用,而将一种天然物质(泥土)转变为另一种有用材料或器物(陶器)的最早的创造性活动之一。陶器的发明,在制造技术上是一个重大的突破。用泥土烧制的陶器,既改变了物体的性质,又塑造出便于使用的形状。它使人们在处理食物时,除了烧烤之外,又增加了蒸煮的方法。陶器的发明是人类第一次利用天然物,按照自己的意志创造出来的一种崭新的东西。它大大改善了人类的生活条件,在人类发展史上开辟了新纪元。

第二,新石器时代晚期印纹硬陶和商周时期原始瓷的烧制成功。

印纹硬陶和一般陶器最大不同是它们在化学组成上的变化,陶器一般都含有较高的Fe_2O_3,所用原料多属易熔黏土,只能在1000℃以下的温度烧成。印纹硬陶中的Fe_2O_3含量已有所降低,所用原料一般为含杂质较多的瓷石类黏土原料,烧成温度已可高达1200℃。印纹硬陶另一个重要标志就是它与一般陶器相比具有更致密坚硬的质感,因此被称之为硬陶。

继印纹硬陶出现后,在商代又出现了原始瓷,终在东汉后期完成了中国从陶器向瓷器的过渡。这一过程历经约2000年。从陶器的以易熔黏土做原料到原始瓷使用较纯的瓷石质黏土做原料,从陶器的1000℃以下烧成到原始瓷的1200℃以上烧成,以及从陶器的表面无釉到原始瓷的带有高钙釉,共同形成了中国陶器科学技术史的第二个里程碑,并为我国青釉瓷的出现创造了物质基础和必要的工艺条件。

总之，印纹硬陶和原始瓷的出现分别标志着中国从陶器向瓷器过渡的开始和完成。在这一过渡时期内实现了化学组成的改进和原料的变化，烧成温度的第一次突破和新型炉窑的建立以及釉的发明等三个陶瓷工艺中重大技术突破。它不仅为印纹硬陶和原始瓷本身的烧制成功创造了物质基础和必要的条件，也为中国瓷器的诞生和发展铺平了道路。江西史前时期以筑卫城为代表的史前遗址中的印纹硬陶，夏商时期以樟树吴城、新干牛城、鹰潭角山窑址发现和出土原始瓷和以龙窑为代表的相关窑业遗存，见证了这一历史过程。

第三，东汉晚期南方成熟青瓷的烧制成功。

赣鄱地区是世界上最早烧造青瓷的地区之一，是瓷器重要的发源地之一。

洪州窑址在东汉晚期成功烧出了青釉瓷器，从胎釉特征和物理测试的结果来看，符合现代意义瓷器的标准，是成熟的青釉瓷器。青釉瓷器的成功烧成，表明江西丰城地区与浙江宁绍、湖南湘阴地区一样都是我国早期青釉瓷器的发源地，完成了由原始青瓷向成熟青瓷的历史跨越，实现了质的飞跃，标志着我国陶瓷业进入了一个新的历史阶段。瓷器的发明是我国古代劳动人民对世界物质文化的一项重大贡献，也是江西地区的先民为中国陶瓷的发展做出的开创性贡献。

南方青釉瓷的烧制成功是中国陶瓷工艺发展中的又一个飞跃，是我国陶瓷科学技术史的第三个里程碑，它的出现使中国成为发明瓷器的国家，从此世界上有了瓷器。它作为一种材料其影响更为深远。青釉瓷在中国南方不仅烧制时间早、规模大，而且窑址分布广。在烧制青釉瓷的过程中，所用的窑具也在逐步改进（洪州窑在隋代或更早一点已出现匣钵，匣钵的使用，在陶瓷工艺上也是一件大事。它标志着制瓷技术的进步，对增加产量和保证质量都起了非常重要的作用）。江西洪州窑见证了这一历史飞跃过程。

第四，宋代到清代颜色釉瓷、彩绘瓷和雕塑瓷的辉煌成就。

与青釉瓷同时出现的黑釉瓷是中国陶瓷品百花苑中的一朵奇葩，入宋以后，黑釉瓷的烧制工艺得到很大发展，其中以福建建阳和江西吉州的黑釉盏尤为突出，其蕴藏着极为复杂的科学技术内涵，在国际上是独一无二的。

吉州黑釉盏的施釉工艺是十分独特和具有创造性的，尤其是吉州窑的洒釉工艺独步天下，为同时期其他各窑所无。更别具一格的是与民间剪纸工艺结合起来，实现了吉州窑黑釉器在艺术上的飞跃。最为独具匠心、巧夺天工的品种则是吉州木叶天目盏，木叶盏的出现使吉州黑釉盏不论在技术还是在艺术方面都已达到了高超的境界。

景德镇自五代开始烧制瓷器以来发展至宋代所烧制的青白釉瓷，无论在质量上、数量上或影响上都已成为我国最大窑场之一而著称于世。

元代和明初，景德镇制瓷工艺获得突破性的进展，它所烧制的枢府白釉瓷和永乐甜白釉瓷不仅在内在质量上和外观上都属上乘，而且也为进步烧制颜色釉瓷和彩绘瓷提供了良好的工艺条件和物质基础。自元开始即烧制以钴着色的釉下彩青花和以铜着色的釉下彩釉里红，以及二者结合的青花釉里红，开创了多彩高温釉下彩的先例。特别是青花瓷则一直是景德镇烧制的最大宗和最具特色的长盛不衰的产品。自元代开始景德镇的彩绘瓷逐渐兴起，到了明代中期即烧制成一种以釉下青花和釉上彩结合的所谓"斗彩"。成化斗彩即是以色彩鲜艳丰富，釉面洁白滋润，制工精细，纹饰生动而成为明代彩绘瓷的最高代表。清代又出现了全以低温釉上彩绘画的五彩瓷，以康熙朝为最著名，因此又被称之为康熙五彩。

江西陶瓷的创新性还表现在以下三大技术突破：

首先表现在原料的选择和精制：印纹硬陶、原始瓷，甚至青釉瓷所用的原料是就地选土，但由于它们对原料有更高的要求，不是任何地方都有适合于烧制它们的原料，因此就出现了印纹硬陶、原始瓷，青釉瓷首先在中国南方某些地区烧制成功。从新石器时代至东汉，江西先民依托本地区所蕴藏的丰富的瓷石资源，并在此基础上逐渐认识到原料的粉碎和淘洗的作用，提高了原料的纯度和工艺性能。为印纹硬陶、原始瓷、青釉瓷的烧制成功打下了深厚的物质基础。

其次表现在窑炉的改进和烧成温度的提高：中国陶瓷的烧成温度的整个工艺发展过程中有两次突破：第一次突破是在夏商时期印纹硬陶烧制工艺上实现的。它从陶器的最高烧成温度1000℃、平均920℃提高到印纹硬陶的最高烧成温度1200℃、平均烧成温度1080℃。最高温度提高了200℃之多，实现了中国陶瓷工艺史上的第一次高温技术的突破。

古代窑业遗存中历史信息最为丰富，技术含量最为密集，考察古代陶瓷技术最可信赖的资料，即烧造成器这一环节，其中与烧成技术相关的主要是窑炉，它是反映技术进步最敏感的指示器，是人类用以改变黏土制品的化学、物理性能而设计的专门设施，窑炉技术的进步主要表现为人类在利用这一设施控制火焰，高效率地烧制陶瓷，并在质与量的指标上所显示的生产能力。

江西樟树吴城遗址和鹰潭角山窑址发现的商代龙窑遗存表明了夏商时期江西先民已创造出能产生高温技术的龙窑，而烧成温度的提高为陶器向瓷器的过渡提供了必要的外因条件。龙窑的向上倾斜的坡度和长度，使之有更大的抽力，从而有利于温度的提高，实现了自有窑以来在窑炉结构上的第一次突破。正是有了这种在窑炉结构上的第一次突破才促使了烧成温度的第一次突破。有了较高的烧成温度就可以使陶瓷坯中出现较多的玻璃质，促使陶瓷坯的烧结，就有可能使陶瓷胎骨致密并击之有铿锵声，提高了陶瓷的机械强度和透明度，并能使胎釉之间产生中间层，使胎釉结合紧密而不脱落，这些特点正是瓷器所谓具备的性能指标。

再次表现在釉的形成和发展：从无釉到有釉是制陶技术上的一个重大成就，它是上古先民长期生产实践的产物。远在新石器时代，人们为了去除陶器表面的粗糙，采用修刮、磨光等方法,并在陶胎上施抹一层化妆土,以使烧制出来的陶器更加美观实用,其实这层化妆土实质就是经过淘洗精练的与胎质化学成分相同的黏土,在龙山时代由于烧成温度尚未达到成瓷的标准,因此即使施加于瓷胎上的化妆土亦未玻化,亦即没有产生釉。随着窑炉技术的改进,烧成温度的进一步提高,涂抹在瓷胎上的化妆土在高温作用下,与燃烧过程中产生的草木灰有机结合,自然而然形成了原始瓷釉,所谓"窑汗"的产生,即是这一结果的真实写照。人们在生产实践中认识到这一规律,自然而然由不自觉发展到主动地予以施釉,这就表明釉的制作工艺是陶器涂层制作工艺的发展和演变的结果,即古代工匠在涂层工艺的基础上制作出具有一定厚度,在高温下熔融而完全玻化的釉层。原始瓷由此诞生了。以江西樟树吴城遗址和鹰潭角山窑址为代表出土的原始瓷见证了这一奇迹的诞生。

(四)赣鄱陶瓷的独特性

江西陶瓷经过一万多年的具有不断创新不断前进不断发展的历史进程,从宋代开始逐渐成为全国的制瓷中心,至明清时期景德镇成为中国的御窑所在地,终使景德镇成为世界瓷都,其所生产的产品和制造产品所需要的窑业生产技术、生产管理制度以及陶瓷产品所反映的社会文化风尚,凝聚着中华文化的精华,独领风骚,为世人所倾慕。真可谓"瓷国高峰技艺倾世"。

景德镇制瓷业从五代到清代历经千年而长盛不衰,这在世界陶瓷史上是绝无仅有的,集历代名窑之大成,以精湛的制瓷技艺和高度的瓷业成就,当之无愧地成为中国陶瓷的最杰出代表。景德镇瓷器在一定程度上反映出我国传统的民族文化,同时,它也是我国与东西方各民族经济、文化交流的重要纽带。1982年,著名物理学家、诺贝尔奖获得者、美国哥伦比亚大学教授李政道博士曾题词"中国陶瓷甲天下,景德镇陶瓷甲中国"、"陶瓷之源,与国齐名"。

"中华向号瓷之国,瓷业高峰是此都。宋代以来传信誉,神州而外有均输。"江西古代生产的瓷器,不仅满足省内、国内人民的需要,而且大量向海外输出,受到各国人民的广泛欢迎。中国瓷器,外表光洁,手感细腻,清澈高雅,无毒无害,一经亮相欧洲就受到上至王室,下至百姓的喜爱。在大航海时代,瓷器不仅是一种货物,更是地位、权力的象征。在西方波澜壮阔的"中国热"中,景德镇瓷器扮演了非常重要的角色。16世纪中叶以前,它只是神龛上的圣物,帝王的宠物,供人们仰视欣赏;16世纪中叶到17世纪,成为达官贵人的奢侈品,是社会地位的象征;18世纪到19世纪,成为凡夫俗子的至爱,是时髦和文明的象征。景德镇瓷器不仅是精美,工艺品,而且是生活用具;不仅是宗教的载体,而且是艺术的化身;不仅是西方文明的典范,而且是其重要的部分。景德镇瓷器从餐饮器皿,到文化艺术,其诸多功能和价值被发掘利用,极大地推动了欧洲文明的进程,是中国文化对人类贡献的最好物证。

景德镇不仅瓷器遍销海外,而且其精湛的制造技术对世界陶瓷也有着深刻的影响。其独特的艺术魅力影响到输入地人们的价值取向、宗教信仰、审美情趣。这是世界陶瓷历史上绝无仅有的。在英文里面,"kaolin"一词翻译为"瓷土"。因景德镇最初用浮梁县的高岭村出产的粳米白泥做原料,称为高岭土,是制造景德镇青花瓷器的重要原料。"kaolin"乃高岭土之译音也。后来,欧洲人制陶器,凡瓷土,不管哪里产,皆以高岭称之,这也是欧洲文明受到中国以青花瓷器为代表的汉文化影响产生的外来语之一。

18世纪之前,西方人一直未能制造出真正的瓷器,因为他们当时还不知道必须用瓷石加高岭土二元配方来配置瓷胎原料。1712年法国传教士昂特雷特来(Francois Vaviecl Enterclls,中文名字殷宏绪),在他发回法国的报告《中国陶瓷见闻录》中,最早向欧洲披露了用高岭土制瓷的秘密。多次来中国考察地理、地质的法国地理、地质学家费迪南·冯·李希霍芬(Ferdinand von Richthofen,1833—1905)于1869年亲临景德镇的高岭考察。在他的名著《中国》(第三卷)中对高岭土做了详细的介绍,并根据高岭的汉语发音创造了一个新的英语单词kaolin。由于瓷器本身的魅力,加之李希霍芬本人是世界公认的地理、地质界的权威,他的著作也是西方地质学界第一次从岩石学的角度介绍高岭土,此后"kaolin"一词成为国际通用的黏土矿物学的专用术语,在全世界通用,并以该词作词根派生出kaolinite(高岭石)、kaolinization(高岭石化)、kaowool(高岭土质耐火纤维)等词。

高岭土,始称麻仓土,元代称"御土",明代称"官土",明万历以后称高岭土,18世纪初已成为瓷用黏土的世界性专门术语,"高岭"亦成为国际通用的kaolinite(高岭土)命名地。高岭土应用到制瓷业中,扩大了瓷石的使用面,减少了制品的变形,降低了瓷器制造的成本,改善了瓷器的物理性能,生产出了价值连城的景德镇明清瓷器艺术珍品,代表着当时的先进生产力。高岭土的开发,推动和支撑着景德镇瓷业的鼎盛辉煌,使之成为国内乃至世界上重要的制造业中心,奠定了景德镇在世界上的瓷都地位。

它的制造技术最早传到朝鲜、越南、泰国等国,东至日本,西至波斯,再经西亚、东非,传入欧洲。从五代起,东南亚等国相继效法景德镇的制瓷技艺,南宋嘉定十六年(1223)日本加滕四郎就来中国六年,将景德镇陶瓷制作技艺带回日本。明代正德年间(1506—1521),日本人伊势松板五郎在景德镇居住了五年,学习制作青花瓷,归国后在有田设窑烧制陶瓷。法国传教士昂特雷科莱(殷弘绪)于1712年来到景德镇传教,将制瓷的重要原料"高岭土"介绍给西方,开创了欧洲陶瓷新时代。

从万年陶器发展到世界瓷都,江西古陶瓷文化线路所蕴含的人类陶瓷历史的久远性、传承性、创新性和独特性毫无疑问是世界陶瓷历史发展之路的缩影。

(五)赣鄱陶瓷的国际性

1.世界陶瓷之路的起点和见证。

从古至今的贸易历史就是一个个我们无法压抑对商品交换渴望的故事，这种渴望又促成了艺术、科学和思想的交流。贸易的故事就是人类的故事。贸易是人类历史中一个充满魅力而又无处不在的，且常常是具有决定作用的要素。我们必须懂得贸易是如何塑造我们的过去，并伴随着我们走入未来。

在古代，联系东方与西方贸易交通的途径有二：一是跨越过中亚沙漠的丝绸之路，经由骆驼商队把中国的丝绸、陶瓷以及其他贵重商品带到东地中海；丝绸之路是19世纪70年代，德国著名地理学家李希霍芬在其名著《中国》中首先提出。此后，学者把古代东西方文明交汇、融合的所有区域都包括在丝绸之路的范围之内。于是丝绸之路成为从中国出发，横贯亚洲，进而连接欧洲和北非的古代陆路交通路线的总称。二是经过南中国海、印度洋沿岸，到波斯湾及红海一带，由海舶载运中国外销的货品。

东西方之间的贸易创造了骆驼与沙漠、航船与风浪之间斗争的传奇故事。然而，在9世纪间，丝绸之路贸易开始转换向海上贸易。以中国东海、南海、印度洋、波斯湾、阿拉伯海、红海等为贸易通道的海洋贸易网络更加繁荣，中国陶瓷成为该商路的持续大宗贸易品。这条商路也即是日本学者三上次男20世纪中期提出的"海上陶瓷之路"。这条中外贸易的海上的贸易路线早在公元前1世纪就已存在了，汉代是中国海外贸易的开拓时期，它为以后形成海上丝绸之路，并最终超逾陆路成为对外贸易主要通道奠定了雄厚基础。

以景德镇为代表的中国陶瓷长期扮演国际贸易的角色。源自波斯语chini(中国的或中国人)的china(瓷器)随着中国瓷器在世界的传播，成为与中国(China)密不可分的双关语。陶瓷的贸易伴随着海路的开拓而极大地发展。伴随着9世纪陆上贸易向海上贸易的转变，陶瓷的外销迅速增长，无疑，海船巨大的承载量使其成为可能。很快，陶瓷跃升为在对外贸易中最受欢迎的物品之一，中国高温烧成的瓷器以其优良的技术和华美的艺术，几个世纪中一直在海外被认为是不可思议的物品。并且在其输往的国家中对生产方式和文化产生了巨大的影响。这些瓷器成为人们富有程度和社会地位的象征。同样，在东南亚也是这样，并且延续至今。有意思的是景德镇是个内陆城市，但在明清时期就非常虔诚地供奉海神妈祖。康熙年间，还建了一座宏丽的"天后宫"，这座天后宫成了景德镇陶瓷出口的一个象征性建筑。这也许与海上瓷路有密切联系。

难怪德国诗人海涅写了这样一段话："你们可知道中国，那飞龙和瓷器的国度？全国是座古董店，周围有一道无比的长城，墙上伫立着千万鞑靼卫士，于是欧洲学者的思想越墙而过，在那里东张西望，饱览一番，然后又飞回来，把这个古怪民族和奇特国度最发噱的事情告诉我们。"

中国陶瓷遍及整个西方的过程中起主要作用的是海路。陶瓷之路见证了中国瓷业，尤其是景德镇瓷业商贸活动走向国际市场过程。

从全球视野观察，人类对海洋的兴趣，几乎全是对运输贸易的兴趣，海上商业几乎在任何时代都能致富，财富是国家生命活力、物质和思想的具体表现。历史证明，凡大力发展海洋经济的国家，皆可国势走强，反之则国势式微，古今中外概莫能外。在中世纪，东西双方的文化联系，主要就是通过贸易的途径，特别是海上贸易途径，它是维系中国对外贸易交往的生命线，并对东西方产生互惠的影响，而陶瓷则是联系这种文明接触纽带的一种主要象征。中国瓷器的西传，为全世界打开了一条走近"神秘东方"，了解中国文化的艺术通道。

山上次男说："从东到西、从西到东，通过这样连接两者的贸易，打破了中世纪各地方的孤立性。是给各区域带来了时代的共同性的一个重要原因。这也是一个不可非议的事实。可以说陶瓷是它的一种象征。总之，陶瓷是跨越中世纪东西世界的一条友谊纽带，同时也是一座东西文化交流的桥梁。我想暂且把这条海路称之为'陶瓷之路'。"

我们不能忘记，一个整体的世界是从海上形成的。由中国郑和开始的海洋世纪，包含了东西方向海洋的开拓历程，正是这种东西方向海洋的不断探索，最终使人类汇合在一个整体世界之中。15世纪初，陆上丝绸之路向海上丝绸之路的重大转折由此发生，沿着郑和开通的航线，大批中国人从此走出了国门。无独有偶，15世纪末，西方葡萄牙人达伽马航海东来，他的登陆地正是郑和七下西洋每次必到的印度卡利卡特，东西方在这里汇合，一个人类新纪元由此开端。从17世纪中叶开始，历史进入"世界历史时代"，也就是讲，各国历史的发展越来越显示出彼此间的互动性，海洋作为一个整体也参与了世界历史的进程。马克思举例说明了世界历史概念的含义："如果在英国发明一种机器，它夺走了印度和中国的无数的工人的饭碗，并引起这些国家的整个生存形式的改变，那么，这个发明便成为一个世界历史性的事实。"同样砂糖和咖啡在19世纪初由于拿破仑的大陆封锁令，推动了德国人起来进行反法战争而具有世界历史意义。马克思由此得出结论认为："历史向世界历史的转变，不是'自我意识'、宇宙精神或者某个形而上学怪影的某种抽象行为，而是纯粹物质的，可以通过经验确定的事实，每一个过着实际生活的，需要吃、喝、穿的个人都可以证明这一事实。"

陶瓷贸易的历程始于对获取仅在其他地区生产的物品的欲望，穿过群山，跨过大海，都是为了外来的神奇珍宝。在这一历程中，由陶瓷产地、陆路、海路、不同文明和地区等构成了由众多贸易中心组成的巨大贸易网，这些中心拥有当地独特的产品，通过陶瓷之路相互交换，形形色色的文化思想和艺术风格伴随着陶瓷传播流布。许多这样的中心发展成现代的繁荣城市，文化、艺术和学术研究的中心。从世界陶瓷历史发展的角度审视，作为世界瓷都的景德镇，它不仅掌握了当时世界陶瓷生产的秘密，而且掌握了当时世界陶瓷生产标准，无论是产品设计、品种、数量、质量,还是生产规模,其陶瓷生产工业体系代表当时世界陶瓷生产最高水平。在这一陶瓷生产和贸易过程中,东西方文化亦在世界瓷都景德镇碰撞和交流,促使景德镇成为东西方陶瓷贸易过程中的设计、生产和贸易中心,因而以景德镇为中心而构成的并通向世界的江西陶瓷文化线路亦是真正意义上世界陶瓷之路的起点。

承载着中华文化精髓、以江西景德镇为代表的古陶瓷就这样通过中外互利互动贸易中形成的贸易带走向世界。它不仅见证了江西瓷业的发展和辉煌,而且见证了世界历史时代的到来。

以景德镇为代表的中国陶瓷长期扮演国际贸易的角色,江西古陶瓷文化线路所蕴含的具有世界历史意义的瓷业商贸活动毫无疑问是世界陶瓷之路的起点和见证。

2. 世界文化交流的桥梁和纽带。

世界上不论哪个民族,只要是文化发达的,无不受益于文化交流。文化交流是国际关系中的重要一环,它不但能促进彼此的进步,而且是民间友好的保证。文化交流是促进交流的双方或多方文化发展的重要动力,是解放生产力的有力手段,是推动人类社会前进的重要条件。一部人类的历史,证明了一个事实:文化交流是人类的需要,文化交流促进了人类文化的发展,推动了人类社会的前进。可以说,文化交流史与人类文明发展史几乎是同步的。

人类已然进入的21世纪,是一个高科技时代,科学技术的高速发展,新兴交叉学科的涌现,人文文化和科学技术文化之间的相互渗透和融合,社会的信息化,经济的全球化以及知识经济和信息传播技术的日新月异,更加剧了世界各国文化的交流、碰撞和合作。今天,世界各国人民都时时刻刻生活在文化交流之中,都从文化交流中得到物质利益,也得到精神利益。从人类发展的前途看,世界文化的大汇流将是不可避免的。中国国家主席习近平在哈萨克斯坦纳扎尔巴耶夫大学作重要演讲说:2100多年前,中国汉代的张骞肩负和平友好使命,两次出使中亚,开启了中国同中亚各国友好交往的大门,开辟出一条横贯东西、连接欧亚的丝绸之路。千百年来,在这条古老的丝绸之路上,各国人民共同谱写出千古传诵的友好篇章。2000多年的交往历史证明,只要坚持团结互信、平等互利、包容互鉴、合作共赢,不同种族、不同信仰、不同文化背景的国家完全可以共享和平,共同发展。这是古丝绸之路留给我们的宝贵启示。

今天,我们站在新的历史高度,以重新崛起的决心,把中国的传统文化放到整个世界文明的背景之中去观察、思考,一定会在纷繁复杂的中西文化的历史表象中,寻找出规律性的东西,为我们今天的文化创新服务,为我们走向世界、走向未来服务。

中国是瓷器的母国,以景德镇为代表的中国瓷器不仅"行于九域",而且"施及外洋",在海内外都享有极高的声誉。明末清初史学家沈怀清在其《昌江杂记》中记述:"昌南镇陶器行于九域,施及外洋。"

自8世纪的唐朝开始,以景德镇为代表的中国瓷器便源源不断地通过陆上的丝绸之路和海上的陶瓷之路输往国外。同时由于文化艺术伴随着物质产品的生产和科学技术的交流而传播的,更使人容易接受,并且得到进一步的普及、丰富和发展,千余年来,它为中外文化交流和人类文化发展做出了卓越的贡献。真可谓"中华瓷国,艺播外洋"。

中国陶瓷作为一种中华文化、华夏文明的载体曾经受到世界各国人们的赞许、追捧和珍视。它们曾经征服了世界。

人类生活在两个世界之中,一个是与其他生灵共享的自然界,另一个是人类缔造的文明世界。我们享受的一切文明成果,都是人类创造发明的产物。今天,世界的差别,主要是后者的差别。技术已经成为现代社会使用频度最高的词汇之一,然而人们依然对发明感到陌生。发明是技术的源头,是第一次出现的技术,技术是重复使用的发明。技术创新的真实含义,就是发明。发明是科学造福人类的艺术。美国物理学家费曼在阐述科学内涵的时候说:"科学包括三部分:正确地探究自然的方法;依据这种方法所获得的知识;由于人们获得新的知识,增加了做新事情的能力。"科学发现通过发明家的活动,使这种潜在的能力转化为造福人类的技术。发明是人类科学活动的重要组成部分。发明能够为善良的人们带来幸福,发明的智慧能够超越时间和空间,成为人类共同的财富。

由于瓷器制作术在中国的各种发明中工序最为复杂,难度最大,因此尽管自唐代起,中国瓷就源源不断地出口,但直到清代中期,也就是17—18世纪的大部分时期,西方人仿制中国其他发明早已成功,却仍然不能在欧洲手工工场烧制出可以同中国瓷相媲美的同类产品。一个著名的例子就是意大利文艺复兴运动的中心——佛罗伦萨市的统治者美第奇家族曾试图在16世纪仿制瓷器,却屡遭失败,不了了之。外国人自己造不出来,只好从中国进口,因此中国瓷器一度笑傲欧洲,独步世界,垄断了欧洲的工艺瓷与日用瓷市场,珍贵的中国瓷作品一度被欧洲人视为白金。遥想当年北欧的商人竟能在只有车马舟船的时代,辗转到中国内陆城市景德镇下单订货,中国瓷的影响之广之深可见一斑。难怪在17—18世纪的欧洲,英文一词china(出自秦的发音)竟然成了瓷器(porceain,西班牙语、意大利语)的代名词,中国就是瓷,瓷器就是中国。几乎尽人皆知,china既是中国的国名,又可译为"瓷器"。另据《英汉词海》(English Chinese World Ocean Dictionary)的解释,china作为瓷器的含义是源于波斯语chini,其含义是"中国的,中国人"。波斯当时是丝绸之路的终点,波斯人称来自中国的瓷器chini,欧洲人当时获得中国的瓷器都是经由波斯,他们也跟着波斯人称瓷器为chini,只是产生了元音音变为chini变成china。但不管是何解释,china既是国名又是瓷器是无疑的,并且由此派生出chinaman(经营瓷器的商人)、chinaware(中国货,瓷器)。

从现在西方收藏的藏品和打捞沉船出水的瓷器看,很多瓷器并非单纯是当作手工业产品出口的,西方人注重的并不完全是它们的使用功能。其实,西方人多半注重的是它们的观赏价值、审美性。中国的瓷器和丝绸在那时的西方是奢侈品,是为了满足西方富人的精神享受才大量进口的,所以说到底,瓷器也好,丝绸也好,它们实际上是作为中国文化的一种载体征服世界的。中国在西方人眼里,竟然是用一种文化产品来命名的,可见得文化产品对一个国家在国际上的形象有多么重要。研究东方文化的学者 L.比尼恩曾对中国艺术美学精神作了精辟的概括:单单是秩序,以及对秩序的顺从,永远也不会使人们的精神完全满足。在那种精神里,欲望经常隐藏起来,经常受到压抑,然而却一直持续不断,超越自己,它变得面目皆非,它逃避,它扩张,它创造,在某种意义上可以说,这是对自身命运的对抗。而这种欲望可以通过渴望摆脱日常生活那种桎梏人的环境,这样一种形式表现出来,这就是浪漫精神。在行动的天地里激发着为冒险而冒险的精神,而在想象的领域里则渴求着美,它醉心于怪异的、遥远的、不能达到的东西。或者它采用一种有力而又持久的形式,一心想超越自身的局限,使自己与外界存在物同化,最后它达到升华而与宇宙精神、无所不在的生命精神合二为一。在这里,比尼恩形象地描过了中国艺术中人的精神,中国人通过艺术作品超越自身的局限,摆脱琐碎的日常生活,让心灵浸润着天地宇宙的大我,通过艺术的媒介传达着最美、最真实的人格形象。这就是中国艺术的魅力之所在,陶瓷艺术的人格化更是显而易见,作为综合艺术的中国陶瓷全面阐释了中国美学精髓,展示了人类自身的诗意追求及美好精神。中国陶瓷是向欧洲传播中国人文精神的媒介和载体。

中国瓷器的发明,影响了整个世界,对人类社会物质文化的提高做出了重大贡献。景德镇不仅瓷器遍销海外,而且其精湛的制造技术对世界陶瓷也有着深刻的影响。其独特的艺术魅力影响到输入地人们的价值取向、宗教信仰、审美情趣。这是世界陶瓷历史上绝无仅有的。近代欧洲瓷器是在景德镇瓷器的直接影响下逐渐发展变化的,早期,德国、英国、奥地利、意大利等国瓷器的装饰风格都具有中国的艺术风格,制作工艺几乎与中国相同,有的还在瓷器上描绘中国的风景画。17、18 世纪,景德镇瓷器装饰艺术在这一时期曾风靡法国的上层社会。在法国风行纤巧华美装饰风格的所谓"罗可可"运动,就是受中国瓷器装饰的影响。18 世纪中叶法国人成功烧造出真正的硬质瓷器。随后英国、瑞典、荷兰都模仿中国制瓷技法,开辟了欧洲制瓷历史的新纪元。景德镇制瓷技术对世界的影响,是其他任何窑场所无法比拟的。

自古以来,世界各地不同族群的人们常常都会在不同环境及不同传统背景下分别创造出一些非常独特的发明或文化成就。世界上所有文明都蕴含着人类的智慧,每一种文明都值得我们关注、研究,从中汲取营养。

费孝通提出"各美其美,美人之美,美美与共,天下大同"的设想,表达了对未来的理想,同时也说出了要实现这一理想的手段。认为,如果人们真的做到"美美与共",也就是在欣赏本民族文明的同时,也能欣赏、尊重其他民族的文明,那么,地球上不同文化、不同民族、不同国家之间就达到了一种和谐,就会出现持久而稳定的"和而不同"。

人类的发明与创造往往会突破民族或国家的界限，无论具体方式如何，一般都能够在相互作用及先进文化因素的相互交流过程中共同获得加速度的发展。陶瓷之路形成的一个重要原因，就在于东西方文化的多样性与互补性。进而，由于东、西方多样性的文化差异与互补特点长期存在，陶瓷之路便成为颇有影响的古代国际文化交流路线，甚至被视为国际文化交流的象征。

陶瓷之路是人类征服自然的结果，是开放的产物，作为中西商业贸易与文化交流的通道，陶瓷之路促进了中华民族经济文化的繁荣，体现了华夏子孙的勤劳、智慧与勇敢，我们正是通过陶瓷之路，通过瓷器的艺术载体，把东方华夏民族的文化思想、科学技术等信息元素传播到了世界各地。陶瓷之路在碧波之中绵延万里，海浪前后相推，推动着中外经济文化的交流与融合，是传播中国文明的播种机。它不仅是一条商业、文化的通道，还是一座友谊之桥，是联结世界文明的纽带。它将中国与远隔重洋的亚洲、欧洲、非洲等国紧密相连，对各民族的合作与交流做出了不可磨灭的贡献。历史从这里开始，但不会就此结束。

以景德镇为代表的中国陶瓷作为一种中华文化、华夏文明的载体曾经受到世界各国人们的赞许、追捧和珍视。江西陶瓷文化线路所蕴含的古代东西方文化交流路线和东西方文化交流的象征毫无疑问是世界文化交流之路的桥梁和纽带。

万年以来，赣鄱大地的能工巧匠和大师们不仅为中国陶瓷的出现和发展发挥着继往开来的作用，而且也一直在为世界陶瓷的发展传播着他们深远的影响，为世界文明的发展贡献出他们独特的智慧……

人类历史上，民族和国家，不论大小久暂，几乎都在广义的文化方面做出了自己的贡献。这些贡献大小不同，性质不同，内容不同，影响不同，长短不同；但其为贡献则一也。文化是"天下为公"的，不管肤色，不择远近，传播扩散。人类到了今天，之所以能随时进步，对大自然、对社会、对自己内心的认识越来越深入细致，为自己谋得的福利越来越大，重要原因之一就是文化交流。中国国家主席习近平于2014年3月27日在巴黎联合国教科文组织总部发表重要演讲，全面深刻阐述对文明交流互鉴的看法和主张，强调应该推动不同文明相互尊重、和谐共处，让文明交流互鉴成为增进各国人民友谊的桥梁、推动人类社会进步的动力、维护世界和平的纽带。指出，文明因交流而多彩，文明因互鉴而丰富。文明交流互鉴，是推动人类文明进步和世界和平发展的重要动力。

江西古代陶瓷之路高度浓缩和集中反映了世界文化发展与前进的原动力，讴歌了人类孜孜不倦的追求。在全球化的当今世界，我们重新认识、研究、保护具有世界文化遗产价值和意义的江西古代陶瓷之路，他给予我们的启迪是：人类渴望了解并努力探求事物内在规律的无休止的冲动，随着岁月的流逝，作为一个物种，我们开始接近更具有广泛意义的基本真理。就人类成就而言，真和美是核心，代表了人类精神追求的双重目标。地球上的各个民族须共同学习,互相了解,世界和平越来越成为可能,人类的日子会越来越好过,不管还需要多么长的时间,人类有朝一日总会共同进入太平盛世,共同进入大同之域。

参考文献

1. 张国刚、吴莉苇:《中西文化关系史》,高等教育出版社 2007 年版。
2. 方豪:《中西交通史》,上海人民出版社 2008 年版。
3. 何平:《文化与文明史比较研究》,山东大学出版社 2009 年版。
4. [德]贡德·弗兰克著,刘北成译:《白银资本》,中央编译出版社 2000 年版。
5. [英]简·迪维斯著,熊维译:《欧洲瓷器史》,浙江美术学院出版社 1991 年版。
6. 李家治:《中国科学技术史(陶瓷卷)》,科学出版社 1998 年版。
7. 胡雁溪、曹俭:《它们曾经征服了世界:中国清代外销瓷集锦》,中国大百科全书出版社 2010 年版。
8. 甘雪莉:《中国外销瓷》,东方出版中心 2008 年版。
9. 王晓明:《世界贸易史》,中国人民大学出版社 2009 年版。
10. [美]威廉·伯恩斯坦著,李晖译:《贸易改变世界》,海南出版社 2010 年版。
11. [美]菲利普·D. 柯丁著,鲍晨译:《世界历史上的跨文化贸易》,海南出版社 2010 年版。
12. [美]斯塔夫里阿诺斯著,吴象婴、梁赤民译:《全球通史 1500 年以后的世界》,上海社会科学院出版社 1999 年版。
13. [美]威尔·杜兰著,幼狮文化公司译:《世界文明史》,东方出版社 1998 年版。

后 记

历经五年、十易其稿的《江西古陶瓷文化线路》一书,在各位专家学者的共同努力下,终于付梓。

江西是陶瓷文物强省,是驰名中外的瓷省。从万年仙人洞世界最早陶器到景德镇成为世界瓷都,江西陶瓷历经漫长而曲折发展的过程,在中国和世界陶瓷发展史上博得了独一无二的历史地位。自唐代中期开始,江西逐渐成为丝绸之路经济带的重要商品基地,是海上丝绸之路的重要起点之一,其中陶瓷是可以与丝绸、茶叶相媲美的大宗。基于江西制瓷业历史悠久、陶瓷文物点多面广、万年窑火不曾中断的深厚积淀,经与专家学者多次探讨,我提出了"江西古陶瓷文化线路研究"这一课题,力求从线路文化的角度来研究江西陶瓷业的发展,并探寻江西陶瓷文化走向世界的轨迹。国家文物局高度重视这一课题的研究,并于2012年批准该课题立项。

《江西古陶瓷文化线路》一书是集体智慧的结晶。绪论部分由张文江、王紫林执笔,第一章由徐长青执笔,第二章、第三章由肖发标执笔,第四章由江建新执笔,第五章由彭明瀚执笔,第六章由王上海执笔,结语部分由周广明执笔。徐长青、肖发标负责本书的统稿工作,有的章节作了较大修改。

当今古陶瓷研究泰斗、故宫博物院的耿宝昌先生欣然为本书作序,并对本课题研究给予了充分肯定。故宫博物院陶瓷研究部王光尧先生,清华大学尚刚先生,江西省博物馆彭适凡先生、刘诗中先生为本书的修改提出了许多宝贵意见;江西省文物局文物保护处杜学萍与刘昌兵两任处长以及王紫林副处长为此书的编撰做了大量的协调工作;江西省文物考古研究所樊昌生与徐长青两任所长及张杰、余琦同志为此书的编撰与出版做了大量细致的服务工作;江西人民出版社总编辑游道勤先生为本书出版付出了辛勤劳动。在此,我诚挚地向他们表示衷心的感谢!

  书稿的出版只是该课题研究的阶段性成果,难免有不足之处,希望读者批评指正。

徐琳琳
2017 年 1 月 16 日

图书在版编目(CIP)数据

江西古陶瓷文化线路/徐琳琳主编.—南昌:江西人民出版社,2017.1

ISBN 978-7-210-07589-9

Ⅰ.①江… Ⅱ.①徐… Ⅲ.①古代陶瓷—文化史—江西省 Ⅳ.①K876.3

中国版本图书馆CIP数据核字(2015)第167636号

江西古陶瓷文化线路

徐琳琳　主编

出　　版:江西人民出版社
经　　销:各地新华书店
地　　址:江西省南昌市三经路47号附1号
编辑部电话:0791-86898980
营销部电话:0791-86898893
邮　　编:330006
网　　址:www.jxpph.com
E-mail:27867090@qq.com　　web@jxpph.com
ISBN 978-7-210-07589-9
开　　本:787毫米×1092毫米　1/16
印　　张:19.5
字　　数:410千字
2017年1月第1版　2017年1月第1次印刷
赣版权登字—01—2015—873
版权所有　侵权必究
定　　价:98.00元
承　印　厂:长沙超峰印刷有限公司

赣人版图书凡属印刷、装订错误,请随时向承印厂调换